启航教育　云图　·小鱼讲会计·

小鱼大作　轻巧通关1

# 初级会计实务之只讲考点

刘晓瑜 ◎ 主编

北京理工大学出版社
BEIJING INSTITUTE OF TECHNOLOGY PRESS

**版权专有 侵权必究**

### 图书在版编目（CIP）数据

小鱼大作轻巧通关．1．初级会计实务之只讲考点/刘晓瑜主编．— 北京：北京理工大学出版社，2021.1（2023.1重印）

ISBN 978–7–5682–9396–9

Ⅰ.①小… Ⅱ.①刘… Ⅲ.①会计实务–资格考试–自学参考资料 Ⅳ.①F23

中国版本图书馆CIP数据核字（2020）第264180号

| | |
|---|---|
| 出版发行 / 北京理工大学出版社有限责任公司 | |
| 社　　址 / 北京市海淀区中关村南大街5号 | |
| 邮　　编 / 100081 | |
| 电　　话 /（010）68914775（总编室） | |
| 　　　　　（010）82562903（教材售后服务热线） | |
| 　　　　　（010）68944723（其他图书服务热线） | |
| 网　　址 / http://www.bitpress.com.cn | |
| 经　　销 / 全国各地新华书店 | 责任编辑 / 钟　博 |
| 印　　刷 / 天津市新科印刷有限公司 | 文案编辑 / 钟　博 |
| 开　　本 / 889毫米 × 1194毫米　1/16 | |
| 印　　张 / 20.25 | 责任校对 / 周瑞红 |
| 字　　数 / 505千字 | |
| 版　　次 / 2021年1月第1版　2023年1月第4次印刷 | 责任印制 / 李志强 |
| 定　　价 / 68.80元 | |

图书出现印装质量问题，请拨打售后服务热线，本社负责调换

# 前言

很多同学对初级会计考试有一定的认识误区，比如初级会计考试像会计从业资格证考试一样，随便学学就可以考过，今年考不过，明年继续来。

我们来看几个数据：根据财政部官方网站相关公告，2021年度全国初级会计专业技术资格考试报名人数 462万人，2022年度全国初级会计专业技术资格考试报名人数 325万人。2022年报考人数的大幅下降主要由于经历了考试延期，以及有部分地区甚至取消了考试。而随着客观因素影响力的减小，2023年报名参加考试的人数必然再创新高，竞争压力也会进一步提高。

根据财政部会计司发布的《会计改革与发展"十四五"规划纲要》，截至2020年，我国通过初级会计专业技术资格考试的人数共 670.2万人，而在未来五年，具备初级资格会计人员数量要达到 900万人。

这是什么概念呢？也就是在之后的五年，每年通过初级会计专业技术资格考试的大约为50万人。按照当前每年近400万的报名人数，每年的通过率只有 12.5% 左右。据数据显示，在过去的几年，平均通过率为20%左右，可以说通过率下降了一半。这样一来，摆在你面前的是巨大的竞争压力和不断改革的考试内容。今年考不过，明年将有更多的人加入考证大军，局势不容乐观。

既然已经选择了远方，就要义无反顾；既然已经选择了会计这个行业，那么考证就是你不断进步的筹码；既然要考初级会计，那么从现在开始，就要做好一年通过的准备，并下定决心。

虽然会计有简单的学习方法——懂得会计背后的原理，但是会计就像五维空间，如果死记硬背，就会越学越头秃，困在里面出不来，并且徒有一腔学习热情也不能让你立刻恍然大悟，只会让你越来越糊涂。正所谓方法不对，努力白费。

本书最大的特点就是"看得懂"，而且本书也是为数不多的只通过看书就能理解大部分内容的参考书。本书包含以下几个模块：

 **本章鱼情解锁** 分析本章分值、出题量和特点，给出复习时长建议。

 **小鱼复习路线图** 本章思维导图逻辑树。

**一个小目标** 本节需要你"必须掌握"和"了解一下"的考点情况,"必须掌握"的考点必须重点掌握,"了解一下"的考点只要知道就可以了。

**小鱼讲重点** 为了让你更好地理解课本上令人费解的内容,用简明易懂的语言将其讲解明白。书上没有标"小鱼讲重点"的部分,就是没有那么重要的部分。

**2分考点** 单项选择题、多项选择题和判断题的常见出题点,必须掌握;未标注2分考点的内容以了解为主。

**10分考点** 不定项选择题的常见出题点,必须掌握。

**小鱼复盘** 按照艾宾浩斯曲线给你设计打卡表格,你应当按照时间要求,每复习一次就打卡一次。

边看边理解,边做题边巩固,前后贯通,才能从会计的迷宫中走出来,才能在考试的时候头脑清醒,秒选答案。

最后,祝大家在学习会计的路上,不忘初心,少走弯路,取证顺利!

## 不积蓄足够的力量，怎么推动命运的齿轮

我是飞飞，一位三十多岁的宝妈。大学学的是万金油专业，之前从来没有想过要有一技之长，随着年龄和见识的增长，我逐渐认识到技能才是安身立命的根本。我之前接触过一点点出纳的工作，但完全不懂借贷记账法。经过深思熟虑，我决定在财务这个行业干下去，于是打算考个初级会计证书。

非常幸运的是，我在 2020 年 10 月遇到了小鱼老师。我听了老师的试听课程，非常喜欢她幽默风趣的讲课风格。跟着老师学习一段时间后，我发现老师会在课上讲很多她自己的人生感悟，每次都能引人思考。我在想，学生时代不吃学习的苦，毕业后就要吃生活的苦。一个人如果没有真材实料的技能傍身，就会被时代淘汰。

从 2020 年 11 月到 2021 年过年，总共 3 个多月的时间，我把小鱼老师的课听了三遍，又复习了两遍自己做的笔记，真的是从完全懵到完全懂。其间我也有过放弃的念头，但小鱼老师说的 "当你想要放弃的时候，想想为什么开始" 这句话一直警醒着我。考试之前，我一直在害怕自己抽到不会的题，但是我告诉自己，既然已经掌握了 95% 的内容，如果偏偏抽到准备不充分的 5%，那就认命。看到考题的那一刻，我其实很激动，真的有一种努力可以换来幸运的感觉，觉得自己的努力没有白费。

考取初级会计证书之后，我去了一家企业当财务人员。由于经济环境不好，我任职的企业面临着倒闭的风险，我也不得不面临随时失业的危险，居家的我最终决定用 3 个月的时间学完小鱼老师的 CPA 课程，一年拼过中级。我最终收获了满意的结果，"越努力越幸运" 并不是一句空话。我想赶在 35 岁之前，上岸事业编。我努力学习、做题，顺利通过了笔试。面试的时候，我用初级会计双科高于九十分和中级会计三科合格的成绩以及这段经历，告诉面试老师，虽然我是年纪最大的候选人，但我有持续学习的能力和永不放弃的精神。最后，我成功上岸事业编！

人生有很多转身的机会，可转身也是需要力气的，不积蓄足够的力量，怎么推动命运的齿轮。如果没有小鱼老师，我可能会一直在既定的人生轨道上前行，每天稀里糊涂地混日子，走到哪算哪。而现在的我，更加坚定了未来的方向，也深知命运掌握在自己手里，用几年的努力换未来几十年的美好，太值了。

## 财政部会计财务评价中心
### (全国会计资格评价网)
**2021年度全国会计专业技术资格考试成绩查询（初级）**

姓名：冯飞飞　　证件号码：1102241988　　准考证号：211

| 科目名称 | 成绩 |
| --- | --- |
| 经济法基础 | 95 |
| 初级会计实务 | 93 |

## 财政部会计财务评价中心
### (全国会计资格评价网)
**2021年度全国会计专业技术资格考试成绩查询（中级）**

姓名：冯飞飞　　证件号码：1102241988　　准考证号：111

| 科目名称 | 成绩 |
| --- | --- |
| 财务管理 | 81 |
| 经济法 | 72 |
| 中级会计实务 | 80 |

# 目录

## 第一章　概述　001
- 第一节　会计概念、职能和目标　002
- 第二节　会计基本假设和会计基础　004
- 第三节　会计信息质量要求　006
- 第四节　会计职业道德　008
- 第五节　内部控制基础　012

## 第二章　会计基础　017
- 第一节　会计要素及其确认与计量　018
- 第二节　会计科目和借贷记账法　023
- 第三节　会计凭证和会计账簿　027
- 第四节　财产清查　039
- 第五节　会计账务处理程序　043
- 第六节　会计信息化基础（2023年新增）　044
- 第七节　成本与管理会计基础　049
- 第八节　政府会计基础　073

## 第三章　流动资产　089
- 第一节　货币资金　090
- 第二节　交易性金融资产　096
- 第三节　应收及预付款项　103
- 第四节　存货　112

## 第四章　非流动资产　133
- 第一节　长期投资　134

| | | |
|---|---|---|
| 第二节 | 投资性房地产 | 147 |
| 第三节 | 固定资产 | 154 |
| 第四节 | 生产性生物资产 | 166 |
| 第五节 | 无形资产和长期待摊费用 | 170 |

## 第五章　负债　177

| | | |
|---|---|---|
| 第一节 | 短期借款 | 178 |
| 第二节 | 应付及预收款项 | 179 |
| 第三节 | 应付职工薪酬 | 184 |
| 第四节 | 应交税费 | 193 |
| 第五节 | 非流动负债 | 207 |

## 第六章　所有者权益　213

| | | |
|---|---|---|
| 第一节 | 实收资本或股本 | 214 |
| 第二节 | 资本公积和其他综合收益 | 220 |
| 第三节 | 留存收益 | 224 |

## 第七章　收入、费用和利润　231

| | | |
|---|---|---|
| 第一节 | 收入 | 232 |
| 第二节 | 费用 | 248 |
| 第三节 | 利润 | 255 |

## 第八章　财务报告　265

| | | |
|---|---|---|
| 第一节 | 概述 | 266 |
| 第二节 | 资产负债表 | 269 |
| 第三节 | 利润表 | 280 |
| 第四节 | 现金流量表 | 285 |
| 第五节 | 所有者权益变动表 | 297 |
| 第六节 | 财务报表附注及财务报告信息披露要求 | 301 |
| 第七节 | 财务报告的阅读与应用（2023年新增） | 304 |

# 第一章 概述

微信扫码
观看视频课程

**本章鱼情解锁**

- **分值：** 3 分。
- **出题量：** 3 题左右。
- **本章特点：** 本章在 2023 年基本没有变化，是全书的概括性章节，内容较多，但考查的概念比较集中，大部分以了解为主，只需要将常考的知识点掌握即可。
- **建议复习时长：** 10 小时。

**小鱼复习路线图**

概述

**第一节 会计概念、职能和目标**
- 会计的概念
- 会计的职能
- 会计的目标

**第二节 会计基本假设和会计基础**
- 会计的基本假设
- 会计基础

**第三节 会计信息质量要求**
- 会计信息质量要求

**第四节 会计职业道德**
- 会计职业
- 会计职业道德概述
- 会计职业道德的内容
- 会计职业道德管理

**第五节 内部控制基础**
- 内部控制的概述
- 内部控制要素

# 第一节 会计概念、职能和目标

## 一个小目标

| 必须掌握 | 了解一下 |
|---|---|
| 会计的职能 | 会计的概念 |
| 会计的目标 | |

微信扫码
观看视频课程

### 考点1：会计的概念

**（一）会计的定义**

会计是以货币为主要计量单位，采用专门方法和程序，对企业和行政、事业单位的经济活动进行完整的、连续的、系统的核算和监督，以提供经济信息和反映受托责任履行情况为主要目的的经济管理活动。

**（二）会计的基本特征**

**1. 以货币为主要计量单位**

对经济社会生产、分配、交换和消费过程及其结果进行计量的尺度通常有实物计量尺度、劳动计量尺度、时间计量尺度和货币计量尺度等。其中，货币计量尺度由货币为一般等价物的性质所决定，具有全面性、综合性等特征，是衡量一般商品价值的共同尺度。因此，以货币为主要计量单位、其他计量尺度为辅助性补充成为会计的基本特征之一。

**2. 准确完整性、连续系统性**

会计产生于人们对经济活动过程中生产耗费、生产成果的观察、计量以及记录和比较的需要，会计记录的真实完整、会计计量的准确完整是经济社会对会计的基本要求，也是会计的本质特征。从宏观经济角度而言，生产、分配、交换和消费是一个连续系统的过程；对微观企业单位而言，经济活动或业务活动也是一个连续系统的过程，这决定了会计核算和监督的过程也必然是一个连续系统的过程。同时，会计履行核算和监督职能是一项十分复杂缜密的有机整体性工作，其所采用的各种专门方法和程序之间也形成了一个科学系统，会计凭证、会计账簿和会计报表是一个有机整体。因此，连续系统性是会计的另一项基本特征。

### 考点2：会计的职能  2分考点

会计的职能，是指会计在经济管理过程中所具有的功能。

| 职能 | | 概念 | 具体内容 |
|---|---|---|---|
| 基本职能 | 核算职能 | 指会计以货币为主要计量单位，对特定主体的经济活动进行确认、计量、记录和报告。会计核算贯穿于经济活动的全过程，是会计最基本的职能 | 包括：(1) 款项和有价证券的收付；(2) 财物的收发、增减和使用；(3) 债权、债务的发生和结算；(4) 资本、基金的增减；(5) 收入、支出、费用、成本的计算；(6) 财务成果的计算和处理；(7) 需要办理会计手续、进行会计核算的其他事项 |
| | 监督职能 | 指对特定主体经济活动和相关会计核算的真实性、合法性和合理性进行审查 | (1) 真实性审查，是指检查各项会计核算是否根据实际发生的经济业务进行，是否如实反映经济业务或事项的真实状况；(2) 合法性审查，是指检查各项经济业务及其会计核算是否符合国家有关法律法规，遵守财经纪律，执行国家各项方针政策，以杜绝违法乱纪行为；(3) 合理性审查，是指检查各项财务收支是否符合客观经济规律及经营管理方面的要求，保证各项财务收支符合特定的财务收支计划，实现预算目标 |

---

**小鱼讲重点**

① 会计的概念就是"会计是干啥的"：
(1) 算账；
(2) 监督别人算账。

② 会计的职能就是"会计的主要功能"，包括会计的主要任务和辅助任务：会计的主要任务也就是"基本职能"，即"算账和监督别人算账"（核算职能和监督职能）。
会计的辅助任务也就是"拓展职能"，所有非基本职能的任务都可以归集为拓展职能。

③ 1. 会计确认是指依据一定的标准，核实、辨认经济交易或事项的实质并确定应予以记录的会计对象的要素项目，并进一步确定已记录和加工的会计资料是否应列入财务报告和如何列入财务报告的过程。
会计确认包括初始确认和再确认两个环节。
(1) 初始确认是指对交易或事项的实质和会计对象要素项目的认定，以确定是否应该以及应在何时、应为何种会计要素项目的过程。
(2) 再确认是指在初始确认基础上，进一步确定已记录和加工的会计资料是否应填列以及如何填列会计报表的过程。
2. 会计计量是指主要以货币为计量单位，对各项经济交易或事项及其结果进行计量的过程。会计计量包括计量属性的选择和计量单位的确定。
3. 会计记录是指对经过会计初始确认、会计计量的经济交易或事项，采用一定方法填制会计凭证、登记会计账簿的过程。
4. 会计报告是以会计账簿记录的资料为依据，用表格和文字等形式，把会计凭证和会计账簿记录的会计资料进一步进行系统性加工，汇总整理形成财务状况、经营成果和现金流量等的结构性表述的过程。

④ 只要跟"算账"有关的任务，都可以归集为核算职能。

续表

| 职能 | 概念 | 具体内容 |
|---|---|---|
| 基本职能 | 会计核算与会计监督的关系❶ | 会计核算与会计监督是相辅相成、辩证统一的。会计核算是会计监督的基础，没有核算提供的各种信息，监督就失去了依据；会计监督又是会计核算质量的保障，只有核算没有监督，就难以保证核算提供信息的质量 |
| 拓展职能 | | （1）预测经济前景，是指根据财务报告等提供的信息，定量或者定性地判断和推测经济活动的发展变化规律，以指导和调节经济活动，提高经济效益；<br>（2）参与经济决策，是指根据财务报告等提供的信息，运用定量分析和定性分析方法，对备选方案进行经济可行性分析，为企业经营管理等提供与决策相关的信息；<br>（3）评价经营业绩，是指利用财务报告等提供的信息，采用适当的方法，对企业一定经营期间的资产运营、经济效益等经营成果，对照相应的评价标准，进行定量及定性对比分析，做出真实、客观、公正的综合评判 |

### 📖 小鱼讲例题

1.【单选题】根据会计法律制度的规定，下列各项中，不属于会计核算内容的是（　　）。【2021年】
A. 递延税款的余额调整　　　B. 货物买卖合同的审核
C. 有价证券溢价的摊销　　　D. 资本公积的增减变动

2.【单选题】下列各项中，对企业会计核算资料的真实性、合法性、合理性进行审查的会计职能是（　　）。【2019年】
A. 监督职能　　　　　　　　B. 评价经营业绩职能
C. 参与经济决策职能　　　　D. 核算职能

3.【单选题】下列各项中，关于会计职能说法不正确的是（　　）。【2022年】
A. 核算是监督的基础
B. 监督为核算提供了质量保障
C. 监督贯穿于经济活动的全过程，是会计最基本的职能
D. 核算是对特定主体的经济活动进行确认、计量、记录和报告

4.【多选题】下列各项中，属于会计的基本职能的有（　　）。【2020年】
A. 会计核算　　　　　　　　B. 会计监督
C. 加强管理　　　　　　　　D. 提高效益

5.【多选题】下列各项中，属于会计核算职能的内容有（　　）。【2022年】
A. 审查各项会计核算是否反映经济业务的真实状况
B. 归集并分配产品生产过程中发生的制造费用
C. 对财物的收发、增减和使用进行确认和计量
D. 审查各项经济业务是否符合国家法律规定

1.【答案】B
【解析】会计核算的内容主要包括：（1）款项和有价证券的收付；（2）财物的收发、增减和使用；（3）债权、债务的发生和结算；（4）资本、基金的增减；（5）收入、支出、费用、成本的计算；（6）财务成果的计算和处理；（7）需要办理会计手续、进行会计核算的其他事项。本题应选B。

2.【答案】A
【解析】会计的监督职能是对特定主体经济活动和相关会计核算的真实性、合法性和合理性进行审查。

3.【答案】C
【解析】选项C，核算贯穿于经济活动的全过程，是会计最基本的职能。

4.【答案】AB
【解析】会计的基本职能包括会计核算和会计监督。故选AB。

5.【答案】BC

### 小鱼讲重点

❶ 会计的核算职能和监督职能的概念以及二者的相互关系需要重点关注，其他的内容了解一下就可以啦。

【解析】会计核算的内容主要包括：(1) 款项和有价证券的收付；(2) 财物的收发、增减和使用（选项 C）；(3) 债权、债务的发生和结算；(4) 资本、基金的增减；(5) 收入、支出、费用、成本的计算（选项 B）；(6) 财务成果的计算和处理；(7) 需要办会计手续、进行会计核算的其他事项。选项 A、D 描述的是会计的监督职能。

## 考点 3：会计的目标 ❶

### （一）会计目标的概念

会计的目标，是要求会计工作完成的任务或达到的标准，即向财务报告使用者❷提供企业财务状况、经营成果和现金流量等有关的会计信息，反映企业管理层受托责任履行情况，以帮助财务报告使用者做出经济决策。

### （二）会计资料及会计信息的使用者

| 概念 | 定义 |
|---|---|
| 会计资料 | 会计凭证、会计账簿记录，以及进一步进行系统性加工汇总整理形成财务状况、经营成果和现金流量等结构性表述的会计核算专业资料，是企业尚未对外报告或披露的会计处理结果的资料，其存在或储存形式可以是纸质资料也可以是电子文档资料。会计资料通常主要由企业内部保管与使用 |
| 会计信息 | 由会计凭证、会计账簿、财务会计报告和其他相关资料等构成的综合反映企业财务状况、经营成果、现金流量和所有者权益变动等内容的财务、会计信息的总称。会计信息包括财务信息和必要的非财务信息。会计资料是会计信息的基础 |

会计资料及会计信息的使用者既包括企事业单位的内部使用者，又包括外部使用者，主要包括投资者、债权人、政府及其有关部门和社会公众等。满足投资者的信息需要是企业财务报告编制的首要出发点，企业编制财务报告、提供会计信息必须与投资者的决策密切相关。

# 第二节 会计基本假设和会计基础

微信扫码
观看视频课程

### 一个小目标

| 必须掌握 | 了解一下 |
|---|---|
| 会计的基本假设 | |
| 会计基础 | |

## 考点 1：会计的基本假设 ❸ **2 分考点**

会计的基本假设是对会计核算时间和空间范围等所做的合理假定，是企业会计确认、计量和报告的前提。

| 假设 | 概念 | 备注 |
|---|---|---|
| 会计主体 ❹ | 是指会计工作服务的特定对象，是企业会计确认、计量和报告的空间范围 | 法律主体必然是会计主体，但会计主体不一定是法律主体 |
| 持续经营 ❺ | 是指在可以预见的将来，企业将会按当前的规模和状态继续经营下去，不会停业，也不会大规模削减业务 | 持续经营是会计核算的前提条件 |
| 会计分期 ❻ | 是指将一个企业持续经营的生产经营活动划分为一个个连续的、长短相同的期间 | 持续经营是会计分期的前提。有了会计分期，才能进行折旧、摊销等会计处理 |
| 货币计量 ❼ | 是指会计主体在会计确认、计量和报告时以货币计量来反映会计主体的生产经营活动 | 财务报表应该以人民币为单位进行编制 |

---

**小鱼讲重点**

❶ 会计的目标就是"会计要完成的主要任务"，包括：
(1) 提供会计信息；
(2) 反映企业管理层受托责任履行情况；
(3) 帮助财务报告使用者做出经济决策。

❷ 财务报告使用者主要包括投资者、债权人、政府及其有关部门和社会公众等。

❸ 会计的基本假设是指"会计核算之前需要满足的一定条件"，如果不满足这些条件，会计核算就没有意义。

❹ 会计主体是指"你算账的主体"，可以给一个完整的企业（法律主体）算账，也可以给企业的一个部门（会计主体）算账，只要约定清楚，给谁算账都行。

❺ 持续经营是会计核算的前提，如果明天企业就倒闭了，那么算账就没有任何意义了。

❻ 会计分期就像期中考试、期末考试，是人为划分的算账时间段，一个算账的时间段结束后，就要出财务报表，检查一下企业的经营情况。

❼ 货币计量可以使用外币记账，但最终财务报表的数据必须折算为人民币。

### 📘 小鱼讲例题

6.【单选题】为了将企业经济活动和其他企业经济活动加以区分，企业在核算时所建立的基本前提是（ ）。
A. 会计主体　　B. 持续经营　　C. 会计分期　　D. 货币计量

7.【多选题】下列各项中，可确认为会计主体的有（ ）。【2021年】
A. 子公司　　B. 销售部门　　C. 集团公司　　D. 母公司

8.【判断题】会计分期是对持续经营假设的有效延续。（ ）

9.【判断题】企业集团既是会计主体又是法律主体。（ ）【2022年】

6.【答案】A
【解析】会计主体前提就是为了确定会计核算和会计监督的特定单位或组织，即确定会计核算的空间范围。

7.【答案】ABCD
【解析】会计主体，是指会计工作服务的特定对象，是企业会计确认、计量和报告的空间范围。会计主体既可以是一个企业，也可以是若干企业组成的集团企业，甚至还可以是一个企业的分部。故选ABCD。

8.【答案】√

9.【答案】×
【解析】会计主体，是指会计工作服务的特定对象，是企业会计确认、计量和报告的空间范围。法律主体和会计主体并非对等的概念，法律主体通常都可作为会计主体，但会计主体不一定是法律主体。企业集团只能作为会计主体，不能作为法律主体。

## 🏷 考点2：会计基础❶

会计基础，指会计确认、计量和报告的基础，具体包括权责发生制和收付实现制。

### （一）权责发生制和收付实现制

| | 概念 | 备注 |
|---|---|---|
| 应该收到钱<br>权责发生制 | 是指以取得收取款项的权利或支付款项的义务为标志来确定本期收入和费用的会计核算基础 | 企业应当以权责发生制为基础进行会计确认、计量和报告 |
| 实际收到钱<br>收付实现制 | 是指以现金的实际收付为标志来确定本期收入和支出的会计核算基础 | 在我国，政府会计由预算会计❷和财务会计构成。其中，预算会计采用收付实现制，国务院另有规定的，依照其规定；财务会计采用权责发生制 |

### （二）权责发生制和收付实现制下会计处理结果的差异

权责发生制和收付实现制是相对应的两种会计核算基础。相较于收付实现制，权责发生制下会计处理较为复杂，其会计处理结果存在一定的差异。在交易或者事项的发生时间与相关款项收付时间不一致时会产生两种会计基础下确认的利润差额。例如，在商品销售收入已经实现而销售款项尚未收到时，按照权责发生制确认的当期收入和利润高于按照收付实现制确认的当期收入和利润，在资产负债表日应对应收款项的账面价值进行评估，即基于应收款项的信用减值迹象进行职业判断并获得已发生信用减值损失的评估结果，从而影响当期损益。因此，权责发生制为企业管理层进行会计政策选择和盈余管理留有一定的判断空间。

### 📘 小鱼讲例题

10.【单选题】会计小刘在北京租房子押一付三，每个月租金5 000元，付了三个月的租金15 000元，并支付押金5 000元。按照权责发生制和收付实现制分别确认当月的房租费用为（ ）。
A. 20 000元；5 000元
B. 20 000元；20 000元
C. 5 000元；15 000元
D. 5 000元；20 000元

---

**小鱼讲重点**

❶ 会计基础是指"会计核算的规则"，是当期收到现金就当作收入（收付实现制），还是在取得收钱权利时，即使没有真正收到钱，也确认为收入（权责发生制）。

❷ 初级会计实务中，唯一涉及收付实现制的只有政府会计中的预算会计。但是，政府会计也不是只使用收付实现制。在政府会计中，跟预算会计相关的使用收付实现制，跟财务会计相关的依旧使用权责发生制。

10.【答案】D

【解析】权责发生制应按 5 000 元确认当月的房租费用，而收付实现制按实际支付的 20 000 元确认房租费用。

## 第三节 会计信息质量要求 ❶ 2分考点

微信扫码
观看视频课程

### 📘 一个小目标

| 必须掌握 | 了解一下 |
|---|---|
| 会计信息质量要求 | |

### 考点：会计信息质量要求

会计信息质量要求是对企业财务报告所提供会计信息质量的基本要求，是使财务报告所提供会计信息对投资者等信息使用者决策有用应具备的基本特征。

| 要求 | 概念 | 备注 |
|---|---|---|
| 可靠性 | 可靠性要求企业应当以实际发生的交易或者事项为依据进行确认、计量和报告，如实反映符合确认和计量要求的会计要素及其他相关信息，保证会计信息真实可靠、内容完整 | 可靠性是高质量会计信息的重要基础和关键所在 |
| 相关性 | 相关性要求企业提供的会计信息应当与投资者等财务报告使用者的经济决策需要相关，有助于投资者等财务报告使用者对企业过去、现在或未来的情况做出评价或者预测 | 只有相关的会计信息才具有价值 |
| 可理解性 | 可理解性要求企业提供的会计信息应当清晰明了，便于投资者等财务报告使用者理解和使用 | 可理解才能提高会计信息的有用性 |
| 可比性 | 可比性要求企业提供的会计信息应当相互可比。<br>(1) 同一企业不同时期可比（纵向可比），即同一企业不同会计时期发生的相同或者相似的交易或者事项，应当采用一致的会计政策，不得随意变更。但是，如果按照规定或者在会计政策变更后能够提供更可靠、更相关的会计信息，企业可以变更会计政策。有关会计政策变更的情况，应当在附注中予以说明。<br>(2) 不同企业相同会计期间可比（横向可比），即不同企业同一会计期间发生的相同或者相似的交易或者事项，应当采用规定的会计政策，确保会计信息口径一致、相互可比，以使不同企业按照一致的确认、计量和报告要求提供有关会计信息 | |
| 实质重于形式 ❷ | 实质重于形式要求企业应当按交易或者事项的经济实质进行会计确认、计量和报告，不应仅以交易或者事项的法律形式为依据 | 企业融资租赁固定资产、售后回租等 |
| 重要性 | 重要性要求企业提供的会计信息应当反映与企业财务状况、经营成果和现金流量有关的所有重要交易或者事项。<br>如果某项会计信息的省略或者错报会影响投资者等财务报告使用者据此做出决策，该信息就具有重要性 | 重要性从项目的性质和金额两方面加以判断 |
| 谨慎性 ❸ | 谨慎性要求企业对交易或者事项进行会计确认、计量和报告应当保持应有的谨慎，既不高估资产或者收益，也不低估负债或者费用 | 计提各种准备金、对售出商品很可能发生的保修义务确认预计负债、对很可能承担的环保责任确认预计负债等 |
| 及时性 | 及时性要求企业对于已经发生的交易或者事项，应当及时进行确认、计量和报告，不得提前或延后 | |

### 小鱼讲重点

❶ 会计信息质量要求的意思是"会计想要干好，至少应该具有的品质"。比如，会计信息应该是"真实的"（可靠性）；信息一大堆，一定要反映"有用的"（相关性），和决策没什么关系的（如老板中午吃了什么）就不用反映了；会计信息还得让人"看得懂"（可理解性）；同一时期不同的企业之间、同一企业不同的时期之间"可以比较"（可比性）；按照经济业务的金额和性质，反映最重要的内容，如果某项业务没有上报会对决策结果产生很大的影响，那么这项业务就是重要的（重要性）；会计信息得及时反馈，超时了也就没用了（及时性）。

❷ 实质重于形式常考的知识点：
"实质重于形式"意味着不要仅从表面看问题，而要分析问题的本质。比如分期付款购买固定资产，虽然钱还没有全部付完，但是实际上固定资产已经是你的了，那么你就要开始计提折旧；

❸ 谨慎性也是常考的知识点：
"谨慎性"是会计信息的必备条件，核心就是"账实相符"，账面上记载的内容一定要和实际相符，不能多计或少计，通常只要出现"准备"两个字的，都可以理解为"谨慎性"。

在考试中，只要能分清楚题目给的选项是哪一条会计信息质量要求就可以啦。

### 小鱼讲例题

11.【单选题】企业对售出商品可能发生的保修义务确认的预计负债体现的是（　　）。【2019年】
A. 可比性　　　　　　　B. 谨慎性
C. 实质重于形式　　　　D. 重要性

12.【单选题】符合会计信息质量的谨慎性要求的是（　　）。【2022年】
A. 在存货的可变现净值低于成本时，按可变现净值计量
B. 确认收入时不考虑很可能发生的保修义务
C. 年限平均法计提固定资产折旧
D. 金额较小的低值易耗品采用分次摊销法摊销

13.【多选题】下列各项中，关于企业会计信息可靠性表述正确的有（　　）。【2018年】
A. 企业应当保持应有的谨慎，既不高估资产或者收益，也不低估负债或费用
B. 企业提供的会计信息应当相互可比
C. 企业应当保证会计信息真实可靠、内容完整
D. 企业应当以实际发生的交易或事项为依据进行确认、计量和报告

14.【多选题】下列各项中，体现企业会计信息质量谨慎性要求的有（　　）。【2021年】
A. 资产负债表日计提存货跌价准备
B. 各期发出存货成本的计价方法要保持一致，不随意变更
C. 对售出商品很可能发生的保修义务确认预计负债
D. 对很可能承担的环保责任确认预计负债

15.【多选题】下列各项企业的会计处理中，符合谨慎性要求的有（　　）。
A. 在存货的可变现净值低于成本时，计提存货跌价准备
B. 在应收款项实际发生坏账损失时，确认坏账损失
C. 对售出商品很可能发生的保修义务确认预计负债
D. 企业将属于研究阶段的研发支出确认为研发费用

16.【多选题】下列各项中，符合会计信息质量的谨慎性要求的有（　　）。【2022年】
A. 金额较小的低值易耗品分期摊销计入当期损益
B. 在财务报表中对收入和利得、费用和损失进行分类列报
C. 对很可能承担的环保责任确认预计负债
D. 固定资产预期可收回金额低于其账面价值的差额确认资产减值损失

11.【答案】B
【解析】企业对售出商品很可能发生的保修义务确认预计负债、对很可能承担的环保责任确认预计负债等，都体现了会计信息质量的谨慎性要求。

12.【答案】A
【解析】谨慎性要求企业对交易或事项进行会计确认、计量和报告应当保持应有的谨慎，既不高估资产或者收益，也不低估负债或者费用。

13.【答案】CD
【解析】可靠性要求企业应当以实际发生的交易或者事项为依据进行确认、计量和报告（选项D正确），如实反映符合确认和计量要求的会计要素及其他相关信息，保证会计信息真实可靠、内容完整（选项C正确）。选项A属于会计信息质量的谨慎性要求；选项B属于会计信息质量的可比性要求。

14.【答案】ACD
【解析】企业对售出商品很可能发生的保修义务确认预计负债、对很可能承担的环保责任确认预计负债、资产负债表日计提存货跌价准备等，都体现了会计信息质量的谨慎性要求。选项B体现了会计信息质量的可比性要求。

15. 【答案】ACD

【解析】选项 A、C、D 符合企业会计准则的会计信息质量的谨慎性要求，使会计处理的结果既不高估资产或者收益，也不低估负债或者费用。

16. 【答案】CD

【解析】选项 A 不符合题意，体现了会计信息质量的重要性要求。选项 B 不符合题意，体现了会计信息质量的可理解性要求。选项 C 符合题意，体现了不低估负债和费用，符合会计信息质量的谨慎性要求。选项 D 符合题意，体现了不高估资产，符合会计信息质量的谨慎性要求。综上，本题应选 C、D。

## 第四节　会计职业道德

### 一个小目标

| 必须掌握 | 了解一下 |
| --- | --- |
| 会计职业道德与会计法律制度的联系与区别 | 会计职业 |
| 会计职业道德的内容 | 会计职业道德管理 |

微信扫码
观看视频课程

### 考点 1：会计职业

会计职业，是指利用会计专门的知识和技能，为经济社会提供会计服务，获取合理报酬的职业。

| 特征 | 定义 |
| --- | --- |
| 社会属性 | 会计职业是社会的一种分工，履行会计职能，为社会提供会计服务，维护生产关系和经济社会秩序，正确处理企业利益相关者和社会公众的经济权益及其关系 |
| 规范性 | 会计职业具有系统性的专业规范操作要求，具有严格的职业道德规范性要求 |
| 经济性 | 会计职业是会计人员赖以谋生的劳动过程，具有获取合理报酬的特性 |
| 技术性 | 会计职业采用各种专门方法和程序履行其职能 |
| 时代性 | 会计职业应适应经济社会生产经营方式、发挥市场在经济资源配置中的决定作用和更好地发挥政府作用，以及适应文化、社会组织等多种因素的变化要求，切实贯彻创新、协调、绿色、开放、共享的高质量发展理念，与时俱进，适应具有我国社会主义特色新时代的要求 |

### 考点 2：会计职业道德概述❶

（一）会计职业道德的概念

会计职业道德，是指在会计职业活动中应当遵循的体现会计职业特征、调整会计职业关系的职业行为准则和规范。

（二）会计职业道德与会计法律制度的联系与区别　**2 分考点**

| 联系 | 会计职业道德与会计法律制度在内容上相互渗透、相互吸收；在作用上相互补充、相互协调。会计职业道德是对会计法律制度的重要补充，会计法律制度是对会计职业道德的最低要求❷ |
| --- | --- |
| 区别 | 性质不同。会计法律制度通过国家行政权力强制执行，具有很强的他律性；会计职业道德依靠会计从业人员的自觉性，要求会计人员具有很强的自律性 |
| | 作用范围不同。会计法律制度侧重于调整会计人员的外在行为和结果的合法化，具有较强的客观性；会计职业道德不仅调整会计人员的外在行为，还调整会计人员内在的精神世界 |
| | 表现形式不同。会计法律制度是通过一定的程序由国家立法部门或行政管理部门制定、颁布的，其表现形式是具体的、明确的、正式形成文字的成文规定；会计职业道德出自会计人员的职业生活和职业实践，其表现形式既有成文的规范，也有不成文的规范 |
| | 实施保障机制不同。会计法律制度依靠国家强制力保证其贯彻执行；会计职业道德主要依靠道德教育、社会舆论、传统习俗和道德评价来实现 |
| | 评价标准不同。会计法律制度以法律规定为评价标准；会计职业道德以道德为评价标准 |

**小鱼讲重点**

❶ 本考点在 2021 年是经济法基础里的内容，在 2022 年挪到了初级会计实务里。

❷ 道德要求的范围要比法律制度要求的范围更广泛，因此法律制度是最低要求。

## 考点 3：会计职业道德的内容  **2 分考点**

| 主要内容 | 对会计人员的具体要求 |
| --- | --- |
| 爱岗敬业 | （1）正确认识会计职业，树立职业荣誉感；（2）热爱会计工作，敬重会计职业；（3）安心工作，任劳任怨；（4）严肃认真，一丝不苟；（5）忠于职守，尽职尽责 |
| 诚实守信 | （1）做老实人，说老实话，办老实事，不搞虚假；（2）保密守信，不为利益所诱惑；（3）执业谨慎，信誉至上 |
| 廉洁自律 | （1）树立正确的人生观和价值观；（2）公私分明、不贪不占；（3）遵纪守法，一身正气 |
| 客观公正 | （1）端正态度，依法办事；（2）实事求是，不偏不倚；（3）如实反映，保持应有的独立性 |
| 坚持准则 | （1）熟悉国家法律、法规和国家统一的会计制度，始终坚持按法律、法规和国家统一的会计制度的要求进行会计核算，实施会计监督；（2）在实际工作中，应当以准则作为自己的行动指南，在发生道德冲突时，应坚持准则，维护国家利益、社会公众利益和正常的经济秩序 |
| 提高技能 | （1）具有不断提高会计专业技能的意识和愿望；（2）具有勤学苦练的精神和科学的学习方法，刻苦钻研，不断进取，提高业务技能水平 |
| 参与管理 | 在做好本职工作的同时，努力钻研业务，全面熟悉本单位经营活动和业务流程，主动提出合理化建议，积极参与管理，使管理活动更有针对性和实效性 |
| 强化服务 | 树立服务意识，提高服务质量，努力维护和提升会计职业的良好社会形象 |

### 📖 小鱼讲例题

17.【多选题】下列各项企业会计人员行为中，属于遵守客观公正会计职业道德的有（    ）。
A. 在企业发生严重亏损时，坚持按照会计准则相关要求计提资产减值准备
B. 面对众多利益相关者始终保持不偏不倚的客观态度
C. 在处理利益相关者关系时保持应有的独立性
D. 坚持以合法有效的原始凭证为依据进行会计处理

18.【多选题】下列企业会计人员行为中，属于遵守客观公正会计职业道德的有（    ）。【2022年】
A. 积极参与管理，促进企业可持续高质量发展
B. 坚持以合法有效的原始凭证为依据进行会计处理
C. 在处理社会公众的利益关系时，保持应有的独立性
D. 刻苦钻研，不断提高业务技能水平

17.【答案】ABCD
【解析】客观公正要求会计人员端正态度，以客观事实为依据，依法依规办事；实事求是，不偏不倚；公正处理企业利益相关者和社会公众的利益关系，保持应有的独立性。

18.【答案】BC
【解析】"积极参与管理，促进企业可持续高质量发展"属于参与管理的会计职业道德。"坚持以合法有效的原始凭证为依据进行会计处理"属于遵守客观公正的会计职业道德。"在处理社会公众的利益关系时，保持应有的独立性"属于遵守客观公正的会计职业道德。"刻苦钻研，不断提高业务技能水平"属于遵守提高技能的会计职业道德。综上，本题应选B、C。

## 考点 4：会计职业道德管理[1]

### （一）增强会计人员诚信意识

（1）强化会计职业道德意识。引导会计人员自觉遵纪守法、勤勉尽责、参与管理、强

---

**小鱼讲重点**

[1] 表现了对会计职业的道德要求和越来越严格的道德管理措施。

化服务，不断提高专业胜任能力；督促会计人员坚持客观公正、诚实守信、廉洁自律、不做假账，不断提高职业操守。

(2) 加强会计诚信教育。采取多种形式，广泛开展会计诚信教育。①将会计职业道德作为会计人员继续教育的必修内容，大力弘扬会计诚信理念，不断提升会计人员的诚信素养。②充分发挥新闻媒体对会计诚信建设的宣传教育、舆论监督等作用，大力发掘、宣传会计诚信模范等会计诚信典型，深入剖析违反会计诚信的典型案例。③引导财会类专业教育开设会计职业道德课程，努力提高会计后备人员的诚信意识。④鼓励用人单位建立会计人员信用管理制度，将会计人员遵守会计职业道德情况作为考核评价、岗位聘用的重要依据，强化会计人员的诚信责任。

### (二) 建设会计人员信用档案

(1) 建立严重失信会计人员"黑名单"制度。将有提供虚假财务会计报告，做假账，隐匿或者故意销毁会计凭证、会计账簿、财务会计报告，贪污，挪用公款，职务侵占等与会计职务有关违法行为的会计人员，作为严重失信会计人员列入"黑名单"，纳入全国信用信息共享平台，依法通过"信用中国"网站等途径，向社会公开披露相关信息。

(2) 建立会计人员信用信息管理制度。①制定会计人员信用信息管理办法，规范会计人员信用评价、信用信息采集、信用信息综合利用、激励惩戒措施等；②建立会计人员信息纠错、信用修复、分级管理等制度，建立健全会计人员信用信息体系。

(3) 完善会计人员信用信息管理系统。以会计专业技术资格管理为抓手，有序采集会计人员信息，记录会计人员从业情况和信用情况，建立和完善会计人员信用档案，构建全国统一的会计人员信用信息平台。

### (三) 会计职业道德管理的组织实施

(1) 组织领导。根据国家关于加强社会诚信建设的有关文件精神，通过信用信息公开和共享，建立跨部门、跨地区、跨领域的联合激励与惩戒机制，形成政府部门协同联动、行业组织自律管理、信用服务机构积极参与、社会舆论广泛监督的共同治理格局，建立联席制度，共同推动会计人员诚信建设工作有效开展。

(2) 广泛宣传。财政部门与其他有关部门、会计行业组织充分利用报纸、广播、电视、网络等渠道，加大对会计人员诚信建设工作的宣传力度，教育引导会计人员和会计后备人员不断提升会计诚信意识。积极引导社会各方依法依规利用会计人员信用信息，褒扬会计诚信，惩戒会计失信，扩大会计人员信用信息的影响力和警示力，使全社会形成崇尚会计诚信、践行会计诚信的社会风尚。

(3) 褒奖守信会计人员。将会计人员信用信息作为先进会计工作者评选、会计职称考试或评审、高端会计人才选拔等资格资质审查的重要依据。鼓励用人单位依法使用会计人员信用信息，优先聘用、培养、晋升具有良好信用记录的会计人员。

### (四) 建立健全会计职业联合惩戒机制

建立健全失信会计人员联合惩戒机制，明确联合惩戒对象、信息共享与联合惩戒的实施方式和惩戒措施。联合惩戒对象，主要指在会计工作中违反《会计法》《公司法》《证券法》以及其他法律、法规、规章和规范性文件，违背诚实信用原则，经财政部门及相关部门依法认定的存在严重违法失信行为的会计人员（以下简称"会计领域违法失信当事人"）。信息共享与联合惩戒的实施方式，是指认定联合惩戒对象名单的相关部门和单位通过全国信用信息共享平台，将会计领域违法失信当事人的相关信息推送给财政部，并及时更新。

联合惩戒措施主要有：

（1）罚款、限制从事会计工作、追究刑事责任等惩戒措施。对于严重失信会计人员，依法取消其已经取得的会计专业技术资格。会计人员有违反《会计法》《公司法》《证券法》等的违法会计行为，依法给予罚款、限制从事会计工作等惩戒措施；属于国家工作人员的，还应当由其所在单位或者有关单位依法给予撤职甚至开除的行政处分；构成犯罪的，依法追究刑事责任，不得再从事会计工作❶。

（2）记入会计从业人员信用档案。对会计领域违法失信当事人，将其违法失信记录记入会计人员信用档案。

（3）将会计领域违法失信当事人信息通过财政部网站、"信用中国"网站予以发布，同时协调相关互联网新闻信息服务单位向社会公布。

（4）实行行业惩戒。支持行业协会商会按照行业标准、行规、行约等，视情节轻重对失信会员实行警告、行业内通报批评、公开谴责、不予接纳、劝退等惩戒措施。

（5）限制取得相关从业任职资格，限制获得认证证书。对会计领域违法失信当事人，限制其取得相关从业任职资格，限制获得认证证书。会计人员职称评价标准要突出评价会计人员职业道德。坚持把职业道德放在评价首位，引导会计人员遵纪守法、勤勉尽责、参与管理、强化服务，不断提高专业胜任能力；要求会计人员坚持客观公正、诚实守信、廉洁自律、不做假账，不断提高职业操守。完善守信联合激励和失信联合惩戒机制，违反《会计法》有关规定，以及剽窃他人研究成果，存在学术不端行为的，在会计人员职称评价过程中实行"一票否决制"。对通过弄虚作假取得的职称一律撤销。

（6）依法限制参与评先、评优或取得荣誉称号。对会计领域违法失信当事人，限制其参与评先、评优或取得各类荣誉称号；已获得相关荣誉称号的予以撤销。在会计专业技术资格考试或会计职称评审、高端会计人才选拔等资格资质审查过程中，对严重失信会计人员实行"一票否决制"。

（7）依法限制担任金融机构董事、监事、高级管理人员。对会计领域违法失信当事人，依法限制其担任银行业金融机构、保险公司、保险资产管理公司、融资性担保公司等的董事、监事、高级管理人员，以及保险专业代理机构、保险经纪人的高级管理人员及相关分支机构主要负责人，保险公估机构董事长、执行董事和高级管理人员；将其违法失信记录作为担任证券公司、基金管理公司、期货公司的董事、监事和高级管理人员及分支机构负责人任职审批或备案的参考。已担任相关职务的，依法提出其不再担任相关职务的意见。

（8）依法限制其担任国有企业法定代表人、董事、监事。对会计领域违法失信当事人，依法限制其担任国有企业法定代表人、董事、监事；已担任相关职务的，依法提出其不再担任相关职务的意见。

（9）限制登记为事业单位法定代表人。对会计领域违法失信当事人，限制登记为事业单位法定代表人。

（10）作为招录（聘）为公务员或事业单位工作人员以及业绩考核、干部选任的参考。对会计领域违法失信当事人，将其违法失信记录作为其被招录（聘）为公务员或事业单位工作人员的重要参考；对会计领域违法失信当事人，将其违法失信记录作为业绩考核、干部选拔任用的参考等。

> **小鱼讲重点**
>
> ❶ 请注意，犯罪者原则上不得从事会计工作。

# 第五节 内部控制基础

## 一个小目标

| 必须掌握 | 了解一下 |
|---|---|
| 内部控制要素 | 内部控制的目标 |

微信扫码
观看视频课程

## 考点1：内部控制的概述

### （一）内部控制的概念 ❶

| 主要内容 | 定义 |
|---|---|
| 内部控制 | 由企业董事会、监事会、经理层和全体员工实施的、旨在实现控制目标的过程。内部控制通过对企业生产经营管理过程中各种资源、权力和活动的掌握、支配和牵制，使控制对象的各项活动不超出一定的控制目标范围 |
| 内部控制的实施主体 | 由企业董事会、监事会、经理层和全体员工构成 ❷。各控制主体在职务职权、业务岗位、控制范围及内容体系中互为分工、互为控制，共同构成企业内部控制的主体 |
| 控制的过程 | 企业生产经营管理活动即全过程的控制 |
| | 企业风险控制的全过程，包括风险控制目标设定、风险识别、风险分析和风险应对等各环节的控制 |
| | 信息收集、整理、传递与运用的全过程，包括会计确认、计量和报告等会计信息和生产经营管理活动中的非财务信息，以及可能对企业产生影响的外部信息的收集整理与传递使用的全面控制 |

### （二）内部控制的作用 ❸

| 作用 | 内容 |
|---|---|
| 有利于提高会计信息质量 | 健全有效的内部控制，发挥其查错防弊功能有利于保障财务报告及相关信息真实完整，满足企业投资者等利益相关者对高质量会计信息的需求，对实现资本市场"公开、公平、公正"的原则要求、保护投资者合法权益等具有重要的意义 |
| 有利于合理保证企业合法合规经营管理 | 健全有效的内部控制，可以有效保证企业遵守国家法律、法规、规章及其他相关规定，堵塞管理漏洞，保障公司资产的安全，有效提高公司风险防范能力，减少乃至避免舞弊事件的发生 |
| 有助于提高企业生产经营效率和经济效益 | 健全有效的内部控制，可以提升企业经营管理水平、盈利能力和持续发展能力，增强公司竞争力，从而提高上市公司质量，最大限度地回报股东和社会 |

### （三）内部控制的目标

内部控制的目标，是建立健全并实施内部控制应实现的目的和要求。

| 目标 | 内容 |
|---|---|
| 合理保证企业经营管理合法合规 | 企业组织和开展各项生产经营活动和管理活动应当符合相关的法律、法规、规章、制度要求，建立健全企业内部控制的规章制度和操作手册，包括股东会、董事会、监事会、经理，以及各基层管理和业务经管部门及人员的内部控制权限、职责、义务范围、工作方式方法及奖惩内容、办法等都应以科学合理的制度形式加以固定，尤其是各部门及经办人员的内部控制的目标及具体内容应具体详尽、科学合理适当；同时，企业还应建立健全与内部控制制度协调一致的企业内部的其他各项管理规章制度，并合理确保这些规章制度有效贯彻执行 |
| 资产安全完整 | 资产安全完整是企业及其各生产经营活动和管理职能部门共同的内部控制目标和职责。企业应当建立健全资产安全的规章制度、落实经管责任，合理保证能够预防或及时发现对企业资产的未经授权的购买、使用或处置行为，防止企业资产、资源的流失，包括由于偷窃、浪费、经营的无效性，以及企业经营管理决策不当或错误所引起的资产或资源流失 |

### 小鱼讲重点

❶ 想要在本质上杜绝会计舞弊、财务造假的风险，仅凭"事后检查"很难达到目标。所以，设计了一套完整的"规章制度"和"方式方法"，每个人都要照章行事、遵守规矩，最后达到一个完美的结果——降低发生错报的风险，使一个公司的财务信息更加真实、准确、可靠，让一个企业的股东对公司的业绩和发展前景有充分的信心。如果内部控制设计得好，每个人都照章行事，在每个工作岗位上，每个工作流程都按照既定的要求来，即使有越矩的行为也会被立刻发现，那么整个企业就会运行良好，不会出差错。

❷ 想要达到内部控制的目标，企业的每一个人（董事会、监事会、经理层和全体员工）都要参与，没有人能置身事外。只有每个人都照章行事，才能保证企业的经营成果真实公允。

❸ 三个有利于。

续表

| 目标 | 内容 |
|---|---|
| 财务报告及相关信息真实完整 | 企业财务报告及相关信息，在范围上包括企业内部的财务报告和各种相关的信息；在性质和内容上既包括财务信息，又包括非财务信息。企业应当建立健全财务报告及相关信息的规章制度，合理保证财务报告及相关信息真实、准确、完整、及时和有效，不得有虚假记载、误导性陈述或者重大遗漏 |
| 提高经营效率和效果 | 企业经营的效率和效果目标，包括企业生产经营活动及其管理活动的效率和经营业绩及盈利能力目标。企业应当建立健全生产经营活动及其管理活动的规章制度、落实经营责任，努力提高企业的经营效率和效果。同时，要求企业合理恰当地处理效率和效果的关系，不能过分强调经济效果而使各项规章制度、管理程序等过于烦冗，不讲效率；反之，也不能只讲究提高经营管理效率，而忽视经济效果 |
| 促进企业实现发展战略 | 企业发展战略是企业内部控制的高层次目标，是与企业的使命任务和预期相联系并支持企业的使命任务和预期实现的过程。<br>（1）要求企业内部控制对企业战略的规划、制定、实施、调整、结果考核与评价的全过程提供合理保障，促进企业在企业战略规划阶段实现发展战略；<br>（2）要求企业发挥内部控制的分权制衡、风险评估、信息与沟通等职能作用和控制优势，确保企业战略规划能够依据企业外部环境、自身条件状况及其发展趋势并置于充分的信息与沟通、科学的风险评估和决策过程的民主化程序之下，促进提高企业战略规划的科学性、可行性水平；<br>（3）在企业发展战略的实施及实施结果考评阶段，要求企业内部控制发挥会计系统控制、财产保护控制、预算控制、运营分析控制和绩效考评控制等作用，发现并及时纠正战略实施偏差，保障企业发展战略的顺利实施或及时调整，促进企业长期可持续的高质量发展 |

### 📖 小鱼讲例题

19.【多选题】下列各项中，属于企业内部控制目标的有（　　）。【2022 年】
A. 合理保证经营管理合法合规　　B. 资产安全完整
C. 提高经营效率和效果　　　　　D. 成本效益

19.【答案】ABC
【解析】企业内部控制的目标包括：（1）合理保证企业经营管理合法合规（选项 A）；（2）资产安全完整（选项 B）；（3）财务报告及相关信息真实完整；（4）提高经营效率和效果（选项 C）；（5）促进企业实现发展战略。综上，本题应选 A、B、C。

## 考点 2：内部控制要素 ❶ **2 分考点**

内部控制要素，是指对内部控制的内容和措施方法的系统的、合理的、简明的划分。合理确定内部控制要素有利于具体实施内部控制制度。企业内部控制涵盖企业经营管理的各个层级、各个方面和各项业务环节。不同所有制形式、不同组织形式、不同行业、不同规模的企业可以结合实际情况，从不同的角度入手建立健全内部控制。建立有效的内部控制，至少应当考虑内部环境、风险评估、控制活动、信息与沟通和内部监督五项基本要素。

### （一）内部环境

内部环境，是指影响、制约企业内部控制建立与执行的各种内部因素的总称，是实施内部控制的基础。内部环境主要包括治理结构、组织机构设置与权责分配、企业文化、人力资源政策、内部审计机构设置、反舞弊机制等。

### （二）风险评估

风险评估，是指及时识别、科学分析和评价影响企业内部控制目标实现的各种不确定

---

**小鱼讲重点**

❶ 内部控制要素，就是内部控制的主要内容。
（1）内部环境（基础）：主要是内部治理结构、制度的建设、企业的文化基础，即是否重视内部控制。
（2）风险评估（重要环节）：找出内部控制的主要风险点。
（3）控制活动（具体方式方法和手段）：实施内部控制的具体方式方法和手段。
（4）信息与沟通（重要条件）：信息的及时沟通和传递。
（5）内部监督（重要保证）：内部控制检查。

因素并采取应对策略的过程，是实施内部控制的重要环节。企业应当针对影响其目标实现的内部因素和外部因素，结合本企业的规模大小、经营的复杂性及其组织结构和管理特点等，评估风险发生的可能性及其影响，确定风险应对策略。风险评估主要包括风险目标设定、风险识别、风险分析和风险应对。

### （三）控制活动

控制活动，是指企业根据风险评估结果，采用相应的控制措施，将风险控制在可承受范围和程度之内的过程，是实施内部控制的具体方式方法和手段。控制措施应结合企业具体业务和事项的特点与要求制定，主要包括职责分工控制、授权控制、审核批准控制、预算控制、财产保护控制、会计系统控制、内部报告控制、经济活动分析控制、绩效考评控制、信息技术控制等。

### （四）信息与沟通

信息与沟通，是指及时、准确、完整地收集与企业经营管理相关的各种信息，并使这些信息以适当的方式在企业有关层级之间进行及时传递、有效沟通和正确应用的过程，是实施内部控制的重要条件。企业各有关层级之间，以及企业与其外部的市场、监管机构等的信息不对称是企业经营管理及其效率面临的关键性基础问题，降低信息不对称化程度是整个内部控制系统的生命线。因此，企业应当建立信息与沟通制度，明确内部控制相关信息的收集、处理和传递程序，确保信息及时沟通，促进内部控制有效运行。信息与沟通主要包括信息的收集机制及在企业内部和与企业外部有关方面的沟通机制等。

### （五）内部监督

**1. 内部监督的主要内容**

内部监督，是指企业对其内部控制的健全性、合理性和有效性进行监督检查与评估，形成书面报告并做出相应处理的过程，是实施内部控制的重要保证。企业应当根据内部控制制度规范、配套指引等规范文件要求及自身特点，制定企业内部控制监督制度，明确内部审计机构（或经授权的其他监督机构）和其他内部机构在内部监督中的职责权限，规范内部监督的程序、方法和要求。内部监督主要包括对建立健全并执行内部控制的整体情况进行持续性监督检查，对内部控制的某一方面或者某些方面进行专项监督检查，以及提交相应的检查报告、提出有针对性的改进措施并监督整改等。企业内部控制自我评价是内部控制监督检查的一项重要内容。内部监督分为持续性的日常监督和专项监督。企业对在监督检查过程中发现的内部控制缺陷，应当采取适当的形式及时报告。

**2. 内部控制的缺陷**

（1）内部控制的缺陷按其成因可分为设计缺陷和运行缺陷。设计缺陷，是指内部控制的设计存在漏洞，不能有效防范错误与舞弊；运行缺陷，是指内部控制的运行存在弱点和偏差，不能及时发现并纠正错误与舞弊的情形。

（2）内部控制的缺陷按缺陷的影响程度可分为重大缺陷、重要缺陷和一般缺陷。重大缺陷，是指一个或多个控制缺陷的组合，可能导致企业严重偏离控制目标。如某公司及其子公司制定对账制度，对应收账款的多个往来科目未定期与对方公司核对，导致企业财务报表中应收账款、应付账款和其他应收、其他应付款科目存在真实准确性的认定风险，进而导致资产安全完整和财务报告及相关信息真实完整等控制目标难以实现，属于重大缺陷。重要缺陷，是指一个或多个控制缺陷的组合，其严重程度低于重大缺陷，但仍有可能导致企业偏离控制目标。一般缺陷，是指除重大缺陷、重要缺陷外的其他缺陷。

### （六）内部控制要素间的关系

内部控制各项控制要素之间是一个有机的、多维的、相互联系、相互影响、相互作用的整体，共同构成实现内部控制目标的体制机制和方式方法的完整体系。内部环境作为五要素之首，是整个内部控制体系的基础和环境条件；风险评估是实施内部控制的重要环节，是实施控制的对象内容；控制活动是实施内部控制的具体方式方法和手段；信息与沟通是实施内部控制的重要条件，贯穿于风险评估、控制活动和内部监督各要素之间；内部监督是实施内部控制的重要保证。

> **小鱼讲例题**
>
> 20.【单选题】(　　)是实施内部控制的重要环节，是实施控制的对象内容。【2022年】
> A. 风险评估　　　　　　B. 内部环境
> C. 控制活动　　　　　　D. 内部监控
>
> 21.【单选题】属于内部控制中内部环境要素内容的是（　　）。【2022年】
> A. 人力资源政策
> B. 会计系统控制
> C. 风险识别
> D. 自我评价

20.【答案】A
　　【解析】风险评估是实施内部控制的重要环节，是实施控制的对象内容。
21.【答案】A
　　【解析】内部环境主要包括治理结构、组织结构设置与权责分配、企业文化、人力资源政策、内部审计机构设置、反舞弊机制等。

### 小鱼复盘

| 本章知识点打卡 | DAY 1 | DAY 7 | DAY 15 | DAY 30 |
| --- | --- | --- | --- | --- |
| 会计的职能 | ☐ | ☐ | ☐ | ☐ |
| 会计的基本假设 | ☐ | ☐ | ☐ | ☐ |
| 会计信息质量要求 | ☐ | ☐ | ☐ | ☐ |
| 会计职业道德 | ☐ | ☐ | ☐ | ☐ |
| 内部控制要素 | ☐ | ☐ | ☐ | ☐ |

# 第二章 会计基础

微信扫码
观看视频课程

**本章鱼情解锁**

- **分值：** 6 分。
- **出题量：** 6 题左右。
- **本章特点：** 本章为 2023 年重大改编章节，把 2022 年删掉的管理会计、政府会计的内容又加了回来，其中，管理会计是每年计算题甚至不定项选择题的核心考点。本章还有会计入门的一些知识，学习起来比较枯燥，请一定要坚持哦！
- **建议复习时长：** 15 小时。

**小鱼复习路线图**

## 会计基础

### 第一节 会计要素及其确认与计量
- 会计要素及其确认条件
- 会计要素计量属性及其应用原则
- 会计等式

### 第二节 会计科目和借贷记账法
- 会计科目与账户
- 借贷记账法

### 第三节 会计凭证和会计账簿
- 会计凭证
- 会计账簿

### 第四节 财产清查
- 财产清查的种类
- 财产清查的方法和处理

### 第五节 会计账务处理程序
- 财务处理程序的主要内容

### 第六节 会计信息化基础
- 信息化环境下的会计账务处理
- 财务机器人和财务大数据的应用
- 财务共享中心的功能与作用

### 第七节 成本与管理会计基础
- 成本会计基础
- 产品成本核算
- 生产费用在完工产品和在产品之间的归集和分配
- 管理会计基础

### 第八节 政府会计基础
- 政府会计概述
- 政府会计实务概要
- 政府单位会计核算

# 第一节　会计要素及其确认与计量

微信扫码
观看视频课程

### 一个小目标

| 必须掌握 | 了解一下 |
|---|---|
| 会计要素及其确认条件 | |
| 会计要素计量属性及其应用原则 | |
| 会计等式 | |

## 考点 1：会计要素及其确认条件

会计要素是根据交易或者事项的经济特征所确定的财务会计对象及其基本分类。

会计要素❶按照其性质分为资产、负债、所有者权益、收入、费用和利润，其中，资产、负债和所有者权益要素侧重于反映企业的财务状况，收入、费用和利润要素侧重于反映企业的经营成果。

会计对象 ➡ 会计要素 ➡ 会计科目

### 一、资产

**（一）资产的定义**

资产是指企业过去的交易或者事项形成的、由企业拥有或者控制的、预期会给企业带来经济利益的资源。❷

资产具备如下特征：

（1）资产应为企业拥有或者控制的资源；

（2）资产预期会给企业带来经济利益；

（3）资产是由企业过去的交易或者事项形成的。

**（二）资产的确认条件**

将一项资源确认为资产，需要符合资产的定义，还应同时满足以下两个条件：

（1）与该资源有关的经济利益很可能❸流入企业；

（2）该资源的成本或者价值能够可靠地计量。

**（三）资产的分类和内容**

资产按流动性进行分类，可以分为流动资产和非流动资产。流动资产是指企业可以在 1 年或者超过 1 年的 1 个营业周期内变现或者运用的资产。非流动资产是指不能在 1 年或者超过 1 年的 1 个营业周期内变现或者耗用的资产。

### 小鱼讲例题

1.【单选题】下列各项中，企业应确认为资产的是（　　）。
A. 因月末发票账单未到，按暂估价值入账的已入库原材料
B. 准备购入的设备
C. 报废的设备
D. 行政管理部门发生的办公设备日常修理费用

1.【答案】A

---

**小鱼讲重点**

❶ 所有的经济业务都可以分成六大部分，也就是会计要素，就如同中国古代哲学提出"金、木、水、火、土"是构成物质的基本要素。

❷ 资产必须具备两个重要条件：
（1）过去形成并拥有的：如果是你借的 / 租的，那么不属于你的资产；
（2）值钱：坏东西 / 盘亏的资产 / 不能收回的应收账款，并不是你的资产，因为它不能为你带来经济利益。

❸ 很可能：事情发生的概率大于 50%。

## 二、负债

### （一）负债的定义

负债是指企业过去的交易或者事项形成的、预期会导致经济利益流出企业的现时义务。❶ 负债必须是企业承担的现时义务，这里的现时义务是指企业在现行条件下已承担的义务。未来发生的交易或者事项形成的义务，不属于现时义务，不应当确认为负债。

负债的特征有以下几个方面：

(1) 负债是企业承担的现时义务；

(2) 负债预期会导致经济利益流出企业；

(3) 负债是由企业过去的交易或者事项形成的。

### （二）负债的确认条件

将一项现时义务确认为负债，需要符合负债的定义，还需要同时满足以下两个条件：

(1) 与该义务有关的经济利益很可能流出企业；

(2) 未来流出的经济利益的金额能够可靠地计量。

### （三）负债的分类和内容

企业负债分为流动负债和非流动负债两大类。流动负债是指企业将在1年内或超过1年的1个营业周期内偿还的债务。非流动负债又称为长期负债，是指偿还期在1年以上的债务。

## 三、所有者权益❷

### （一）所有者权益的定义

所有者权益，是指企业资产扣除负债后，由所有者享有的剩余权益。公司的所有者权益又称股东权益，是所有者对企业资产的剩余索取权，它是企业的资产扣除债权人权益后应由所有者享有的部分，既可反映所有者投入资本的保值增值情况，又体现了保护债权人权益的理念。

所有者权益的来源包括所有者投入的资本、其他综合收益、留存收益等，通常由股本（或实收资本）、资本公积（含股本溢价或资本溢价、其他资本公积）、其他综合收益、盈余公积和未分配利润等构成。

### （二）所有者权益的确认和计量

所有者权益体现的是所有者在企业中的剩余权益，因此，所有者权益的确认和计量主要依赖于资产、负债、收入、费用等其他会计要素的确认和计量。

### （三）所有者权益的来源构成❸

| 来源 | 科目对应 |
| --- | --- |
| 投入资本 | 股本（或实收资本）、资本公积——股本溢价（或资本溢价） |
| 直接计入所有者权益的利得和损失❹ | 其他综合收益 |
| 留存收益 | 盈余公积、利润分配——未分配利润 |

## 四、收入

### （一）收入的定义

收入是指企业在日常活动中形成的❺、会导致所有者权益增加的、与所有者投入资本无关的经济利益的总流入。

收入的特征有以下三个方面：

(1) 收入是企业在日常活动中形成的；

---

**小鱼讲重点**

❶ 负债必须具备的两个重要条件：

(1) 过去形成的现时义务：比如信用卡额度并不是你的负债，因为你根本还没有借钱；

(2) 导致经济利益流出企业：如果你正在打官司，很可能（大于50%的概率）输掉，那么可以将赔偿款确认为负债。

❷ 可以把"所有者权益"理解为"真正属于你的部分"。比如你现在有100元，其中的60元是你自己打工挣的钱，剩余40元是你找同学借的，此时，根据"资产=负债+所有者权益"，这个100元是你的资产，40元是你需要还给同学的负债，剩下的60元才是真正属于你自己的。所以，不要问别人"你有多少资产"，资产还包含了负债，应该问"你有多少所有者权益"。

❸ 了解即可，后面章节会详细展开。

❹ 与直接计入所有者权益的利得和损失不同，直接计入当期利润的利得和损失，是指应计入当期损益、会导致所有者权益发生增减变动的、与所有者投入资本或者向所有者分配利润无关的利得或损失。其中，利得是指由企业非日常活动所形成的、会导致所有者权益增加的、与所有者投入资本无关的经济利益的流入；损失，是指由企业非日常活动所发生的、会导致所有者权益减少的、与向所有者分配利润无关的经济利益的流出。

直接计入当期利润的利得和损失的核心："非日常"，也就是不经常发生的，比如买彩票中大奖。

❺ 收入和费用的特征是"在日常活动中形成的"，即经常发生的业务活动带来的收入。

(2) 收入是与所有者投入资本无关的经济利益的总流入；
(3) 收入会导致所有者权益的增加。

### (二) 收入的确认条件❶

当企业与客户之间的合同同时满足下列条件时，企业应当在客户取得相关商品控制权时确认收入：

(1) 合同各方已批准该合同并承诺将履行各自义务；
(2) 该合同明确了合同各方与所转让商品或提供劳务相关的权利和义务；
(3) 该合同有明确的与所转让商品或提供劳务相关的支付条款；
(4) 该合同具有商业实质❷，即履行该合同将改变企业未来现金流量的风险、时间分布或金额；
(5) 企业因向客户转让商品或提供劳务而有权取得的对价很可能收回。

## 五、费用

### (一) 费用的定义

费用，是指企业在日常活动中发生的、会导致所有者权益减少的、与向所有者分配利润无关的经济利益的总流出。

根据费用的定义，费用具有三方面特征：
(1) 费用是企业在日常活动中发生的；
(2) 费用会导致所有者权益的减少；
(3) 费用是与向所有者分配利润无关的经济利益的总流出。

### (二) 费用的确认条件

(1) 与费用相关的经济利益应当很可能流出企业；
(2) 经济利益流出企业的结果会导致资产的减少或者负债的增加；
(3) 经济利益的流出额能够可靠计量。

## 六、利润

### (一) 利润的定义

利润是指企业在一定会计期间的经营成果。

### (二) 利润的构成

利润包括收入减去费用后的净额、直接计入当期利润的利得和损失等。

利润 = 收入 − 费用 ± 直接计入所有者权益的利得和损失

（反映企业日常活动的业绩）

## 📖 考点 2：会计要素计量属性及其应用原则❸  **2 分考点**

| 计量属性 | 理解要点 | 适用范围 |
| --- | --- | --- |
| 历史成本❹ | 历史成本又称实际成本，是指取得或制造某项财产物资时所实际支付的现金或者现金等价物；<br>特点：基于经济业务的实际交易成本，而不考虑以后市场价格变化的影响 | 会计要素的初始计量一般使用历史成本 |
| 重置成本❺ | 重置成本又称现行成本，是指按照当前市场条件，重新取得同样一项资产所需支付的现金或现金等价物金额 | 存货盘盈、固定资产盘盈采用重置成本 |

---

**小鱼讲重点**

❶ 了解即可，后面章节会详细展开。

❷ 商业实质的核心就是"真的"，而且要有"正常的对价"，比如离婚前先把所有财产都送给前妻，这就明显是要转移资产、逃避债务，一看就不是真的；或者在破产清算前以一元的价格把机器设备卖了，因为没有正常的对价，所以这也属于在破产清算之前逃避债务。

❸ 在不同的经济业务和情形下，用什么方式来入账。

❹ 取得时的价款，比如 3 年前会计小刘购买了一部 iPhone，购买时的价格为 8 000 元，那么这 8 000 元就是历史成本。

❺ 指当前取得一个一模一样的资产要花多少钱，比如当年那部 8 000 元的手机，现在买一部一样的全新 iPhone 只需要花 4 000 元，那么这 4 000 元就是重置成本。

续表

| 计量属性 | 理解要点 | 适用范围 |
|---|---|---|
| 可变现净值❶ | 可变现净值,是指在生产经营过程中,以预计售价减去进一步加工成本和销售所必需的预计税金、费用后的净值 | 存货的期末计价采用成本与可变现净值孰低法 |
| 现值❷ | 现值,是指对未来现金流量以恰当的折现率进行折现后的价值,是考虑货币时间价值因素等的一种计量属性;采用现值计量时,资产按照预计从其持续使用和最终处置中所产生的未来现金流入量的折现金额计量;负债按照预计期限内需要偿还的未来净现金流出量的折现金额计量 | 资产可收回价值选择公允处置净额与预计未来现金流量折现中的较高口径认定 |
| 公允价值❸ | 公允价值,是指市场参与者在计量日发生的有序交易中,出售一项资产所能收到或者转移一项负债所需支付的价格❹ | 交易性金融资产的期末按照公允价值计量 |

### 📖 小鱼讲例题

2.【单选题】下列关于会计计量属性的说法,正确的是(　　)。【2021年】
A. 企业按照当前市场条件,重新取得一项固定资产所实际支付的现金或者现金等价物,这属于采用现值计量
B. 盘盈的固定资产按照重置成本计量
C. 现值是指对未来现金流量以恰当的折现率进行折现后的价值,但是未考虑货币时间价值
D. 重置成本多用于交易性金融资产和其他债权投资的计量

3.【多选题】企业的会计计量属性包括(　　)。【2018年】
A. 重置成本　　　　　　B. 历史成本
C. 公允价值　　　　　　D. 现值

4.【判断题】采用重置成本计量时,资产应当按照现在购买相同或者相似资产所需支付的现金或者现金等价物的金额计量。(　　)【2018年】

5.【判断题】公允价值,是指市场参与者在计量日发生的有序交易中,出售一项资产所能收到或者转移一项负债所需支付的价格。(　　)【2018年】

2.【答案】B
【解析】选项A,属于用重置成本计量;现值,是指对未来现金流量以恰当的折现率进行折现后的价值,是考虑货币时间价值因素等的一种计量属性,选项C错误;公允价值多用于交易性金融资产和其他债权投资的计量,选项D错误。

3.【答案】ABCD
【解析】会计计量属性主要包括重置成本、历史成本、可变现净值、公允价值和现值等。

4.【答案】√

5.【答案】√

## 📗 考点3:会计等式　**2分考点**

会计等式,又称会计恒等式、会计方程式或会计平衡公式,是表明会计要素之间基本关系的等式。

### (一)会计等式的表现形式

(1)资产 = 负债 + 所有者权益❺。

这一等式反映了企业在某一特定时点资产、负债和所有者权益三者之间的平衡关系,因此,该等式被称为财务状况等式、基本会计等式或静态会计等式,它是复式记账法的理论基础,也是编制资产负债表的依据。

---

### 小鱼讲重点

❶ 把当前的产品卖掉(扣除进一步加工的成本和销售费用等)获得的钱。比如会计小刘想把这部iPhone放在网站上卖,能卖3 000元,但是由于屏幕碎了,需要先花费500元换屏,还要支付邮费20元,可变现净值就是3 000−500−20=2 480(元)。

❷ 未来现金流量折算到现在,一共值多少钱。比如小刘把手机卖给小杨,分期付款,每个月支付500元,连续支付6个月,折算到今天一共值多少钱。

❸ 市场上大家都同意的"市价"。最后小刘的手机,经过讨价还价后以2 200元的价格卖了,则这个2 200元就是公允价值。

❹ 分清不同的情形下使用什么成本入账。

❺ 这个公式表明了资产是从哪儿来的,是借来的(负债)还是真正属于你自己的(所有者权益)。比如会计小刘在北京有一套房,价值500万元,听起来好像挺有钱,但实际上在银行贷款了300万元,会计小刘的所有者权益只有200万元。

(2) 收入－费用＝利润❶。

这一等式反映了企业利润的实现过程，被称为经营成果等式或动态会计等式。收入、费用和利润之间的上述关系，是编制利润表的依据。

> **📘 小鱼讲例题**
>
> 6.【单选题】下列属于企业编制利润表的依据的是（　　）。
> A. 收入－费用＝利润
> B. 资产＝净资产
> C. 资产＝负债＋所有者权益＋收入－费用
> D. 资产＝负债＋所有者权益
>
> 7.【单选题】下列各项中，导致"资产＝负债＋所有者权益"会计等式左右两边金额保持不变的经济业务是（　　）。【2022年】
> A. 收到投资者以专利权出资　　　B. 支付事务所审计费用
> C. 取得短期借款存入银行　　　　D. 以银行存款预付货款

6.【答案】A

7.【答案】D
【解析】选项 A 不符合题意，会导致资产和所有者权益同时增加；选项 B 不符合题意，会导致资产和所有者权益同时减少；选项 C 不符合题意，会导致资产和负债同时增加；选项 D 符合题意，会导致资产内部一增一减，不影响等式两边金额。综上，本题应选 D。

### （二）交易或事项对会计等式的影响❷

企业发生的交易或事项按其对财务状况等式的影响不同，可以分为以下 9 种基本类型：

(1) 一项资产增加、另一项资产等额减少的经济业务。

【小鱼举例子】从银行提取现金 2 万元。

(2) 一项资产增加、一项负债等额增加的经济业务。

【小鱼举例子】从银行借入期限为 3 个月的短期借款 8 000 万元。

(3) 一项资产增加、一项所有者权益等额增加的经济业务。

【小鱼举例子】收到投资者投入的机器一台，价值 5 000 万元。

(4) 一项资产减少、一项负债等额减少的经济业务。

【小鱼举例子】以银行存款 2 000 万元偿还前欠款。

(5) 一项资产减少、一项所有者权益等额减少的经济业务。

【小鱼举例子】股东大会决定减少注册资本 3 000 万元，以银行存款向投资者退回其投入的资本。

(6) 一项负债增加、另一项负债等额减少的经济业务。

【小鱼举例子】到期的应付票据 2 500 万元，因无力偿还转为应付账款。

(7) 一项负债增加、一项所有者权益等额减少的经济业务。

【小鱼举例子】向投资者宣告分配利润 1 000 万元。

(8) 一项所有者权益增加、一项负债等额减少的经济业务。

【小鱼举例子】将企业债务 5 000 万元转为实收资本。

(9) 一项所有者权益增加、另一项所有者权益等额减少的经济业务。

【小鱼举例子】以资本公积 3 000 万元转增资本。

---

**小鱼讲重点**

❶ 这个公式体现了收入、费用、利润之间的关系。比如会计小刘一个月收入 1 万元，听起来似乎挺多的，但是每个月还要产生 5 000 元的房租费用，还要吃喝、通勤……每个月剩下的才是真正能攒下来的部分即利润，而攒下的利润变成了资产的一部分，这也是会计等式的交互关系，因为利润是所有者权益的一部分，而所有者权益又是资产的一部分。

❷ 一般会考查一项经济业务对等式左右两边的影响。学习后面几章的内容后对这个问题会理解得更清楚，现在只需要了解一下。
【小鱼坑】没有会使等式两边一增一减的经济业务！

> 📖 小鱼讲例题
>
> 8.【单选题】下列各项中,导致资产和负债同时增加的是( )。【2020年】
> A.收回其他应收款存入银行　　B.接受投资者投入设备
> C.银行存款偿还短期借款　　　D.赊购原材料
>
> 9.【单选题】将无力支付的商业承兑票据转为企业应付账款,对会计等式的影响是( )。【2018年】
> A.一项资产减少、一项负债减少
> B.一项负债减少、一项所有者权益减少
> C.一项资产增加、一项负债增加
> D.一项负债增加、另一项负债减少
>
> 10.【单选题】下列各项经济业务,不会引起资产总额发生增减变动的是( )。
> A.外购原材料,款项尚未支付　　B.以银行存款偿还前欠货款
> C.接受新投资者追加投资　　　　D.从银行提取备用金

8.【答案】D

【解析】选项A,收回其他应收款存入银行的账务处理:

借:银行存款

　　贷:其他应收款

资产内部的一增一减;

选项B,接受投资者投入设备的账务处理:

借:固定资产

　　贷:实收资本

资产增加的同时所有者权益也增加;

选项C,银行存款偿还短期借款的账务处理:

借:短期借款

　　贷:银行存款

负债减少的同时资产也减少;

选项D,赊购原材料的账务处理:

借:原材料

　　贷:应付账款

资产增加的同时负债也增加。

故选D。

9.【答案】D

【解析】企业无力支付票款,由于商业承兑汇票已经失效,应将应付票据按账面余额转作应付账款,借记"应付票据"科目,贷记"应付账款"科目。对会计等式的影响为:一项负债增加、另一项负债减少。

10.【答案】D

【解析】选项A,资产增加,负债增加;选项B,资产减少,负债减少;选项C,资产增加,所有者权益增加。

# 第二节　会计科目和借贷记账法

### 📘 一个小目标

| 必须掌握 | 了解一下 |
| --- | --- |
| 借贷记账法 | 会计科目与账户 |

微信扫码
观看视频课程

## 考点1：会计科目与账户

### (一) 会计科目❶

(1) 概念：会计科目简称科目，是对**会计要素**具体内容进行分类核算的项目，是进行会计核算和提供会计信息的基本单元。

(2) 分类：会计科目可以按其反映的经济内容（即所属会计要素）、所提供信息的详细程度及其统驭关系分类。

①**按反映的经济内容分类**❷。

| 科目类别 | | 具体内容 |
|---|---|---|
| 资产类 | 流动资产 | 库存现金；银行存款；应收账款；原材料；库存商品 |
| | 非流动资产 | 长期股权投资；长期应收款；固定资产；在建工程；无形资产 |
| 负债类 | 流动负债 | 短期借款；应付账款；应付职工薪酬；应交税费 |
| | 非流动负债 | 长期借款；应付债券；长期应付款 |
| 共同类 | | 清算资金往来；货币兑换；套期工具；被套期项目 |
| 所有者权益类 | | 实收资本（或股本）；资本公积；其他综合收益；盈余公积；本年利润；利润分配；库存股 |
| 成本类❸ | | 生产成本；制造费用；劳务成本 |
| 损益类 | 收入类 | 主营业务收入；其他业务收入 |
| | 费用类 | 主营业务成本；其他业务成本；销售费用；管理费用；财务费用 |

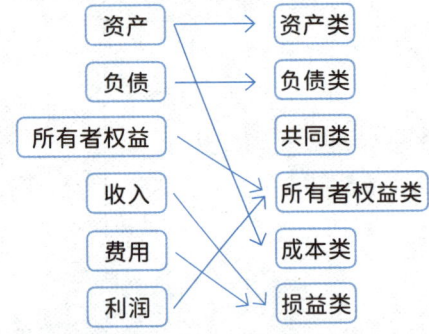

②**按提供信息的详细程度及其统驭关系分类**❹。

| 科目类别 | 具体内容 |
|---|---|
| 总分类科目 | 又称总账科目或一级科目，是对会计要素的具体内容进行总括分类，提供总括信息的会计科目 |
| 明细分类科目 | 又称明细科目，是对总分类科目作的进一步分类，提供更为详细和具体会计信息的科目。并不是所有的总分类科目都有明细科目，如"本年利润"科目 |

### 📘 小鱼讲例题

11.【单选题】根据科目内容计入成本类账户的是（　　）。【2018年】
A. 主营业务成本　　　　B. 制造费用
C. 管理费用　　　　　　D. 其他业务成本

12.【单选题】会计科目是对（　　）的具体内容进行分类核算的项目。
A. 会计主体　　　　　　B. 会计要素
C. 会计对象　　　　　　D. 经济业务

11.【答案】B
【解析】账户是根据科目设置的，成本类科目是对可归属于产品生产成本、劳务成本等的具体内

---

### 小鱼讲重点

❶ 会计科目是怎么来的？
大家都要进行会计核算，会计小刘把现金在账本上记录成"现金"，会计小杨把现金在账本上记录成"钞票"，为了全国统一，就给现金起了一个新名字——"库存现金"。

❷ 经济业务可以分成六大会计要素，每一类会计要素都可以再细分为不同的会计科目。（了解即可）

❸ 成本类账户是每年必考的知识点。请注意，成本类账户包含"生产成本""制造费用"等，未来会形成资产。

❹ 会计小刘在分类时可以只设置一个科目，如"银行存款"（总分类科目）；也可以在"银行存款"下面设置更加详细的科目，如"银行存款——建设银行""银行存款——建设银行——八一路支行"（明细分类科目）。

容进行分类核算的项目,主要有"生产成本""制造费用""合同取得成本""合同履约成本""研发支出"等科目。

12.【答案】B

【解析】会计科目是对会计要素的具体内容进行分类核算的项目。

### (二) 账户 ❶

(1) 概念:账户是根据会计科目设置的,具有一定格式和结构的,用于分类核算会计要素增减变动情况及其结果的载体。

(2) 分类(与科目分类一致):

①根据核算的经济内容,账户分为资产类账户、负债类账户、共同类账户、所有者权益类账户、成本类账户和损益类账户;

②根据提供信息的详细程度及其统驭关系,账户分为总分类账户和明细分类账户。

(3) 账户的结构 ❷:账户是用来连续、系统、完整地记录企业经济活动的,因此必须具有一定的结构。

账户的结构相应地分为两个基本部分,即左、右两方,分别用来记录会计要素的增加和减少。一方登记增加,另一方登记减少。至于账户左、右两方的名称,用哪一方登记增加、用哪一方登记减少,取决于所采用的记账方法和该账户所记录的经济内容。

(4) 账户的金额要素:

期末余额 = 期初余额 + 本期增加发生额 − 本期减少发生额

## 考点 2:借贷记账法 ❸

复式记账法,是指对于每一笔经济业务,都必须用相等的金额在两个或两个以上相互联系的账户中进行登记,全面、系统地反映会计要素增减变化的一种记账方法。

复式记账法分为借贷记账法、增减记账法、收付记账法等。

我国会计准则规定,企业、行政单位和事业单位会计核算采用借贷记账法记账。

借贷记账法,是以"借"和"贷"作为记账符号的一种复式记账法。

### (一) 借贷记账法的账户结构

借贷记账法下,账户的左方称为借方,右方称为贷方。所有账户的借方和贷方按相反方向记录增加数和减少数,即一方登记增加额,另一方就登记减少额 ❹。具体哪一方登记增加、哪一方登记减少,取决于账户的性质和该账户所记录的经济内容的性质。

通常情况下,资产类、成本类和费用类账户的增加记"借"方,减少记"贷"方;负债类、所有者权益类和收入类账户的增加记"贷"方,减少记"借"方。

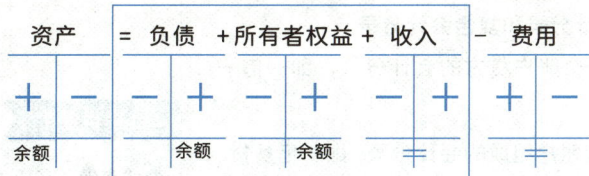

| 账户性质 | 账户结构 | 余额 | 期末余额计算 |
| --- | --- | --- | --- |
| 资产类 / 成本类 | 借增贷减 | 一般在借方,有些账户可能无余额 | 期末借方余额 = 期初借方余额 + 本期借方发生额 − 本期贷方发生额 |
| 负债类 / 所有者权益类 | 贷增借减 | 一般在贷方,有些账户可能无余额 | 期末贷方余额 = 期初贷方余额 + 本期贷方发生额 − 本期借方发生额 |

---

**小鱼讲重点**

❶ 会计科目和账户的关系:

在实际工作中,会计科目和会计账户不严格加以区分,是相互通用的。可以说"库存现金"科目,也可以说成"库存现金"账户。

❷ 丁字账户是怎么来的:

如果你要是记录流水账,就可能会一会儿记录"挣钱",一会儿记录"花钱","挣钱"和"花钱"掺杂在一起;为了能够快速区分"挣钱"和"花钱",不如把"挣钱"放在左边,"花钱"放在右边,这样收支多少一目了然,这就是丁字账户的来源。

| 左方 | 会计科目 | 右方 |
| --- | --- | --- |

具体左边记录增加还是右边记录增加,是由账户的性质决定的。

❸ 借贷记账法是做什么的?

每发生一项经济业务,都会产生两方面的影响。

比如会计小刘跟会计小杨借了100元,这表明会计小刘的负债增加100元,同时其资产也增加了100元。借贷记账法就是从两个方面反映一项经济业务发生的情况。

借贷记账法的记账规则:

Step 1:识别一项经济业务的两方面分别对应什么会计要素下的哪个会计科目。

会计小刘跟会计小杨借了100元,即其负债(短期借款)增加100元,资产(库存现金)增加100元。

Step 2:明确这类会计要素的借贷规则是什么。

资产是借增贷减,负债是借减贷增。

Step 3:画出两个账户并在账户两边记录科目的增减。

续表

| 账户性质 | | 账户结构 | 余额 | 期末余额计算 |
|---|---|---|---|---|
| 损益类 | 收入类 | 贷增借减 | | 期末转入"本年利润"账户计算当期损益，结转后无余额 |
| | 费用类 | 借增贷减 | | |

## 📘 小鱼讲例题

13.【单选题】"实收资本"账户的期末余额等于（　　）。【2019年】
A. 期初余额＋本期借方发生额＋本期贷方发生额
B. 期初余额＋本期借方发生额－本期贷方发生额
C. 期初余额－本期借方发生额－本期贷方发生额
D. 期初余额＋本期贷方发生额－本期借方发生额

14.【单选题】下列各项中，在借贷记账法下关于成本类账户结构描述不正确的是（　　）。
A. 借方登记增加额
B. 贷方登记增加额
C. 期末余额一般在借方
D. 期末余额＝期初余额＋本期借方发生额－本期贷方发生额

13.【答案】D
【解析】实收资本是所有者权益类科目，借方表示减少，贷方表示增加，所以"实收资本"账户的期末余额＝期初余额＋本期贷方发生额－本期借方发生额。

14.【答案】B
【解析】成本类账户增加登记在借方。

### （二）借贷记账法的记账规则

记账规则，是指采用某种记账方法登记具体经济业务时应当遵循的规则。
借贷记账法的记账规则是"有借必有贷，借贷必相等"❶。

### （三）借贷记账法下的账户对应关系与会计分录

（1）账户对应关系，是指采用借贷记账法对每笔交易或事项进行记录时，相关账户之间形成的应借、应贷的相互关系。
（2）会计分录❷，简称分录，是对每项经济业务列示出应借、应贷的账户名称（科目）及其金额的一种记录。会计分录由应借应贷方向、相互对应的科目及其金额三个要素构成。
（3）按照所涉及账户的多少，会计分录分为简单会计分录和复合会计分录。
①简单会计分录，是指只涉及一个账户借方和另一个账户贷方的会计分录，即一借一贷的会计分录。
②复合会计分录，是指由两个以上（不含两个）对应账户组成的会计分录，即一借多贷、多借一贷或多借多贷的会计分录。

### （四）借贷记账法下的试算平衡  `2 分考点`

试算平衡，是指根据借贷记账法的记账规则和资产与权益（负债和所有者权益）的恒等关系，通过对所有账户的发生额和余额的汇总计算与比较，来检查账户记录是否正确的一种方法。

---

（来自上页）❸

| 库存现金 | 短期借款 |
|---|---|
| 100 | 100 |

Step 4：把账户里的内容抄下来，写出会计分录。
借：库存现金　　　100
　　贷：短期借款　　　100

❹ 如何背记账户的借贷记账规则？
按照会计等式，在会计等式左边的就是借增贷减，在会计等式右边的就是借减贷增。由于费用科目虽然在等式右边，但是费用前面的符号为减号，因此费用的记账规则是借增贷减。

### 小鱼讲重点

❶ "有借必有贷，借贷必相等"的主要原因是每发生一项经济业务，都会产生两方面的影响。而正是因为有两方面的影响，才会一方对应借方，另一方对应贷方。

❷ 在我国，会计分录记载于记账凭证中。

### 1. 试算平衡的分类

（1）发生额试算平衡。

发生额试算平衡，是指全部账户本期借方发生额合计与全部账户本期贷方发生额合计保持平衡，即：

全部账户本期借方发生额合计 = 全部账户本期贷方发生额合计

发生额试算平衡的直接依据是借贷记账法的记账规则，即 "有借必有贷，借贷必相等"。

（2）余额试算平衡。

余额试算平衡，是指全部账户借方期末（初）余额合计与全部账户贷方期末（初）余额合计保持平衡，即：

全部账户借方期末（初）余额合计 = 全部账户贷方期末（初）余额合计

余额试算平衡的直接依据是财务状况等式，即：资产 = 负债 + 所有者权益。

> 📖 小鱼讲例题
>
> 15.【判断题】借贷记账法的记账规则 "有借必有贷，借贷必相等" 是余额试算平衡的直接依据。（　　）【2019 年】

15.【答案】×

【解析】发生额试算平衡的直接依据是借贷记账法的记账规则，即 "有借必有贷，借贷必相等"。

### 2. 试算平衡表的编制

试算平衡是通过编制试算平衡表进行的。

试算平衡只是通过借贷金额是否平衡来检查账户记录是否正确的一种方法。（期初余额、本期发生额、期末余额均借贷平衡❶）

**试算平衡表**

| 账户名称 | 期初余额 | | 本期发生额 | | 期末余额 | |
|---|---|---|---|---|---|---|
| | 借方 | 贷方 | 借方 | 贷方 | 借方 | 贷方 |
| 库存现金 | 10 000 | | 8 000 | | 18 000 | |
| 银行存款 | 160 000 | | 1 020 000 | 598 000 | 582 000 | |
| 原材料 | 200 000 | | 100 000 | | 300 000 | |
| 固定资产 | 11 000 000 | | 300 000 | | 11 300 000 | |
| 短期借款 | | 130 000 | 200 000 | 600 000 | | 530 000 |
| 应付票据 | | 120 000 | | 50 000 | | 170 000 |
| 应付账款 | | 100 000 | 110 000 | 70 000 | | 60 000 |
| 实收资本 | | 11 020 000 | | 420 000 | | 11 440 000 |
| 合计 | 11 370 000 | 11 370 000 | 1 738 000 | 1 738 000 | 12 200 000 | 12 200 000 |

## 第三节　会计凭证和会计账簿

📑 一个小目标

| 必须掌握 | 了解一下 |
|---|---|
| 会计凭证 | |
| 会计账簿 | |

微信扫码
观看视频课程

> **小鱼讲重点**
>
> ❶ 如果借贷双方发生额或余额相等，表明账户记录可能正确，但有些错误并不影响借贷双方的平衡，因此，试算不平衡，表示记账一定有错误，但试算平衡也不能表明记账一定正确。
>
> 不影响借贷双方平衡关系的错误包括：
>
> （1）漏记某项经济业务，使本期借贷双方的发生额等额减少，借贷仍然平衡；
>
> （2）重记某项经济业务，使本期借贷双方的发生额等额虚增，借贷仍然平衡；
>
> （3）某项经济业务记录的应借、应贷科目正确，但借贷双方金额同时多记或少记，且金额一致，借贷仍然平衡；
>
> （4）某项经济业务记错有关账户，借贷仍然平衡；
>
> （5）某项经济业务在账户记录中，颠倒了记账方向，借贷仍然平衡；
>
> （6）某借方或贷方发生额中，偶然发生多记和少记并相互抵销，借贷仍然平衡。

## 考点1：会计凭证　**2分考点**

### （一）会计凭证概述

会计凭证，是指记录经济业务发生或者完成情况的书面证明，是登记账簿的依据，<u>包括纸质会计凭证和电子会计凭证两种形式。</u>

| 类别 | 概念 | 应用 |
|---|---|---|
| 原始凭证❶ | 又称单据，是指在经济业务发生或完成时取得或填制的，用以<u>记录或证明经济业务的发生</u>或完成情况的原始凭证。<br>原始凭证的作用主要是<u>记载经济业务的发生过程和具体内容</u> | 现金收据、发货票、增值税专用（或普通）发票、差旅费报销单、产品入库单、领料单等 |
| 记账凭证❷ | 又称记账凭单，是指会计人员根据审核无误的原始凭证，按照经济业务的内容加以归类，并据以确定会计分录后填制的会计凭证，作为<u>登记账簿的直接依据</u>。<br>记账凭证的作用主要是<u>确定会计分录，进行账簿登记</u>，反映经济业务的发生或完成情况，监督企业经济活动，明确相关人员的责任 | 填制审核会计凭证是会计核算的专门方法之一，也是会计核算工作的起点。<br>一切会计凭证必须经过有关人员的审核，只有<u>经过审核的会计凭证</u>才能作为登记账簿的依据 |

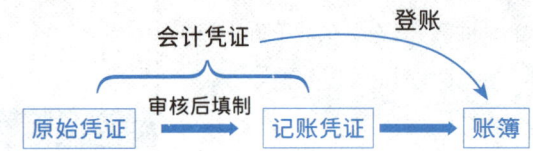

### （二）原始凭证

**1. 原始凭证的种类**❸

| 分类依据 | 类别 | 举例 |
|---|---|---|
| 按取得来源分类 | 自制原始凭证 | 是指由本单位有关部门和人员，在执行或完成某项经济业务时填制的原始凭证，如领料单、产品入库单、借款单等 |
| | 外来原始凭证 | 是指在经济业务发生或完成时，从其他单位或个人直接取得的原始凭证，如购买原材料取得的增值税专用发票、职工出差报销的飞机票、火车票和餐饮费发票等 |
| 按格式分类 | 通用凭证 | 是指由<u>有关部门统一印制</u>、在一定范围内使用的具有统一格式和使用方法的原始凭证，如某省（市）印制的在该省（市）通用的发票、收据等，由中国人民银行制作的在全国通用的银行转账结算凭证，由国家税务总局统一印制的全国通用的增值税专用发票等 |
| | 专用凭证 | 是指由单位自行印制、<u>仅在本单位内部使用</u>的原始凭证，如领料单、差旅费报销单、折旧计算表、工资费用分配表等 |
| 按填制的手续和内容分类 | 一次凭证 | 指<u>一次填制完成，只记录一笔经济业务</u>且仅一次有效的原始凭证，如收据、收料单、发货票、银行结算凭证等 |
| | 累计凭证 | 指在一定时期内<u>多次记录发生的同类型经济业务</u>且多次有效的原始凭证，如限额领料单 |
| | 汇总凭证 | 指对一定时期内反映经济业务内容相同的若干张原始凭证，按照一定标准<u>综合填制</u>的原始凭证，如发料凭证汇总表 |

#### 📖 小鱼讲例题

16.【单选题】下列各项中，属于企业外来原始凭证的是（　　）。【2021年】
A. 内部使用的借款单　　B. 领料单
C. 产品入库单　　D. 职工出差报销的飞机票

17.【判断题】企业生产车间在一定时期内领用原材料多次使用同一张限额领料单，属于累计凭证。（　　）【2019年】

### 小鱼讲重点

❶ 原始凭证就是发生了真实的经济业务后开具的证明凭证，如出租车票、火车票等。

❷ 记账凭证就是根据原始凭证填制会计分录，作为登记账簿的依据。比如对方交来一张原材料的采购发票（原始凭证），会计人员需要在记账凭证上填制会计分录：
借：原材料
　　应交税费——应交增值税（进项税额）
贷：银行存款

❸ 只要能分清不同原始凭证分属哪一类就可以啦。

16.【答案】D

【解析】选项 A、B、C 属于企业自制原始凭证。

17.【答案】√

**2. 原始凭证的基本内容** ❶

（1）名称；

（2）填制日期；

（3）填制单位名称和填制人姓名；

（4）经办人员签名或盖章；

（5）接受凭证单位名称；

（6）经济业务内容；

（7）数量、单价和金额。

**3. 原始凭证的填制要求**

| 原始凭证的基本要求 | （1）记录真实；<br>（2）内容完整；<br>（3）手续完备：自制凭证——经办单位相关负责人签名盖章；对外开出原始凭证——加盖本单位公章或财务专用章；外来凭证——填制单位公章或财务专用章；从个人处取得——填制人签名或盖章；<br>（4）书写清楚、规范；<br>（5）编号连续；<br>（6）不得涂改、刮擦、挖补："金额"有错误——出具单位重开，不得更正；其他错误——出具单位重开或更正，更正处应加盖出具单位印章❷；<br>（7）填制及时 |
|---|---|
| 自制原始凭证的种类及要求 | （1）一次凭证，应在经济业务发生或完成时，由相关业务人员一次填制完成；<br>（2）累计凭证，应在每次经济业务完成后，由相关人员在同一张凭证上重复填制完成，可以在一段时间内不断重复反映同类经济业务的完成情况；<br>（3）汇总凭证，应由相关人员在汇总一定时期内反映同类经济业务的原始凭证后填制完成 |

### 📘 小鱼讲例题

18.【单选题】下列各项中，对于金额有错误的原始凭证处理方法正确的是（  ）。【2018年】

A. 由出具单位在凭证上更正并加盖出具单位公章

B. 由出具单位在凭证上更正并由经办人员签名

C. 由出具单位在凭证上更正并由单位负责人签名

D. 由出具单位重新开具凭证

18.【答案】D

【解析】原始凭证金额有错误的，应当由出具单位重新开具，不得在原始凭证上更正，因此选项 D 正确。

**4. 原始凭证的审核**

（1）审核原始凭证的真实性；

（2）审核原始凭证的合法性、合理性；

（3）审核原始凭证的完整性；

（4）审核原始凭证的正确性。

---

**小鱼讲重点**

❶ 了解即可，原始凭证上没有会计科目、借贷符号和会计人员的签章。

❷（1）如果自制原始凭证已经预先连续编号，填制错误时，应加盖作废戳记，妥善保管，不得撕毁。

（2）外来原始凭证有错误时，应退回更正或重开，但金额错误只能重开，不得更正。

## （三）记账凭证

### 1. 记账凭证的种类

| 种类 | 内容 |
|---|---|
| 收款凭证 | 是指用于记录库存现金和银行存款收款业务的记账凭证。收款凭证根据有关库存现金和银行存款收款业务的原始凭证填制，是登记库存现金日记账、银行存款日记账以及有关明细分类账和总分类账等账簿的依据，也是出纳人员收讫款项的依据 |
| 付款凭证 | 是指用于记录库存现金和银行存款付款业务的记账凭证。付款凭证根据有关库存现金和银行存款支付业务的原始凭证填制，是登记库存现金日记账、银行存款日记账以及有关明细分类账和总分类账等账簿的依据，也是出纳人员支付款项的依据 |
| 转账凭证 | 记录不涉及库存现金和银行存款业务的记账凭证，是登记有关明细分类账和总分类账等账簿的依据❶ |

### 2. 记账凭证的基本内容

| 项目 | | 内容 |
|---|---|---|
| 基本内容 | | （1）日期：记账凭证的日期为填制记账凭证日期，而不是发生经济业务的日期；<br>（2）凭证编号；<br>（3）经济业务摘要；<br>（4）应借应贷会计科目；<br>（5）金额❷；<br>（6）所附原始凭证的张数；<br>（7）填制凭证人员、稽核人员、记账人员、会计机构负责人、会计主管人员签名或盖章 |
| 填制要求 | 基本要求 | （1）内容完整、书写清楚和规范；<br>（2）除结账和更正错账可以不附原始凭证外，其他记账凭证必须附原始凭证❸；<br>（3）记账凭证可以根据每一张原始凭证填制，或根据若干张同类原始凭证汇总填制，也可根据原始凭证汇总表填制，但不得将不同内容和类别的原始凭证汇总填制在一张记账凭证上，记账凭证应连续编号；<br>（4）填制记账凭证时若发生错误，应当重新填制❹；<br>（5）记账凭证填制完成后，如有空行，应当自金额栏最后一笔金额数字下的空行处至合计数上的空行处划线注销 |
| | 收款凭证的填制要求 | （1）左上角的"借方科目"按收款性质填写"库存现金"或"银行存款"；<br>（2）日期填写的是填制本凭证的日期；<br>（3）右上角填写填制收款凭证的顺序号；<br>（4）"摘要"填写所记录经济业务的简要说明；<br>（5）"贷方科目"填写与收入"库存现金"或"银行存款"相对应的会计科目；<br>（6）"记账"是指该凭证已登记账簿的标记，防止经济业务重记或漏记；<br>（7）"金额"是指该项经济业务的发生额；<br>（8）凭证右边"附单据×张"是指该记账凭证所附原始凭证的张数；<br>（9）最下边分别由有关人员签章，以明确账经管责任 |
| | 付款凭证的填制要求 | （1）与收款凭证基本相同，不同之处在于：贷方科目填写"库存现金"或"银行存款"，借方科目则填写对应科目；<br>（2）现金与银行存款之间划转业务，只填写付款凭证；<br>（3）出纳人员在办完收付款业务后，应在原始凭证上加盖"收讫"或"付讫"戳记，以免重收重付 |
| | 转账凭证的填制要求 | （1）"总账科目"和"明细科目"对应填写；<br>（2）借方科目应记金额应在同一行的"借方金额"栏分列，贷方科目同理；<br>（3）"借方金额"栏合计数与"贷方金额"栏合计数相等 |
| | 审核 | （1）是否有原始凭证为依据，所附原始凭证或原始凭证汇总表的内容与记账凭证的内容是否一致；<br>（2）项目填写是否齐全；<br>（3）应借、应贷科目以及对应关系是否正确；<br>（4）金额是否与原始凭证一致，计算是否正确；<br>（5）是否已加盖"收讫"或"付讫"戳记 |

---

**小鱼讲重点**

❶ 请注意，转账凭证跟我们平时所说的"银行转账"不是一回事。转账凭证是跟钱没关系的业务，既然没有收到钱也没有付出钱，也就填不了收款凭证或者付款凭证，只能填"转账凭证"。
对于库存现金和银行存款之间的相互划转的收、付款业务，到底是填库存现金的收款凭证还是填银行存款的付款凭证呢？会计上统一只填付款凭证，不填收款凭证。比如说从银行取现，会计分录是：
借：库存现金
　　贷：银行存款
因此是用银行存款给库存现金付款，只需要填制"银行存款的付款凭证"就可以啦。

❷ 请注意：没有数量、单价，只需要填金额。

❸ 记账凭证后必须附有原始凭证，表示这个经济业务是真实发生的，但是有一些业务没有原始凭证，比如结账和更正错账，因此不需要附有原始凭证。

❹ 记账凭证是会计在空白的记账凭证上"写分录"，如果写错了就要重写。
（1）已经登记入账的记账凭证在当年内发现填写错误时，用红字冲销。
（2）如果会计科目没有错误，只是金额错误，也可以将正确数字与错误数字之间的差额另编制一张调整的记账凭证，调增金额用蓝字，调减金额用红字。
（3）发现以前年度记账凭证有错误时，应当用蓝字填制一张更正的记账凭证。

> 📖 小鱼讲例题
>
> 19.【单选题】下列各项中，关于记账凭证填制基本要求的表述不正确的是（　　）。【2020年】
> A. 可以将不同内容和类别的原始凭证合并填制一张记账凭证
> B. 登记账簿前，记账凭证填制错误的应重新填制
> C. 记账凭证应连续编号
> D. 除结账和更正错账可以不附原始凭证外，其他记账凭证必须附原始凭证
>
> 20.【多选题】可以根据下列哪些原始凭证登记记账凭证？（　　）【2021年】
> A. 根据每一张原始凭证填制　　B. 根据若干张同类原始凭证汇总填制
> C. 根据原始凭证汇总表填制　　D. 根据不同内容和类别的原始凭证汇总填制
>
> 21.【多选题】下列各项中，企业应根据相关业务的原始凭证编制收款凭证的有（　　）。【2019年】
> A. 收取出租包装物押金　　B. 从银行存款中提取现金
> C. 将库存现金送存银行　　D. 销售产品取得货款存入银行
>
> 22.【判断题】会计人员在记账过程中，除结账和更正错账可以不附原始凭证外，其他记账凭证必须附原始凭证。（　　）【2019年】

19.【答案】A

【解析】选项A和选项C，记账凭证可以根据每一张原始凭证填制，或根据若干张同类原始凭证汇总填制，也可根据原始凭证汇总表填制，但不得将不同内容和类别的原始凭证汇总填制在一张记账凭证上，记账凭证应连续编号；选项B，填制记账凭证时若发生错误，应当重新填制；选项D，除结账和更正错账可以不附原始凭证外，其他记账凭证必须附原始凭证。

20.【答案】ABC

21.【答案】AD

【解析】将现金存入银行，从银行提取现金只需编制付款凭证，选项B和选项C需要编制付款凭证。

22.【答案】√

### （四）会计凭证的保管

（1）会计机构在依据会计凭证记账以后，应定期（每天、每旬或每月）对各种会计凭证进行分类整理，将各种记账凭证按照编号顺序，连同所附的原始凭证一起加具封面和封底，装订成册。并在装订线上加贴封签，防止抽换凭证。会计凭证封面应注明单位名称、凭证种类、凭证张数、起止号数、年度、月份、会计主管人员和装订人员等有关事项，会计主管人员和保管人员等应在封面上签章。

从外单位取得的原始凭证遗失时，应取得原签发单位盖有公章的证明，并注明原始凭证的号码、金额、内容等，由经办单位会计机构负责人、会计主管人员和单位负责人批准后，才能代作原始凭证。若确实无法取得证明的，如车票丢失，则应由当事人写明详细情况，由经办单位会计机构负责人、会计主管人员和单位负责人批准后，代作原始凭证。

（2）原始凭证较多时，可单独装订，但应在凭证封面注明所属记账凭证的日期、编号和种类，同时在所属的记账凭证上应当注明"附件另订"及原始凭证的名称和编号，以便查阅。对各种重要的原始凭证，如押金收据、提货单等，以及各种需要随时查阅和退回的单据，应另编目录，单独保管，并在有关的记账凭证和原始凭证上分别注明日期和编号。

（3）同时满足以下条件的，单位内部形成的属于归档范围的电子会计凭证等电子会计资料，可仅以电子形式保存，形成电子会计档案，无须打印电子会计资料纸质件进行归档保存：

①形成的电子会计资料来源真实有效，由计算机等电子设备形成和传输。

②使用的会计核算系统能够准确、完整、有效接收和读取电子会计资料，能够输出符合国家标准归档格式的会计凭证、会计账簿、财务会计报表等会计资料，设定了经办、审核、审批等必要的审签程序。

③使用的电子档案管理系统能够有效接收、管理、利用电子会计档案，符合电子档案的长期保管要求，并建立了与电子会计档案相关联的其他纸质会计档案的检索关系。

④采取有效措施，防止电子会计档案被篡改。

⑤建立电子会计档案备份制度，能够有效防范自然灾害、意外事故和人为破坏的影响。

⑥形成的电子会计资料不属于具有永久保存价值或者其他重要保存价值的会计档案。

在同时满足上述条件的情况下，单位从外部接收的电子会计资料附有符合《电子签名法》规定的电子签名的，可仅以电子形式归档保存，形成电子会计档案，无须打印电子会计资料纸质件进行归档保存❶。

单位仅以电子形式保存会计档案的，原则上应从一个完整会计年度的年初开始执行，以保证其年度会计档案保存形式的一致性。

（4）当年形成的会计档案，在会计年度终了后，可由单位会计机构临时保管一年，期满后再移交本单位档案机构统一保管；因工作需要确需推迟移交的，应当经单位档案管理机构同意，且最长不超过三年；单位未设立档案机构的，应在会计机构等机构内部指定专人保管。出纳人员不得兼管会计档案。

（5）单位保存的会计档案一般不得对外借出❷，确因工作需要且根据国家有关规定必须借出的，应当严格按照规定办理相关手续；其他单位如有特殊原因，确实需要使用单位会计档案时，经本单位会计机构负责人、会计主管人员批准，可以复制。向外单位提供的会计档案复制件，应在专设的登记簿上登记，并由提供人员和收取人员共同签名或者盖章。

（6）单位应当严格遵守会计档案的保管期限要求，保管期满前不得任意销毁。会计档案达到保管期限的，单位应当组织对到期会计档案进行鉴定。经鉴定，仍需继续保存的会计档案，应当重新划定保管期限；对保管期满，确无保存价值的会计档案，可以销毁；保管期满但未结清的债权债务会计凭证和涉及其他未了事项的会计凭证不得销毁，纸质会计档案应当单独抽出立卷，电子会计档案单独转存，保管到未了事项完结时为止。

### 📘 小鱼讲例题

23.【判断题】单位保管的原始凭证经本单位会计机构负责人批准后可借给其他单位使用。（　　）【2018年】

23.【答案】×

【解析】原始凭证不得外借，其他单位如有特殊原因确实需要使用时，经本单位会计机构负责人、会计主管人员批准，可以复制。向外单位提供的会计档案复制件，应在专设的登记簿上登记，并由提供人员和收取人员共同签名或者盖章。

## 📖 考点2：会计账簿

### （一）会计账簿概述

会计账簿，简称账簿，是指由一定格式的账页组成的，以经过审核的会计凭证为依据，全面、系统、连续地记录各项经济业务和会计事项的簿籍。

---

**小鱼讲重点**

❶ 当前基本全面实现会计电算化，可以仅以电子档案保存，无须打印。

❷ 会计档案十分重要，原件肯定不得对外借出。

## 1. 会计账簿的基本内容

（1）封面，主要用来标明账簿的名称，如总分类账、各种明细分类账、库存现金日记账、银行存款日记账等。

（2）扉页，主要用来列明会计账簿的使用信息，如科目索引、账簿启用和经管人员一览表等。

（3）账页，是账簿用来记录经济业务的主要载体，包括账户的名称、日期栏、凭证种类和编号栏、摘要栏、金额栏，以及总页次和分户页次等基本内容。

## 2. 会计账簿的种类  `2分考点`

| 分类依据 | 类别 | 重点提示 |
|---|---|---|
| 按用途分类 | 序时账簿❶ | 序时账簿，又称日记账，是指按照经济业务发生时间的先后顺序逐日逐笔登记的账簿 |
| | | 库存现金日记账和银行存款日记账 |
| | 分类账簿❷ | 分类账簿，是指按照分类账户设置登记的账簿。它是会计账簿的主体，也是编制财务报表的主要依据 |
| | | 账簿根据其反映经济业务的详略程度，可分为总分类账簿和明细分类账簿。其中，总分类账簿，简称总账，是根据总分类账户设置的，总括地反映某类经济活动，通常采用三栏式。明细分类账簿，简称明细账，是根据明细分类账户设置的，用来提供明细的核算资料。明细分类账簿可采用的格式主要有三栏式、多栏式和数量金额式三种 |
| | 备查账簿❸ | 备查账簿，又称辅助登记簿或补充登记簿，是对某些在序时账簿和分类账簿中未能记载或记载不全的经济业务进行补充登记的账簿，例如，反映企业租入固定资产的"租入固定资产登记簿"、反映为其他企业代管商品的"代管商品物资登记簿"等 |
| 按账页格式分类 | 三栏式账簿❹ | 三栏式账簿，是指设有借方、贷方和余额三个金额栏目的账簿。各种日记账、总账以及资本、债权、债务明细账都可采用三栏式账簿 |
| | 多栏式账簿❺ | 多栏式账簿，是指在账簿的两个金额栏目（借方和贷方）按需要分设若干专栏的账簿。多栏式账簿又分为借方多栏式、贷方多栏式和借贷方多栏式。收入、成本、费用明细账一般采用多栏式账簿 |
| | 数量金额式账簿❻ | 数量金额式账簿，是指在账簿的借方、贷方和余额三个栏目内，每个栏目再分设数量、单价和金额三小栏，借以反映财产物资的实物数量和价值量的账簿。原材料、库存商品等明细账一般采用数量金额式账簿 |
| 按外形特征分类 | 订本式账簿❼ | 订本式账簿，简称订本账，是在启用前将编有顺序页码的一定数量账页装订成册的账簿。订本式账簿一般适用于重要的和具有统驭性的总分类账、库存现金日记账和银行存款日记账 |
| | 活页式账簿❽ | 活页式账簿，简称活页账，是将一定数量的账页置于活页夹内，可根据记账内容的变化而随时增加或减少部分账页的账簿。活页式账簿一般适用于明细分类账 |
| | 卡片式账簿❾ | 卡片式账簿，简称卡片账，是将一定数量的卡片式账页存放于专设的卡片箱中，可以根据需要随时增添账页的账簿。企业一般只对固定资产的核算采用卡片账形式，也有少数企业在材料核算中使用材料卡片 |

三栏式账页

| 2021年 | | 凭证号数 | 摘要 | 对方科目 | 借方金额 | 贷方金额 | 借或贷 | 余额 |
|---|---|---|---|---|---|---|---|---|
| 月 | 日 | | | | | | | |
| | | | | | | | | |
| | | | | | | | | |
| | | | | | | | | |

### 小鱼讲重点

❶ 序时账簿就是每天都要登记的账簿。只有银行存款和库存现金才需要"每日记账"（跟钱有关）。

❷ 分类账簿就是按照会计科目设置的账簿，比如"固定资产总分类账""银行存款——建行明细分类账"。

❸ 备查账簿只是对其他账簿的补充，和其他账簿之间没啥关系，也没有固定的格式要求。

❹ 基本上大部分的科目都是记录在三栏式账簿中。

❺ 采用多栏式账簿的主要原因是某科目下有很多明细分类科目，比如"管理费用"科目下，有工资、福利、办公费等，多栏式账簿能够更清晰地反映管理费用的具体组成。

❻ 数量金额式账簿主要适用于有数量和金额的会计科目，比如原材料、库存商品等。

❼ 订本式账簿就是订在一起的账本，不能随便撕页、跳页，因此重要的账簿都是这类账簿。

❽ 活页式账簿可以将里面的活页抽出，因此适合明细账这种不是特别重要的账簿。

❾ 比如你的办公电脑后面贴了一张固定资产卡片，它就属于卡片式账簿的一种。

管理费用多栏明细账

| 2021年 | | 凭证号数 | 摘要 | 借方金额 | | | | 贷方金额 | 借或贷 | 余额 |
|---|---|---|---|---|---|---|---|---|---|---|
| 月 | 日 | | | 工资 | 福利费 | 办公费 | 合计 | | | |
| | | | | | | | | | | |
| | | | | | | | | | | |
| | | | | | | | | | | |

主营业务收入多栏明细账

| 2021年 | | 凭证号数 | 摘要 | 借方金额 | 贷方金额 | | | | 借或贷 | 余额 |
|---|---|---|---|---|---|---|---|---|---|---|
| 月 | 日 | | | | A产品 | B产品 | C产品 | D产品 | | |
| | | | | | | | | | | |
| | | | | | | | | | | |
| | | | | | | | | | | |

原材料明细账

| 2021年 | | 凭证号数 | 摘要 | 借方 | | | 贷方 | | | 余额 | | |
|---|---|---|---|---|---|---|---|---|---|---|---|---|
| 月 | 日 | | | 数量 | 单价 | 金额 | 数量 | 单价 | 金额 | 数量 | 单价 | 金额 |
| | | | | | | | | | | | | |
| | | | | | | | | | | | | |
| | | | | | | | | | | | | |

> 📖 **小鱼讲例题**
>
> 24.【多选题】下列各项中,适合采用三栏式明细分类账簿进行明细账核算的有(　　)。
> A. 向客户赊销商品形成的应收账款
> B. 生产车间发生的制造费用
> C. 购买并验收入库的原材料
> D. 向银行借入的短期借款
>
> 25.【多选题】在下列账户中,采用数量金额式账簿进行明细登记的是(　　)。【2020年】
> A. 应收账款　　　　　　　　B. 生产成本
> C. 库存商品　　　　　　　　D. 原材料

24.【答案】AD
【解析】各种日记账、总账以及资本、债权、债务明细账都可采用三栏式账簿。选项 B 适用于多栏式账簿;选项 C 适用于数量金额式账簿。

25.【答案】CD
【解析】数量金额式账簿,是指在账簿的借方、贷方和余额三个栏目内,每个栏目再分设数量、单价和金额三小栏,借以反映财产物资的实物数量和价值量的账簿。原材料、库存商品等明细账一般采用数量金额式账簿。

## (二) 会计账簿的启用与登记要求

**1. 会计账簿的启用要求**

(1) 启用会计账簿时,应当在账簿封面上写明单位名称和账簿名称,并在账簿扉页上附启用表。

(2) 启用订本式账簿时应当从第一页到最后一页顺序编定页数,<u>不得跳页、缺号</u>。

(3) 使用活页式账簿时应当按账户顺序编号,并须定期装订成册,装订后再按实际使用的账页顺序编定页码,另加目录以便于记明每个账户的名称和页次。

**2. 会计账簿的登记要求**

为了保证账簿记录的正确性,必须根据审核无误的<u>会计凭证</u>❶<u>登记会计账簿</u>❷,并符合

---

**小鱼讲重点**

❶ 请注意:这里是依据会计凭证登记会计账簿,即记账凭证和原始凭证。

❷ 会计小刘的基本工作:
(1) 根据原始凭证登记记账凭证(在记账凭证上写分录);
(2) 根据连续编号、审核好的记账凭证(或者原始凭证)登记会计账簿。

有关法律、行政法规和国家统一的会计制度的规定。

（1）登记会计账簿时，应当将会计凭证日期、编号、业务内容摘要、金额和其他有关资料逐项记入账簿。

（2）为了保持账簿记录的持久性，防止涂改，登记账簿必须使用蓝黑墨水笔或碳素墨水笔书写，不得使用圆珠笔（银行的复写账簿除外）或者铅笔书写[1]。

（3）会计账簿应当按照连续编号的页码顺序登记。记账时发生错误或隔页、缺号、跳行的，应在空页、空行处用红色墨水划对角线注销，或注明"此页空白""此行空白"字样，记账人员和会计机构负责人、会计主管人员在更正处签章。

（4）凡需结出余额的账户，结出余额后，应在"借或贷"栏中注明"借"或"贷"字样，以示余额方向。没有余额的账户，在"借"或"贷"栏内注明"平"字，并将"余额"栏中的"元"位用"θ"表示[2]。

（5）每一账页登记完毕时，应当结出本页发生额合计及余额，在该账页最末一行"摘要"栏注明"转次页"或"过次页"，并将这一金额记入下一页第一行有关金额栏内，在该行"摘要"栏注明"承前页"，以保持账簿记录的连续性，便于对账和结账。

（6）账簿记录发生错误时，不得刮擦、挖补或用褪色药水更改字迹，而应采用规定的方法更正。

### （三）会计账簿的格式与登记方法 **2分考点**

**1. 日记账的格式与登记方法**

日记账，是指根据经济业务发生或完成的时间先后顺序逐日逐笔进行登记的账簿。设置日记账的目的，是使经济业务的时间顺序清晰地反映在账簿记录中。在我国，大多数企业一般只设库存现金日记账和银行存款日记账。

（1）库存现金日记账的格式与登记方法。

库存现金日记账[3]是用来核算和监督库存现金日常收、付和结存情况的序时账簿。

库存现金日记账的主要格式为三栏式，由出纳人员根据库存现金收款凭证、库存现金付款凭证和银行存款付款凭证[4]，按照库存现金收、付款业务和银行存款付款业务发生时间的先后顺序逐日逐笔登记。

每日终了，应分别计算库存现金收入和支出的合计数，并结出余额，同时将余额与出纳人员的库存现金核对。如账款不符应查明原因，记录备案。月终同样要计算库存现金收、支和结存的合计数。

企业应当设置库存现金总账和库存现金日记账，分别进行库存现金的总分类核算和明细分类核算。

> 📖 **小鱼讲例题**

26.【单选题】下列各项中，出纳人员根据会计凭证登记现金日记账正确的做法是（　　）。【2018年】
A. 根据库存现金收付业务凭证逐笔、序时登记
B. 根据现金收付款凭证金额相抵的差额登记
C. 将现金收款凭证汇总后再登记
D. 将现金付款凭证汇总后再登记

26.【答案】A
【解析】三栏式库存现金日记账由出纳人员根据库存现金收款凭证、库存现金付款凭证和银行存款付款凭证，按照库存现金收、付款业务和银行存款付款业务发生时间的先后顺序逐日逐笔登记。

---

> **小鱼讲重点**

[1] 下列情况下可以依据红色墨水笔记账（红字代表负数）：
（1）按照红字冲账的记账凭证，冲销错误记录；
（2）在不设借贷等栏的多栏式账页中，登记减少数；
（3）在三栏式账户的余额栏前，如未印明余额方向，在余额栏内登记负数余额；
（4）根据国家规定可以用红字登记的其他会计记录。

[2] 库存现金日记账和银行存款日记账必须逐日结出余额。

[3] 库存现金日记账一般都是三栏式+订本账，并且要每日结出余额（跟钱有关可不得每天都算账）。

[4] 登记库存现金日记账为啥会有银行存款付款凭证？

前面说过，对于库存现金和银行存款之间的相互划转的收、付款业务，只需要填写付款凭证。

比如现在有一笔业务：
借：库存现金
　　贷：银行存款

此时，只需要填写银行存款付款凭证（因为是银行付给现金）就行，这个时候虽然有关于现金的业务，但是并没有填制库存现金的凭证。一定要记住，银行存款付款凭证也是填制库存现金日记账的重要依据！

(2) 银行存款日记账的格式与登记方法。

银行存款日记账，是用来核算和监督银行存款每日的收入、支出和结余情况的账簿。

银行存款日记账应按企业在银行开立的账户和币种分别设置，每个银行账户设置一本日记账。由出纳人员根据与银行存款收付业务有关的记账凭证，按时间先后顺序逐日逐笔进行登记。根据银行存款收款凭证和有关的库存现金付款凭证（如现金存入银行的业务）登记银行存款收入栏，根据银行存款付款凭证登记其支出栏，并每日结出存款余额。

银行存款日记账的登记方法与库存现金日记账的登记方法基本相同。

> 📖 小鱼讲例题
>
> 27.【单选题】下列各项中，关于银行存款日记账的表述正确的是（　　）。【2021年】
> A. 应按实际发生的经济业务定期汇总登记
> B. 仅以银行存款付款凭证为记账依据
> C. 应按企业在银行开立的账户和币种分别设置
> D. 不得使用多栏式账页格式
>
> 28.【单选题】下列各项中，不能作为登记银行存款日记账凭证的是（　　）。
> A. 库存现金付款凭证
> B. 库存现金收款凭证
> C. 银行存款收款凭证
> D. 银行存款付款凭证

27.【答案】C
【解析】选项A，应逐日逐笔登记银行存款日记账；选项B，银行存款日记账记账依据有银行存款付款凭证、银行存款收款凭证和库存现金付款凭证；选项D，银行存款日记账可以选择多栏式账页格式。

28.【答案】B
【解析】提取库存现金编制银行存款付款凭证，不编制库存现金收款凭证，所以库存现金收款凭证不能作为登记银行存款日记账的凭证。

**2. 总分类账的格式与登记方法**

总分类账，是指按照总分类账户分类登记以提供总括会计信息的账簿。其最常用的类型是三栏式。

总分类账的登记方法因登记的依据不同而有所不同。经济业务少的小型单位的总分类账可以根据记账凭证逐笔登记；经济业务多的大中型单位的总分类账，可以根据记账凭证汇总表（又称科目汇总表）或汇总记账凭证等定期登记。

**3. 明细分类账的格式与登记方法**

明细分类账是根据有关明细分类账户设置并登记的账簿。明细分类账的常用格式如下。

（1）三栏式。

三栏式账页是设有借方、贷方和余额三个栏目，用以分类核算各项经济业务，提供详细核算资料的账簿，其格式与三栏式总账格式相同。

（2）多栏式。

多栏式账页将属于同一个总账科目的各个明细科目合并在一张账页上进行登记，即在这种格式账页的借方或贷方金额栏内按照明细项目设若干专栏。这种格式适用于收入、成本、费用类科目的明细核算。

(3) 数量金额式。

数量金额式账页适用于既要进行金额核算又要进行数量核算的账户，如原材料、库存商品等存货账户，其借方（收入）、贷方（发出）和余额（结存）都分别设有数量、单价和金额三个专栏。

**4. 总分类账与明细分类账的平行登记**

平行登记，是指对所发生的每项经济业务都要以会计凭证为依据，一方面记入有关总分类账户，另一方面记入所辖明细分类账户的方法。

总分类账户与明细分类账户平行登记的要点包括：方向相同、期间一致、金额相等。

【提示】

总账本期发生额＝所属明细账本期发生额合计

总账期初余额＝所属明细账期初余额合计

总账期末余额＝所属明细账期末余额合计

### （四）对账与结账 2分考点

**1. 对账**

对账，是对账簿记录所进行的核对，也就是核对账目。对账工作一般在记账之后结账之前，即在月末进行。对账一般分为账证核对、账账核对、账实核对。

| 对账类型 | 内容 |
| --- | --- |
| 账证核对 | 指将账簿记录与会计凭证核对 |
| 账账核对 | （1）总分类账簿之间的核对：按照"资产＝负债＋所有者权益"这一会计等式和"有借必有贷，借贷必相等"的记账规则，总分类账簿各账户的期初余额、本期发生额和期末余额之间存在对应的平衡关系，各账户的期末借方余额合计和贷方余额合计也存在平衡关系。通过这种等式和平衡关系，可以检查总账记录是否正确、完整。<br>（2）总分类账簿与所辖明细分类账簿之间的核对：总分类账各账户的期末余额应与其所辖各明细分类账的期末余额之和核对相符。<br>（3）总分类账簿与序时账簿之间的核对：主要是指库存现金总账和银行存款总账的期末余额，与库存现金日记账和银行存款日记账的期末余额之间的核对。<br>（4）明细分类账簿之间的核对。例如，会计机构有关实物资产的明细账与财产物资保管部门或使用部门的明细账定期核对，以检查余额是否相符。核对方法一般是由财产物资保管部门或使用部门定期编制收发结存汇总表报会计机构核对 |
| 账实核对❶ | 账实核对，是指各项财产物资、债权债务等账面余额与实有数额之间的核对。主要包括：<br>（1）库存现金日记账账面余额与现金实际库存数逐日核对是否相符；<br>（2）银行存款日记账账面余额与银行对账单定期核对是否相符；<br>（3）各项财产物资明细账账面余额与财产物资实有数额定期核对是否相符；<br>（4）有关债券、债务明细账账面余额与对方单位债权、债务账面记录核对是否相符 |

**2. 结账**

结账是将账簿记录定期结算清楚的会计工作。

在一定时期结束时（如月末、季末或年末），为编制财务报表，需要进行结账，具体包括月结、季结和年结。结账的内容通常包括两个方面：

（1）结清各种损益类账户，据以计算确定本期利润；

（2）结出各资产、负债和所有者权益账户的本期发生额合计和期末余额。

结账的要点主要有：

（1）对不需按月结计本期发生额的账户，如各项应收、应付款明细账和各项财产物资

**小鱼讲重点**

❶ 需要重点记忆：一定要账和实物相符。

（1）现金存款日记账的账实核对很好理解，就是账和保险箱里的现金要一致；

（2）银行存款的实物是"银行对账单"，账是由企业去银行打印的对账单，表明账户中的余额，将银行对账单的余额与企业银行存款日记账的余额进行核对，二者要一致。

明细账等，每次记账以后，都要随时结出余额，每月最后一笔余额是月末余额。月末结账时，只需要在最后一笔经济业务记录下面通栏划单红线❶，不需要再次结计余额。

（2）库存现金、银行存款日记账和需要按月结计发生额的收入、费用等明细账，每月结账时，要在最后一笔经济业务记录下面通栏划单红线，结出本月发生额和余额，在摘要栏内注明"本月合计"字样，并在下面通栏划单红线。

（3）对于需要结计本年累计发生额的明细账户，每月结账时，应在"本月合计"行下结出自年初起至本月末止的累计发生额，登记在月份发生额下面，在摘要栏内注明"本年累计"字样，并在下面通栏划单红线。12月末的"本年累计"就是全年累计发生额，全年累计发生额下面通栏划双红线。

（4）总账账户平时只需结出月末余额。年终结账时，为总括反映全年各项资金运动情况的全貌，核对账目，要将所有总账账户结出全年发生额和年末余额，在摘要栏内注明"本年合计"字样，并在合计数下面通栏划双红线。

（5）年度终了结账时，有余额的账户，应将其余额结转下年，并在摘要栏注明"结转下年"字样；在下一会计年度新建有关账户的第一行余额栏内填写上年结转的余额，并在摘要栏注明"上年结转"字样，使年末有余额账户的余额如实地在账户中加以反映，以免混淆有余额的账户和无余额的账户。

### （五）错账更正的方法　2分考点

| 方法 | 内容 |
|---|---|
| 划线更正法 | 在结账前❷发现账簿记录有文字或数字错误，而记账凭证没有错误，应当采用划线更正法。<br>更正方法：在错误的文字或数字上划一条红线，在红线的上方填写正确的文字或数字，并由记账人员和会计机构负责人（会计主管人员）在更正处盖章，以明确责任 |
| 红字更正法❸ | （1）记账后发现记账凭证中应借、应贷会计科目有错误所引起的记账错误。<br>更正方法：用红字填写一张与原记账凭证完全相同的记账凭证，在摘要栏内写明"注销某月某日某号凭证"，并据以用红字登记入账，以示注销原记账凭证，然后用蓝字填写一张正确的记账凭证，并用蓝字登记入账。<br>（2）记账后发现记账凭证和账簿记录中应借、应贷会计科目无误，只是所记金额大于应记金额所引起的记账错误。<br>更正方法：按多记的金额用红字编制一张与原记账凭证应借、应贷科目完全相同的记账凭证，在摘要栏内写明"冲销某月某日第×号记账凭证多记金额"，以冲销多记的金额，并用红字登记入账 |
| 补充登记法 | 记账后发现记账凭证和账簿记录中应借、应贷会计科目无误，只是所记金额小于应记金额时，应当采用补充登记法❹。<br>更正方法：按少记的金额用蓝字填制一张与原记账凭证应借、应贷科目完全相同的记账凭证，在摘要栏内写明"补记某月某日第×号记账凭证少记金额"，以补充少记的金额，并用蓝字登记入账 |

### 📘 小鱼讲例题

29.【单选题】会计人员在结账前发现记账凭证填制无误，但登记入账时误将600元写成6 000元，下列更正方法正确的是（　　）。【2019年】
A. 补充登记法　　　　　　B. 划线更正法
C. 横线登记法　　　　　　D. 红字更正法

30.【判断题】在结账前，企业会计人员发现账簿记录有文字错误，而记账凭证没有错误，应当采用划线更正法进行更正。（　　）【2021年】

---

**小鱼讲重点**

❶ 一般月末结账是单红线，年末结账是双红线，了解即可。

❷ 核心关键词：结账前。
如果在结账前，只是在账簿上写错了，直接划掉重写就可以了。

❸ 核心关键词：记账后+借贷科目错误/数字多写了。
红字冲账，再填制一张更正的记账凭证入账。

❹ 核心关键词：记账后+数字少写了。
把少写的部分再填制一张凭证，补充一下就可以。
比如应该记600结果只记了60，就填制一张540的补充登记凭证。

29.【答案】B

【解析】在结账前发现账簿记录有文字或数字错误，而记账凭证没有错误，应当采用划线更正法。

30.【答案】√

【解析】在结账前发现账簿记录有文字或数字错误，而记账凭证没有错误，应当采用划线更正法。

### （六）会计账簿的保管

会计账簿是各单位重要的经济资料，必须建立管理制度，妥善保管。

（1）各种账簿要分工明确，指定专人管理。账簿经管人员既要负责记账、对账、结账等工作，又要负责保证账簿安全。

（2）会计账簿未经领导和会计负责人或者有关人员批准，非经管人员不能随意翻阅查看会计账簿。会计账簿除需要与外单位核对外，一般不能携带外出；对携带外出的账簿一般应由经管人员或会计主管人员指定专人负责。

（3）会计账簿不能随意交与其他人员管理，以保证账簿安全和防止任意涂改账簿等问题发生。

（4）年度终了更换并启用新账后，对更换下来的旧账要整理装订，造册归档。

归档前旧账的整理工作包括：检查和补齐应办的手续，如改错盖章、注销空行及空页、结转余额等。活页账应撤出未使用的空白账页，再编定页码，装订成册。

旧账装订时应注意：活页账一般按账户分类装订成册，一个账户装订成一册或数册；某些账户账页较少，也可以合并装订成一册。装订时应检查账簿扉页的内容是否填写齐全。装订后应由经办人员及装订人员、会计主管人员在封口处签名或盖章。旧账装订完毕，应当编制目录和编写移交清单，并按期移交档案部门保管。

（5）实行会计电算化的单位，满足《会计档案管理办法》第八条有关规定的，可仅以电子形式保存会计账簿，无须定期打印会计账簿；确需打印的，打印的会计账簿必须连续编号，经审核无误后装订成册，并由记账人员和会计机构负责人、会计主管人员签字或者盖章。

## 第四节　财产清查

### 一个小目标

| 必须掌握 | 了解一下 |
|---|---|
| 财产清查的种类 | |
| 财产清查的方法和处理 | |

微信扫码
观看视频课程

财产清查，是指通过对货币资金、实物资产和往来款项等财产物资进行盘点或核对，确定其实存数，查明账存数与实存数是否相符的一种专门方法。

### 考点1：财产清查的种类　**2分考点**

| 分类标准 | 类别 | 适用情况 |
|---|---|---|
| 按清查范围 | 全面清查❶ | 全面清查，是指对所有的财产进行全面的盘点和核对。<br>年终决算前；在合并、撤销或改变隶属关系前；中外合资、国内合资前；股份制改造前；开展全面的资产评估、清产核资前；单位主要领导调离工作前等 |
| | 局部清查❷ | 局部清查，是指根据需要只对部分财产进行盘点和核对。<br>流动性较大的财产物资，如原材料、在产品、产成品，应根据需要随时轮流盘点或重点抽查；对于贵重财产物资，每月都要进行清盘点；对于库存现金，每日终了，应由出纳人员进行清点核对；对于银行存款，企业至少每月同银行核对一次；对于债权、债务，企业应每年至少同债权人、债务人核对一至两次 |

**小鱼讲重点**

❶ 全面清查一般在"出大事儿"的时候进行。如负责人要离职，只有全面清查完，确定他没有账务问题后才能放人。

❷ 局部清查的范围和对象，应根据业务需要和相关具体情况而定，比如：值钱的、重要的、流动性大的。

续表

| 分类标准 | 类别 | 适用情况 |
| --- | --- | --- |
| 按清查时间 | 定期清查 | 定期清查，是指按照预先计划安排的时间对财产进行的盘点和核对。定期清查一般在年末、季末、月末进行 |
| | 不定期清查❶ | 不定期清查，是指事前不规定清查日期，而是根据特殊需要临时进行的盘点和核对。<br>(1) 财产物资、库存现金保管人员更换时，要对有关人员保管的财产物资、库存现金进行清查，以分清经济责任，便于办理交接手续；<br>(2) 发生自然灾害和意外损失时，要对受损失的财产物资进行清查，以查明损失情况；<br>(3) 上级主管、财政、审计和银行等部门，对本单位进行会计检查，应按检查的要求和范围对财产物资进行清查，以验证会计资料的可靠性；<br>(4) 进行临时性资产核资时，要对本单位的财产物资进行清查，以便摸清家底 |
| 按清查的执行系统 | 内部清查 | 内部清查，是指由本单位内部自行组织清查工作小组所进行的财产清查工作。大多数财产清查是内部清查 |
| | 外部清查 | 外部清查，是指由上级主管部门、审计机关、司法部门、注册会计师等根据国家有关规定或情况需要对本单位进行的财产清查。一般来讲，进行外部清查时应有本单位相关人员参加 |

📘 **小鱼讲例题**

31.【多选题】下列各项中，企业必须进行财产全面清查的有（　　）。【2018 年】
A. 清产核资　　　　　　　　B. 股份制改造
C. 单位改变隶属关系　　　　D. 单位主要领导人离任交接前

32.【判断题】董事长在调离工作岗位前，有关部门应对其所管辖企业的所有资产进行全面盘点和核对。（　　）【2022 年】

31.【答案】ABCD
【解析】全面清查，是指对所有的财产进行全面的盘点和核对。需要进行全面清查的情况通常有：(1) 年终决算前；(2) 在合并、撤销或改变隶属关系前；(3) 中外合资、国内合资前；(4) 股份制改造前；(5) 开展全面的资产评估、清产核资前；(6) 单位主要领导调离工作前等。

32.【答案】√

## 📙 考点 2：财产清查的方法和处理　**2 分考点**

### （一）货币资金的清查方法

**1. 库存现金的清查**

库存现金的清查，是采用实地盘点法确定库存现金的实存数，然后与库存现金日记账的账面余额相核对，确定账实是否相符。库存现金清查一般由主管会计或财务负责人与出纳人员共同清点出各种纸币的张数和硬币的个数，并填制库存现金盘点报告表，作为重要原始凭证。

**2. 银行存款的清查**

银行存款的清查是采用与开户银行核对账目的方法进行的，即将本单位银行存款日记账的账簿记录与开户银行对账单逐笔进行核对，查明银行存款的实有数额。银行存款的清查一般在月末进行。如果二者余额相符，通常说明没有错误；如果二者余额不相符，则可能是企业或银行一方或双方记账过程有错误或者存在未达账项。

所谓未达账项，是指企业与银行之间，一方收到凭证并已入账，另一方未收到凭证因

---

**小鱼讲重点**

❶ 不定期清查一般是特殊情况下的或者临时性的清查。

而未能入账的账项❶。未达账项一般分为以下四种情况：

（1）企业已收款记账，银行未收款未记账的款项❷；
（2）企业已付款记账，银行未付款未记账的款项❸；
（3）银行已收款记账，企业未收款未记账的款项❹；
（4）银行已付款记账，企业未付款未记账的款项❺。

上述任何一种未达账项的存在，都会使企业银行存款日记账的余额与银行开出的对账单的余额不符。所以，在与银行对账时首先应查明是否存在未达账项，如果存在未达账项，就应当编制"银行存款余额调节表"，据以确定企业银行存款实有数。银行存款余额调节表只是为了核对账目，不能作为调整企业银行存款账面记录的记账依据❻。

| 项目 | 金额 | 项目 | 金额 |
| --- | --- | --- | --- |
| 企业银行存款日记账余额 | | 银行对账单余额 | |
| 加：银行已收企业未收 | | 加：企业已收银行未收 | |
| 减：银行已付企业未付 | | 减：企业已付银行未付 | |
| 调节后的存款余额 | | 调节后的存款余额 | |

### 📖 小鱼讲例题

**33.【单选题】** 2014年9月30日，某企业银行存款日记账账面余额为216万元，收到银行对账单的余额为212.3万元。经逐笔核对，该企业存在以下记账差错及未达账项：从银行提取现金6.9万元，会计人员误记为9.6万元；银行为企业代付电话费6.4万元，但企业未接到银行付款通知，尚未入账。9月30日调节后的银行存款余额为（　　）万元。【2015年】
A. 212.3　　B. 225.1　　C. 205.9　　D. 218.7

**34.【单选题】** 2020年11月25日，某企业银行存款日记账账面余额为300万元，收到银行对账单的余额为285.9万元。经逐笔核对，该企业存在以下记账差错及未达账项：企业从银行提取现金8.9万元，会计人员误记为9.8万元；银行为企业代付电话费15万元，但企业未接到银行付款通知，尚未入账。11月25日，该企业调节后的银行存款余额为（　　）万元。【2021年】
A. 225.1　　B. 218.7　　C. 205.9　　D. 285.9

**35.【单选题】** 2014年3月31日，某企业银行存款日记账余额为150万元，与银行对账单余额不符，经核对发现，3月14日企业收到货款10万元并入账，银行尚未入账；3月30日银行代缴水电费2万元并入账，企业未收到银行付款通知，不考虑其他因素，调节后该企业的银行存款余额为（　　）万元。【2015年】
A. 142　　B. 148　　C. 158　　D. 162

**36.【单选题】** 下列各项中，导致银行存款日记账余额大于银行对账单余额的未达账项是（　　）。【2020年】
A. 银行根据协议支付当月电话费并已入账，企业尚未收到付款通知
B. 企业签发现金支票并入账，收款方尚未提现
C. 银行已代收货款并入账，企业尚未收到收款通知
D. 企业签发转账支票并入账，收款方未办理转账

**37.【判断题】** 银行存款余额调节表可以作为调整企业银行存款账面余额的记账依据。（　　）【2018年】

**38.【判断题】** 银行存款余额调节表中，银行应减去企业已收、银行未收的款项。（　　）【2018年】

---

**小鱼讲重点**

❶ 未达账项一般指企业或银行，一方已经入账，另一方由于时间延迟没有来得及记账，导致企业和银行之间出现差异。

❷ 例如，企业已将收到的购货单位开出的转账支票送存银行并且入账，企业的账上已经记录了这笔银行存款的入账，但是，因银行尚未办妥转账收款手续，这笔钱没有进银行账户。

❸ 例如，企业开出的付款支票已经入账，企业的账上已经把这笔钱划走，但是，因收款单位尚未到银行办理转账手续或银行尚未办妥转账付款手续而没有入账，银行账上这笔钱还没有被划走。

❹ 例如，企业委托银行代收的款项，银行已经办妥收款手续并且入账，但是，因收款通知尚未到达企业而使企业没有入账。

❺ 例如，企业应付给银行的借款利息，银行已经办妥付款手续并且入账，但是，因付款通知尚未到达企业而使企业没有入账。

❻ 银行存款余额调节表只是为了查看究竟存不存在未达账项，不能作为调账依据。

33. 【答案】A

【解析】调节后的银行存款余额 =216+(9.6-6.9)-6.4=212.3（万元），或者调节后的银行存款余额等于银行对账单的余额 212.3 万元。

34. 【答案】D

35. 【答案】B

【解析】以企业银行存款日记账余额为基础进行调节时，应加上"银行已收、企业未收"，减去"银行已付、企业未付"，所以调节后该企业的银行存款余额 =150-2=148（万元）。

36. 【答案】A

【解析】导致银行存款日记账余额大于银行对账单余额的情形：

（1）企业已收款记账而银行尚未收款记账；（2）银行已付款记账而企业尚未付款记账。选项 A，银行根据协议支付当月电话费并已入账，银行已经支付，企业尚未收到付款通知，企业没有记账，导致企业的银行存款日记账余额大于银行对账单余额；选项 B、D 属于企业已付款记账而银行尚未付款记账的情况。选项 C 属于银行已收款记账而企业尚未收款记账的情况。

37. 【答案】×

【解析】银行存款余额调节表只是为了核对账目，不能作为调整企业银行存款账面记录的记账依据。

38. 【答案】×

【解析】银行存款余额调节表中，银行应减去企业已付、银行未付的款项。

### （二）实物资产的清查方法

实物资产主要包括固定资产、存货等。实物资产的清查就是对实物资产数量和质量进行的清查。通常采用以下两种清查方法：

（1）实地盘点法。通过点数、过磅、量尺等方法来确定实物资产的实有数量。实地盘点法适用范围较广，在多数财产物资清查中都可以采用。

（2）技术推算❶法。利用一定的技术方法对财产物资的实存数进行推算，故又称估推法。采用这种方法，对于财产物资不是逐一清点计数，而是通过量方、计尺等技术推算财产物资的结存数量。技术推算法只适用于成堆量大而价值不高、逐一清点的工作量和难度较大的财产物资的清查，如露天堆放的煤炭等。

在实物清查过程中，实物保管人员和盘点人员必须同时在场。对于盘点结果，应如实登记盘存单，并由盘点人和实物保管人签字或盖章，以明确经济责任。盘存单既是记录盘点结果的书面证明，也是反映财产物资实存数的原始凭证。

### （三）往来款项的清查方法

往来款项主要包括应收、应付款项和预收、预付款项等。往来款项的清查一般采用发函询证❷的方法进行核对。清查单位应在其各种往来款项记录准确的基础上，按每一个经济往来单位填制"往来款项对账单"一式两联，其中一联送交对方单位核对账目，另一联作为回单联。对方单位经过核对相符后，在回单联上加盖公章退回，表示已核对。如有数字不符，对方单位应在对账单中注明情况退回本单位，本单位进一步查明原因，再行核对。

往来款项清查以后，将清查结果编制"往来款项清查报告单"，填列各项债权、债务的余额。

### （四）财产清查结果的处理

（1）应核实情况，调查分析产生的原因；

（2）填制记账凭证，记入账簿，使账簿记录与实际盘存数相符；

（3）将处理建议报经股东大会或董事会，或经理（厂长）会议或类似机构批准处理。

---

**小鱼讲重点**

❶ 举个例子：审计人员如何盘点羊群？

一只一只地数可能数不过来（羊长得差不多，数没数过也看不出来），因此就需要"技术推算法"，比如均匀分布的大草原，从天上往下拍一张照片，看每平方米大概分布了多少只羊，就能推算出草原上一共有多少只羊。

❷ "发函询证"即"发询证函"，就是给对方写信，询问数字对不对。

### 小鱼讲例题

**39.【单选题】** 企业对往来款项进行清查时，采用的方法是（　　）。【2022年】
A. 实地盘点法　　　　　　　　B. 技术推算法
C. 发函询证法　　　　　　　　D. 实物盘点法

**40.【多选题】** 下列各项中，关于财产清查的相关表述正确的有（　　）。【2019年】
A. 往来款项清查一般采用发函询证的方法
B. 实物资产清查采用实地盘点法和技术推算法
C. 库存现金清查采用实地盘点法
D. 银行存款清查采用与开户银行核对账目的方法

**41.【多选题】** 发函询证法一般适用的清查项目有（　　）。【2018年】
A. 应收账款　　B. 应付账款　　C. 预付账款　　D. 预收账款

**42.【多选题】** 下列关于财产清查的表述正确的有（　　）。【2020年】
A. 银行存款和银行对账单核对　　　B. 应收账款发函询证
C. 库存现金实地盘点　　　　　　　D. 露天煤炭用技术推算

---

**39.【答案】** C
【解析】对往来款项的清查应采用发函询证的方法。选项A，实地盘点法一般适用于库存现金等多数财产物资的清查；选项B，技术推算法适用于价值不高但成堆量大且难以清点的财产物资，如露天堆放的煤炭；选项D，实物资产的清查方法主要有实地盘点法和技术推算法，没有实物盘点法的说法。

**40.【答案】** ABCD
【解析】往来款项的清查一般采用发函询证的方法进行核对，选项A正确；实物资产的清查主要采用实地盘点和技术推算法，选项B正确；库存现金的清查采用实地盘点法，选项C正确；银行存款的清查采用与开户银行核对账目的方法进行，选项D正确。

**41.【答案】** ABCD
【解析】往来款项（应收、应付款项和预收、预付款项等）的清查一般采用发函询证的方法。

**42.【答案】** ABCD
【解析】库存现金的清查，是采用实地盘点法确定库存现金的实存数，然后与库存现金日记账的账面余额相核对，确定账实是否相符；银行存款的清查是采用与开户银行核对账目的方法进行的，即将本单位银行存款日记账的账簿记录与开户银行转来的对账单逐笔进行核对；应收账款的清查一般采用发函询证的方法进行核对；技术推算法只适用于成堆量大而价值不高，逐一清点的工作量和难度较大的财产物资的清查。例如，露天堆放的煤炭。

## 第五节　会计账务处理程序

### 一个小目标

| 必须掌握 | 了解一下 |
| --- | --- |
| 财务处理程序的主要内容 |  |

微信扫码
观看视频课程

### 考点：财务处理程序的主要内容

企业常用的账务处理程序，主要有记账凭证账务处理程序、汇总记账凭证账务处理程序和科目汇总表账务处理程序，它们之间的主要区别是<u>登记总分类账的依据和方法</u>❶不同。

| 程序 | 理解要点 | 适用范围 | 优点 | 缺点 |
| --- | --- | --- | --- | --- |
| 记账凭证账务处理程序❷ | 是指对发生的经济业务，先根据原始凭证或汇总原始凭证填制记账凭证，再根据<u>记账凭证</u>登记总分类账的一种账务处理程序 | 规模较小、经济业务量较少的单位 | 简单明了，易于理解，总分类账可以较详细地反映经济业务的发生情况 | 登记总分类账的工作量较大 |

### 小鱼讲重点

❶ "账务处理程序"的核心内容：根据什么<u>登记总分类账</u>。

❷ "记账凭证账务处理程序"：直接根据记账凭证登记总账。

续表

| 程序 | 理解要点 | 适用范围 | 优点 | 缺点 |
|---|---|---|---|---|
| 汇总记账凭证账务处理程序❶ | 是指先根据原始凭证或汇总原始凭证填制记账凭证，定期根据记账凭证分类编制汇总收款凭证、汇总付款凭证和汇总转账凭证，再根据汇总记账凭证登记总分类账的一种账务处理程序 | 规模较大、经济业务量较多的单位 | 减轻了登记总分类账的工作量 | 转账凭证较多时，编制汇总转账凭证的工作量较大，并且按每一贷方账户编制汇总转账凭证，不利于会计核算的日常分工 |
| 科目汇总表账务处理程序❷ | 是指根据记账凭证定期编制科目汇总表，再根据科目汇总表登记总分类账的一种账务处理程序 | 经济业务量较多的单位 | 减轻了登记总分类账的工作量，可做到试算平衡 | 科目汇总表不能反映各个账户之间的对应关系，不利于对账目进行检查 |

### 📖 小鱼讲例题

43.【单选题】根据科目汇总表登记总分类账，在能够进行发生额试算平衡的同时也起到了（　　）的作用。【2022年】
A. 简化报表的编制
B. 简化明细分类账工作
C. 清晰反映科目之间的对应关系
D. 简化登记总分类账工作

44.【判断题】科目汇总表账务处理程序下，企业应直接根据记账凭证逐笔登记总分类账。（　　）

43.【答案】D
【解析】科目汇总表账务处理程序的主要特点是先将所有记账凭证汇总编制成科目汇总表，然后根据科目汇总表登记总分类账。其优点是减轻了登记总分类账的工作量，并且科目汇总表可以起到试算平衡的作用，缺点是科目汇总表不能反映各个账户之间的对应关系，不利于对账目进行检查。

44.【答案】×
【解析】科目汇总表账务处理程序下，应根据科目汇总表登记总分类账。

## 第六节　会计信息化基础（2023年新增）

### 📘 一个小目标

| 必须掌握 | 了解一下 |
|---|---|
|  | 信息化环境下的会计账务处理 |
|  | 财务机器人和财务大数据的应用 |
|  | 财务共享中心的功能与作用 |

微信扫码
观看视频课程

### 📕 考点1：信息化环境下的会计账务处理

（一）会计信息化概述

| 概念 | 定义 |
|---|---|
| 会计信息化 | 是指企业利用计算机、网络通信等现代信息技术手段开展会计核算，以及利用上述技术手段将会计核算与其他经营管理活动有机结合的过程 |

### 小鱼讲重点

❶ "汇总记账凭证账务处理程序"：记账凭证→汇总记账凭证→总账。

❷ "科目汇总表账务处理程序"：记账凭证→科目汇总表→总账。

续表

| 概念 | 定义 |
|---|---|
| 会计软件 | 是指企业使用的、专门用于会计核算和财务管理的计算机软件、软件系统及其功能模块。<br>(1) 为会计核算和财务管理直接采集数据。<br>(2) 生成会计凭证、账簿、报表等会计资料。<br>(3) 对会计资料进行转换、输出、分析、利用 |
| 会计信息系统 | 是指由会计软件及其运行所依赖的软硬件环境组成的集合体 |
| 核算要求 | (1) 处于会计核算信息化阶段的企业，应当结合自身情况，逐步实现资金管理、资产管理、预算控制、成本管理等财务管理信息化。<br>(2) 处于财务管理信息化阶段的企业，应当结合自身情况，逐步实现财务分析、全面预算管理、风险控制、绩效考核等决策支持信息化。<br>(3) 分公司、子公司数量多、分布广的大型企业、企业集团，应当探索利用信息技术促进会计工作的集中，逐步建立财务共享服务中心 |

（二）信息化环境下会计账务处理的基本要求

（1）企业使用的会计软件❶应当保障企业按照国家统一会计准则制度开展会计核算，设定了经办、审核、审批等必要的审签程序，能够有效防止电子会计凭证重复入账，并不得有违背国家统一会计准则制度的功能设计。

（2）企业使用的会计软件的界面应当使用中文并且提供对中文处理的支持，可以同时提供外国或者少数民族文字界面对照和处理支持。

（3）企业使用的会计软件应当提供符合国家统一会计准则制度的会计科目分类和编码功能。

（4）企业使用的会计软件应当提供符合国家统一会计准则制度的会计凭证、账簿和报表的显示和打印功能。

（5）企业使用的会计软件应当提供不可逆的记账功能，确保对同类已记账凭证的连续编号，不得提供对已记账凭证的删除和插入功能，不得提供对已记账凭证日期、金额、科目和操作人的修改功能。

（6）企业使用的会计软件应当具有符合国家统一标准的数据接口，满足外部会计监督需要。

（7）企业使用的会计软件应当具有会计资料归档功能，提供导出会计档案的接口，在会计档案存储格式、元数据采集、真实性与完整性保障方面，符合国家有关电子文件归档与电子档案管理的要求。

（8）企业使用的会计软件应当记录生成用户操作日志，确保日志的安全、完整，提供按操作人员、操作时间和操作内容查询日志的功能，并能以简单易懂的形式输出。

（9）企业会计信息系统数据服务器的部署应当符合国家有关规定。数据服务器部署在境外的，应当在境内保存会计资料备份，备份频率不得低于每月一次。境内备份的会计资料应当能够在境外服务器不能正常工作时，独立满足企业开展会计工作的需要以及外部会计监督的需要。

（10）企业会计资料中对经济业务事项的描述应当使用中文，可以同时使用外国或者少数民族文字对照。

（11）企业应当建立电子会计资料备份管理制度，确保会计资料的安全、完整和会计信息系统的持续、稳定运行。

（12）企业电子会计档案的归档管理，应当符合《会计档案管理办法》等法规、规章的规定。

（13）实行会计集中核算的企业以及企业分支机构，应当为外部会计监督机构及时查询和调阅异地储存的会计资料提供必要条件。

> **小鱼讲重点**
>
> ❶ 只有和会计相关的软件才需要"按照国家统一会计准则制度"，具体是使用 windows10 还是 windows xp 系统就管不着了。

（14）企业不得在非涉密信息系统中存储、处理和传输涉及国家秘密、关系国家经济信息安全的电子会计资料；未经有关主管部门批准，不得将电子会计资料及其复印件携带、寄运或者传输至境外。

### （三）信息化环境下会计账务处理流程

**1. 账务处理流程的主要角色**

与手工环境下的账务处理流程相比，信息化环境下的账务处理流程更高效。典型的账务处理流程中的主要角色包括：

（1）业务人员，如采购人员、销售人员等。

（2）凭证编制人员，即编制记账凭证的会计人员。

（3）凭证审核人员，即对记账凭证进行审核的会计人员。

（4）记账和结账人员，即将记账凭证信息转换为账簿信息和进行月末结账的会计人员。

（5）查询与分析人员，如财务经理、总经理等。

**2. 信息化环境下会计账务处理基本流程**

信息化环境下账务处理的基本流程如下：

（1）经济业务发生时，业务人员将原始凭证提交会计部门。

（2）凭证编制人员对原始凭证的正确性、合规性、合理性进行审核，然后根据审核无误的原始凭证编制记账凭证。

（3）凭证审核人员从凭证文件中获取记账凭证并进行审核。系统对审核通过的记凭证做审核标记，将审核未通过的凭证返还给凭证编制人员。

（4）在记账人员的记账指令发出后，系统自动对已审核凭证进行记账，更新科目汇总文件等信息，并对相关凭证做记账标记。会计期末，结账人员发出指令进行结账操作。

（5）会计信息系统根据凭证文件和科目汇总文件自动、实时生成日记账、明细账和总账，提供内部和外部使用者需要的内部分析表和财务报表。

## 考点 2：财务机器人和财务大数据的应用

### （一）财务机器人的应用❶

**1. 会计核算与会计报表列报**

（1）会计记账自动化。首先，对于基础业务的记账处理，财务机器人首先通过搜索交易信息和数据，根据业务类型和相关会计准则，在电子记账凭证中录入与数据相对应的会计科目，实现由软件机器人代替人工记录会计分录的操作；其次，在会计期末，财务机器人对在建工程价值及存货金额进行确认和暂估，完成账账、账证、账实之间的核对，并进行函证以确认数量、金额是否相符；最后，当工作中发生意外事项，财务机器人能及时通知会计人员进行人工干预。

（2）报表列报优化。财务机器人根据事先设定的程序将数据汇总，对于存在的差异，由会计人员进行干预和调整，完成报表的编制工作。具体操作为财务机器人自动下载业务数据、会计账簿与会计报表等对应的数据，并进行自动核对。如果出现数据不符的情况，将触发预警提示机制，异常数据自动标红，报送会计人员进行手工核对，直至无误后出具最终的财务报表。

**2. 资金预算与管理优化**

（1）资金预算。在资金预算监管方面，财务机器人通过最佳现金持有量的计算，将预算期内资金持有金额预算的最大值和最小值录入到财务系统中，实时监控资金的收取和归集，对信用或质量问题造成的收回资金方面的困难做出合理的应对，将各部门资金不足或过

---

**小鱼讲重点**

❶ 财务机器人是机器人流程自动化在会计领域具体应用的一套财务数字化应用技术。它不仅能准确分析、自动处理大量重复的会计工作，而且能主动实现图像识别处理、数据检索记录、平台上传下载、数据监控分析等功能，其最终目标是依靠先进的软件自动化技术，使烦琐重复的财务会计工作自动化，节省人力成本、纠错成本等隐性成本，解放人力，提高工作效率，为企业经营管理提供科学决策，让企业更加具有竞争力。目前，财务机器人主要应用于财务、税务、会计核算等基础财务会计领域，如会计账务处理、财务报表列报、资金预算与管理、费用报销审核、采购与付款、纳税申报、全面预算、信息数据收集等。此外，财务机器人作为一种新兴人工智能工具，还可应用于财务共享中心各环节，如供应商管理、应收款项管理流程等。

剩的情况及时告知资金管理人员，有利于企业实现资金的合理配置。

（2）资金支付。在资金支付方面，财务机器人首先检索财务系统内的付款信息，自动审核凭证中对应的资金流向和资金流量。如果发现不符，系统将提示审核不通过并提醒会计人员修改；如果审核无误，则进入人工审核阶段。在会计人员发出支付指令后，财务机器人查询支付结果，若付款成功则向出纳反馈付款结果；若付款中遇到收款方开户行不存在或账户异常等问题，则将该付款业务退回至业务发起人并提示付款失败原因，由人工解决问题。

（3）银企对账自动化。当银行与企业对账时，财务机器人自动检索相关财务数据和对应的银行存款对账单。如遇未达账项或特殊情况，自动显示异常结果并提醒会计人员手工调整。财务机器人对账后自动生成银行存款余额调节表，保存在固定文件夹中，随时供会计人员查看核对。银企对账自动化是财务机器人在资金管理方面的突出亮点。

**3. 费用报账自动化**

财务机器人在企业费用报销流程中发挥巨大作用，费用报账自动化使企业财务共享服务流程的效率得到明显提升。在传统模式下，费用报销管理需要经过多个环节审批，报销过程存在大量高度重复的内容，信息化水平较低，无法适应时代发展，极大地影响了企业的工作效率。企业将财务机器人应用到费用报销管理过程中，不仅能够从烦琐重复的工作中释放员工力量，还能建立员工信用等级，在会计期末加入员工的评价标准。具体操作为：财务机器人对发票进行文字扫描和识别（OCR），分析汇总后生成报销单据，由财务共享服务中心确认真伪后生成记账凭证，财务机器人进行审核，分级审批后进入付款审批环节。在该环节，财务机器人会从系统中批量提取报销员工的姓名、金额、账户等详细信息，向员工账户自动转账，员工收到报销款且确认无误后，点击确认收款，财务机器人自动制作凭证，完成发票抵扣，并在期末自动生成报表。

**4. 采购付款业务自动化**

财务机器人首先对请款单进行文字扫描和识别（OCR），将相关信息录入ERP系统对财务系统中与此相关的入库单信息、发票信息和订单信息进行核对。然后，财务机器人自动提取付款信息，包括付款人和账户，生成付款凭证，提交资金付款系统进行付款操作，付款后向供应商发送对账提醒，供应商收到对账请求后，向企业提供相应期间内所有的采购信息，财务机器人将一一核对。若信息不符则自动通知业务人员自查，找出差异并人工改正后重新提交对账信息，直至对账完全一致，供应商向企业开具正式发票。此外，企业可从系统中实现订单状态和发货状态查询。

**5. 纳税申报**

财务机器人使企业大量烦琐、耗时的税务核算操作简单化、自动化，并为税票真伪检验、税务数据获取与校验、涉税账务处理及提醒、纳税申报、税账核实等工作提供更好的服务。在日常业务中，财务机器人完成发票真伪检验，税务申报环节只需要从数据库中调取相关数据，按要求形成相应的申报表，并登录税务系统，进而完成纳税申报的全流程自动化。具体操作是：在会计期末，财务机器人自动登录账务系统，批量导出财务数据、增值税认证数据，然后自动使用企业基础信息生成纳税申报表底稿，并在税务统中自动填写纳税申报表，根据企业纳税信息完成税务会计分录的编制，并自动计算递延所得税，入账后邮件提醒相关责任人。

**6. 全面预算**

财务机器人在预算编制、下达、执行、评价过程中发挥重要作用，保证企业实现完善的预算管理活动，推动企业更加科学合理地发展。在预算编制阶段，财务机器人可以从财务系统中提取历年所需数据，与往年业务数据完成情况进行核对，从中发现规律，使财务人员能够更加准确合理地预测下一年企业的经营情况；在预算下达阶段，财务机器人将财务指标和业务指标生成工作表，下发至各个下级单位；在预算执行阶段，财务机器人通过日常跟踪原始预算数据和实际执行情况，及时修正预算，便于财务人员形成动态分析；在预算评价阶段，财务机器人根据预算与实际的差异，通过特定规则设定评分，对各个下级单位的预算执行情况进行考核评价。

### 7. 优化供应商管理

财务共享中心应用财务机器人能优化企业供应商的管理，提升业务运行效率。

第一，供应商相关信息将被自动采集并进行编号，实时监控产品信息和价格变动；

第二，记录并分析企业的历年采购成本，及时发现异常情况，确认采购数据的异常；

第三，企业能够更加智能合理地选择最优供应商，及时更新供应商相关信息，便于企业及时调整采购决策。

### 8. 优化应收款项管理

企业财务共享中心将财务机器人应用于应收款项管理业务流程，可使企业优化应收款项管理流程，降低企业收款成本，提高收款质量。应收款项管理流程在应用财务机器人后，首先，企业能够自动登录市场监管信息系统对客户名称、联系方式、银行账号、税号及其他相关信息进行跨系统全面检索，查看客户的信用情况和法律纠纷；其次，财务机器人可以按照设定的规则综合考虑客户账龄记录、付款时间、付款金额、逾期记录等指标，就其信用情况进行自动排名，销售人员可依据企业对客户的排名进行销售决策；最后，财务机器人能实时查看企业回款进度，自动提醒收款人员发出付款期限到期通知，进行款项催收，确保及时足额回款，满足企业后续发展的资金需要。

## （二）财务大数据的应用❶

### 1. 数据采集

数据采集是财务大数据分析应用的形式之一。首先，通过大数据库将海量数据进行统一集中管理，把数据信息库作为原始资料进行数据处理，通过对企业业务的数据收集，及时汇总企业的财务与管理信息；其次，企业通过收集整理大数据库中的诸多业务信息、决策信息和财务信息，分析企业经营管理中存在的弊病，使影响企业发展的各项不利因素凸显出来，数据采集人员需要重点关注所收集数据的真实性和准确性；最后，企业可以根据实际发展情况追溯到数据终端，对数据进行调整，为企业提供更加可靠的经营管理数据，促进企业可持续发展。

### 2. 数据对比分析

数据采集后，对数据进行对比分析，使数据可得、可懂、可用和可运营，从而实现大数据技术在财务领域的应用，为企业发展提供更有价值的信息，使企业更加具有竞争力。财务大数据在对比分析时，需要通过专门的分析软件，首先要求财务人员和相关管理人员先处理好所分析数据的内容，然后再将已经采集好的经营管理数据与财务数据上传到分析软件，进行信息归纳和汇总，通过对比分析，企业在经营管理中存在的问题便会凸显出来，便于企业及时处理。另外，数据对比分析不仅需要分析人员统一统计工具，熟练统计工具的应用，还需要分析人员规范各项数据，重点关注数据的表现形式。

## 🐟 考点3：财务共享中心的功能与作用

### （一）财务共享中心的概念

财务共享中心是指大型企业或企业集团公司利用信息技术对其会计工作进行集中统一处理的一种新型财务组织管理模式，是企业集中管理模式在财务管理上的具体应用。其目的

---

**小鱼讲重点**

❶ 数据是海量化、多样化、低价值的数据信息。财务大数据是贯穿企业业务申请、交易、支付、核算、报账等各个环节的财务信息，需要进行收集、存储、分析，实现自动化信息管理，帮助企业进行科学合理的决策。数据采集和数据对比分析是财务大数据应用的主要形式，对财务信息实施大数据管理，可以实现企业财务信息的全面化管理。

在于通过一种有效的运作模式来解决大型企业或企业集团公司财务职能建设中的重复投入和效率低下等弊端。

### （二）财务共享中心的功能与作用

从流程标准化、集中化、满足集团管控和提高效率要求的1.0（共享）阶段，到采购交易、税务管理系统相集成的2.0（互联）阶段，再到以数据共享为核心的智能财务共享体系的3.0（智能）阶段，财务共享中心的功能在不断转变，对企业发展转型起着越来越关键的作用。

财务共享中心有助于降低企业运营成本、提高财务运营效率、通过内部资源的优化整合提高企业绩效、支持企业集团的发展战略、向外界提供商业化服务。

不同企业的财务共享中心可能处于不同的发展阶段，如有些企业仅实现了简单的费用报销、账务处理等功能，有些则除了完成交易性流程的共享之外，还实现预算与预测、税务分析、风险管控、资金运作等高价值流程的共享。从功能定位来看，部分企业尚停留在初级阶段以降本增效、加强管控为目标，有的企业则希望能将共享中心发展成企业的服务中心，即财务、法务、技术维护、人力资源、供应链等多功能的共享服务中心，还有的企业则希望将共享中心发展成为企业新的创新中心和盈利中心。

财务共享中心的功能定位可划分为三种，分别为集中核算型、集中管控型和价值创造型。集中核算型财务共享中心，处理业务大多是交易性业务流程、生产流程等，其核心高价值流程还未广泛纳入财务共享中心处理范围。集中管控型财务共享中心，能够实时生成各分、子公司财务信息，极大提高企业总部财务管控的效率，增强企业风险防范能力。价值创造型财务共享中心是指随着"大、智、移、云"等信息技术的不断进步，财务共享服务实现由局部共享、半自动化共享、粗制共享的集中核算型财务共享服务到"全面共享、智能共享、精益共享"的价值创造型财务共享服务的跨越式发展。

## 第七节　成本与管理会计基础

### 📘 一个小目标

| 必须掌握 | 了解一下 |
| --- | --- |
| 产品成本核算 | 成本会计基础 |
| 生产费用在完工产品和在产品之间的归集与分配 | 管理会计基础 |

微信扫码
观看视频课程

### 📎 考点1：成本会计基础

#### （一）成本会计的概念❶

成本会计，是基于商品经济条件下，为求得产品的总成本和单位成本而核算全部生产成本和费用的会计活动。成本会计核算的对象是产品成本，是对成本计划执行的结果行事后的反映。

产品成本核算是对生产经营过程中实际发生的成本、费用进行计算，并进行相应的账务处理。企业通过产品成本核算，一方面，可以审核各项生产费用和经营管理费用的支出，分析和考核产品成本计划的执行情况，促使企业降低成本和费用；另一方面，可以为计算利润、进行成本和利润预测提供数据，有助于提高企业生产技术和经营管理水平。

---

**小鱼讲重点**

❶ 成本会计是干什么的？核算和分配成本。

（1）举个例子，一条生产产品的生产线，会不会在月末时正好将投入的全部原材料都生产完毕，将产成品都整齐地码放在仓库里等着卖呢？这种情况一般是不存在的。制造业企业的生产线一般都是24小时轮转，到月末时，会有一部分生产完成的产品（产成品），但大部分都是在生产线上没有生产完毕的产品（在产品）。这时，如果要给产成品定一个合理的价格，那么就要计算出产成品的成本。但是生产线上既有产成品又有在产品，如何才能准确计算出产品的成本呢？这也就是在初级会计实务中，管理会计部分最核心的任务：在产成品和在产品中分配生产成本。

（2）再举个例子，在巧克力生产线上，投入一吨巧克力原料，同时生产奶油巧克力和榛果巧克力。同样的原材料生产两种产品，这两种产品的生产成本分别是多少呢？这就是在初级会计实务中，管理会计部分的第二个任务：在不同的产品中，分配生产成本。所以，管理会计的核心就是分配。

## （二）成本会计的基本原理

### 1. 产品成本核算的要求[1]

| 要求 | 内容 |
| --- | --- |
| 做好各项基础工作 | 企业应当建立健全各项原始记录，并做好各项材料物资的计量、收发、领退、转移、报废和盘点工作；需要制定或修订材料、工时、费用的各项定额，使成本核算具有可靠的基础 |
| 正确划分各种费用支出的界限 | 收益性支出和资本性支出；成本费用、期间费用和营业外支出；本期成本费用和以后期间成本费用；各种产品成本费用；本期完工产品与期末在产品成本。成本费用的划分应当遵循受益原则，即谁受益谁负担、何时受益何时负担、负担费用应与受益程度成正比。上述成本费用划分的过程，也是产品成本的计算过程 |
| 根据生产特点和管理要求选择适当的成本计算方法 | 产品成本计算的方法必须根据产品的生产特点、管理要求及工艺过程等予以确定。否则，产品成本就会失去真实性，无法进行成本分析和考核。企业常用的产品成本计算方法有品种法、分批法、分步法、分类法、定额法、标准成本法等 |
| 遵守一致性原则 | 企业产品成本核算采用的会计政策和会计估计一经确定，不得随意变更。在成本核算中，各种会计处理方法要前后一致，使前后各项的成本资料相互可比 |
| 编制产品成本报表 | 企业一般应当按月编制产品成本报表，全面反映企业生产成本、成本计划执行情况、产品成本及其变动情况等 |

### 2. 产品成本核算的一般程序[2]

产品成本核算的一般程序，是指对企业在生产经营过程中发生的各项生产费用和各项期间费用，按照成本核算的要求，逐步进行归集和分配，最后计算出各种产品的生产成本和各项期间费用的过程。成本核算的一般程序如下。

（1）根据生产特点和成本管理的要求，确定成本核算对象。

（2）确定成本项目。企业计算产品生产成本，一般应当设置"直接材料""燃料及动力""直接人工""制造费用"等成本项目。

（3）设置有关成本和费用明细账。

（4）收集确定各种产品的生产量、入库量、在产品盘存量以及材料、工时、动力消耗等，并对所有已发生的生产费用进行审核。

（5）归集所发生的全部生产费用，并按照确定的成本计算对象予以分配，按成本项目计算各种产品的在产品成本、产成品成本和单位成本。

（6）结转产品销售成本。

为了进行产品成本和期间费用核算，企业一般应设置"生产成本""制造费用""主营业务成本""税金及附加""销售费用""管理费用""财务费用"等科目，如果需要单独核算废品损失和停工损失的，还要设置"废品损失""停工损失"科目。

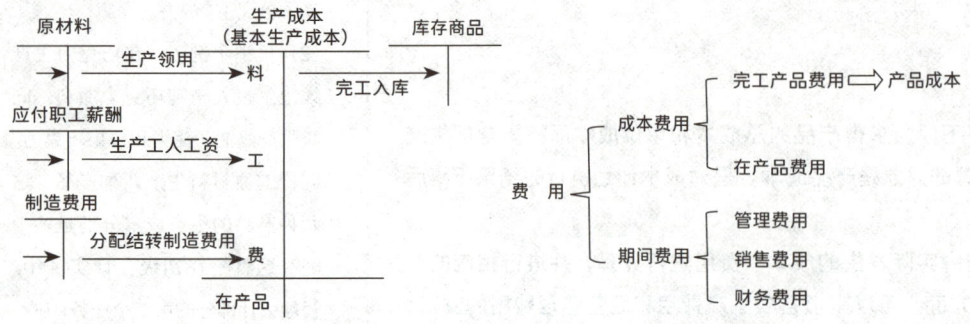

### 3. 产品成本核算对象[3]

产品成本核算对象，是指确定归集和分配生产费用的具体对象，即生产费用承担的客

---

**小鱼讲重点**

[1] 产品成本核算的要求就是核算时要遵守的一系列规定，了解即可。

[2] 产品成本核算的一般程序，就是"按照什么流程来核算成本"，了解即可。

[3] 产品成本核算对象主要是指按照什么来计算产品的成本，是按照不同的产品品种来分配成本，还是按生产步骤来分配成本。

体。成本核算对象的确定，是设立成本明细分类账户、归集和分配生产费用以及正确计算产品成本的前提。

由于产品工艺、生产方式、成本管理等要求不同，产品项目不等同于成本核算对象。企业应当根据生产经营特点和管理要求来确定成本核算对象。

| 行业 | 产品成本核算对象及适用情形 |
|---|---|
| 制造企业 | 一般按照产品品种、批次订单或生产步骤等确定产品成本核算对象。<br>(1) 大量大批单步骤生产产品或管理上不要求提供有关生产步骤成本信息的，按照产品品种确定成本核算对象。<br>(2) 小批单件生产产品的，按照批次订单确定成本核算对象。<br>(3) 多步骤连续加工产品且管理上要求提供有关生产步骤成本信息，按照生产步骤确定成本核算对象。<br>(4) 产品规格繁多的，可以将产品结构、耗用原材料和工艺过程基本相同的产品，适当合并作为成本核算对象 |
| 农业企业 | 一般按照生物资产的品种、成长期、批别（群别、批次）、与农业生产相关的劳务作业等确定成本核算对象 |
| 批发零售企业 | 一般按照商品的品种、批次、订单、类别等确定成本核算对象 |
| 建筑企业 | 一般按照订立的单项合同确定成本核算对象。<br>(1) 单项合同包括建造多项资产的，企业应当按照企业会计准则规定的合同分立原则，确定建造合同的成本核算对象。<br>(2) 为建造一项或数项资产而签订一组合同的，按合同合并的原则，确定建造合同的成本核算对象 |
| 房地产企业 | 一般按照开发项目、综合开发期数并兼顾产品类型等确定成本核算对象 |
| 采矿企业 | 一般按照所采掘的产品确定成本核算对象 |
| 交通运输企业 | (1) 以运输工具从事货物、旅客运输的，一般按照航线、航次、单船（机）、基层站段等确定成本核算对象。<br>(2) 从事货物等装卸业务的，可以按照货物、成本责任部门、作业场所等确定成本核算对象。<br>(3) 从事仓储、堆存、港务管理业务的，一般按照码头、仓库、堆场、油罐、筒仓、货棚或主要货物的种类、成本责任部门等确定成本核算对象 |
| 信息传输企业 | 一般按照基础电信业务、电信增值业务和其他信息传输业务等确定成本核算对象 |
| 软件及信息技术服务企业 | 由于其科研设计与软件开发的人工成本比重较高，一般按照科研课题、承接的单项合同项目、开发项目、技术服务客户等确定成本核算对象。合同项目规模较大、开发期较长的，可以分段确定成本核算对象 |
| 文化企业 | 一般按照制作产品的种类、批次、印次、刊次等确定成本核算对象 |

**4. 产品成本项目**

为具体反映计入产品生产成本的生产费用的各种经济用途，还应将其进一步划分为若干个项目，即产品生产成本项目，简称产品成本项目或成本项目。设置成本项目可以反映产品成本的构成情况，满足成本管理的目的和要求，有利于了解企业生产费用的经济用途，便于企业分析和考核产品成本计划的执行情况。企业应当根据生产经营特点和管理要求，按照成本的经济用途和生产要素内容相结合的原则或者成本性态等设置成本项目。

| 成本项目 | 含义 |
|---|---|
| 直接材料 | 构成产品实体的原材料以及有助于产品形成的主要材料和辅助材料，包括原材料、辅助材料、备品配件、外购半成品、包装物、低值易耗品等费用 |
| 燃料及动力 | 直接用于产品生产的外购和自制的燃料及动力 |
| 直接人工 | 直接从事产品生产的工人的职工薪酬 |
| 制造费用❶ | 企业为生产产品和提供劳务而产生的各项间接费用 |

> **小鱼讲重点**
>
> ❶ 如何理解制造费用？
> 直接材料和直接人工都可以直接计入产品的成本，比如生产巧克力，直接材料就是巧克力豆。但是有一些费用，比如生产机器的折旧费不能直接计入产品的成本。生产线可能会同时生产好几种产品，机器的折旧费不能直接计入某一个特定产品的成本，此时就需要计入制造费用，即间接的生产成本。
> 计入制造费用的项目有：
> (1) 车间管理人员的工资和福利；
> (2) 车间房屋建筑物和机器设备的折旧费、租赁费、办公费、水电费、机物料消耗、劳动保护费、季节性和修理期间的停工损失、信息系统维护费等；
> (3) 请注意，生产车间固定资产维修费要计入管理费用。

### 📘 小鱼讲例题

**45.【单选题】** 下列各项中，企业生产产品耗用的外购半成品费用应归类于的成本项目是（　　）。【2018年】
A. 直接材料　　　　　　　B. 制造材料
C. 燃料及动力　　　　　　D. 直接人工

**46.【多选题】** 下列各项中，应计入产品生产成本的有（　　）。【2015年】
A. 生产产品耗用的直接材料　　B. 生产产品耗用的燃料费
C. 生产产品耗用的动力费　　　D. 生产车间管理人员的职工薪酬

**47.【多选题】** 下列各项中，属于制造业企业设置的成本项目有（　　）。【2018年】
A. 制造费用　　　　　　　B. 废品损失
C. 直接材料　　　　　　　D. 直接人工

**48.【多选题】** 下列各项中，企业应通过"制造费用"科目核算的有（　　）。【2018年】
A. 生产车间管理耗用电费　　　B. 生产车间生产工人工资
C. 生产车间管理用具摊销额　　D. 生产车间管理用房屋折旧费

**45.【答案】** A
【解析】直接材料指构成产品实体的原材料以及有助于产品形成的主要材料和辅助材料，包括原材料、辅助材料、备品配件、外购半成品、包装物、低值易耗品等费用。

**46.【答案】** ABCD
【解析】产品成本是企业在生产产品过程中所发生的材料费用、职工薪酬等，以及按一定标准分配计入的各种间接费用。选项A、B、C属于直接产品成本，选项D属于间接费用。

**47.【答案】** ABCD
【解析】制造企业一般可设置直接材料、燃料及动力、直接人工和制造费用等项目，由于生产的特点等原因，企业可根据具体的情况设置废品损失等项目。

**48.【答案】** ACD
【解析】选项B应通过"生产成本"科目进行核算。

#### 5. 产品成本的归集和分配

企业所发生的生产费用，能确定由某一成本核算对象负担的，应当按照所对应的产品成本项目类别，直接计入产品成本核算对象的生产成本；由几个成本核算对象共同负担的，应当选择合理的分配标准分配计入生产成本。

企业应当根据生产经营特点，以正常生产能力水平为基础，按照资源耗费方式确定合理的分配标准。

企业应按照权责发生制原则根据产品的生产特点和管理要求结转成本。企业不得以计划成本、标准成本、定额成本等代替实际成本。企业采用计划成本、标准成本、定额成本等类似成本进行直接材料日常核算的，期末应当将耗用直接材料的计划成本或定额成本等类似成本调整为实际成本。

企业内部管理有相关要求的，还可以利用现代信息技术，在确定多维度、多层次成本核算对象的基础上，对有关费用进行归集、分配和结转。

#### 6. 产品成本计算方法 ❶

（1）品种法。

品种法，是指以产品品种作为成本核算对象，归集和分配生产成本，计算产品成本的一种方法。这种方法适用于单步骤、大量生产的企业，如发电、供水、采掘等企业。

---

### 🐟 小鱼讲重点

❶ 各种产品成本计算方法的特点是常考点。

（1）品种法：A工厂的主要生产任务是吹气球，就是将生产的气球，吹成一个个大气球，每天需要吹很多气球。A工厂的产品有白气球和黑气球，生产步骤只有一步，也就是充气。请注意，此时没有必要分步骤来计算产品成本，因为吹气球只有充气一个生产步骤。此时，A工厂可以按照不同的产品品种（白气球和黑气球）来计算成本。因此，品种法适用于单步骤、大量且大批生产的产品。

（2）分批法："批"也可以理解为"订单"，一批就是一个订单。如果B工厂的主要任务是生产豪车，一个订单就是一辆豪车。此时，B工厂就可以按照每个订单的成本来单独核算，这样成本核算更加准确。因此，分批法适用于单件、小批生产的产品。

（3）分步法：C工厂的主要任务是生产手机，生产手机有很多生产步骤，比如组装主板、手机后盖、手机屏幕等。C工厂生产的手机数量很多，而且生产步骤也很多，此时就可以按照生产步骤来核算产品成本。比如，首先核算主板的成本，然后核算加上后盖的成本，最后核算加上屏幕的成本。因此，分步法适用于多步骤、大量大批的产品。

用品种法计算成本的主要特点如下。

| 特点 | 内容 |
| --- | --- |
| 成本核算对象是产品品种 | 如果企业只生产一种产品,全部生产成本就都是直接成本,不存在在各种成本核算对象之间分配成本的问题;如果生产多种产品,间接生产成本就要采用适当的方法,在各成本核算对象之间进行分配 |
| 定期计算成本 | 品种法下一般定期(每月月末)计算产品成本(与财务报告期一致) |
| 月末一般不存在在产品 | 品种法下月末一般没有在产品,所以一般不分配当期发生的生产费用,其总和就是该种完工产品的总成本;如果有在产品,这时需要将生产成本在完工产品和在产品之间进行分配 |

### 📖 小鱼讲例题

49.【单选题】适用于大量大批单步骤生产的企业的产品成本计算方法是( )。【2018年】
　A. 分类法　　　　　　　　B. 品种法
　C. 分步法　　　　　　　　D. 分批法

50.【单选题】下列各项中,关于产品成本计算品种法的表述正确的是( )。【2020年】
　A. 成本计算期与财务报告期不一致　　B. 以产品品种作为成本计算对象
　C. 以产品的批别作为成本计算对象　　D. 广泛适用于小批或单件生产的企业

51.【多选题】下列适合用品种法核算的企业有( )。【2019年】
　A. 发电企业　　　　　　　B. 供水企业
　C. 造船企业　　　　　　　D. 采掘企业

49.【答案】B
　【解析】产品成本计算的方法主要包括品种法、分批法和分步法。品种法适用于单步骤、大量生产的企业;分批法适用于单件、小批生产的企业;分步法适用于大量大批、多步骤生产的企业。

50.【答案】B

51.【答案】ABD
　【解析】品种法是指以产品品种作为成本核算对象,归集和分配生产成本,计算产品成本的一种方法。这种方法适用于单步骤、大量生产的企业,如发电(选项A)、供水(选项B)、采掘(选项D)等企业。选项C适用于分批法。

(2)分批法。

分批法,是指以产品的批别作为产品成本核算对象,归集和分配生产成本,计算产品成本的一种方法。这种方法主要适用于<u>单件、小批生产的企业</u>,如造船、重型机器制造、精密仪器制造等企业,也可用于一般企业中的新产品试制或试验的生产、在建工程以及设备修理作业等。

用分批法计算成本的主要特点如下。

| 特点 | 内容 |
| --- | --- |
| 成本核算对象是产品的批别 | 由于产品的批别大多是根据销货订单确定的,因此,这种方法又称订单法。成本核算对象是购买者事先订货或企业规定的产品批别 |
| 产品成本的计算是与生产任务通知单的签发和结束紧密配合的,因此产品成本计算是不定期的 | 成本计算期与产品生产周期基本一致,但与财务报告期不一致。因为只有一批产品全部生产完毕才计算成本,所以产品成本的计算是不定期的 |
| 期末无须分配成本 ❶ | 由于成本计算期与产品的生产周期基本一致,因此在计算月末在产品成本时,一般不存在完工产品和在产品之间分配成本的问题 |

### 小鱼讲重点

❶ 由于一批就一件产品(比如生产一辆豪车),所以可以等到全部生产完再计算产品成本,所以成本计算期和生产周期一致。

> 📘 **小鱼讲例题**
>
> 52.【单选题】下列各项中，适用于单件、小批生产企业的产品成本计算方法是（　　）。【2018 年】
> A．逐步结转分步法　　　B．品种法
> C．分批法　　　　　　　D．平行结转分步法

52.【答案】C

【解析】分批法是指以产品的批别作为产品成本核算对象，归集和分配生产成本，计算产品成本的一种方法。这种方法主要适用于单件、小批生产的企业，如造船、重型机器制造、精密仪器制造等企业，也可用于一般企业中的新产品试制或试验的生产、在建工程以及设备修理作业等。故选项 C 正确。

(3) 分步法。

分步法，是指按照生产过程中各个加工步骤（分品种）为成本核算对象，归集和分配生产成本，计算各步骤半成品和最后产成品成本的一种方法。这种方法适用于大量大批的多步骤生产，如冶金、纺织、机械制造等。

用分步法计算成本的主要特点有：①成本核算对象是各种产品的生产步骤。②月末为计算完工产品成本，还需要将归集在生产成本明细账中的生产成本在完工产品和在产品之间进行分配。③除了按品种计算和结转产品成本外，还需要计算和结转产品的各步骤成本。其成本核算对象，是各种产品及其所经过的各个加工步骤。如果企业只生产一种产品，则成本核算对象就是该种产品及其所经过的各个生产步骤。其成本计算期是固定的，与产品的生产周期不一致。

在实际工作中，根据成本管理对各生产步骤成本资料的不同要求（如是否要求计算半成品成本）和简化核算的要求，各生产步骤成本的计算和结转，一般采用逐步结转分步法和平行结转分步法两种方式。

①逐步结转分步法❶主要用于分步计算半成品成本的情形，也称为半成品成本分步法，是按照产品加工的顺序，逐步计算并结转半成品成本，直到最后加工步骤完成才能计算产品成本的一种方法。该方法需要将生产成本在各步骤完工产品和在产品之间进行分配。

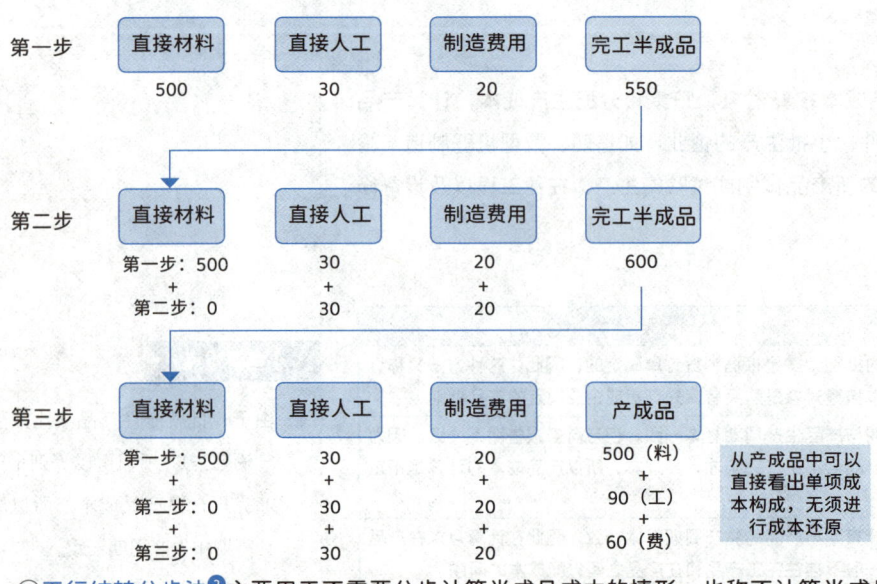

②平行结转分步法❷主要用于不需要分步计算半成品成本的情形，也称不计算半成品成

> 🏷️ **小鱼讲重点**
>
> ❶ 逐步结转分步法就是按照生产步骤，将上一步生产的全部结果（料工费）都转入下一个生产步骤。因此每一步的生产资料成本都能被核算出来。
>
> ❷ 平行结转分步法下，只计算每一步单独花了多少钱，本步骤的产品不用转到下一步，而是直接转入总产品。
>
> 比如，第一步的材料、人工、制造费用一共花了 100 元，第二步只有人工和制造费用，合计 20 元，第三步的人工和制造费用合计 40 元。如果使用平行结转分步法，第一步生产完后，不需要把第一步的 100 元转入第二步，只需要分别计算每一步花了多少钱，最后把每一步花的钱汇总即可。因此，在平行结转分步法下，不用计算每一步半成品的成本，成本和实物的流转并不一致。

本分步法，是指在计算各步骤成本时，不计算各步骤所产半成品的成本，也不计算各步骤所耗上一步骤的半成品成本，而只计算本步骤发生的各项其他成本，以及这些成本中应计入产成品的份额，将相同产品的各步骤成本明细账中的这些份额平行结转、汇总，即可计算出该种产品的产成品成本。

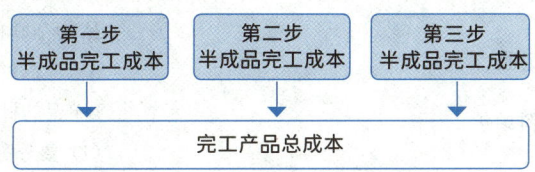

### 考点 2：产品成本核算（2023 年新增）

#### （一）成本核算的科目设置

**1. "生产成本" 科目**

"生产成本" 科目核算企业进行工业性生产发生的各项生产成本，借方反映所发生的各项生产费用，贷方反映完工转出的产品成本，期末借方余额反映尚未加工完成的各项在产品的成本。

同时，该科目应按产品品种等成本核算对象设置基本生产成本和辅助生产成本明细科目。基本生产成本应当分别按照基本生产车间和成本核算对象（产品的品种、类别、订单、批别、生产阶段等）设置明细账（或成本计算单）；辅助生产❶是为基本生产服务而进行的产品生产和劳务供应。该科目按辅助生产车间和提供的产品、劳务分设辅助生产成本明细账。期末，对共同负担的生产费用按照一定的分配标准分配至各受益对象。

小企业对外提供劳务发生的成本，可将本科目改为 "劳务成本" 科目，或单独设置 "劳务成本" 科目进行核算。

**2. "制造费用" 科目**

制造费用是指制造业企业为生产产品（或提供劳务）而发生的，应计入产品成本但没有专设成本项目的各项间接生产费用。本科目核算企业生产车间（部门）为生产产品和提供劳务而发生的各项间接生产费用，以及虽然直接用于产品生产但管理上不要求或不便于单独核算的生产费用。企业可按不同的生产车间、部门和费用项目进行明细核算。期末，将共同负担的制造费用按照一定的标准分配计入各成本核算对象，除季节性生产外，本科目期末应无余额。

小企业经过 1 年以上的制造才能达到预定可销售状态的产品发生的借款费用，也在本科目核算。

#### （二）材料、燃料、动力费用的归集和分配❷  【2分考点】

对于能分产品领用的材料，直接计入产品成本的 "直接材料" 等项目；对于不能分产品领用的材料（如几种产品共同耗用的材料），需要采用适当的分配方法，分配计入各相关产品成本的 "直接材料" 项目。

（1）一般分配方法。

$$材料、燃料、动力费用分配率 = \frac{材料、燃料、动力消耗总额}{分配标准之和}$$

分配标准可以是产品重量、耗用的原材料、生产工时等。

某种产品应负担的材料、燃料、动力费用 = 该产品分配标准 × 分配率

---

**小鱼讲重点**

❶ 辅助生产费用是生产成本的二级科目，即生产成本——辅助生产成本。辅助生产费用是辅助生产车间发生的费用，辅助生产车间包括供电、水、蒸汽、机修车间等。比如企业是一个大型的金属冶炼厂，自己就有一个供电车间，专门为整个企业的生产提供电力。此时，这个供电车间就是辅助生产车间。
辅助生产车间发生的费用，如果是直接提供给生产车间的电力，那么要计入产品的成本中。

❷ 间接生产费用的分配是初级会计中的核心难点。
1. 什么时候需要分配？
当同一条生产线、同一群工人，同时生产两种产品的时候，生产费用就需要在两种产品之间分配。
2. 为什么要分配生产费用？
举个例子，会计小刘在 KFC 兼职，每天兼职 5 小时，工资 100 元。在小刘兼职的 5 小时里，3 小时炸鸡，2 小时炸薯条。
每日工作结束，KFC 应该支付小刘 100 元的职工薪酬，而这 100 元应该计入炸鸡和炸薯条的成本当中。
借：生产成本 100
　　贷：应付职工薪酬 100
为了准确核算炸鸡和炸薯条的人工成本，需要将支付给小刘的 100 元工资在炸鸡和薯条之间分配。
因此，分配就是分配钱。
3. 如何进行分配？
（1）计算分配率。
分配率，就是每小时多少钱。比如，小刘一共干了 5 小时，工资 100 元，那么每小时就是 20 元。
分配率 = 钱 ÷ 时间 =100÷5= 20（元 / 小时）
（2）按照每个产品生产的时间分配钱。
小刘 3 小时炸鸡，2 小时炸薯条。
炸鸡分配的人工成本 =3×20= 60（元）
炸薯条分配的人工成本 =2×20= 40（元）
4. 分配的题应该怎么做？
（1）要分配什么？
一般来说，都是分配钱。
（当然也有不是分配钱的，极少数）
（2）算分配率。
分配率 = 一小时多少钱（或者每千克多少钱）
（3）计算产品成本。
分配率 × 时间 ÷ 千克 = 分配到产品上的成本

(2) 定额分配方法。

在消耗定额比较准确的情况下，原材料、燃料也可按照产品的材料定额消耗量比例或材料定额费用比例进行分配。

材料消耗量分配率 = 材料实际总消耗量 / 各种产品材料定额消耗量之和

某种产品材料定额消耗量 = 该种产品实际产量 × 消耗定额

某种产品应分配的材料费用 = 该种产品的材料定额消耗量 × 材料消耗量分配率 × 材料单价

(3) 材料、燃料、动力费用分配的账务处理。
借：生产成本——基本生产成本
　　　　　　——辅助生产成本
　　制造费用
　贷：原材料

### 小鱼讲例题

**53.【单选题】** 某企业本月投产甲产品 50 件、乙产品 100 件，生产甲、乙两种产品共耗用材料 4 500 千克，每千克 20 元，每件甲、乙产品材料消耗定额为 50 千克、15 千克，按材料定额消耗量比例分配材料费用，甲产品分配的材料费用为（　　）元。【2017 年】
A. 50 000　　　B. 30 000　　　C. 33 750　　　D. 56 250

**54.【单选题】** 某企业生产 A、B 两种产品的外购动力消耗定额分别为 4 工时和 6.5 工时。6 月份生产 A 产品 500 件，B 产品 400 件，共支付动力费 11 040 元。该企业按定额消耗量比例分配动力费，当月 A 产品应分配的动力费为（　　）元。【2013 年】
A. 3 840　　　B. 4 800　　　C. 6 343　　　D. 6 240

**53.【答案】** D
【解析】甲产品应分配的材料费用 =4 500×20÷（50×50+100×15）×50×50=56 250（元）。

**54.【答案】** B
【解析】动力费用分配率 =11 040÷(500×4+400×6.5)=2.4；A 产品应分配的动力费 =2.4×500×4=4 800（元）。

### （三）职工薪酬的归集和分配

直接进行产品生产的生产工人的职工薪酬，直接计入产品成本的"直接人工"成本项目；不能直接计入产品成本的职工薪酬，按工时、产品产量、产值比例等方式进行合理分配，计入各有关产品成本的"直接人工"项目。

(1) 一般分配方法。
职工薪酬分配率 = 工资总额 ÷ 生产工时之和
某种产品分配工资 = 该产品生产工时 × 分配率

(2) 定额分配法。
如果取得各种产品的实际生产工时数据比较困难，而各种产品的单件工时定额比较准确，也可按产品的定额工时比例分配职工薪酬。
某产品的定额工时 = 该种产品投产量 × 单位产品工时定额
分配率 = 各产品工资总额 ÷ 各产品定额工时之和
某产品应分配的生产工资 = 该产品定额工时 × 分配率

---

### 小鱼讲重点

❶ 甲工厂 2023 年 5 月生产 A、B 两种产品领用某材料 4 400 千克，每千克 20 元。本月投产的 A 产品为 200 件，B 产品为 250 件。A 产品的材料消耗定额为 15 千克，B 产品的材料消耗定额为 10 千克。
(1) 要分配什么？
A、B 两种产品一共领用材料 4 400 千克，20 元／千克，待分配的金额 =4 400×20=88 000（元）
(2) 算分配率。
A 产品为 200 件，每件 15 千克，一共耗用了 200×15=3 000（千克）。
B 产品为 250 件，每件 10 千克，一共耗用了 250×10=2 500（千克）。
分配率 = 每千克多少钱 =88 000÷(3 000+2 500)=16 元／千克
(3) 计算产品成本。
A 分配的成本 =3 000×16 元 =48 000（元）
B 分配的成本 =2 500×16 元 =40 000（元）

❷ 甲工厂基本生产车间生产 A、B 两种产品，共支付生产工人职工薪酬 2 700 万元，按生产工时比例分配，A 产品的生产工时为 500 小时，B 产品的生产工时为 400 小时。要求：计算 A、B 两种产品应分配的职工薪酬。
(1) 要分配什么？
A、B 两种产品共支付职工薪酬 2 700 万元，因此 2 700 万元就是待分配金额。
(2) 算分配率。
A 产品生产了 500 小时，B 产品生产了 400 小时。
分配率 = 每小时多少钱 =2 700÷(500+900)=3（万元／小时）
(3) 计算产品成本。
A 产品应分配的职工薪酬 =500×3=1 500（万元）
B 产品应分配的职工薪酬 =400×3=1 200（万元）

(3) 职工薪酬的账务处理。
借：生产成本——基本生产成本
　　　　　　——辅助生产成本
　　制造费用
　　管理费用
　　销售费用
　　贷：应付职工薪酬

### 📘 小鱼讲例题

**55.【单选题】** 某企业期初无在产品，本月完工甲产品 600 件、乙产品 400 件，共耗用直接人工费用 12 万元，采用定额工时比例法分配甲产品和乙产品的直接人工费用。甲产品每件定额工时 6 小时，乙产品每件定额工时 3 小时。甲产品负担的直接工人费用是（　　）万元。【2018 年】
A. 7.2　　B. 7.3　　C. 4.8　　D. 9

55.【答案】D
【解析】甲产品负担的直接人工费用 =12÷（6×600+3×400）×600×6=9（万元）。

### (四) 制造费用的归集和分配 ❶ `2 分考点`

制造费用主要包括：
(1) 辅助物料消耗；
(2) 车间管理人员的薪酬；
(3) 车间管理用的房屋和设备的折旧费、租赁费和保险费，车间管理用具摊销，车间管理用的照明费、水费、取暖费、劳动保护费、设计制图费、试验检验费、差旅费、办公费以及季节性及修理期间停工损失等。

制造费用，一般应先分配辅助生产的制造费用，将其计入辅助生产成本，然后再分配辅助生产费用，将其中应由基本生产负担的制造费用计入基本生产的制造费用，最后再分配基本生产的制造费用。制造业企业发生的制造费用，应当按照合理的分配标准按月分配计入各成本核算对象的生产成本。

企业应当根据制造费用的性质，合理选择分配方法。也就是说，企业所选择的制造费用分配方法，必须与制造费用的发生具有比较密切的相关性，并且使分配到每种产品上的制造费用金额基本合理，同时还应当适当考虑计算手续的简便。

常用制造费用分配方法：生产工人工时比例法、生产工人工资比例法、机器工时比例法和按年度计划分配率分配法等。

(1) 制造费用分配方法。
制造费用分配率 = 制造费用总额 ÷ 各产品分配标准之和
分配标准之和：生产工时总数或生产工人定额工时总数、生产工人工资总和、机器工时总数、产品计划产量的定额工时总数。
某产品应分配的制造费用 = 该种产品分配标准 × 分配率
(2) 制造费用账务处理。
借：生产成本——基本生产成本
　　贷：制造费用

### 小鱼讲重点

❶ 假定甲制造业企业 2019 年 5 月基本生产车间 P 产品的机器工时为 50 000 小时，S 产品的机器工时为 40 000 小时，本月共发生制造费用 900 000 元。按照机器工时总数分配制造费用：

(1) 要分配什么？
S、P 两种产品共发生制造费用 900 000 元，因此 900 000 元就是待分配金额。

(2) 算分配率。
S 产品生产了 40 000 小时，P 产品生产了 50 000 小时。
分配率=每小时多少钱=900 000 ÷（40 000+50 000）=10（元／小时）

(3) 计算产品成本。
S 产品应分配的职工薪酬 = 40 000×10=400 000（元）
P 产品应分配的职工薪酬 = 50 000×10=500 000（元）

> **小鱼讲例题**
>
> 56.【单选题】某企业本月生产甲、乙两产品分别耗用机器工时 50 000 小时、70 000 小时，当月车间日常设备维修费 96 000 元（不考虑增值税），车间管理人员工资 24 000 元，该企业按照机器工时分配制造费用。不考虑其他因素，当月甲产品应分配的制造费用为（　　）元。【2017 年】
> A. 14 000　　　　　　　　B. 10 000
> C. 40 000　　　　　　　　D. 50 000
>
> 57.【多选题】下列通过"制造费用"项目核算的有（　　）。【2019 年】
> A. 生产车间发生的机物料消耗
> B. 生产工人的工资
> C. 生产车间管理人员的工资
> D. 季节性的停工损失

56.【答案】B
【解析】当月甲产品应分配的制造费用 =50 000÷（50 000+70 000）×24 000=10 000（元），所以选项 B 正确。

57.【答案】ACD
【解析】制造费用的内容比较复杂，包括辅助物料消耗，车间管理人员的薪酬，车间管理用的房屋和设备的折旧费、租赁费和保险费，车间管理用具摊销，车间管理用的照明费、水费、取暖费、劳动保护费、设计制图费、试验检验费、差旅费、办公费以及季节性及修理期间停工损失等，选项 A、C、D 正确。直接进行产品生产的生产工人的职工薪酬，计入产品成本的"直接人工"项目，不计入制造费用，选项 B 错误。

### （五）辅助生产费用的归集和分配

**1. 辅助生产费用的归集** ❶

辅助生产发生各项生产费用时记入"生产成本——辅助生产成本"科目及其明细科目。一般情况下，辅助生产的制造费用，与基本生产的制造费用一样，先通过"制造费用"科目进行单独归集，然后再转入"辅助生产成本"科目。对于辅助生产车间规模很小、制造费用很少且辅助生产不对外提供产品和劳务的，为简化核算工作，辅助生产的制造费用也可以不通过"制造费用"科目，而直接记入"生产成本——辅助生产成本"科目。

**2. 辅助生产费用的分配及账务处理**

辅助生产费用的分配方法很多，通常采用直接分配法、交互分配法、计划成本分配法、顺序分配法和代数分配法等。

（1）直接分配法 ❷。

直接分配法的特点是<u>不考虑各辅助生产车间之间</u>相互提供劳务或产品的情况，而是将各种辅助生产费用<u>直接分配给辅助生产以外</u>的各受益单位。

采用此方法，各辅助生产费用只进行对外分配，<u>分配一次</u>，计算简单，但分配结果不够准确。适用于辅助<u>生产内部相互提供产品和劳务不多</u>、不进行费用的交互分配、对辅助生产成本和企业产品成本影响不大的情况。

【例 1】假定甲工厂设有供热和供电两个辅助生产车间。2019 年 5 月在分配辅助生产费用以前，供热车间发生生产费用 1 200 万元，按供热吨数分配费用，供热合计 5 000 吨，其中，供电车间耗用 200 吨；供电车间发生生产费用 2 400 万元，按耗电度数分配费用，提供供电度数 2 000 万度，其中，供热车间耗用 400 万度。其他车间耗用数如下表所示。该企业辅助生产的制造费用不通过"制造费用"科目核算。甲工厂使用直接分配法分配辅助生产费用。

---

> **小鱼讲重点**
>
> ❶ 辅助生产费用的分配，到底在分配什么？
> 一般来说，辅助生产车间包括供电、水、蒸汽、机修车间等。比如企业是一个大型的金属冶炼厂，自己就有一个供电车间，专门为整个企业的生产提供电力。此时，这个供电车间就是辅助生产车间。供电车间对外提供的电力，如果是基本生产车间使用，就直接计入制造费用（间接费用），如果是行政管理部门使用，就计入管理费用。
> 辅助生产费用的分配，就是把供电车间发生的全部费用，在所有用电的部门之间进行分配。
>
> ❷ 什么是"直接分配法"？
> 举个例子，假定甲工厂设有一个供热辅助车间和一个供电辅助生产车间。2019 年 5 月在分配辅助生产费用以前，供热车间发生生产费用 1 200 万元，按供热吨数分配费用，供热合计 5 000 吨。其中：
> （1）供电车间耗用 200 吨；
> （2）基本生产车间耗用 4 200 吨；
> （3）行政管理部门耗用 400 吨；
> （4）销售部门耗用 200 吨。
> 直接分配法的核心：<u>不管是不是给别的辅助生产车间提供了服务，对外提供了多少劳务就分配多少</u>。
> 根据例题，供热车间一共供热 5 000 吨，但是这 5 000 吨里，有给其他辅助车间（供电车间）提供的 200 吨，因此直接分配法要把这 200 吨去掉，<u>假设供热车间一共只发生了 4 800 吨</u>。
> 由于供电车间一共发生了 1 200 万元的生产费用，因此<u>单位生产费用（分配率）</u>=1 200÷4 800=0.25（万元/吨）。
> 因此，不同部门分配的供热费用为：
> （1）供电车间耗用 200 吨，0 元；
> （2）基本生产车间耗用 4 200 吨，供热费用 =4 200×0.25=1 050（万元）；
> （3）行政管理部门耗用 400 吨，供热费用 =400×0.25=100（万元）；
> （4）销售部门耗用 200 吨，供热费用 =200×0.25=50（万元）。
> 借：制造费用　1 050
> 　　管理费用　　100
> 　　销售费用　　 50
> 　贷：生产成本——辅助生产成本——供热车间　1 200
> 因此，直接分配法只需要计算一次分配率，比较简单，适用于辅助生产车间之间业务不多的情况（反正业务不多，扣掉了也没什么影响）。

辅助生产费用分配表
（直接分配法）
2019 年 5 月

甲工厂　　　　　　　　　　　　　　　　　　　　数量单位：吨、万度　　金额单位：万元

| 辅助生产车间名称 | | 供热车间 | | 供电车间 | | 合计 |
|---|---|---|---|---|---|---|
| | | 供热吨数 | 供热费用 | 供电度数 | 供电费用 | |
| 待分配辅助生产费用及劳务数量 | | 4 800 | 1 200 | 1 600 | 2 400 | 3 600 |
| 费用分配率 | | | 0.25 | | 1.5 | |
| 基本生产耗用（记入"制造费用"） | 第一车间 | 3 000 | 750 | 900 | 1 350 | 2 100 |
| | 第二车间 | 1 200 | 300 | 400 | 600 | 900 |
| | 小计 | 4 200 | 1 050 | 1 300 | 1 950 | 3 000 |
| 行政管理部门耗用（记入"管理费用"） | | 400 | 100 | 200 | 300 | 400 |
| 销售部门耗用（记入"销售费用"） | | 200 | 50 | 100 | 150 | 200 |
| 合计 | | 4 800 | 1 200 | 1 600 | 2 400 | 3 600 |

根据上表编制如下会计分录：

借：制造费用——第一车间　　　　　　　　　21 000 000
　　　　　　——第二车间　　　　　　　　　　9 000 000
　　管理费用　　　　　　　　　　　　　　　　4 000 000
　　销售费用　　　　　　　　　　　　　　　　2 000 000
　贷：生产成本——辅助生产成本——供热车间　12 000 000
　　　　　　　　　　　　　　——供电车间　24 000 000

（2）交互分配法❶。

交互分配法的特点是辅助生产费用通过两次分配完成，首先将辅助生产明细账上的合计数根据各辅助生产车间、部门相互提供的劳务数量计算分配率，在辅助生产车间进行交互分配；然后将各辅助生产车间交互分配后的实际费用（即交互前的费用加上交互分配转入的费用，减去交互分配转出的费用），再按提供的劳务量在辅助生产车间以外的各收益单位之间进行分配。这种分配方法的优点是提高了分配的正确性，但同时加大了分配的工作量。

①对内交互分配率 = 辅助生产费用总额÷辅助生产提供的总产品或劳务总量

②对外分配率 =（交互分配前的成本费用 + 交互分配转入的成本费用 – 交互分配转出的成本费用）÷对辅助以外的其他部门提供的产品或劳务总量

③对外分配的辅助成本 = 交互分配前的费用 + 交互分配转入的费用 – 交互分配转出的费用

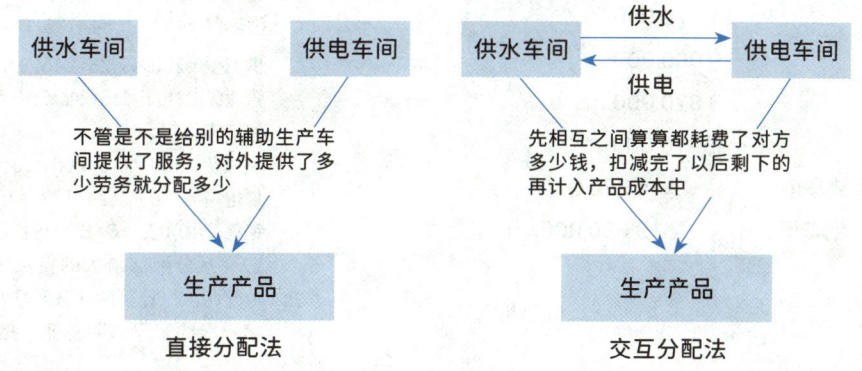

## 小鱼讲重点

❶ 1. 什么是"交互分配法"？
举个例子，假定甲工厂设有供热和供电两个辅助生产车间。2019 年 5 月在分配辅助生产费用以前，供热车间发生生产费用 1 200 万元，按供热吨数分配费用，供热合计 5 000 吨，其中，供电车间耗用 200 吨；供电车间发生生产费用 2 400 万元，按耗电度数分配费用，提供供电度数 2 000 万度，其中，供热车间耗用 400 万度。
交互分配法的核心：先相互之间算算都耗费了对方多少钱，扣减完了以后剩下的再向外分配。
（1）计算第一次分配率（对内分配率）。
在交互分配法下，第一次分配率 = 辅助生产车间全部费用÷提供的全部劳务量。
①供热分配率 1=1 200÷5 000=0.24（万元/吨）
②供电分配率 1=2 400÷2 000=1.2（元/度）
（2）计算供热车间发生的费用。
使用供热车间的供热有两种：
①供电车间；
②供电车间以外的生产车间等。
由于供电车间使用的费用是无效费用（由其他辅助车间耗用掉而非向外提供），因此要先把供电车间使用的 200 吨供热减掉。可以理解为：亲兄弟明算账，就算同样都是辅助车间，要先把其他辅助车间用我的费用给减去。
供热车间发生的总费用有两种：
①供热车间本身的生产费用；
②供热车间使用的供电车间的供电产生的费用。
由于供热车间还使用了供电车间提供的电力，因此，使用的电力也要算作供热车间总共发生的费用，所以要把使用的电力加入向外提供的总费用中。
因此，供热车间向外分配的费用总额 =1 200–200×0.24（万元/吨）（这部分是其他车间耗用我的费用，无效费用减掉，亲兄弟明算账）+400×1.2（自己用了别的辅助车间的费用要加上）=1 632（万元）
（3）计算供电车间发生的费用。
使用供电车间的供电有两种：
①供热车间；
②供热车间以外的生产车间等。
由于供热车间使用的费用是无效费用（由其他辅助车间耗用掉而非向外提供），因此要先把供热车间使用的 400 万度供电减掉。可以理解为：亲兄弟明算账，就算同样都是辅助车间，要先把其他辅助车间用我的费用给减去。
供电车间发生的总费用有两种：

**【例2】** 假定甲工厂设有供热和供电两个辅助生产车间。2019年5月在分配辅助生产费用以前，供热车间发生生产费用1 200万元，按供热吨数分配费用，供热合计5 000吨，其中，供电车间耗用200吨；供电车间发生生产费用2 400万元，按耗用数分配费用，提供供电度数2 000万度，其中，供热车间耗用400万度。其他车间耗电度数如下表所示。该企业辅助生产的制造费用不通过"制造费用"科目核算。甲工厂使用交互分配法分配辅助生产费用。

辅助生产费用分配表
（交互分配法）
甲工厂　　　　　2019年5月　　　数量单位：吨、万度　金额单位：万元

| 辅助生产车间名称 | | 交互分配 | | | 对外分配 | | |
|---|---|---|---|---|---|---|---|
| | | 供热 | 供电 | 合计 | 供热 | 供电 | 合计 |
| 待分配辅助生产费用 | | 1 200 | 2 400 | 3 600 | 1 632① | 1 968② | 3 600 |
| 供应劳务数量 | | 5 000 | 2 000 | | 4 800 | 1 600 | |
| 费用分配率 | | 0.24 | 1.2 | | 0.34 | 1.23 | |
| 辅助生产车间耗用（记入"生产成本——辅助生产成本"） | 供热车间 耗用量 | | 400 | | | | |
| | 供热车间 分配金额 | | 480 | 480 | | | |
| | 供电车间 耗用量 | 200 | | | | | |
| | 供电车间 分配金额 | 48 | | 48 | | | |
| | 分配金额小计 | 48 | 480 | 528 | | | |
| 基本生产耗用（记入"制造费用"） | 第一车间 耗用量 | | | | 3 000 | 900 | |
| | 第一车间 分配金额 | | | | 1 020 | 1 107 | 2 127 |
| | 第二车间 耗用量 | | | | 1 200 | 400 | |
| | 第二车间 分配金额 | | | | 408 | 492 | 900 |
| 小计 | | | | | 1 428 | 1 599 | 3 027 |
| 行政部门耗用（记入"管理费用"） | 耗用量 | | | | 400 | 200 | |
| | 分配金额 | | | | 136 | 246 | 382 |
| 销售部门耗用（记入"销售费用"） | 耗用量 | | | | 200 | 100 | |
| | 分配金额 | | | | 68 | 123 | 191 |
| 合计 | | | | | | | 3 600 |

① 交互分配：
借：生产成本——辅助生产成本——供热车间　　4 800 000
　　　　　　　　　　　　　　　——供电车间　　480 000
　贷：生产成本——辅助生产成本——供热车间　　480 000
　　　　　　　　　　　　　　　——供电车间　　4 800 000

② 对外分配：
借：制造费用——第一车间　　21 270 000
　　　　　　——第二车间　　 9 000 000
　　管理费用　　　　　　　　 3 820 000
　　销售费用　　　　　　　　 1 910 000
　贷：生产成本——辅助生产成本——供热车间　　16 320 000
　　　　　　　　　　　　　　　——供电车间　　19 680 000

---
① 1 632=1 200 +480 –48
② 1 968=2 400 +48 –480

（来自上页）❶
①供电车间本身的生产费用；
②供电车间使用的供热车间的供热产生的费用。
由于供电车间还使用了供热车间提供的热量，因此，使用的热量也要算作供电车间总共发生的费用，所以要把使用的热量加入向外提供的总费用中。
因此，供电车间向外分配的费用总额=2 400–400×1.2（元/度）（这部分是其他车间耗用我的费用，无效费用减掉，亲兄弟明算账）+200×0.24（自己用了别的辅助车间的费用要加上）=1 968（万元）。
(4) 计算第二次分配率（对外分配率）。
①由于供热车间向外分配的费用总额=1 632（万元），
向外分配的供热总量=5 000–200（供电车间耗用）=4 800（吨），
供热分配率2=1 632÷4 800=0.34（万元/吨）。
②由于供电车间向外分配的费用总额=1 968（万元），
向外分配的供电总量=2 000–400（供热车间耗用）=1 600（万度），
供电分配率2=1 968÷1 600=1.23（元/度）。
(5) 用第二次分配率计算生产车间和行政部门等的费用。
①第一车间：
供热费=3 000×0.34=1 020（万元）；
供电费=900×1.23=1 107（万元）；
第一车间发生的制造费用总额=1 020+1 107=2127（万元）。
②第二车间：
供热费=1 200×0.34=408（万元）；
供电费=400×1.23=492（万元）；
第二车间发生的制造费用总额=408+492=900（万元）。
③行政部门：
供热费=400×0.34=136（万元）；
供电费=200×1.23=246（万元）；
管理费用总额=136+246=382(万元)。
④销售部门：
供热费=200×0.34=68（万元）；
供电费=100×1.23=123（万元）；
销售费用总额=68+123=191（万元）。
2. 交互分配法最大的特点：需要分配两次（计算两次分配率）。
第一次要亲兄弟明算账，把辅助

(3) 计划成本分配法❶。

计划成本分配法的特点是辅助生产为各受益单位提供的劳务，都按劳务的计划单位成本进行分配，辅助生产车间实际发生的费用按计划单位成本分配转出的费用之间的差额采用简化计算方法全部计入管理费用。这种方法便于考核和分析受益单位的成本，有利于分清各单位的经济责任。但成本分配不够准确，适用于辅助生产劳务计划单位成本比较准确的企业。

①对外分配的实际辅助成本 = 交互分配前的费用 + 按计划成本转入的费用（不减按计划成本转出的费用）；

②计划成本与实际成本的差额全部转入管理费用。

【例3】假定甲工厂设有供热和供电两个辅助生产车间。2019年5月在分配辅助生产费用以前，供热车间发生生产费用1 200万元，按供热吨数分配费用，供热合计5 000吨，其中，供电车间耗用200吨；供电车间发生生产费用2 400万元，按耗电度数分配费用，提供供电度数2 000万度，其中，供热车间耗用400万度。其他车间耗用数如下表所示。该企业辅助生产的制造费用不通过"制造费用"科目核算。假定供热车间每吨供热耗费的计划成本0.25万元，供电车间每万度电耗费的计划成本1.18万元。甲工厂使用计划成本分配法分配辅助生产费用。

辅助生产费用分配表
（计划成本分配法）

甲工厂　　　　　　　2019年5月　　　　　数量单位：吨、万度　金额单位：万元

| 辅助生产车间名称 | | | 供热车间 | 供电车间 | 合计 |
|---|---|---|---|---|---|
| 待分配辅助生产费用 | | | 1 200 | 2 400 | 3 600 |
| 计划单位成本（万元/吨、万元/万度） | | | 0.25 | 1.18 | |
| 辅助生产车间耗用<br>（记入"生产成本——辅助生产成本"） | 供热车间 | 耗用量 | | 400 | |
| | | 分配金额 | | 472 | 472 |
| | 供电车间 | 耗用量 | 200 | | |
| | | 分配金额 | 50 | | 50 |
| | 分配金额小计 | | 50 | 472 | 522 |
| | 第一车间 | 耗用量 | 3 000 | 900 | |
| | | 分配金额 | 750 | 1 062 | 1 812 |
| | 第二车间 | 耗用量 | 1 200 | 400 | |
| | | 分配金额 | 300 | 472 | 772 |
| | 小计 | | 1 050 | 1 534 | 2 584 |
| 行政部门耗用<br>（记入"管理费用"） | 耗用量 | | 400 | 200 | |
| | 分配金额 | | 100 | 236 | 336 |
| 销售部门耗用<br>（记入"销售费用"） | 耗用量 | | 200 | 100 | |
| | 分配金额 | | 50 | 118 | 168 |
| 按计划成本分配金额合计 | | | 1 250① | 2 360② | 3 610 |
| 辅助生产实际成本 | | | 1 672③❷ | 2 450④ | 4 122 |
| 辅助生产成本差异<br>（计入"管理费用"） | | | +422 | +90 | +512 |

---

① 1 250=50+1 050+100+50
② 2 360=472+1 534+236+118
③ 1 672=1 200+472
④ 2 450=2 400+50

（来自上页）❶

生产车间耗用的费用一并算上，计算第一次分配率；

第二次要把别人用我的费用减掉，再把我用别人的费用加上，计算第二次分配率。

因此，交互分配法的优点是提高了分配的正确性（太精准了，计算方法复杂到崩溃，是初级会计考试中最难考点之一），但同时加大了分配的工作量。

交互分配法的考查，一般会考到交互分配法的特点；如果遇到计算题，一般是计算第一次分配率和辅助生产车间向外分配的费用总额。一般计算到这一步就结束了。如果非常幸运抽到了辅助生产费用的不定项选择题，那么就要考查完整的计算过程了。

**小鱼讲重点**

❶ 什么是"计划成本分配法"？

计划成本分配法是三种辅助生产费用的分配方法中计算方法最简单的。在计划成本分配法下，无须计算分配率，而是直接使用题目中给出的"计划单位成本"，把全部耗用的劳务×计划单位成本，可以得到按计划成本分配金额合计。

请注意，计划成本和实际成本之间的差额，要计入管理费用。正是由于企业管理上出现问题，才会使得计划成本和实际成本不一致，所以要计入管理费用。

❷ 在计划成本分配法下，供热车间实际发生的全部成本 = 供热车间发生生产费用1 200 + 供电车间使用的供热费472。

和交互分配法不一样，待分配的全部费用不需要减掉自己使用别人的，而要加上别人使用自己的。

①按计划成本分配：

借：生产成本——辅助生产成本——供热车间　　　　　4 720 000
　　　　　　　　　　　　　　　　——供电车间　　　　　500 000
　　　制造费用——第一车间　　　　　　　　　　　　　18 120 000
　　　　　　　——第二车间　　　　　　　　　　　　　7 720 000
　　　管理费用——行政部门　　　　　　　　　　　　　3 360 000
　　　销售费用　　　　　　　　　　　　　　　　　　　1 680 000
　　贷：生产成本——辅助生产成本——供热车间　　　　　　　12 500 000
　　　　　　　　　　　　　　　　——供电车间　　　　　　　23 600 000

②辅助生产成本差异按规定记入"管理费用"科目的"其他"项目：

借：管理费用——其他　　　　　　　　　　　　　　　　5 120 000
　　贷：生产成本——辅助生产成本——供热车间　　　　　　　4 220 000
　　　　　　　　　　　　　　　　——供电车间　　　　　　　900 000

### 📖 小鱼讲例题

58.【单选题】下列各项中，不属于辅助生产费用分配方法的是（　　）。【2013年】
A. 相对销售价格分配法　　　　B. 交互分配法
C. 直接分配法　　　　　　　　D. 计划成本分配法

59.【判断题】直接分配法不考虑各辅助生产车间之间相互提供劳务或产品的情况，将各种辅助生产费用直接分配给辅助生产车间以外的各受益单位。（　　）【2018年】

58.【答案】A
【解析】相对销售价格分配法是联产品成本的分配方法，其余是辅助生产费用的分配方法。
59.【答案】√

## （六）废品损失和停工损失的核算　**2分考点**

### 1. 废品损失

废品损失是指在生产过程中发生的和入库后发现的超定额的不可修复废品的生产成本，以及可修复废品的修复费用，扣除回收的废品残料价值和应收赔款以后的损失。

经质量检验部门鉴定不需要返修、可以降价出售的不合格品，以及产品入库后由于保管不善等原因而损坏变质的产品和实行"三包"企业在产品出售后发现的废品均不包括在废品损失内。

| 分类 | 内容 | 具体要求 |
| --- | --- | --- |
| 不可修复废品 | 废品损失＝不可修复废品的**全部生产成本**扣除回收的废品残料价值和应收赔款以后的损失 | 废品损失采用按废品所耗实际费用计算时，要将废品报废前与合格品计算在一起的各项费用，采用适当的分配方法在合格品与废品之间进行分配，计算出废品的实际成本，从"生产成本"科目贷方转入"废品损失"科目借方。如果废品是在完工以后发现的，单位废品负担的各项生产费用应与单位合格品完全相同，可按合格品产量和废品的数量比例分配各项生产费用，计算废品的实际成本 |
| 可修复废品 | 废品损失＝可修复废品的**修复费用**，扣除回收的废品残料价值和应收赔偿以后的损失 | 可修复废品返修以前发生的生产费用，不是废品损失，不需要计算其生产成本，而应留在"生产成本——基本生产成本"科目和所属有关产品成本明细账中，不需要转出。返修发生的各种费用，应根据各种费用分配表，记入"废品损失"科目的借方；其回收的残料价值和应收的赔款，应从"废品损失"科目贷方分别转入"原材料"和"其他应收款"科目的借方。结转后"废品损失"的借方余额反映的是归集的可修复损失成本，应转入"生产成本——基本生产成本"科目的借方 |

### 小鱼讲重点

❶ 什么是"废品损失"？

废品损失科目实际上是"生产成本"的一部分，把"废品损失"单拎出来，可以衡量企业生产过程中发生废品的情况，以及由于存在废品，企业**额外的**损失。

什么是"废品"？

废品包括两种情况：一种是生产过程中出现的不可修复的废品（残次品），一种是可以修复的残次品。如果是不可修复的废品，不可修复废品的价值就是企业的生的损失；如果是可以修复的废品，那么修复的费用就是企业产生的损失。

如果是可以直接出售的不合格品，由于可以直接卖掉，不在废品损失内进行核算。因为直接出售不会给企业带来额外的损失。

废品损失也可不单独核算，相应费用等体现在"生产成本——基本生产成本""原材料"等科目中。因为废品损失本来就是体现企业"由于产生了费用额外付出的成本"，如果企业单独核算就可以单独体现企业废品的情况，如果不单独核算，就直接计入生产成本中，因为"废品损失"科目，未来也会转入"生产成本"中，由正常的产品来承担废品的成本。

## 小鱼讲例题

**60.【单选题】** 某企业产品入库后发现可修复废品一批,生产成本为20万元,返修过程中发生直接材料2万元、直接人工3万元、制造费用4万元,废品残料作价1万元已回收入库。不考虑其他因素,该企业可修复废品的净损失为(　　)万元。【2018年】
A. 28　　　　B. 20　　　　C. 29　　　　D. 8

**61.【单选题】** 某企业产品入库后发现可修复废品一批,其生产成本为3 500元。修复废品耗用直接材料1 000元,直接人工500元、制造费用800元,回收残料计价100元,应收过失人赔款100元。不考虑其他因素,该批废品净损失为(　　)元。【2015年】
A. 2 100　　　　B. 5 600　　　　C. 3 600　　　　D. 2 300

**62.【多选题】** 下列各项中,应计入废品损失的有(　　)。【2018年】
A. 可修复废品的修复费用,扣除回收废品残料价值和应收赔款以后的损失
B. 产品入库后发现的超定额的不可修复废品的生产成本,扣除回收废品残料价值和应收赔款以后的损失
C. 产品入库后因保管不善而损坏变质的产品成本,扣除回收废品残料价值和应收赔款以后的损失
D. 生产过程中发生的超定额的不可修复废品的生产成本,扣除回收废品残料价值和应收赔款以后的损失

**63.【判断题】** 在不单独核算停工损失的企业中,属于自然灾害造成的停工损失直接反映在"营业外支出"科目中。(　　)【2015年】

**64.【判断题】** 经质检部门鉴定不需要返修、可以降价出售的不合格品,不计入废品损失。(　　)【2017年】

---

**60.【答案】** D
**【解析】**
结转可修复废品成本时:
| | |
|---|---|
| 借:废品损失 | 9 |
| 　贷:原材料 | 2 |
| 　　应付职工薪酬 | 3 |
| 　　制造费用 | 4 |

残料入库时:
| | |
|---|---|
| 借:原材料 | 1 |
| 　贷:废品损失 | 1 |

结转废品净损失时:
| | |
|---|---|
| 借:生产成本 | 8 |
| 　贷:废品损失 | 8 |

**61.【答案】** A
**【解析】** 该批废品净损失 =1 000+500+800−100−100=2 100(元)。

**62.【答案】** ABD
**【解析】** 废品损失是指在生产过程中发生的(选项D)和入库后发现的超定额的不可修复废品的生产成本(选项B),以及可修复废品的修复费用,扣除回收的废品残料价值和应收赔款以后的损失(选项A)。产品入库后因保管不善而损坏变质的产品应该计入"待处理财产损溢"。

**63.【答案】** √

**64.【答案】** √

### 2. 停工损失

停工损失是指生产车间或车间内某个班组在停工期间发生的各项费用,包括停工期间发生的原材料费用、人工费用和制造费用等。应由过失单位或保险公司负担的赔款,应从停

---

### 小鱼讲重点

**❶** 什么是"停工损失"?

"停工损失"科目衡量的是企业如果不生产,产生了多少损失。企业虽然没有生产,但是厂房和固定资产仍然在折旧,管理人员和工人也不能都辞退了,还要发工资,这部分成本就要计入停工损失。

停工损失包含两种:

(1)正常停工:比如某些农产品或海产品的生产,一年就只能生产几个月,这种情况属于正常现象,那么对于不生产的月份产生的成本,就要计入全部产品的生产成本中,让生产的几个月负担全年的成本;

(2)非正常停工:比如2020年过年期间的新冠疫情,有一些饭店囤了很多菜,但是由于疫情被迫关门,这些损失就是非正常停工的损失,由于这种情况是"意料之外",所以在发生时直接计入当期损益。

工损失中扣除。不满 1 个工作日的停工，一般不计算停工损失。期末，将停工净损失从该科目贷方转出，属于自然灾害部分转入"营业外支出"科目的借方；应由本月产品成本负担的部分，则转入"生产成本——基本生产成本"科目的借方，在停工的车间生产多种产品时，还要采用合理的分配标准，分配记入该车间各产品成本明细账停工损失成本项目。"停工损失"科目月末无余额。

不单独核算停工损失的企业，不设立"停工损失"科目，直接反映在"制造费用"和"营业外支出"等科目中。辅助生产一般不单独核算停工损失。

季节性生产企业在停工期间发生的制造费用，应当在开工期间进行合理分摊，连同开工期间发生的制造费用，一并计入产品的生产成本。

| 分类 | 内容 | 会计处理 |
| --- | --- | --- |
| 正常停工 | 包括季节性停工、正常生产周期的停工、计划内减产停工等 | 正常停工费用在产品成本核算范围内，应计入产品成本 |
| 非正常停工 | 包括原材料或工具短缺停工、设备故障停工、电力中断停工、自然灾害停工等 | 非正常停工费用应计入企业当期损益 |

### 📘 小鱼讲例题

65.【判断题】在不单独核算停工损失的企业中，属于自然灾害造成的停工损失直接反映在"营业外支出"科目中。（　　）【2015 年】

65.【答案】√

## 📖 考点 3：生产费用在完工产品和在产品之间的归集和分配  **10 分考点**

（一）在产品数量的核算❶

月末，产品成本明细账按照成本项目归集了相应的生产费用后，为确定完工产品总成本和单位成本，还应当将已经归集的产品成本在完工产品和月末在产品之间进行分配。

在产品是指没有完成全部生产过程、不能作为商品销售的产品，包括正在车间加工中的在产品（包括正在返修的废品）和已经完成一个或几个生产步骤但还需要继续加工的半成品（包括未经验收入库的产品和等待返修的废品）两部分。<u>不包括对外销售的自制半成品</u>。对某个车间或生产步骤而言，在产品只包括该车间或该生产步骤正在加工中的那部分在产品。

为确定在产品结存的数量，企业需要做好两方面工作：一是在产品收发结存的日常核算；二是做好产品的清查工作。车间在产品收发结存的日常核算，通常通过在产品收发结存账进行。在产品清查工作应定期进行，也可以不定期轮流清查，车间没有建立在产品收发日常核算的，应当每月月末清查一次在产品，以取得在产品的实际盘存资料，用来计算产品成本。

### 📘 小鱼讲例题

66.【判断题】工业企业在产品生产过程中通常会存在一定数量的在产品，在产品应包括对外销售的自制半成品。（　　）【2014 年】

---

**小鱼讲重点**

❶ 当某产品全部的生产费用（包括直接人工、直接材料、制造费用以及辅助生产费用）已经归集完成，下一步就需要在产成品和在产品之间分配生产费用。

想要在产成品和在产品之间分配生产费用，最核心的就是确认"在产品的数量"。

举个例子，月末 A 产品的产成品为 100 个，在产品为 100 个，A 产品发生的全部生产费用为 100 万元。那么，A 产品的生产费用是在产成品和在产品之间平均分配吗？由于在产品不是一个"完整的产成品"，因此在产品和产成品之间不可能一比一进行分配，因此要先把"在产品约等于几个产成品"，比如 A 产品的在产品实际上只完工了一半（完工程度 50%），也就是一个在产品约等于 0.5 个产成品。因此，全部的生产费用要在 100 个产成品和 50 个产成品（100 个半成品 × 完工程度 50%）之间进行分配。

所以，在产品的数量如何确定以及在产成品和在产品之间分配生产费用是本考点的核心。

66.【答案】×

【解析】工业企业的在产品不包括直接对外销售的自制半成品。

### （二）生产费用在完工产品与在产品之间的分配

每月月末，当月"生产成本"明细账中按照成本项目归集了本月生产成本以后，这些成本就是本月发生的生产成本，并不是本月完工产品的成本。计算❶本月完工产品成本，还需要将本月发生的生产成本，加上月初在产品成本，然后再将其在本月完工产品和月末在产品之间进行分配，以求得本月完工产品成本。

月末，完工产品、在产品成本之间的关系如下：

④本月完工产品成本 = ②本月发生生产成本 + ①月初在产品成本 – ③月末在产品成本

生产成本——基本生产成本

| ①月初在产品成本 | ④本月完工产品成本 |
|---|---|
| ②本月发生生产成本 | |
| ③月末在产品成本 | |

企业需要采用适当方法将生产成本在完工产品和在产品之间进行分配，常用的分配方法有：不计算在产品成本法、在产品按固定成本计价法、在产品按所耗直接材料成本计价法、约当产量比例法、在产品按定额成本计价法、定额比例法、在产品按完工产品成本计价法等。

**1. 约当产量比例法**❷

（1）一般情况：每一道工序原材料随加工进度陆续投入。

采用约当产量比例法，应将月末在产品数量按其完工程度折算为相当于完工产品的产量，即约当产量，然后将产品应负担的全部成本按照完工产品产量与月末在产品约当产量的比例分配计算完工产品成本和月末在产品成本。

这种方法适用于产品数量较多，各月在产品数量变化也较大，且生产成本中直接材料成本和直接人工等加工成本的比重相差不大的产品。其计算公式如下❸：

在产品约当产量 = 在产品数量 × 完工程度
单位成本 =（月初在产品成本 + 本月发生生产成本）÷（完工产品产量 + 在产品约当产量）
完工产品成本 = 完工产品产量 × 单位成本
在产品成本 = 在产品约当产量 × 单位成本

（2）特殊情况：每一道工序原材料在开始时一次投入。❹

在很多加工生产中，材料是在生产开始时一次性投入的。这时，在产品无论完工程度如何，都应和完工产品负担同样的材料成本，材料费用应按完工产品和在产品实际数量比例进行分配。如果材料是随着生产过程陆续投入的，则应按照各工序投入的材料成本在全部材料成本中所占的比例计算在产品的约当产量。

在产品约当产量 = 在产品数量
单位成本 =（月初在产品成本 + 本月发生生产成本）÷（完工产品产量 + 在产品产量）
完工产品成本 = 完工产品产量 × 单位成本
在产品成本 = 在产品产量 × 单位成本

【例4】某公司C产品本月完工产品产量3 000个，在产品数量400个，完工程度按平均50%计算；材料在开始生产时一次性投入，其他成本按约当产量比例分配。C产品本月月初在产品和本月耗用直接材料成本共计1 360 000元，直接人工成本640 000元，制造费用960 000元。C产品各项成本的分配计算如下：

---

### 小鱼讲重点

❶ 本月发生的成本≠本月完工产品的成本。因为月初可能存在上个月未完工的在产品，本月月末可能也有在产品。因此：

本月完工产品成本 = 本月发生生产成本 + 月初在产品成本 – 月末在产品成本

❷ 什么是"约当"？

就是在产品"约等于"多少产成品（这个约当，估计是发明这个词儿的人普通话不太好）。完工程度，就是约等于的比例。比如一个半成品的完工程度为50%，那么一个半成品就=0.5个产成品。

举个例子，某公司的产品本月完工370台，在产品有100台，平均完工程度为30%，发生生产成本合计为800 000元。

(1) 计算在产品 = 多少产成品。

由于完工程度为30%，那么在产品约当量 = 在产品数100× 平均完工程度30%=30（台）。

(2) 计算分配率（单位产成品分配的钱）。

分配率 = 全部生产费用800 000 ÷（在产品约当量30+ 产成品数370）=2 000（元/台）。

(3) 计算完工产品成本和在产品成本。

完工产品成本 =370×2 000= 740 000（元）

在产品成本 =30×2 000= 60 000（元）。

❸ 如果生产工序有两道，该如何计算在产品的约当产量？

举个例子，某公司B产品单位工时定额400小时，经两道工序制成。各工序单位工时定额为：第一道工序160小时，第二道工序240小时。为简化核算，假定各工序内在产品完工程度平均为50%。第一道工序的在产品为100件，第二道工序的在产品为100件，求在产品的约当产量。

由于材料在开始生产时一次性投入，因此，直接材料成本应按完工产品和在产品的实际数量比例进行分配，不必计算约当产量。

（1）直接材料成本的分配：

完工产品应负担的直接材料成本 =1 360 000÷（3 000+400）×3 000=1 200 000（元）

在产品应负担的直接材料成本 =1 360 000÷（3 000+400）×400=160 000（元）

（2）直接人工成本的分配：

直接人工成本和制造费用均应按约当产量进行分配，在产品400个折合约当产量200个（400×50%）。

完工产品应负担的直接人工成本 =640 000÷（3 000 +200）×3 000=600 000（元）

在产品应负担的直接人工成本 =640 000÷（3 000 +200）×200=40 000（元）

（3）制造费用的分配：

完工产品应负担的制造费用 =960 000÷（3 000 +200）×3 000=900 000（元）

在产品应负担的制造费用 =960 000÷（3 000 +200）×200=60 000（元）

通过以上按约当产量法分配计算的结果，可以汇总C产品完工产品成本和在产品成本。

C产品本月完工产品成本 =1 200 000+600 000+900 000=2 700 000（元）

C产品本月在产品成本 =160 000+40 000+60 000=260 000（元）

根据C产品完工产品总成本编制完工产品入库的会计分录如下：

借：库存商品—— C产品　　　　　2 700 000

　　贷：生产成本——基本生产成本　　　　2 700 000

**2. 在产品按定额成本计价法**

采用在产品按定额成本计价法，月末在产品成本按定额成本计算，该种产品的全部成本（如果有月初在产品，包括月初在产品成本在内）减去按定额成本计算的月末在产品成本，余额作为完工产品成本；每月生产成本脱离定额的节约差异或超支差异全部计入当月完工产品成本。这种方法是事先经过调查研究、技术测定或按定额资料，对各个加工阶段上的在产品直接确定一个单位定额成本。

这种方法适用于各项消耗定额或成本定额比较准确、稳定，而且各月末在产品数量变化不是很大的产品。

这种方法的计算公式如下：

月末在产品成本 = 月末在产品数量 × 在产品单位定额成本

完工产品总成本 =（月初在产品成本 + 本月发生生产成本）– 月末在产品成本

【例5】某公司C产品本月完工产品产量3 000个，在产品数量400个。在产品单位定额成本为：直接材料400元，直接人工100元，制造费用150元。C产品本月月初在产品成本和本月发生生产成本共计2 960 000元，其中直接材料成本1 360 000元，直接人工成本640 000元，制造费用960 000元。按定额成本计算在产品成本及完工产品成本。计算结果如下表所示。

**完工产品成本计算表**　　　　　　　　　　　　　　单位：元

| 项目 | 在产品定额成本 | 完工产品成本 |
|---|---|---|
| 直接材料 | 400×400=160 000 | 1 360 000–160 000=1 200 000 |
| 直接人工 | 100×400=40 000 | 640 000–40 000=600 000 |
| 制造费用 | 150×400=60 000 | 960 000–60 000=900 000 |
| 合计 | 260 000 | 2 700 000 |

（来自上页）❸

（1）第一道工序。

第一道工序要完成160小时才算完成，而现在处于第一道工序的在产品完工程度为50%，也就是说，处于第一道工序的产品一共完成了160小时 ×50%=80 小时。完成所有工序的工时为400小时，而处于第一道工序的在产品才完成了80小时，那么第一道工序在产品的完工程度 =80÷400=20%。因此，第一道工序的在产品约当产量 =100×20%=20（件）。

（2）第二道工序。

处于第二道工序的在产品有一个最大的特点：由于产品需要两道工序完成，第一道工序完成了才能进入第二道工序。因此，第二道工序的在产品，已经完成了第一道工序的160小时。

由于在第二道工序的完工程度为50%，那么第二道工序完成了240 小时 ×50%=120 小时，两道工序合起来，一共完成了160 小时 +120 小时 =280 小时。完成所有工序的工时为400小时，而处于第二道工序的在产品一共完成了280小时，那么第二道工序在产品的完工程度 = 280÷400=70%。

因此，第二道工序的在产品约当产量 =100×70%=70（件）。

❹ 对于原材料在生产开始时一次投入的生产，就不存在"约当"的情况，因为在产品和产成品承担的原材料是一样的，此时，如果分配原材料费用，那么在产品和产成品的投入比例是一样的。

但是，就算是对于原材料在生产开始时一次投入的生产，分配人工和制造费用时，还是要将在产品进行"约当"。因为人工和制造费用不存在"生产开始时一次投入"（人工得随着生产在旁边看着，机器也得随着生产持续开动）。

根据 C 产品完工产品总成本编制完工产品入库的会计分录如下：

借：库存商品—— C 产品　　　　　2 700 000

　　贷：生产成本——基本生产成本　　　　2 700 000

**3. 定额比例法**

采用定额比例法，产品的生产成本在完工产品和月末在产品之间按照二者的定额消耗量或定额成本比例分配。其中直接材料成本，按直接材料的定额消耗量或定额成本比例分配。直接人工和加工成本，可以按各该定额成本的比例分配，也可以按定额工时比例分配。这种方法适用于各项消耗定额或成本定额比较准确、稳定，但各月末在产品数量变动较大的产品。

【例 6】某公司 D 产品本月完工产品产量 300 个，在产品数量 40 个；单位产品消耗定额为：材料 400 千克 / 个，100 小时 / 个。单位在产品材料定额 400 千克，工时定额 50 小时。有关成本资料如下表所示。要求按定额比例法计算在产品成本及完工产品成本。

月初在产品成本和本期发生生产成本汇总表　　　　　单位：元

| 项目 | 直接材料 | 直接人工 | 制造费用 | 合计 |
| --- | --- | --- | --- | --- |
| 期初在产品成本 | 400 000 | 40 000 | 60 000 | 500 000 |
| 本期发生成本 | 960 000 | 600 000 | 900 000 | 2 460 000 |
| 合计 | 1 360 000 | 640 000 | 960 000 | 2 960 000 |

（1）计算产品单位消耗量或工时的成本分配率：

直接材料 =1 360 000÷（400×300+400×40）=10

直接人工 =640 000÷（100×300+50×40）=20

制造费用 =960 000÷（100×300+50×40）=30

（2）完工产品成本的计算：

直接材料成本 =400×300×10=1 200 000（元）

直接人工成本 =100×300×20 =600 000（元）

制造费用 =100×300×30 =900 000（元）

完工产品成本合计 2 700 000 元。

（3）在产品成本的计算：

直接材料成本 =1 360 000−1 200 000=160 000（元）

直接人工成本 =640 000−600 000=40 000（元）

制造费用 =960 000−900 000=60 000（元）

在产品成本合计 260 000 元。

借：库存商品—— D 产品　　　　　2 700 000

　　贷：生产成本——基本生产成本　　　　2 700 000

 小鱼讲例题

67.【单选题】某公司月初及本月的生产费用共计 7 200 元，其中直接材料 4 200 元，直接人工 1 800 元，制造费用 1 200 元。本月完工产品 100 件，月末在产品 40 件，其完工程度为 50%，材料在开始生产时一次投入。生产费用采用约当产量比例法在完工产品和在产品之间进行分配。不考虑其他因素，本月完工产品成本为（　　）元。【2017 年】

A. 6 600　　　　B. 5 500　　　　C. 7 200　　　　D. 6 000

68.【单选题】企业生产 M 商品的单位工时定额为 500 小时，经过两道工序，各工序单位定额工时如下：第一道工序 200 小时，第二道工序 300 小时，假定各工序内完工程度平均为 50%，第一道工序在产品 1 000 件，其约当产量为（　　）件。【2019 年】

A. 400　　　　B. 700　　　　C. 200　　　　D. 500

69.【多选题】下列各项中，属于将工业企业生产费用在完工产品与在产品之间进行分配的方法有（　　）。【2013年】
A.顺序分配法
B.约当产量比例法
C.在产品按定额成本计价法
D.在产品按固定成本计价法

70.【多选题】下列关于约当产量比例法的说法中，正确的有（　　）。【2018年】
A.这种方法适用于各月月末在产品数量较多，各月在产品数量变化也较大，直接材料成本在生产成本中所占比重较大且材料在生产开始时一次就全部投入的产品
B.各工序产品的完工程度可事先制定，产品工时定额不变时可长期使用
C.如果材料是在生产开始时一次投入的，无论在产品的完工程度如何，都应与完工产品负担同样材料成本
D.如果材料是随着生产过程陆续投入的，则应按照各工序投入的材料成本在全部材料成本中所占的比例计算在产品的约当产量

71.【多选题】某企业生产费用在完工产品和在产品之间采用约当产量比例法进行分配。该企业甲产品月初在产品和本月生产费用共计900 000元。本月甲产品完工400台，在产品100台且其平均完工程度为50%。不考虑其他因素，下列各项中计算结果正确的有（　　）。【2017年】
A.甲产品的完工产品成本为800 000元
B.甲产品的单位成本为2 250元
C.甲产品在产品的约当产量为50台
D.甲产品的在产品成本为112 500元

72.【多选题】下列各项中，可用于将生产费用在完工产品和在产品之间进行分配的方法有（　　）。【2015年】
A.定额比例法　　　　　　　　B.不计算在产品成本法
C.约当产量比例法　　　　　　D.在产品按固定成本计价法

67.【答案】B
【解析】完工产品应负担的直接材料成本=4 200÷（100+40）×100=3 000（元），完工产品应负担的直接人工成本=1 800÷（100+40×50%）×100=1 500（元），完工产品应负担的制造费用=1 200÷（100+40×50%）×100=1 000（元），所以本月完工产品成本=3 000+1 500+1 000=5 500（元）。

68.【答案】C
【解析】第一道工序的完工程度=（200×50%）÷（200+300）=20%，第一道工序的约当产量=1 000×20%=200（件）。

69.【答案】BCD
【解析】选项A是辅助生产费用的分配方法。

70.【答案】BCD
【解析】选项A，适用在产品按所耗直接材料计价法（新大纲已删）。

71.【答案】AC
【解析】在产品的约当产量=100×50%=50（台），所以甲产品的单位成本=900 000/（400+50）=2 000（元），甲产品完工产品的成本=2 000×400=800 000（元），在产品成本=2 000×50=100 000（元）。

72.【答案】ABCD
【解析】生产费用在完工产品和在产品之间进行分配的方法有：不计算在产品成本法、在产品按固定成本计价法、在产品按所耗直接材料成本计价法、约当产量比例法、在产品按定额成本计价法、定额比例法、在产品按完工产品成本计价法等。

### (三)联产品和副产品的成本分配

**1. 联产品成本的分配**

(1) 联产品的概念❶。

联产品,是指使用同种原料,经过同一生产过程同时生产出来的两种或两种以上的主要产品。联产品的生产特点是:在生产开始时,各产品尚未分离,同一加工过程中对联产品的联合加工;当生产过程进行到一定生产步骤,产品才会分离。在分离点以前发生的生产成本,称为联合成本。分离点是指在联产品生产中,投入相同原料,经过同一生产过程,分离为各种联产品的时点。分离后的联产品,有的可以直接销售,有的还需进一步加工才可供销售。

(2) 联产品成本计算的一般程序。

| 步骤 | 内容 |
|---|---|
| ①将联产品作为成本核算对象,设置成本明细账 | 联产品在分离之前,不可能按各种产品分别计算成本,只能按联产品作为成本核算对象 |
| ②归集联产品成本,计算联合成本 | 联产品发生的成本为联合成本。联产品的在产品一般比较稳定,可不计算期初、期末在产品成本,本期发生的生产成本全部为联产品的完工产品成本 |
| ③计算各种产品的成本 | 企业应当根据生产经营特点和联产品的工艺要求,选择系数分配法、实物量分配法、相对销售价格分配法等合理的方法分配联合生产成本 |
| ④计算联产品分离后的加工成本 | 联产品分离后继续加工的,按各种产品分别设置明细账,归集其分离后所发生的加工成本 |

(3) 分配联合生产成本的方法❷。

①相对销售价格分配法。

在此方法下,联合成本是按分离点上每种产品的销售价格比例进行分配的。采用这种方法,要求每种产品在分离点时的销售价格可以可靠地计量。如果联产品在分离点上即可供销售,则可采用销售价格进行分配。如果这些产品尚需要进一步加工后才可供销售,则需要对分离点上的销售价格进行估计。此时,也可采用可变现净值进行分配。

②实物量分配法。

采用实物量分配法时,联合成本是以产品的实物数量为基础分配的。这里的"实物数量"可以是数量或重量。实物量分配法通常适用于所生产的产品的价格很不稳定或无法直接确定。

单位数量(或重量)成本 = 联合成本÷各联产品的总数量(总重量)

**2. 副产品成本的分配**

(1) 副产品的概念❸。

副产品,是指在同一生产过程中,使用同种原料,在生产主产品的同时附带生产出来的非主要产品。

(2) 副产品成本计算方法❹。

在分配主产品和副产品的生产成本时,通常先确定副产品的生产成本,然后再确定主产品的生产成本。

确定副产品成本的方法有:不计算副产品成本扣除法、副产品成本按固定价格或计划价格计算法、副产品只负担继续加工成本法、联合成本在主副产品之间分配法以及副产品作价扣除法等。

副产品作价扣除法需要从产品售价中扣除继续加工成本、销售费用、销售税金及相应的利润来求扣除价格:

副产品扣除单价 = 单位售价 − (继续加工单位成本 + 单位销售费用 + 单位销售税金 + 合理的单位利润)

---

**小鱼讲重点**

❶ 什么是联产品?
比如现在屠宰场卖猪的相关产品,有猪蹄、猪肉,还有猪肚、猪大肠……所有的"猪产品",都来自同一头猪,只有生产到一定步骤,才会把"猪产品"分开来。因此,这些跟猪有关的产品都是联产品,分离后有的部位可以直接销售,也可以分离以后进一步加工销售,比如可以把猪肉继续加工成"猪肉馅儿"。

❷ 某公司生产 E 产品和 F 产品,E 产品和 F 产品为联产品。3月发生加工成本 12 000 000 元。E 产品和 F 产品在分离点上的销售价格总额为 15 000 000 元,其中 E 产品的销售价格总额为 9 000 000 元,F 产品的销售价格总额为 6 000 000 元。

(1) 采用相对销售价格分配法分配联合成本:

E 产品:12 000 000×[9 000 000÷(9 000 000 +6 000 000)] = 7 200 000(元)。

F 产品:12 000 000×[6 000 000÷(9 000 000 +6 000 000)] = 4 800 000(元)。

(2) 假定 E 产品为 700 个,F 产品为 300 个。采用实物数量法分配联合成本:

E 产品:12 000 000÷(700 +300)×700 =8 400 000(元),

F 产品:12 000 000÷(700 +300)×300 =3 600 000(元)。

❸ 什么是副产品?
比如在开采石油的时候,同时会开采出天然气,由于开采石油是主要目的,那么天然气就是在开采石油过程中附带的副产品。

❹ 某公司在生产主产品的同时,还生产了某种副产品。该种副产品可直接对外出售,公司规定的售价为 100 元/千克。某月主要产品和副产品发生的生产成本总额为 500 000 元,副产品的产量为 500 千克。假定该公司按预先规定的副产品的售价确定副产品的成本。

副产品的成本=100×500=50 000(元),主要产品应负担的成本 =500 000− 50 000=450 000(元)。

### （四）完工产品成本的结转

企业完工产品经成品仓库验收入库后，其成本应从"生产成本——基本生产成本"科目及所属产品成本明细账的贷方转出，转入"库存商品"科目的借方，"生产成本——基本生产成本"科目的月末余额，就是在产品的成本。

借：库存商品
　　贷：生产成本——基本生产成本

## 考点 4：管理会计基础

### （一）管理会计指引

**1. 管理会计的概念**

管理会计是会计的重要分支，主要服务于单位内部管理❶需要，是通过利用相关信息，有机融合财务与业务活动，在单位规划、决策、控制和评价等方面发挥重要作用的管理活动。管理会计工作是会计工作的重要组成部分。

**2. 管理会计指引体系❷**

管理会计指引体系是在管理会计研究成果的基础上形成的可操作性的系列标准。管理会计指引体系包括管理会计基本指引、管理会计应用指引、管理会计案例库。

| 指引体系 | 内容 |
| --- | --- |
| 管理会计基本指引 | 管理会计基本指引在管理会计指引体系中起统领作用，是制定应用指引和建设案例库的基础。基本指引是对管理会计基本概念、基本原则、基本方法、基本目标等内容的总结、提炼。但是，不同于企业会计准则的基本准则，管理会计基本指引不对应用指引中未做出描述的新问题提供处理依据 |
| 管理会计应用指引 | 在管理会计指引体系中，应用指引居于主体地位，是对单位管理会计工作的具体指导。管理会计应用指引既遵循基本指引，也体现了实践特点；既形成一批普遍适用、具有广泛指导意义的基本工具方法，也有特殊行业的应用指引；既考虑了企业，也考虑了行政事业单位 |
| 管理会计案例库 | 案例库是对国内外管理会计经验的总结提炼，是如何运用管理会计应用指引的实例示范。建立管理会计案例库，为单位提供直观的参考借鉴，是管理会计指引体系指导实践的重要内容和有效途径，也是管理会计体系建设区别于企业会计准则体系建设的一大特色 |

### 📖 小鱼讲例题

**73.【判断题】** 在管理会计指引体系中，基本指引发挥着统领作用，是制定应用指引和建设案例库的基础。（　　）【2018 年】

73.【答案】√

### （二）管理会计要素❸ **2 分考点**

单位应用管理会计，应包括管理会计应用环境、管理会计活动、管理会计工具方法、管理会计信息与报告四项管理会计要素。这四项要素构成了管理会计应用的有机体系，单位应在分析管理会计应用环境的基础上，合理运用管理会计工具方法，全面开展管理会计活动，并提供有用信息，生成管理会计报告，支持单位决策，推动单位实现战略规划。

**1. 管理会计应用环境**

管理会计应用环境是单位应用管理会计的基础。单位应用管理会计，首先应充分了解和分析其应用环境，包括外部环境和内部环境。外部环境主要包括国内外经济、市场、法律、

---

### 🐟 小鱼讲重点

❶ 管理会计和财务会计最大的区别就是管理会计是服务于企业内部的。通过管理会计的相关手段能提升企业的运营效率，因此，管理会计可以为企业创造价值。

❷ 了解一下：
管理会计基本指引 = 基本原则；
管理会计应用指引 = 该怎么使用基本指引；
管理会计案例库 = 具体情形。

❸ 什么是"管理会计要素"？
管理会计要素是指管理会计的主要内容。管理会计想要在企业发挥作用，必须有：
（1）管理会计应用环境：要分析内部环境（企业是干什么的）和外部环境（现在同行业的其他企业都干得怎么样）；
（2）管理会计活动：如企业的各个生产环节，要"怎么做"（干哪些管理会计活动）才能够提升企业的生产效率；
（3）管理会计工具方法：具体的管理会计手段（如打分、评价等）；
（4）管理会计信息与报告：企业使用管理会计后的评价报告。
这部分需要掌握的内容：
（1）管理会计要素都有哪些；
（2）不同领域的管理会计工具方法都有哪些。

行业等因素。

**2. 管理会计活动**

管理会计活动是单位管理会计工作的具体开展，是单位利用管理会计信息，运用管理会计工具方法，在规划、决策、控制、评价等方面服务于单位管理需要的相关活动。在了解和分析其应用环境的基础上，单位应将管理会计活动嵌入规划、决策、控制、评价等环节，形成完整的管理会计闭环。

**3. 管理会计工具方法**

管理会计工具方法是实现管理会计目标的具体手段，是单位应用管理会计时所采用的战略地图、滚动预算、作业成本法、本量利分析、平衡计分卡等模型、技术、流程的统称。

（1）战略地图❶。

战略地图是指为描述企业各维度战略目标之间因果关系而绘制的可视化的战略因果关系图。战略地图通常以财务、客户、内部业务流程、学习与成长四个维度为主要内容，通过分析各维度的相互关系，绘制成战略因果关系图。

（2）滚动预算❷。

滚动预算是指企业根据上一期预算执行情况和新的预测结果，按既定的预算编制周期和滚动频率，对原有的预算方案进行调整和补充，逐期滚动，持续推进的预算编制方法。滚动预算一般由中期滚动预算和短期滚动预算组成。中期滚动预算的预算编制周期通常为 3 年或 5 年，以年度作为预算滚动频率；短期滚动预算通常以 1 年为预算编制周期，以月度、季度作为预算滚动频率。

（3）作业❸成本法。

作业成本法是指以"作业消耗资源、产出消耗作业"为原则，按照资源动因将资源费用追溯或分配至各项作业，计算出作业成本，然后再根据作业动因，将作业成本追溯或分配至各成本对象，最终完成成本计算的过程。

| 项目 | 内容 |
| --- | --- |
| 资源费用 | 是指企业在一定期间内开展经济活动所发生的各项资源耗费，包括：各种房屋及建筑物、设备、材料、商品等各种有形资源的耗费；信息、知识产权、土地使用权等各种无形资源的耗费；人力资源耗费以及其他各种税费支出等 |
| 作业 | 是指企业基于特定目的重复执行的任务或活动，是连接资源和成本对象的桥梁。一项作业既可以是一项非常具体的任务或活动，也可以泛指一类任务或活动。按不同的消耗对象，作业可分为主要作业和次要作业。主要作业是指被产品、服务或顾客等最终成本对象消耗的作业；次要作业是指被原材料、主要作业等处于中间位置的成本对象消耗的作业 |
| 成本对象 | 是指企业追溯或分配资源费用、计算成本的对象物。成本对象可以是工艺、流程、零部件、产品、服务、分销渠道、客户、作业、作业链等需要计量和分配成本的项目 |
| 成本动因 | 是指诱导成本发生的原因，是成本对象与其直接关联的作业和最终关联的资源之间的中介。按其在资源流动中所处的位置和作用，成本动因可分为资源动因和作业动因 |

资源 —资源动因→ 作业 —作业动因→ 产品

作业成本法主要适用于作业类型较多且作业链较长，同一生产线生产多种产品，企业规模较大且管理层对产品成本准确性要求较高，产品、顾客和生产过程多样化程度较高以及间接或辅助资源费用所占比重较大等情况的企业

（4）本量利分析。

本量利分析是指以成本性态分析和变动成本法为基础，运用数学模型和图示，对成本、

---

**小鱼讲重点**

❶ 战略地图：企业未来的发展方向是什么；为了达到目标，发展路径是什么。

❷ 滚动预算：未来一年或几年内，企业的生产目标是多少；为了达到生产目标，需要给各部门分配多少资源。

❸ 作业是指在一个组织内为了某个目标而进行的耗费资源动作。它是作业成本计算系统中最小的成本归集单元。作业贯穿产品生产经营的全过程，从产品设计、原料采购、生产加工，直至产品的发运销售。在这一过程中，每个环节、每道工序都可以视为一项作业。

具体来讲，作业就是生产线上的一个组成部分，如生产薯片的企业，切土豆是一个作业，炸土豆是一个作业，装袋也是一个作业。通过划分作业，可以看到生产线上的不同部分是如何运作的，产出和成本又各是多少。

利润、业务量与单价等因素之间的依存关系进行分析，发现变动的规律性，为企业进行预测、决策、计划和控制等活动提供支持的一种方法。

本量利分析的基本公式：

营业利润 =（单价 − 单位变动成本）× 业务量 − 固定成本

本量利分析主要用于企业生产决策、成本决策和定价决策，也可以广泛地用于投融资决策等。企业在营运计划的制订、调整以及营运监控分析等程序中通常会用到本量利分析。

（5）平衡计分卡[1]。

平衡计分卡是指基于企业战略，从财务、客户、内部业务流程、学习与成长四个维度，将战略规划目标逐层分解转化为具体的、相互平衡的业绩指标体系，并据此进行绩效管理的方法。

平衡计分卡适用于战略规划目标明确、管理制度比较完善、管理水平相对较高的企业。平衡计分卡的应用对象可为企业、所属单位（部门）和员工。

**4. 管理会计信息与报告**

管理会计信息包括管理会计应用过程中的财务信息和非财务信息，是管理会计报告的基本元素。管理会计信息应相关、可靠、及时、可理解。

管理会计报告是管理会计活动成果的重要表现形式，旨在为报告使用者提供满足管理需要的信息，是管理会计活动开展情况和效果的具体呈现。

管理会计报告按期间可以分为定期报告和不定期报告，按内容可以分为综合性报告和专项报告等类别。

---

### 📘 小鱼讲例题

74.【单选题】下列各项中，不属于管理会计要素的是（　　）。【2019 年】
A. 管理会计活动　　　　　B. 信息与报告
C. 工具方法　　　　　　　D. 评价指引

75.【多选题】下列各项中，属于管理会计要素的有（　　）。【2018 年】
A. 管理会计活动　　　　　B. 信息与报告
C. 应用环境　　　　　　　D. 工具方法

76.【多选题】下列各项中，属于管理会计工具方法的有（　　）。【2022 年】
A. 战略地图　　　　　　　B. 滚动预算
C. 本量利分析　　　　　　D. 作业成本法

77.【判断题】作业成本法应以"作业消耗资源、产出消耗作业"为指导原则，计算作业成本。（　　）【2019 年】

78.【判断题】管理会计报告是管理会计活动成果的重要表现形式，单位可以根据管理需要和管理会计活动性质设定报告期间。（　　）【2018 年】

79.【判断题】变动成本法下的产品成本只包括生产过程中消耗的变动生产成本，不包括固定生产成本。（　　）【2019 年】

---

74.【答案】D

【解析】单位应用管理会计，应包括管理会计应用环境、管理会计活动（选项 A）、管理会计工具方法（选项 C）、管理会计信息与报告（选项 B）四项管理会计要素。不包括选项 D。

75.【答案】ABCD

【解析】单位应用管理会计，应包括管理会计应用环境、管理会计活动、管理会计工具方法、管理会计信息与报告四项管理会计要素。

---

**小鱼讲重点**

[1] 平衡计分卡实际上就是一套指标体系，用来衡量企业的整体情况，和体检报告差不多。

76. 【答案】ABCD

【解析】管理会计工具方法是实现管理会计目标的具体手段，是单位应用管理会计时所采用的战略地图、滚动预算、作业成本法、本量利分析、平衡计分卡等模型、技术、流程的统称。综上，本题应选 A、B、C、D。

77. 【答案】√

78. 【答案】√

【解析】管理会计报告是管理会计活动成果的重要表现形式，旨在为报告使用者提供满足管理需要的信息，是管理会计活动开展情况和效果的具体呈现。管理会计报告按期间可以分为定期报告和不定期报告，按内容可以分为综合性报告和专项报告等类别。单位可以根据管理需要和管理会计活动性质设定报告期间。一般应以公历期间作为报告期间，也可以根据特定需要设定报告期间。

79. 【答案】√

# 第八节 政府会计基础 ❶

## 一个小目标

| 必须掌握 | 了解一下 |
|---|---|
| 政府单位会计核算 | 政府会计概述 |
|  | 政府会计实务概要 |

微信扫码
观看视频课程

### 小鱼讲重点

❶ 政府会计的核算和财务会计的核算有很大区别，原因就在于政府存在的本质和企业不一样。企业是以"营利"为目的的，因此，在财务会计中有"六要素"，有利润和所有者权益的核算。然而在政府会计中，政府存在的目的并不是为了"营利"，因此，政府会计的会计要素、会计处理都会和财务会计有很大区别。在学习本章时，你会发现你之前学的很多财务会计的处理方法，在本章完全不适用。不用担心，在理解这些会计处理的原理后，政府会计就会变得很简单。

❷ 和管理会计体系的内容差不多，都是由基本准则、具体准则、应用指南等构成。了解即可。

❸ 政府会计最大的特点就是"两条线核算"。
（1）跟预算会计相关的：预算会计要素 + 收付实现制 + 决算报告；
（2）跟财务会计相关的：财务会计要素 + 权责发生制 + 财务报告。

## 考点 1：政府会计概述

### （一）政府会计的概念

政府会计是会计体系的重要分支，通过运用会计专门方法对政府及其组成主体（包括政府所属的行政事业单位等）的财务状况、运行情况（含运行成本，下同）、现金流量、预算执行等情况进行全面核算、监督和报告。

| 政府会计标准体系❷ | 内容 |
|---|---|
| 政府会计基本准则 | 用于规范政府会计目标、政府会计主体、政府会计信息质量要求、政府会计核算基础，以及政府会计要素定义、确认和计量原则、列报要求等事项。基本准则指导具体准则和制度的制定，并为政府会计实务问题提供处理原则 |
| 政府会计具体准则及应用指南 | 政府会计具体准则依据基本准则制定，用于规范政府会计主体发生的经济业务或事项的会计处理原则，详细规定经济业务或事项引起的会计要素变动的确认、计量和报告。应用指南是对具体准则的实际应用做出的操作性规定 |
| 政府会计制度 | 依据基本准则制定，主要规定政府会计科目及账务处理、报表体系及编制说明等 |
| 其他 | 政府会计主体应当根据政府会计准则（包括基本准则和具体准则）规定的原则和政府会计制度及解释的要求，对其发生的各项经济业务或事项进行会计核算 |
| | 政府会计主体主要包括各级政府、各部门、各单位 |
| | 军队、已纳入企业财务管理体系的单位和执行《民间非营利组织会计制度》的社会团体，其会计核算不适用政府会计准则制度 |

### （二）政府会计的特点 ❸

#### 1. 双功能

政府会计应当实现预算会计和财务会计的双重功能。

（1）预算会计对政府会计主体预算执行过程中发生的全部预算收入和全部预算支出进行会计核算，主要反映和监督预算收支执行情况；

073

(2) 财务会计对政府会计主体发生的各项经济业务或者事项进行会计核算，主要反映和监督政府会计主体财务状况、运行情况和现金流量等。

**2. 双基础**

(1) 预算会计实行收付实现制，国务院另有规定的，从其规定；

(2) 财务会计实行权责发生制。

**3. 双要素**

政府会计要素包括预算会计要素和财务会计要素。

(1) 预算会计要素包括预算收入、预算支出与预算结余；

(2) 财务会计要素包括资产、负债、净资产、收入和费用。

**4. 双报告**

政府会计主体应当编制决算报告和财务报告。

(1) 政府决算报告的编制主要以收付实现制为基础，以预算会计核算生成的数据为准；

(2) 政府财务报告的编制主要以权责发生制为基础，以财务会计核算生成的数据为准。

> **小鱼讲例题**
>
> 80.【单选题】下列体现政府会计核算体系"双功能"要求的是（　　）。【2022年】
> A. 政府会计由预算会计和财务会计构成，前者反映和监督预算收支执行情况，后者反映和监督政府会计主体财务状况、运行情况和现金流量等
> B. 预算会计实行收付实现制
> C. 财务会计实行权责发生制
> D. 政府会计主体应当编制决算报告和财务报告

80.【答案】A

【解析】选项B、C，体现的是双基础。选项D，体现的是双报告。

## 考点2：政府会计实务概要

### （一）政府预算会计要素❶

| 预算会计要素 | 内容 |
| --- | --- |
| 预算收入 | 是指政府会计主体在预算年度内依法取得的并纳入预算管理的现金流入。预算收入一般在实际收到时予以确认，以实际收到的金额计量 |
| 预算支出 | 是指政府会计主体在预算年度内依法发生并纳入预算管理的现金流出。预算支出一般在实际支付时予以确认，以实际支付的金额计量 |
| 预算结余 | **概念**：是指政府会计主体预算年度内预算收入扣除预算支出后的资金余额，以及历年滚存的资金余额 |
| | **结余资金**：是指年度预算执行终了，预算收入实际完成数扣除预算支出和结转资金后剩余的资金 |
| | **结转资金**：是指预算安排项目的支出年终尚未执行完毕或者因故未执行，且下年需要按原用途继续使用的资金 |

### （二）政府财务会计要素

**1. 资产**

（1）资产的定义。

资产是指政府会计主体过去的经济业务或者事项形成的，由政府会计主体控制❷的，预期能够产生服务潜力或者带来经济利益流入的经济资源。

---

**小鱼讲重点**

❶ 由于政府会计核算的本质和企业会计不同，因此政府会计的要素也和企业会计完全不一样。

(1) 由于政府的主要收入来自"预算收入"，因此在核算上使用"收付实现制"，即收到钱就确认收入，只要有支出就算作全部费用，此时，要使用"政府预算会计要素"。

(2) 但有一些政府预算主体会有部分"经营收入"（如学校小卖部），此时，就要按照财务会计的"权责发生制"进行核算，需要使用的是"政府财务会计要素"，所以在政府会计里，你会使用到两种核算方法、两套会计要素，甚至发生一项经济业务使用两种核算方式记账。

❷ 非政府拥有的（政府的资产拥有者是国家）。

(2) 资产类别。

政府会计主体的资产按照流动性，分为流动资产和非流动资产。

| 分类 | 内容 | 举例 |
| --- | --- | --- |
| 流动资产 | 指预计在1年内（含1年）耗用或者可以变现的资产 | 货币资金、短期投资、应收及预付款项、存货等 |
| 非流动资产 | 指流动资产以外的资产 | 固定资产、在建工程、无形资产、长期投资、公共基础设施、政府储备资产、文物文化资产、保障性住房和自然资源资产等 |

(3) 资产的确认条件。

符合政府资产定义的经济资源，在同时满足以下条件时，确认为资产。

①与该经济资源相关的服务潜力很可能实现或者经济利益很可能流入政府会计主体；

②该经济资源的成本或者价值能够可靠地计量。

(4) 资产的计量属性❶。

| 计量属性 | 内容 |
| --- | --- |
| 历史成本 | 资产按照取得时支付的现金金额或者支付对价的公允价值计量 |
| 重置成本 | 资产按照现在购买相同或者相似资产所需支付的现金金额计量 |
| 现值 | 资产按照预计从其持续使用和最终处置中所产生的未来净现金流入量的折现金额计量 |
| 公允价值 | 资产按照市场参与者在计量日发生的有序交易中，出售资产所能收到的价格计量 |
| 名义金额 | 人民币1元 |

**2. 负债**

(1) 负债的定义。

负债是指政府会计主体过去的经济业务或者事项形成的，预期会导致经济资源流出政府会计主体的现时义务。

(2) 负债类别❷。

①政府会计主体的负债按照流动性，分为流动负债和非流动负债。

| 分类 | 内容 | 举例 |
| --- | --- | --- |
| 流动负债 | 指预计在1年内（含1年）偿还的负债 | 短期借款、应付短期政府债券、应付及预收款项、应缴款项等 |
| 非流动负债 | 流动负债以外的负债 | 包括长期借款、长期应付款、应付长期政府债券等 |

②政府会计主体的负债分为偿还时间与金额基本确定的负债和由或有事项形成的预计负债。

| 分类 | 内容 | | 举例 |
| --- | --- | --- | --- |
| 偿还时间与金额基本确定的负债 | 按政府会计主体的业务性质及风险程度分类 | 融资活动形成的举借债务及其应付利息 | 政府举借的债务包括政府发行的政府债券，向外国政府、国际经济组织等借入的款项，以及向上级政府借入转贷资金形成的借入转贷款 |
| | | 运营活动形成的应付及预收款项 | 应付及预收款项包括应付职工薪酬、应付账款、预收账款、应交税费、应付国库集中支付结余和其他应付未付款项 |
| | | 暂收性负债 | 暂时性负债是指政府会计主体暂时收取，随后应作上缴、退回、转拨等处理的款项，主要包括应缴财政款和其他暂收款项 |
| 由或有事项形成的预计负债 | 未决诉讼或未决仲裁、对外国政府或国际经济组织的贷款担保、承诺（补贴、代偿）、自然灾害或公共事件的救助等 | | |

(3) 负债的确认条件。

符合政府负债定义的义务，在同时满足以下条件时，确认为负债。

---

**小鱼讲重点**

❶ 和财务会计要素计量属性相比，多了"名义金额"，少了"可变现净值"。

政府会计主体对资产进行计量，一般应当采用历史成本。采用重置成本、现值、公允价值计量的，应当保证所确定的资产金额能够持续、可靠计量。

❷ 了解即可。

①履行该义务很可能导致含有服务潜力或者经济利益的经济资源流出政府会计主体；

②该义务的金额能够可靠地计量。

(4) 负债的计量属性❶。

| 计量属性 | 内容 |
| --- | --- |
| 历史成本 | 负债按照因承担现时义务而实际收到的款项或者资产的金额，或者承担现时义务的合同金额，或者按照为偿还负债预期需要支付的现金计量 |
| 现值 | 负债按照预计期限内需要偿还的未来净现金流出量的折现金额计量 |
| 公允价值 | 负债按照市场参与者在计量日发生的有序交易中，转移负债所需支付的价格计量 |

**3. 净资产**❷

净资产是指政府会计主体资产扣除负债后的净额。其金额取决于资产和负债的计量。

**4. 收入**❸

(1) 收入的定义。

收入是指报告期内导致政府会计主体净资产增加的、含有服务潜力或者经济利益的经济资源的流入。

(2) 收入的确认条件。

收入的确认应当同时满足的条件：①与收入相关的含有服务潜力或者经济利益的经济资源很可能流入政府会计主体；②含有服务潜力或者经济利益的经济资源流入会导致政府会计主体资产增加或者负债减少；③流入金额能够可靠地计量。

**5. 费用**

(1) 费用的定义。

费用是指报告期内导致政府会计主体净资产减少的、含有服务潜力或者经济利益的经济资源的流出。

(2) 费用的确认条件。

费用的确认应当同时满足以下条件：

①与费用相关的含有服务潜力或者经济利益的经济资源很可能流出政府会计主体；

②含有服务潜力或者经济利益的经济资源流出会导致政府会计主体资产减少或者负债增加；

③流出金额能够可靠地计量。

### （三）政府会计核算模式

政府会计由预算会计和财务会计构成。政府会计核算模式实现了预算会计与财务会计适度分离并相互衔接，全面、清晰地反映政府财务信息和预算执行信息。这种核算模式，能够使公共资金管理中预算管理、财务管理和绩效管理相互联结、融合，全面提高管理水平和资金使用效率，对于规范政府会计行为、夯实政府会计主体预算和财务管理基础、强化政府绩效管理具有重要的影响。

### 📘 小鱼讲例题

81.【单选题】属于政府预算会计要素的是（　　）。【2022年】

A. 净资产　　　　　　　　B. 预算收入

C. 负债　　　　　　　　　D. 资产

81.【答案】B

【解析】政府预算会计要素包括预算收入、预算支出、预算结余。

---

**小鱼讲重点**

❶ 无重置成本、可变现净值和名义金额。

❷ 请注意：在政府财务会计要素中，没有"所有者权益"（政府也没有"所有者"），只有"净资产"。

❸ 注意和"预算收入"的区别。

## 考点 3：政府单位会计核算（2023年新增）

### （一）政府单位会计核算概述

行政事业单位（以下简称单位）是政府会计主体的重要组成部分。单位财务会计的原理和方法与企业会计基本一致，但与企业会计不同的是，单位会计核算应当具备财务会计与预算会计双重功能，实现财务会计与预算会计适度分离并相互衔接，全面、清晰地反映单位财务信息和预算执行信息。

单位对于纳入年度部门预算管理的现金收支业务❶，在采用财务会计核算的同时应当进行预算会计核算；对于其他业务，仅需进行财务会计核算。

（1）单位预算会计通过预算收入、预算支出和预算结余三个要素，全面反映单位预算收支执行情况。预算会计恒等式为"预算收入－预算支出＝预算结余"。

（2）单位财务会计通过资产、负债、净资产、收入、费用五个要素，全面反映单位财务状况、运行情况和现金流量情况。反映单位财务状况的等式为"资产－负债＝净资产"，反映运行情况的等式为"收入－费用＝本期盈余"，本期盈余经分配后最终转入净资产。

> 📖 **小鱼讲例题**
>
> 82.【单选题】下列各项中，政府会计主体采用财务会计核算的同时应当进行预算会计核算的是（　　）。【2019年】
> A．支付应缴财政款
> B．财政授权支付方式购买办公用品
> C．计提固定资产折旧
> D．收到受托代理的现金

82.【答案】B
【解析】单位购买办公用品，在财政授权支付方式下，按规定支用额度时，借记"业务活动费用""单位管理费用""库存物品"等科目，贷记"零余额账户用款额度"科目；同时，在预算会计中借记"行政支出""事业支出"等科目，贷记"资金结存——零余额账户用款额度"科目。

### （二）国库集中支付业务❷ **2分考点**

国库集中收付，是指以国库单一账户体系为基础，将所有财政性资金都纳入国库单一账户体系管理，收入直接缴入国库和财政专户，支出通过国库单一账户体系支付到商品和劳务供应者或用款单位的一项国库管理制度。实行国库集中支付的政府单位，财政资金的支付方式包括财政直接支付和财政授权支付。

#### 1. 财政直接支付业务❸

| 情形 | 预算会计处理 | 财务会计处理 |
| --- | --- | --- |
| 单位收到"财政直接支付入账通知书" | 借：行政支出、事业支出等<br>贷：财政拨款预算收入 | 借：库存物品、固定资产、应付职工薪酬等<br>贷：财政拨款收入 |
| 年末❹，根据本年度财政直接支付预算指标数与其实际支出数的差额 | 借：资金结存——财政应返还额度<br>贷：财政拨款预算收入 | 借：财政应返还额度——财政直接支付<br>贷：财政拨款收入 |
| 下年度❺恢复财政直接支付额度后，单位以财政直接支付方式发生实际支出 | 借：行政支出、事业支出等<br>贷：资金结存——财政应返还额度 | 借：库存物品、固定资产、应付职工薪酬等<br>贷：财政应返还额度——财政❻直接支付 |

---

### 小鱼讲重点

❶ 也就是说，只要是跟"钱"有关的业务，都需要进行"双会计处理"，如果跟钱没关系，只需要进行财务会计处理。

❷ 国库集中支付业务，就是"政府部门该怎么花钱"，即政府部门想要花钱买东西，应该如何支付（肯定不是用支付宝）。

❸ "财政直接支付业务"可以理解为，每支出一笔，都要和"同级财政"（爸爸）打申请要钱，"爸爸"同意了以后，直接把钱支付给商家，并且给单位（儿子）发"财政直接支付入账通知书"。

当"儿子"收到"财政直接支付入账通知书"时，就表明"爸爸"已经把钱花出去了，因此在会计中表明收到了一笔"收入"（无论是财务会计还是预算会计，都要贷：××收入），同时，在财务会计上表明买了东西（借：库存物品、固定资产等），在预算会计上表明"花了钱"（借：行政支出、事业支出等）。

❹ 请注意，财政每年在年初的时候有个"预算数"，比如你爸跟你说一年给一万块生活费。在"财政直接支付业务"下，由于你每次买东西，都要跟你爸申请，你爸直接给你付款，就有可能出现到了年底，一万块生活费没花完的情况。

如果到了年底，年初的预算没花完，就得跟你爸把没花完的额度要回来：
（1）在政府会计中，要"贷：财政拨款预算收入"（预算－花了多少），表示本年还应该有这些收入没有花，同时"借：资金结存——财政应返还额度"（类似应收，表示还应该收到多少预算收入）。
（2）在财务会计中，"贷：财政拨款收入"也表示本年还应该有这些收入没有花，同时"借：财政应返还额度——财政直接支付"，表示还应该收到多少预算收入。

❺ 如果有上年没花完的额度，下年接着继续花，因此上年年末"借：资金结存——财政应返还额度"（或"借：财政应返还额度——财政直接支付"）冲销掉，表示花的是上年没花完的钱。

❻ 由于财政支付业务是涉及"钱"的业务，因此全程需要"双核算"，预算会计和财务会计上都得做账。

## 2. 财政授权支付业务[1]

| 情形 | 预算会计处理 | 财务会计处理 |
|---|---|---|
| 单位收到代理银行盖章的"授权支付到账[2]通知书"时，根据通知书所列数额 | 借：资金结存——零余额账户用款额度<br>贷：财政拨款预算收入 | 借：零余额账户用款额度<br>贷：财政拨款收入 |
| 按规定支用额度时，按照实际支用的额度 | 借：行政支出、事业支出等<br>贷：资金结存——零余额账户用款额度[3] | 借：库存物品、固定资产、应付职工薪酬、业务活动费用、单位管理费用等<br>贷：零余额账户用款额度 |
| 年末，依据代理银行提供的对账单[4]做注销额度的相关账务处理 | 借：资金结存——财政应返还额度<br>贷：资金结存——零余额账户用款额度 | 借：财政应返还额度——财政授权支付<br>贷：零余额账户用款额度 |
| 下年年初恢复额度 | 借：资金结存——零余额账户用款额度<br>贷：资金结存——财政应返还额度 | 借：零余额账户用款额度<br>贷：财政应返还额度——财政授权支付 |
| 年末，单位本年度财政授权支付预算指标数大于零余额账户用款额度下达数[5]的，根据未下达的用款额度 | 借：资金结存——财政应返还额度<br>贷：财政拨款预算收入 | 借：财政应返还额度——财政授权支付<br>贷：财政拨款收入 |
| 下年度收到财政部门批复的上年末未下达零余额账户用款额度 | 借：资金结存——零余额账户用款额度<br>贷：资金结存——财政应返还额度 | 借：零余额账户用款额度<br>贷：财政应返还额度——财政授权支付 |

### （三）非财政拨款收支业务[6] `2 分考点`

单位的收支业务除国库集中收付业务外，还包括事业活动、经营活动等形成的非财政拨款收支。

#### 1. 事业（预算）收入

事业收入是指事业单位开展专业业务活动及其辅助活动实现的收入，不包括从同级政府财政部门取得的各类财政拨款。

（1）对采用财政专户返还方式管理的事业（预算）收入[7]。

| 情形 | 预算会计处理 | 财务会计处理 |
|---|---|---|
| 对采用财政专户返还方式管理的事业（预算）收入，实现应上缴财政专户的事业收入 | 由于这个钱不是你的，得上缴财政，因此无须进行预算会计处理。只有是你自己的钱，才进行预算会计处理 | 借：银行存款、应收账款等<br>贷：应缴财政款 |
| 向财政专户上缴款项时，按照实际上缴的款项金额 | | 借：应缴财政款<br>贷：银行存款等 |
| 收到从财政专户返还的事业收入时，按照实际收到的返还金额 | 借：资金结存——货币资金<br>贷：事业预算收入 | 借：银行存款等<br>贷：事业收入 |

（2）对采用预收款方式确认的事业（预算）收入[8]。

| 情形 | 预算会计处理 | 财务会计处理 |
|---|---|---|
| 实际收到预收款项时，按照收到的金额 | 借：资金结存——货币资金<br>贷：事业预算收入 | 借：银行存款等<br>贷：预收账款 |
| 以合同完成进度确认事业收入时，按照基于合同完成进度计算的金额 | | 借：预收账款<br>贷：事业收入 |

---

**小鱼讲重点**

[1] 在"财政授权支付"下，你爸每年在年初的时候就告诉你，今年给你一万块，在这一万块额度里随便花，不需要打申请。这个额度，就叫"零余额账户用款额度"，相当于政府主体的"银行存款"。

[2] 当单位收到"授权支付到账通知书"时，就相当于收到了你爸给你的一年额度，因此要"借：资金结存——零余额账户用款额度"，表示到账一万块，同时，"贷：财政拨款预算收入"，表示收到了一笔收入。（相当于"借：银行存款；贷：主营业务收入"）

[3] "贷：资金结存——零余额账户用款额度"，就相当于"贷：银行存款"，表示直接用你爸给你的额度支付。

[4] 如果你爸给你的一万块额度到年末没花完，由于"零余额账户"年终余额要清零（这名字的意思就是年终余额得是0），所以要冲掉没花完的额度。但是这个额度不是没了，而是明年可以接着花，所以要"借：资金结存——财政应返还额度"，表示明年年初的时候还可以要回来。所以等到下年年初额度恢复时，再做相反的会计分录。

[5] 什么是"预算指标数大于零余额账户用款额度下达数"？
就是你爸说好了给你一万，结果你爸股票赔了，只能拿出来6 000，所以在年初的时候也只给你了6 000，你在年初的时候：
借：资金结存——零余额账户用款额度 6 000（表示只收到了6 000）
  贷：财政拨款预算收入 6 000
但是你爸说好了给你一万（预算指标数），不能说话不算话，所以还得继续跟你爸把剩余的4 000要回来：
借：资金结存——财政应返还额度 4 000（表示还欠你4 000，请注意这时候不能"借：资金结存——零余额账户用款额度"，因为这个科目表示已经收到了钱）
  贷：财政拨款预算收入 4 000

[6] 什么是"非财政拨款收支业务"？

(3) 对采用应收款方式确认的事业收入❶。

| 情形 | 预算会计处理 | 财务会计处理 |
|---|---|---|
| 根据合同完成进度计算本期应收的款项 | | 借：应收账款<br>贷：事业收入 |
| 实际收到款项 | 借：资金结存——货币资金<br>贷：事业预算收入 | 借：银行存款等<br>贷：应收账款 |

单位以合同完成进度确认事业收入时，应当根据业务实质，选择累计实际发生的合同成本占合同预计总成本的比例、已经完成的合同工作量占合同预计总工作量的比例、已经完成的时间占合同期限的比例、实际测定的完工进度等方法，合理确定合同完成进度。

(4) 对于其他方式下确认的事业收入。

| 情形 | 预算会计处理 | 财务会计处理 |
|---|---|---|
| 收到收入 | 借：资金结存——货币资金<br>贷：事业预算收入 | 借：银行存款、库存现金<br>贷：事业收入 |

(5) 事业活动中涉及增值税业务的。

| 情形 | 预算会计处理 | 财务会计处理 |
|---|---|---|
| 收到收入 | 借：资金结存——货币资金<br>贷：事业预算收入（含税收入） | 借：银行存款<br>贷：事业收入（不含税收入）<br>　　应交增值税——应交税金（销项税额） |
| 实际缴纳增值税 | 借：事业支出<br>贷：资金结存——货币资金 | 借：应交增值税——应交税金（已交税金）<br>贷：银行存款 |

(6) 事业单位对于因开展专业业务活动及其辅助活动取得的非同级财政拨款收入。

| 情形 | 会计处理 |
|---|---|
| 从同级财政以外的同级政府部门取得的横向转拨财政款；从上级或下级政府取得的各类财政款 | 通过"事业收入"和"事业预算收入"科目下的"非同级财政拨款"明细科目核算 |
| 其他非同级财政拨款收入 | 通过"非同级财政拨款收入"和"非同级财政拨款预算收入"科目核算 |

**2. 捐赠（预算）收入和支出**

(1) 捐赠（预算）收入。

捐赠收入指单位接受其他单位或者个人捐赠取得的收入，包括现金捐赠收入和非现金捐赠收入。

| 情形 | 预算会计处理 | 财务会计处理 |
|---|---|---|
| 单位接受捐赠的货币资金，按照实际收到的金额 | 借：资金结存——货币资金<br>贷：其他预算收入——捐赠预算收入 | 借：银行存款、库存现金等<br>贷：捐赠收入 |
| 单位接受捐赠的存货、固定资产等非现金资产 | 借：其他支出❷<br>贷：资金结存——货币资金（发生的相关税费、运输费等支出金额） | 借：库存物品、固定资产等<br>贷：银行存款等（发生的相关税费、运输费等）<br>　　捐赠收入（差额） |

(2) 捐赠（支出）费用。

| 情形 | 预算会计处理 | 财务会计处理 |
|---|---|---|
| 单位对外捐赠现金资产的，按照实际捐赠的金额 | 借：其他支出<br>贷：资金结存——货币资金 | 借：其他费用<br>贷：银行存款、库存现金等 |
| 单位对外捐赠库存物品、固定资产等非现金资产的 | 借：其他支出（归属于捐出方的相关费用）<br>贷：资金结存——货币资金 | 借：资产处置费用<br>　　固定资产累计折旧❸<br>贷：固定资产/库存物品（账面余额）<br>　　银行存款等（归属于捐出方的相关费用） |

（来自上页）❻

对于政府单位主体，钱可以从"爸爸"那来（国库给钱），也可以自己打工挣钱（事业活动、经营活动等），比如学校开小卖部，医院开餐厅等。

❼ 什么是"对采用财政专户返还方式管理的事业（预算）收入"？

政府主体如果挣了钱，这个收入就算收到也不是你的，得财政专户（爸爸）统一管理。你得先上交给财政专户，等他收完了全部的钱，算一算该给你多少，再返还给你。因此，就算你赚了钱，就表明你该给"爸爸"交钱了，因此要"贷：应缴财政款"，表示你该上交给"爸爸"。

❽ 比如有个做软件开发的事业单位，当预收到合同款时，财务会计处理和普通企业会计处理一样，都要"贷：预收账款"。

但此时，由于在预算会计核算下，是使用"收付实现制"，也就是收到了钱就要确认收入，因此在预算会计下可以直接：
借：资金结存——货币资金
　　贷：事业预算收入

等到后期按照项目进度确认收入时，在财务会计上将预收款确认收入，而在预算会计上，由于钱都预收了，后面确认收入的时候没有钱的事儿了，所以不需要进行预算会计处理。

**小鱼讲重点**

❶ 采用应收款方式确认的事业收入，也就是一开始没收到钱，财务会计的处理和企业会计处理一样，都是借记应收账款的同时，确认收入。但是由于一开始没有钱，所以不需要进行预算会计处理，只有后面收到钱的时候，才确认预算收入。

❷ 在预算会计中不需要确认固定资产，只需要确认现金往来。

❸ 单位对外捐赠库存物品、固定资产等非现金资产的，在财务会计中应当将资产的账面价值转入"资产处置费用"科目，如未支付相关费用，预算会计则不做账务处理。

## (四) 预算结转结余及分配业务 `2分考点`

单位在预算会计中应当严格区分财政拨款[1]结转结余和非财政拨款结转结余。

(1) 财政拨款结转结余不参与事业单位的结余分配,单独设置"财政拨款结转"和"财政拨款结余"科目核算。

(2) 非财政拨款结转结余通过设置"非财政拨款结转""非财政拨款结余""专用结余""经营结余""非财政拨款结余分配"等科目核算。

### 1. 财政拨款结转结余的核算

(1) 财政拨款结转[2]的核算[3]。

"财政拨款结转"科目核算单位滚存的财政拨款结转资金。

| 情形 | 预算会计处理 | 财务会计处理 |
| --- | --- | --- |
| 年末,将财政拨款收入和对应的财政拨款支出结转入"财政拨款结转"科目 | 借:财政拨款预算收入——基本支出<br>贷:财政拨款结转——本年收支结转 | 借:财政拨款结转——本年收支结转<br>贷:事业支出——财政拨款支出 |
| 按照规定从其他单位调入财政拨款结转资金的,按照实际调增的额度数额或调入的资金数额 | 借:资金结存<br>贷:财政拨款结转——归集调入 | 借:零余额账户用款额度、财政应返还额度等<br>贷:累计盈余 |
| 按规定上缴(或注销)财政拨款结转资金、向其他单位调出财政拨款结转资金 | 借:累计盈余<br>贷:零余额账户用款额度、财政应返还额度等 | 借:财政拨款结转——归集上缴、归集调出<br>贷:资金结存 |
| 因发生会计差错等事项调整以前年度财政拨款结转资金的 | 借或贷:资金结存<br>贷或借:财政拨款结转——年初余额调整 | 借或贷:以前年度盈余调整<br>贷或借:零余额账户用款额度、银行存款等 |
| 经财政部门批准对财政拨款结余资金改变用途,调整用于本单位基本支出或其他未完成项目支出的 | 借:财政拨款结余——单位内部调剂<br>贷:财政拨款结转——单位内部调剂 | |
| 年末,冲销财政拨款结转明细科目余额 | 借:财政拨款结转——本年收支结转、年初余额调整、归集调入、归集调出、归集上缴、单位内部调剂<br>贷:财政拨款结转——累计结转[4] | |
| 年末,完成上述财政拨款收支结转后,应当对财政拨款各明细项目执行情况进行分析,按照有关规定将符合财政拨款结余性质的项目余额转入财政拨款结余 | 借:财政拨款结转——累计结转<br>贷:财政拨款结转——结转转入 | |

(2) 财政拨款结余的核算[5]。

"财政拨款结余"科目核算单位滚存的同级财政拨款项目支出结余资金。年末结转后,该科目除"累计结余"明细科目外,其他明细科目应无余额。

| 情形 | 预算会计处理 | 财务会计处理 |
| --- | --- | --- |
| 年末,单位对财政拨款结转各明细项目执行情况进行分析后,按照有关规定将符合财政拨款结余性质的项目余额转入财政拨款结余 | 借:财政拨款结转——累计结转<br>贷:财政拨款结余——结转转入 | |
| 经财政部门批准对财政拨款结余资金改变用途,调整用于本单位基本支出或其他未完成项目支出的 | 借:财政拨款结余——单位内部调剂<br>贷:财政拨款结转——单位内部调剂 | |

### 小鱼讲重点

[1] 财政拨款的钱是财政(爸爸)给的,是预算里的钱,这钱不能和非财政拨款(自己干私活挣得钱)混在一起。所以如果到年底,财政给的钱和非财政给的钱都有剩余,那么要分开核算。

[2] 什么是"财政拨款结转"?
类似于我们前面学到的"本年利润"科目,也就是将本年的收入和支出,都要在年末的时候转入"财政拨款结转",来核算本年剩下多少"财政拨款"。

[3] 了解一下财政拨款结转部分具体的会计分录,只需要知道财政拨款结转是通过什么科目进行的即可。

[4] 相当于将所有本年利润的二级科目,都转到"未分配利润"中,核算本年剩下多少钱。

[5] 什么是"财政拨款结余"?
"财政拨款结余"类似于前面学到的"利润分配",也就是从本年利润(财政拨款结转)转入利润分配——未分配利润(财政拨款结余)。
这部分具体的会计分录只需要知道从"财政拨款结转"到"财政拨款结余"怎么结,剩下的了解即可。

续表

| 情形 | 预算会计处理 | 财务会计处理 |
|---|---|---|
| 按照规定上缴财政拨款结余资金或注销财政拨款结余资金额度的 | 借:财政拨款结余——归集上缴<br>贷:资金结存 | 借:累计盈余<br>贷:零余额账户用款额度、财政应返还额度等 |
| 因发生会计差错等事项调整以前年度财政拨款结余资金的 | 借或贷:资金结存<br>贷或借:财政拨款结余——年初余额调整 | 借或贷:以前年度盈余调整<br>贷或借:零余额账户用款额度、银行存款等 |
| 年末,冲销有关明细科目余额 | 借:财政拨款结余——年初余额调整、归集上缴、单位内部调剂、结转转入<br>贷:财政拨款结余——累计结余 | |

### 📖 小鱼讲例题

**83.【单选题】** 2017年末，某事业单位完成财政拨款收支结转后，对财政拨款各明细项目进行综合分析，根据有关规定将一项目结余资金80万元转入财政拨款结余。不考虑其他因素，该事业单位应编制的会计分录是（　　）。【2018年】

A. 借：财政拨款结余　　　　　　800 000
　　贷：财政拨款结转　　　　　　　　　　800 000
B. 借：财政拨款结余　　　　　　800 000
　　贷：累计盈余　　　　　　　　　　　　800 000
C. 借：财政拨款结转　　　　　　800 000
　　贷：财政拨款结余　　　　　　　　　　800 000
D. 借：累计盈余　　　　　　　　800 000
　　贷：财政拨款结余　　　　　　　　　　800 000

**84.【单选题】** 事业单位在期末应将财政拨款收入和对应的事业支出——财政拨款支出进行结转，涉及的会计科目是（　　）。【2017年】

A. 非财政拨款结转
B. 财政拨款结转
C. 累计盈余
D. 财政拨款结余

**85.【判断题】** 财政拨款结余是指单位取得的同级财政拨款项目支出结余资金的调整、结转和滚存情况。（　　）【2016年】

**83.【答案】** C
【解析】年末，按照有关规定将符合财政拨款结余性质的项目余额转入财政拨款结余：
借：财政拨款结转　　　　　　800 000
　　贷：财政拨款结余　　　　　　　　　800 000

**84.【答案】** B
【解析】事业单位在期末应将财政拨款收入和对应的事业支出——财政拨款支出进行结转，结转到"财政拨款结转"科目核算。

**85.【答案】** √

### 2.非财政拨款结转结余的核算❶

（1）非财政拨款结转的核算。

非财政拨款结转资金是指事业单位除财政拨款收支、经营收支以外的各<u>非同级财政拨款</u>专项资金收入与其相关支出相抵后剩余滚存的、须按规定用途使用的结转资金。

### 小鱼讲重点

❶ 财政拨款结转和非财政拨款结转的核算内容基本一致，只需要掌握非财政拨款结转主要是"除财政拨款收支、经营收支以外的"收入即可。

非财政拨款主要来自"上级主管部门或者下级"。

举个例子，一般的财政拨款都来自同级财政，比如威海市政府给威海的政府部门、事业单位等拨款。但是，如果某个单位有个特别厉害的项目，很有可能会收到"上级主管部门"的拨款，此时就是"非同级财政拨款"，因此要单独核算。

| 情形 | 预算会计处理 | 财务会计处理 |
|---|---|---|
| 年末，将除财政拨款预算收入、经营预算收入以外的各类预算收入本年发生额中的专项资金收入转入"非财政拨款结转"科目，将行政支出、事业支出、其他支出本年发生额中的非财政拨款专项资金支出转入"非财政拨款结转"科目。 | | |
| 按照规定从科研项目预算收入中提取项目管理费或间接费 | 借：非财政拨款结转——项目间接费用或管理费<br>贷：非财政拨款结余——项目间接费用或管理费 | 借：业务活动费用、单位管理费用等<br>贷：预提费用——项目间接费用或管理费 |
| 因会计差错更正等事项调整非财政拨款结转资金 | 借或贷：资金结存——货币资金<br>贷或借：非财政拨款结转——年初余额调整 | 借或贷：以前年度盈余调整<br>贷或借：银行存款等 |
| 按照规定缴回非财政拨款结转资金 | 借：非财政拨款结转——缴回资金<br>贷：资金结存——货币资金 | 借：累计盈余<br>贷：银行存款等 |
| 年末，冲销有关明细科目余额 | 借：非财政拨款结转——年初余额调整、项目间接费用或管理费、缴回资金、本年收支结转<br>贷：非财政拨款结转——累计结转 | |
| 年末，完成上述结转后，应当对非财政拨款专项结转资金各项目情况进行分析，将留归本单位使用的非财政拨款专项（项目已完成）剩余资金转入非财政拨款结余 | 借：非财政拨款结转——累计结转<br>贷：非财政拨款结——结转转入 | |

（2）非财政拨款结余的核算。

非财政拨款结余指单位历年滚存的非限定用途的非同级财政拨款结余资金，主要为非财政拨款结余扣除结余分配后滚存的金额。结转后，"非财政拨款结余"科目除"累计结余"明细科目外，其他明细科目应无余额。

| 情形 | 预算会计处理 | 财务会计处理 |
|---|---|---|
| 年末，将留归本单位使用的非财政拨款专项（项目已完成）剩余资金结转 | 借：非财政拨款结转——累计结转<br>贷：非财政拨款结余——结转转入 | |
| 有企业所得税缴纳义务的事业单位实际缴纳企业所得税 | 借：非财政拨款结余——累计结余<br>贷：资金结存——货币资金 | 借：其他应交税费——单位应交所得税<br>贷：银行存款等 |
| 因会计差错更正等调整非财政拨款结余资金 | 借或贷：资金结存——货币资金<br>贷或借：非财政拨款结余——年初余额调整 | 借或贷：以前年度盈余调整<br>贷或借：银行存款等 |
| 年末，冲销有关明细科目余额 | 借：非财政拨款结余——年初余额调整、项目间接费用或管理费、结转转入<br>贷：非财政拨款结余——累计结余 | |
| 年末，事业单位将"非财政拨款结余分配"科目余额转入非财政拨款结余 | 借：非财政拨款结余分配<br>贷：非财政拨款结余——累计结余 | |
| 年末，行政单位将"其他结余"科目余额转入非财政拨款结余 | 借：其他结余<br>贷：非财政拨款结余——累计结余 | |

> 📖 小鱼讲例题

86.【单选题】年末，完成非财政拨款专项资金结转后，留归本单位使用的非财政拨款结转计入（　　）。【2018年】
A. 本期盈余　　　　　　　　B. 银行存款
C. 专用基金　　　　　　　　D. 非财政拨款结余——结转转入

86.【答案】D
【解析】年末，完成非财政拨款专项资金结转后，留归本单位使用的非财政拨款结转计入非财政拨款结余——结转转入。

（3）专用结余的核算❶。

专用结余是指事业单位按照规定从<u>非财政拨款结余</u>中提取的具有专门用途的资金。"专用结余"科目，核算专用结余资金的变动和滚存情况。"专用结余"科目年末贷方余额，反映事业单位从非同级财政拨款结余中提取的专用基金的累计滚存数额。

| 情形 | 预算会计处理 | 财务会计处理 |
|---|---|---|
| 根据有关规定从本年度非财政拨款结余或经营结余中提取基金 | 借：非财政拨款结余分配<br>　　贷：专用结余 | |
| 根据规定使用专用基金 | 借：专用结余<br>　　贷：资金结存——货币资金 | |

（4）经营结余的核算。

"经营结余"科目，核算事业单位本年度<u>经营活动收支相抵后余额</u>弥补以前年度经营亏损的余额。年末，如"经营结余"科目为贷方余额，将余额结转入"非财政拨款结余分配"科目；如为借方余额，为经营亏损，不予结转。

| 情形 | 预算会计处理 | 财务会计处理 |
|---|---|---|
| 期末，事业单位应当结转本期经营收支 | 借：经营预算收入<br>　　贷：经营结余<br>借：经营结余<br>　　贷：经营支出 | |

> 📖 小鱼讲例题

87.【判断题】事业单位当年经营收入扣除经营支出后的余额，无论是正数还是负数，均直接计入非财政拨款结余分配。（　　）

87.【答案】×
【解析】如果经营结余是负数说明经营结余有借方余额，经营结余的借方余额不进行结转。

（5）其他结余的核算。

"其他结余"科目，核算单位本年度<u>除财政拨款收支、非同级财政专项资金收支和经营收支以外</u>各项收支相抵后的余额。年末，行政单位将本科目余额转入"非财政拨款结余——累计结余"科目；事业单位将本科目余额转入"非财政拨款结余分配"科目。

（6）非财政拨款结余分配的核算❷。

"非财政拨款结余分配"科目，核算事业单位本年度非财政拨款结余分配的情况和结果。

---

**小鱼讲重点**

❶ 类似从利润分配中提取盈余公积。
❷ 除了"同级财政"以外的所有，最后都要进入"非财政拨款结余"。

年末，事业单位应将"其他结余"科目余额和"经营结余"科目贷方余额转入"非财政拨款结余分配"科目。

| 情形 | 预算会计处理 | 财务会计处理 |
|---|---|---|
| 根据有关规定提取专用基金 | 借：非财政拨款结余分配<br>贷：专用结余 | 借：本年盈余分配<br>贷：专用基金 |
| 然后，将"非财政拨款结余分配"科目余额转入非财政拨款结余 | | |

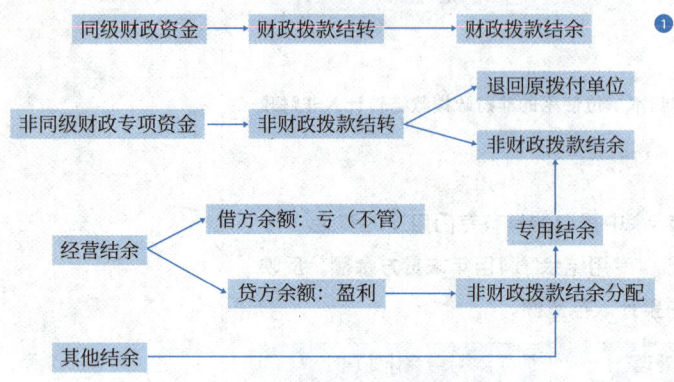

### 小鱼讲例题

88.【单选题】下列各项中，事业单位预算会计按规定提取专用结余应借记的会计科目是（　　）。【2019年】
A.非财政拨款结余分配　　B.财政拨款结转
C.非财政拨款结转　　D.非财政拨款结余

89.【单选题】在预算会计中，单位期末应将"事业预算收入"科目本期发生额中的专项资金收入结转记入的会计科目是（　　）。【2018年】
A.非财政拨款结转　　B.经营结余
C.事业基金　　D.事业结余

90.【判断题】科学事业单位按照规定从科研项目预算收入中提取项目管理费时，既要进行财务会计核算，又要进行预算会计核算。（　　）【2019年】

88.【答案】A
【解析】根据有关规定从本年度非财政拨款结余或经营结余中提取基金的分录如下：
借：非财政拨款结余分配
　　贷：专用结余
选项A正确。

89.【答案】A
【解析】根据"事业预算收入"等科目下各专项资金收入明细科目，贷记"非财政拨款结转——本年收支结转"科目，选项A正确。

90.【答案】√
【解析】单位按照规定从科研项目预算收入中提取项目管理费或间接费时，按照提取金额，在预算会计中借记"非财政拨款结转——项目间接费用或管理费"科目，贷记"非财政拨款结余——项目间接费用或管理费"科目；同时，在财务会计中借记"单位管理费用"科目，贷记"预提费用——项目间接费用或管理费"科目。

### （五）净资产业务❷
单位财务会计净资产的来源主要包括累计实现的盈余和无偿调拨的净资产。

---

**小鱼讲重点**

❶ 预算结转结余及分配业务这个考点，只要把这张图记住就可以啦！

❷ 净资产业务这一部分，只要知道常见的几个净资产科目即可。
从净资产业务开始，就来到了政府会计中的财务会计领域（净资产要素也是财务会计的要素）。

## 1. 本期盈余及本年盈余分配

(1) 本期盈余❶。

"本期盈余"科目核算单位本期各项收入、费用相抵后的余额。期末，单位应当将各类收入科目和各类费用科目本期发生额转入"本期盈余"科目。年末，单位应当将"本期盈余"科目余额转入"本年盈余分配"科目。

(2) 本年盈余分配❷。

"本年盈余分配"科目核算单位本年度盈余分配的情况和结果。年末，单位应当将"本期盈余"科目余额转入本科目。

根据有关规定从本年度非财政拨款结余或经营结余中提取专用基金的，按照预算会计下计算的提取金额：

借：本年盈余分配
　　贷：专用基金

然后，将"本年盈余分配"科目余额转入"累计盈余"科目。

## 2. 专用基金❸

"专用基金"科目核算事业单位按照规定提取或设置的具有专门用途的净资产，主要包括职工福利基金、科技成果转换基金等。事业单位从本年度非财政拨款结余或经营结余中提取专用基金的，在财务会计中通过"专用基金"科目核算的同时，还应在预算会计"专用结余"科目进行核算。

## 3. 无偿调拨净资产

按照行政事业单位资产管理相关规定，政府单位之间可以无偿调拨资产。通常情况下，无偿调拨非现金资产不涉及资金业务，因此不需要进行预算会计核算（除非以现金支付相关费用等）。

单位应当设置"无偿调拨净资产"科目，核算无偿调入或调出非现金资产所引起的净资产变动金额。年末，单位应将"无偿调拨净资产"科目余额转入"累计盈余"科目。

## 4. 权益法调整

"权益法调整"科目核算事业单位持有的长期股权投资采用权益法核算时，按照被投资单位除净损益和利润分配以外的所有者权益变动份额调整长期股权投资账面余额而计入净资产的金额。

(1) 年末，按照被投资单位除净损益和利润分配以外的所有者权益变动应享有（或应分担）的份额：

借或贷：长期股权投资——其他权益变动
　　贷或借：权益法调整

(2) 处置长期股权投资时，按照原计入净资产的相应部分金额：

借或贷：权益法调整
　　贷或借：投资收益

## 5. 以前年度盈余调整

"以前年度盈余调整"科目核算单位本年度发生的调整以前年度盈余的事项，包括本年度发生的重要前期差错更正涉及调整以前年度盈余的事项单位对相关事项调整后，应当及时将"以前年度盈余调整"科目余额转入"累计盈余"科目：

借或贷：累计盈余
　　贷或借：以前年度盈余调整

> **小鱼讲重点**
>
> ❶ 本期盈余＝本年利润。
>
> ❷ 本年盈余分配＝利润分配。
>
> ❸ 专用基金＝盈余公积。

### 6. 累计盈余[1]

"累计盈余"科目核算单位历年实现的盈余扣除盈余分配后滚存的金额，以及因无偿调入调出资产产生的净资产变动额。

（1）年末，将"本年盈余分配"科目的余额转入"累计盈余"科目：

借或贷：本年盈余分配
　　贷或借：累计盈余

（2）将"无偿调拨净资产"科目的余额转入"累计盈余"科目：

借或贷：无偿调拨净资产
　　贷或借：累计盈余

按照规定上缴、缴回、单位间调剂结转结余资金产生的净资产变动额，以及对以前年度盈余的调整金额，也通过"累计盈余"科目核算。

### （六）资产业务[2]

**1. 资产业务的几个共性内容**

（1）资产取得。

单位资产取得的方式包括外购、自行加工或自行建造、接受捐赠、无偿调入、置换换入、租赁等。资产在取得时按照成本进行初始计量，并分别用不同取得方式进行会计处理。

| 资产来源 | | 会计处理 |
| --- | --- | --- |
| 外购资产 | | 其成本通常包括购买价款、相关税费（不包括按规定可抵扣的增值税进项税额），以及使得资产达到目前场所和状态或交付使用前所发生的归属于该项资产的其他费用 |
| 自行加工或自行建造的资产 | | 其成本包括该项资产至验收入库或交付使用前所发生的全部必要支出 |
| 接受捐赠的非现金资产 | 存货、固定资产、无形资产 | 其成本按照有关凭据注明的金额加上相关税费等确定 |
| | | 没有相关凭据可供取得，但按规定经过资产评估的，其成本按照评估价值加上相关税费等确定 |
| | | 没有相关凭据可供取得、也未经资产评估的，其成本比照同类或类似资产的市场价格加上相关税费等确定 |
| | | 没有相关凭据且未经资产评估、同类或类似资产的市场价格也无法可靠取得的，按照名义金额（人民币1元）入账 |
| | 对于投资和公共基础设施、政府储备物资、保障性住房、文物文化资产等经管资产和盘盈资产 | 其初始成本只能按照前三个层次（历史成本、重置成本、现值）进行计量，不能采用名义金额计量 |
| | 单位对于接受捐赠的资产，其成本能够确定的，应当按照确定的成本减去相关税费后的净额计入捐赠收入。资产成本不能确定的，单独设置备查簿进行登记，相关税费等计入当期费用 | |
| 无偿调入的资产 | | 其成本按照调出方账面价值加上相关税费等确定，根据确定的成本减去相关税费后的金额计入无偿调拨净资产 |
| 置换取得的资产 | | 其成本按照换出资产的评估价值，加上支付的补价或减去收到的补价，加上为换入资产发生的其他相关支出确定 |

（2）资产处置。

按照规定，资产处置的形式包括无偿调拨、出售、出让、转让、置换、对外捐赠、报废、毁损以及货币性资产损失核销等。单位应当按规定报经批准后对资产进行处置。

通常情况下，单位应当将被处置资产账面价值转销计入资产处置费用，并按照"收支两条线"将处置净收益上缴财政。如按规定将资产处置净收益纳入单位预算管理的，应将净益计入当期收入。

---

**小鱼讲重点**

[1] 累计盈余＝利润分配——未分配利润（核算历年实现的盈余）。

[2] 了解一下。

如按规定将资产处置净收益纳入单位预算管理的，应将净收益计入当期收入。对于资产盘盈、盘亏、报废或毁损的，应当在报经批转前将相关资产账面价值转入"待处理财产损溢"科目，待报经批准后再进行资产处置。

对于无偿调出的资产，单位应当在转销被处置资产账面价值时冲减无偿调拨净资产。对于置换换出的资产，应当与换入资产一同进行相关会计处理。

### 2. 固定资产 `2分考点`

固定资产一般分为六类：房屋及构筑物；专用设备；通用设备；文物和陈列品；图书、档案；家具、用具、装具及动植物。单位价值虽未达到规定标准，但是使用年限超过1年（不含1年）的大批同类物资，如图书、家具、用具、装具等，应当确认为固定资产。

单位应当按月对固定资产计提折旧，下列固定资产除外：

（1）文物和陈列品；

（2）动植物；

（3）图书、档案；

（4）单独计价入账的土地；

（5）以名义金额计量的固定资产。

单位应当根据相关规定以及固定资产的性质和使用情况，合理确定固定资产的使用年限。因改建、扩建等原因而延长固定资产使用年限的，应当重新确定固定资产的折旧年限。单位盘盈、无偿调入、接受捐赠以及置换的固定资产，应当考虑该项资产的新旧程度，按照其尚可使用的年限计提折旧。

固定资产应当按月计提折旧，当月增加❶的固定资产，当月开始计提折旧；当月减少的固定资产，当月不再计提折旧。提前报废的固定资产，也不再补提折旧。已提足折旧的固定资产，可以继续使用的，应当继续使用，规范实物管理。

> 📘 **小鱼讲例题**
>
> 91.【多选题】下列各项中，除以名义金额计量的固定资产之外，事业单位应计提折旧的有（　　）。【2019年】
> A. 电影设备　　　　　B. 陈列品
> C. 动植物　　　　　　D. 钢结构的房屋

91.【答案】AD

【解析】除对文物和陈列品、动植物、图书、档案、单独计价入账的土地、以名义金额计量的固定资产等固定资产外，事业单位应当按月对固定资产计提折旧，选项B、C错误。

### （七）负债业务❷

#### 1. 应缴财政款

应缴财政款是指单位取得或应收的按照规定应当上缴财政的款项，包括应缴国库的款项和应缴财政专户的款项。为核算应缴财政的各类款项，单位应当设置"应缴财政款"科目。

单位按照国家税法等有关规定应当缴纳的各种税费，通过"应交增值税""其他应交税费"科目核算，不通过"应缴财政款"科目核算。由于应缴财政的款项不属于纳入部门预算管理的现金收支，不进行预算会计处理。

**小鱼讲重点**

❶ 和财务会计正好相反。

❷ 了解一下。

| 情形 | 会计处理 |
| --- | --- |
| 单位取得或应收按照规定应缴财政的款项 | 借：银行存款、应收账款等<br>贷：应缴财政款 |
| 单位上缴应缴财政的款项时，按照实际上缴的金额 | 借：应缴财政款<br>贷：银行存款 |

**2. 应付职工薪酬**

应付职工薪酬是指按照有关规定应付给职工（含长期聘用人员）及为职工支付的各种薪酬，包括基本工资、国家统一规定的津贴补贴、规范津贴补贴（绩效工资）、改革性补贴、社会保险费（如职工基本养老保险费、职业年金、基本医疗保险费等）、住房公积金等。为核算应付职工薪酬业务，单位应当设置"应付职工薪酬"科目。

## 小鱼复盘

| 本章知识点打卡 | DAY 1 | DAY 7 | DAY 15 | DAY 30 |
| --- | --- | --- | --- | --- |
| 会计要素计量属性 | □ | □ | □ | □ |
| 会计等式 | □ | □ | □ | □ |
| 试算平衡 | □ | □ | □ | □ |
| 会计凭证 | □ | □ | □ | □ |
| 会计账簿的种类 | □ | □ | □ | □ |
| 会计账簿的格式与登记方法 | □ | □ | □ | □ |
| 对账与结账 | □ | □ | □ | □ |
| 错账更正 | □ | □ | □ | □ |
| 财产清查 | □ | □ | □ | □ |
| 管理会计要素 | □ | □ | □ | □ |
| 政府会计要素及其确认和计量 | □ | □ | □ | □ |
| 政府会计核算模式 | □ | □ | □ | □ |
| 国库集中支付业务 | □ | □ | □ | □ |
| 非财政拨款收支业务 | □ | □ | □ | □ |
| 预算结转结余及分配业务 | □ | □ | □ | □ |
| 净资产业务 | □ | □ | □ | □ |
| 资产业务 | □ | □ | □ | □ |

# 第三章 流动资产

微信扫码
观看视频课程

**本章鱼情解锁**

- **分值：** 25 分。
- **出题量：** 15 题左右。
- **本章特点：** 本章是整本《初级会计实务》的核心主角，把"流动资产"这一章学明白了，会计及格就在前方。

  本章学习起来难度很大，主要有以下原因：

  （1）虽然这一章名字叫"流动资产"，但是涉及很多非资产类的科目，实际学习起来需要把会计六要素都融会贯通。

  （2）本章有很多实务中见都没见过的会计处理，比如"交易性金融资产"科目、"应收账款减值"科目。会计上的处理和我们日常生活中的常识完全不一样，理解起来很困难。

  （3）本章是不定项选择题的常考章节，除此之外，细节考点特别多，一定要重点关注加色部分。

  一定要把"流动资产"这一章学明白、学清楚，打好会计学习的基础，而且要多理解和归纳总结，多看看"小鱼讲重点"部分，这样你会理解得更透彻。

- **建议复习时长：** 25 小时。

**小鱼复习路线图**

**流动资产**

**第一节 货币资金**
- 库存现金
- 银行存款
- 其他货币资金

**第二节 交易性金融资产**
- 金融资产概述
- 交易性金融资产的账务处理
- 短期投资的核算

**第三节 应收及预付款项**
- 应收票据
- 应收账款
- 预付账款
- 应收股利和应收利息
- 其他应收款
- 应收款项减值

**第四节 存货**
- 存货概述
- 原材料
- 周转材料
- 委托加工物资
- 库存商品
- 消耗性生物资产
- 存货清查
- 存货减值

# 第一节 货币资金

## 一个小目标

| 必须掌握 | 了解一下 |
|---|---|
| 库存现金 | 其他货币资金 |
| 银行存款 | |

微信扫码
观看视频课程

### 考点1：库存现金

库存现金，是指存放在企业财会部门、由出纳人员经管的货币。库存现金是企业流动性最强的资产，企业应当严格遵守国家和企业的有关现金管理制度，正确进行现金收支的核算，监督现金使用的合法性与合理性。

#### （一）现金管理制度

| 分类 | 内容 |
|---|---|
| 现金的使用范围❶ | （1）职工工资、津贴；<br>（2）个人劳务报酬；<br>（3）根据国家规定颁发给个人的科学技术、文化艺术、体育比赛等各种奖金；<br>（4）各种劳保、福利费用以及国家规定的对个人的其他支出；<br>（5）向个人收购农副产品和其他物资的价款；<br>（6）出差人员必须随身携带的差旅费❷；<br>（7）结算起点（1 000元）以下的零星支出；<br>（8）中国人民银行确定需要支付现金的其他支出 |
| 现金限额 | 现金限额是指出于保证单位日常零星开支的需要，允许单位留存现金的最高数额，超出部分应于当日终了前存入银行。<br>（1）一般按照单位3~5天日常零星开支所需确定；<br>（2）边远地区和交通不便地区的开户单位的库存现金限额，可按多于5天，但不得超过15天的日常零星开支的需要确定 |
| 现金收支的规定 | （1）当日送存开户银行，当日送存有困难的，由开户银行确定送存时间；<br>（2）不得坐支❸；<br>（3）从开户银行提取现金时，应当写明用途，由本单位财会部门负责人签字盖章，经开户银行审核后，予以支付；<br>（4）特殊情况必须使用现金的，应向开户银行提出申请，由本单位财会部门负责人签字盖章，经开户银行审核后，予以支付 |

#### （二）现金的账务处理

（1）企业应当设置"库存现金"科目。

（2）企业应设置库存现金总账和库存现金日记账，分别进行库存现金的总分类核算和明细分类核算。

（3）每日终了，应当在库存现金日记账上算出当日的现金收入合计额、现金支出合计额和余额，并将库存现金日记账的余额与实际库存现金金额核对，以保证账款相符。月度终了，库存现金日记账的余额应当与库存现金总账的余额核对，做到账账相符。

#### （三）现金的清查❹ **2分考点**

为了保证现金的安全、完整，企业应当按规定对库存现金进行定期和不定期的清查，一般采用实地盘点法，并及时对清查的结果编制现金盘点报告单。

如果账实不符，发现有待查明原因的现金短缺或溢余，应先通过"待处理财产损溢"科目核算。

---

**小鱼讲重点**

❶ 请注意：在企业中，"现金"不是想用就能用的，只有在特定的情况下才能使用现金，其余情况必须使用转账支付。而且，企业保留的现金也不能超过一定"限额"（留太多了不安全），超过限额就要立即送存银行。

❷ 除企业可以现金支付的款项中的第（5）（6）项外，开户单位支付给个人的款项，超过现金限额的部分，应当以支票或者银行本票等方式支付；确需全额支付现金的，经开户银行审核后，予以支付现金。

❸ 坐支：收到现金以后不送存银行，支付时直接从已收到的现金中开支。

❹ 现金的清查是每年必考的考点。所有财产的清查都包含"两步走"。
第一步：调账。如果原来账上有100元现金，现在实际只剩20元，而现在账上还是100元，就有问题了，所以作为一个"谨慎的小会计"，第一步就要"调账"，先把账调整为账实相符的20元，因此：
"贷：库存现金80"；
这个时候，还不知道为什么现金短缺，但是"有借必有贷，借贷必相等"，就先找一个中间科目过渡一下，因此：
"借：待处理财产损溢80"；
请注意，"待处理财产损溢"这个科目没有任何意义，只是一个过渡科目。
第二步：批准。等查明现金变少的原因后，就要把刚刚的"待处理财产损溢"冲掉，因此：
"贷：待处理财产损溢80"；
现金的短缺有两种情况：如果有人赔偿，就计入其他应收款，表示将来会从别人那里收到钱；如果实在查不出原因，就说明会计没有

| | | 账务处理 | |
|---|---|---|---|
| 短缺时 | 第一步：先调账，账实相符 | 借：待处理财产损溢<br>贷：库存现金 | 第二步：经批准后处理 | 借：其他应收款（应由责任方赔偿的部分，可以从别人那里收到钱）<br>　　管理费用（无法查明原因的部分）<br>　　贷：待处理财产损溢 |
| 溢余时 | | 借：库存现金<br>贷：待处理财产损溢 | | 借：待处理财产损溢<br>　　贷：其他应付款（应支付给有关人员或单位的部分）<br>　　　　营业外收入（无法查明原因的部分）|

### 📖 小鱼讲例题

1.【单选题】按照现金管理相关规定，下列各项中，企业不能使用库存现金进行结算的经济业务是（　　）。【2019年】
A. 按规定颁发给科技人员的创新奖金
B. 发放给职工的劳保福利
C. 向外单位支付的机器设备款
D. 向个人收购农副产品的价款

2.【单选题】下列各项中，关于企业无法查明原因的现金短缺，报经批准后应记入的会计科目是（　　）。【2018年】
A. 其他应收款　　　　　　B. 财务费用
C. 营业外支出　　　　　　D. 管理费用

3.【单选题】2016年12月31日，某企业进行现金清查，发现库存现金短缺300元。经批准，应由出纳员赔偿180元，其余120元无法查明原因，由企业承担损失。不考虑其他因素，该业务对企业当期营业利润的影响金额为（　　）元。【2017年】
A. 0　　　　B. 120　　　　C. 300　　　　D. 180

4.【单选题】下列各项中，企业现金清查中发现的无法查明原因的现金溢余，经批准后应记入的会计科目是（　　）。【2018年】
A. 其他应付款　　　　　　B. 管理费用
C. 财务费用　　　　　　　D. 营业外收入

5.【单选题】下列关于盘盈、盘亏的表述中，正确的是（　　）。【2021年】
A. 固定资产盘盈记入"营业外收入"科目
B. 存货盘盈记入"营业外收入"科目
C. 无法查明原因的现金溢余记入"营业外收入"科目
D. 固定资产出租收入记入"营业外收入"科目

---

1.【答案】C
【解析】企业可用现金支付的款项有：①职工工资、津贴；②个人劳务报酬；③根据国家规定颁发给个人的科学技术、文化艺术、体育比赛等各种奖金（选项A）；④各种劳保、福利费用以及国家规定的对个人的其他支出（选项B）；⑤向个人收购农副产品和其他物资的价款（选项D）；⑥出差人员必须随身携带的差旅费；⑦结算起点（1 000元）以下的零星支出；⑧中国人民银行确定需要支付现金的其他支出。

2.【答案】D
【解析】现金短缺先记入"待处理财产损溢"科目，无法查明原因的，报经批准后记入"管理费用"科目。

3.【答案】B
【解析】发现库存现金短缺时账务处理：

---

（来自上页）❹
做好工作，就要计入管理费用。
现金的溢余也有两种情况：如果是欠别人的还没还，就计入其他应付款；如果实在是不知道原因，那就是"天上掉馅饼"，计入营业外收入。
为什么钱多了不是会计的管理有问题，冲减管理费用呢？
因为钱多了有很多种情况，如果是会计少给了，人家会来要，此时要计入其他应付款；但是有的时候，比如报销的钱，人家不想来要了，这时候的"现金溢余"就跟会计没啥关系了，纯属"天上掉馅饼"，因此记入的是"营业外收入"科目。
要分清现金、存货、固定资产清查的区别。

借：待处理财产损溢　　　300
　　贷：库存现金　　　　　　300
报经批准处理后：
借：管理费用　　　　　　120
　　其他应收款　　　　　180
　　贷：待处理财产损溢　　　300
无法查明原因的现金短缺120元计入管理费用，减少了企业的营业利润。

4. 【答案】D
【解析】企业现金清查中发现的无法查明原因的现金溢余，经批准后应记入"营业外收入"科目。

5. 【答案】C
【解析】盘盈的固定资产，应按重置成本确定其入账价值，借记"固定资产"科目，贷记"前年度损益调整"科目；企业发生存货盘盈时，借记"原材料""库存商品"等科目，贷记"待处理财产损溢"科目；无法查明原因的现金溢余计入"营业外收入"；固定资产出租收入计入"其他业务收入"。

## 考点 2：银行存款

### （一）银行存款的账务处理

为了反映和监督企业银行存款的收入、支出和结存情况，企业应当设置"银行存款"科目。

企业应当设置银行存款总账和银行存款日记账，分别进行银行存款的总分类核算和序时、明细分类核算。企业可按开户银行和其他金融机构、存款种类等设置"银行存款日记账"。每日终了，应结出余额。

### （二）银行存款的核对

"银行存款日记账"应定期与"银行对账单"核对，每月至少核对一次。企业银行存款账面余额与银行对账单余额之间如有差额，应编制"银行存款余额调节表"❶进行调节，如果没有记账错误，调节后的双方余额应相等。"银行存款余额调节表"只能用于核对账目，不能作为记账的依据。

> **小鱼讲例题**

6. 【单选题】下列各项中，企业销售商品收到银行汇票存入银行应借记的会计科目是（　）。【2019年】
A. 应收账款　　　　　B. 应收票据
C. 其他货币资金　　　D. 银行存款

6. 【答案】D
【解析】销货企业收到银行汇票、填制进账单到开户银行办理款项入账手续时，根据进账单及销货发票等，借记"银行存款"科目，贷记"主营业务收入""应交税费——应交增值税（销项税额）"等科目。

## 考点 3：其他❷货币资金　　2分考点

其他货币资金，是指企业除库存现金、银行存款以外的其他各种货币资金，主要包括银行汇票存款、银行本票存款、信用卡存款、信用证保证金存款、存出投资款和外埠存款等。这些货币资金的存放地点和用途与库存现金、银行存款不同。

其他货币资金的存放地点分散、用途多样，存放、使用的手续制度要求各有不同，受经营业务活动性质影响，其安全管理难度大，要求企业会计部门和经营业务经办部门相互配

> **小鱼讲重点**
>
> ❶ 关于"银行存款余额调节表"的具体内容在第二章有详细介绍。
>
> ❷ 会计中，有很多叫"其他"的科目，如"其他货币资金""其他业务收入""其他应付款"。"其他"一般是"剩余"的意思，比如货币资金，主要的货币资金有"银行存款""库存现金"，但是还有一些货币资金，如信用卡存款等，既不是银行存款也不是库存现金，如果每个都单独命名那就太麻烦了，于是找了一个"其他货币资金"科目，把剩余的部分"包圆儿"了。

合，明确经办责任，严格履行申请、审批、经办等手续制度，对于业务收支经办结束的项目应及时办理清理手续和相应的会计处理，会计部门应当加强相应的明细核算和监督管理，避免不合理延期，防止发生债权债务纠纷而给企业造成损失等不利影响。

企业应设置"其他货币资金"❶科目。

### （一）银行汇票存款

**1. 概念**

银行汇票存款❷是指企业为取得银行汇票按照规定存入银行的款项。

（1）银行汇票是指由出票银行签发的，由其在见票时按照实际结算金额无条件支付给收款人或者持票人的票据。

（2）银行汇票可以用于转账，填明"现金"字样的银行汇票也可以用于支取现金。

**2. 相关账务处理**

（1）购货企业。

| 情形 | 会计处理 |
| --- | --- |
| 企业申请开银行汇票、将款项交存银行 | 借：其他货币资金——银行汇票<br>贷：银行存款 |
| 企业使用银行汇票购货、收到有关发票账单 | 借：材料采购 / 原材料 / 库存商品等<br>　　应交税费——应交增值税（进项税额）<br>贷：其他货币资金——银行汇票 |
| 企业采购完毕收回剩余款项 | 借：银行存款<br>贷：其他货币资金——银行汇票（票面金额－实际结算金额） |

（2）销货企业。

销货企业收到银行汇票、填制进账单到开户银行办理款项入账手续时：

借：银行存款❸
　　贷：主营业务收入
　　　　应交税费——应交增值税（销项税额）

### （二）银行本票存款

**1. 概念**

银行本票存款是指企业为取得银行本票按规定存入银行的款项。

（1）银行本票是指由银行签发的，承诺自己在见票时无条件支付确定的金额给收款人或持票人的票据。单位和个人在同一票据交换区域需要支付的各种款项，均可使用银行本票。

（2）银行本票可以用于转账，注明"现金"字样的银行本票可以用于支取现金。

**2. 账务处理**

（1）购货企业。

| 情形 | 会计处理 |
| --- | --- |
| 企业申请开银行本票、将款项交存银行 | 借：其他货币资金——银行本票<br>贷：银行存款 |
| 企业使用银行本票购货、收到有关发票账单 | 借：材料采购 / 原材料 / 库存商品<br>　　应交税费——应交增值税（进项税额）<br>贷：其他货币资金——银行本票 |

（2）销货企业。

销货企业收到银行本票、填制进账单到开户银行办理款项入账手续时：

借：银行存款
　　贷：主营业务收入
　　　　应交税费——应交增值税（销项税额）

---

**小鱼讲重点**

❶ 其他货币资金中各种票据都会在经济法基础中详细讲解，这里只要了解它们都属于"其他货币资金"即可。

❷ 银行汇票可以理解为一种支付工具，由银行签发。你是买方，为了付款，可以去银行开银行汇票交给卖方，卖方拿着银行汇票即可到银行取钱。

为了让银行给你开汇票，必须先在银行存入一笔钱，这笔钱就是"银行汇票存款"，相当于"保证金"。

❸ 注意：卖方收到汇票，去银行取钱的时候，钱直接划入卖方的银行账户，因此直接计入银行存款，而不是"其他货币资金"（"其他货币资金"是买方为了开汇票的保证金，跟卖方没啥关系）。

### （三）信用卡存款

**1. 概念**

信用卡存款[1]是指企业为取得信用卡而存入银行信用卡专户的款项。信用卡是银行卡的一种。

（1）单位卡账户的资金一律从其基本存款账户转账存入，不得交存现金，不得将销货收入的款项存入其账户。

（2）持卡人可持信用卡在特约单位购物、消费，但单位卡不得用于10万元以上的商品交易、劳务供应款项的结算，不得支取现金。

**2. 账务处理**

| 情形 | 会计处理 |
| --- | --- |
| 企业申领信用卡应填制"信用卡申请表"，并连同支票和有关资料一并送存发卡银行，根据银行盖章退回的进账单第一联记账 | 借：其他货币资金——信用卡<br>贷：银行存款 |
| 企业用信用卡购物或支付有关费用，收到开户银行转来的信用卡存款的付款凭证及所附发票账单 | 借：管理费用等<br>贷：其他货币资金——信用卡 |
| 企业信用卡在使用过程中，需要向其账户续存资金 | 借：其他货币资金——信用卡<br>贷：银行存款 |
| 企业的持卡人如果不需要继续使用信用卡时，应持信用卡主动到发卡银行办理销户，销卡时，信用卡余额转入企业基本存款户，不得提取现金 | 借：银行存款<br>贷：其他货币资金——信用卡 |

### （四）信用证保证金存款

**1. 概念**

信用证是指银行（包括政策性银行、商业银行、农村合作银行、村镇银行和农村信用社）依照申请人的申请开立的、对相符交单予以付款的承诺。

信用证保证金存款是指采用信用证结算方式的企业为开具信用证而存入银行信用证保证金专户的款项。

信用证有以下特征：

（1）它是以人民币计价、不可撤销的跟单信用证[2]。

（2）信用证的开立和转让，应当具有真实的贸易背景，适用于银行为国内企事业单位之间货物和服务贸易提供的信用证服务。

（3）信用证只限于转账结算，不得支取现金。

**2. 账务处理**

| 情形 | 会计处理 |
| --- | --- |
| 企业填写"信用证申请书"，将信用证保证金交存银行时，应根据银行盖章退回的"信用证申请书"回单 | 借：其他货币资金——信用证保证金<br>贷：银行存款 |
| 企业接到开证行通知，根据供货单位信用证结算凭证及所附发票账单（使用时） | 借：材料采购/原材料/库存商品等<br>　　应交税费——应交增值税（进项税额）<br>贷：其他货币资金——信用证保证金 |
| 企业将未用完的信用证保证金存款余额转回开户银行 | 借：银行存款<br>贷：其他货币资金——信用证保证金 |

### （五）存出投资款

**1. 概念**

存出投资款是指企业为购买股票、债券、基金等根据有关规定存入在证券公司指定银行开立的投资款专户的款项[3]。

---

**小鱼讲重点**

[1] 不是个人的信用卡，而是以单位的名义申请的信用卡。符合条件的单位按银行要求交存一定金额的备用金以后，银行为申领人开立信用卡存款账户，并发放信用卡。

[2] 信用证是一种结算工具。"不可撤销"是指一旦开出，不能反悔；"跟单信用证"，想要拿信用证去银行取款，必须要有真实的贸易单据。

[3] 想要买股票，必须去证券公司开户，然后把钱转入证券公司的账户，用证券公司账户中的钱购买股票。

## 2. 账务处理

| 情形 | 会计处理 |
| --- | --- |
| 企业向证券公司划出资金时，应按实际划出的金额 | 借：其他货币资金——存出投资款<br>贷：银行存款 |
| 企业购买股票、债券、基金等 | 借：交易性金融资产等<br>贷：其他货币资金——存出投资款 |

### （六）外埠存款

**1. 概念**

外埠存款是指企业为了到外地进行临时或零星采购，而汇往采购地银行开立采购专户的款项。

（1）企业将款项汇往外地时，应填写汇款委托书，委托开户银行办理汇款。

（2）汇入地银行以汇款单位名义开立临时采购账户，该账户的存款不计利息、只付不收、付完清户，除了采购人员可从中提取少量现金，一律采用转账结算。

**2. 账务处理**

| 情形 | 会计处理 |
| --- | --- |
| 企业将款项汇往外地开立采购专用账户，根据汇出款项凭证编制付款凭证 | 借：其他货币资金——外埠存款<br>贷：银行存款 |
| 企业收到采购人员转来供应单位发票账单等报销凭证 | 借：材料采购／原材料／库存商品等<br>　　应交税费——应交增值税（进项税额）<br>贷：其他货币资金——外埠存款 |
| 企业采购完毕收回剩余款项（根据银行的收账通知入账） | 借：银行存款<br>贷：其他货币资金——外埠存款 |

### 📖 小鱼讲例题

**7.【单选题】** 下列各项中，企业应通过"其他货币资金"科目核算的经济业务是（　　）。【2019年】

A. 销售商品收到银行承兑汇票
B. 委托银行代为支付电话费
C. 开出转账支票支付购买办公设备款
D. 为购买股票将资金存入证券公司指定投资款专户

**8.【单选题】** 企业将款项汇往异地银行开设采购专户，根据收到的银行汇款凭证回单联，应借记的会计科目是（　　）。【2018年】

A. 其他货币资金　　　　B. 材料采购
C. 其他应收款　　　　　D. 应收账款

**9.【单选题】** 企业为增值税一般纳税人，2019年10月，该企业使用信用卡购买了一批办公用品，取得的增值税专用发票上注明价款1 000元，增值税税额130元。不考虑其他因素，下列关于购买办公用品应记入的相关科目的表述正确的是（　　）。【2019年】

A. 借记"管理费用"科目1 130元
B. 借记"材料采购"科目1 130元
C. 贷记"其他货币资金"科目1 130元
D. 贷记"银行存款"科目1 130元

**10.【单选题】** 企业将持有的不带息商业汇票向银行申请贴现，支付给银行的贴现利息应记入的会计科目是（　　）。【2016年】

A. 财务费用　　B. 管理费用　　C. 投资收益　　D. 营业外支出

11.【单选题】企业核算银行汇票存款时，应采用的会计科目是（    ）。【2022年】
A. 其他货币资金　　　　　　B. 应收账款
C. 应收票据　　　　　　　　D. 库存现金

12.【多选题】下列各项中，应通过"其他货币资金"科目核算的有（    ）。【2019年】
A. 销售商品收到购货方交来的商业汇票
B. 为购买有价证券向证券公司指定账户划出的资金
C. 申请银行本票向银行转存的款项
D. 申请开具信用证向银行交存的信用证保证金

13.【判断题】应付银行承兑汇票到期，企业无力支付票款。应由承兑银行代为支付并作为付款企业的贷款处理。（    ）【2022年】

7.【答案】D
【解析】其他货币资金是指企业除库存现金、银行存款以外的其他各种货币资金，主要包括银行汇票存款、银行本票存款、信用卡存款、信用证保证金存款、存出投资款（选项D）和外埠存款等。

8.【答案】A
【解析】企业将款项汇往异地银行开立采购专用账户，根据汇出款项凭证编制付款凭证时，借记"其他货币资金——外埠存款"科目，贷记"银行存款"科目，选项A正确。

9.【答案】C
【解析】会计分录为：
借：管理费用　　　　　　　　　　　　　1 000
　　应交税费——应交增值税（进项税额）　 130
　贷：其他货币资金　　　　　　　　　　1 130

10.【答案】A
【解析】商业汇票的贴现利息记入"财务费用"科目核算。

11.【答案】A
【解析】企业存放在银行的银行汇票存款，应通过"其他货币资金"科目进行核算。

12.【答案】BCD
【解析】选项A应记入"应收票据"科目。

13.【答案】√

# 第二节　交易性金融资产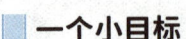

微信扫码
观看视频课程

## 一个小目标

| 必须掌握 | 了解一下 |
|---|---|
| 交易性金融资产的账务处理 | 金融资产概述 |
| 短期投资的核算 | |

### 考点1：金融资产概述

（一）金融资产的概念❶

金融资产，是指企业持有的现金、其他方的权益工具，以及符合下列条件之一的资产：
（1）从其他方收取现金或其他金融资产的合同权利❷。例如，企业的银行存款、应收账款、应收票据和贷款等均属于金融资产。再如，预付账款不是金融资产，因为其产生的未来经济利益是商品或服务，不是收取现金或其他金融资产的权利。

### 小鱼讲重点

❶ 金融资产的核心：我的"钱"或者我的"股票"。

❷ 可以理解为：未来能收到的钱或者股，就是金融资产。金融资产必须是未来有现金（或其他金融资产）的给付。预付账款未来不会收到现金，而是收到货物，所以它不是金融资产。

(2) 在潜在有利条件下，与其他方交换金融资产或金融负债的合同权利❶。例如，企业持有的看涨期权或看跌期权等。

(3) 将来须用或可用企业自身权益工具进行结算的非衍生工具合同，且企业根据该合同将收到可变数量的自身权益工具。例如，企业的普通债券合同或普通股等❷。

(4) 将来须用或可用企业自身权益工具进行结算的衍生工具合同，但以固定数量的自身权益工具交换固定金额的现金或其他金融资产的衍生工具合同除外❸。

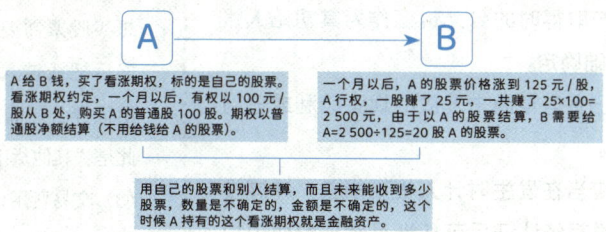

### （二）金融资产的管理

现代金融市场的健康、可持续发展离不开金融工具的广泛运用和不断创新。企业管理金融资产的业务模式是通过金融市场交易产生现金流量❹，其主要目的多为解决暂时闲置资金并增加企业投资收益。金融市场不同于商品市场，金融市场使资金的所有权和使用权相分离，其具有不确定性、普遍性、扩散性和突发性等特征，存在不可分散的系统风险。因此，对于金融资产的会计核算和会计监督的难度大、要求高，企业会计应准确计量、如实谨慎反映金融资产上的风险，关注金融资产公允价值的顺周期性特点和可能的不良经济后果，加强金融资产监督管理，防止金融资产过度投资导致的高度经济虚拟化，影响企业主业核心竞争力和长期稳定健康发展。

### （三）金融资产的分类

| 类型 | 分类方式 | 会计科目 |
| --- | --- | --- |
| 以摊余成本计量的金融资产❺ | （1）管理该金融资产的业务模式是以收取合同现金流量❻为目标。<br>（2）该金融资产的合同条款规定，在特定日期产生的现金流量，仅为对本金和以未偿付本金金额为基础的利息的支付。如债权投资的合同现金流量包括投资期间各期应收的利息和到期日收回的本金等；其他属于以摊余成本计量的金融资产性质的金融资产还有"贷款""应收账款"等 | 债权投资等 |
| 以公允价值计量且其变动计入其他综合收益的金融资产❼ | 管理该金融资产的业务模式，既以收取合同现金流量为目标又以出售该金融资产为目标 | 其他债权投资（债权类） |
| | 该金融资产的合同条款规定，在特定日期产生的现金流量，仅为对本金和以未偿付本金金额为基础的利息的支付，如其他权益投资 | 其他权益工具投资（股权类） |
| 以公允价值计量且其变动计入当期损益的金融资产❽ | 除上述分类为以摊余成本计量的金融资产和以公允价值计量且其变动计入其他综合收益的金融资产之外的金融资产，分类为以公允价值计量且其变动计入当期损益的金融资产 | 交易性金融资产 |

### （四）交易性金融资产的概念

交易性金融资产，是指以公允价值计量且其变动计入当期损益的金融资产。包括：

（1）企业为了近期内出售而持有的金融资产，如企业以赚取差价为目的从二级市场购入的股票、债券、基金等；

（2）在初始确认时属于集中管理的可辨认金融工具组合的一部分，且有客观证据表明近期实际存在短期获利模式的金融资产等，如企业管理的以公允价值进行业绩考核的某项投资组合（类似于基金的投资组合）；

（3）交易性金融资产预期能在短期内变现以满足日常经营的需要，因此，在资产负

---

**小鱼讲重点**

❶ 未来能够收到别人的金融资产或金融负债，也是金融资产（就是期权）。这里交换金融资产或金融负债的合同权利，就是期权。

期权是一种选择权，是指一种能在未来某个特定时间以特定价格买入或卖出一定数量的某种特定商品的权利。

例如，甲公司与乙公司签订合同，约定3个月后甲公司可以以110万元的价格自乙公司买入丙公司的债券，这种远期合同称为期权。甲公司预测丙公司的债券是涨价的，所以是看涨期权；乙公司预测丙公司的债券是降价的，所以叫看跌期权。

如果3个月以后，丙公司债券的价格为115万元，甲公司行权，也就是甲公司花110万元获得了115万元的债券。即期权让甲公司获得了金融资产，所以期权也是金融资产。

❷ 未来将收到自己的股票，数量还不确定，这就是金融资产。

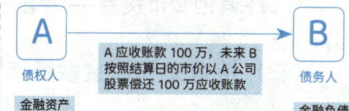

例如，B欠A 100万元，B没有钱，但是B有A公司的股票，B未来用A公司的股票来偿还这100万元。由于未来结算日A公司股票的市价不确定，因此用来偿还的股票数量也不确定。如果将来A公司的股票为每股10元，那么B公司应拿10万股股票来结算；如果每股是20元，那么B公司应拿5万股股票来结算。

❸ 只要记住"固定换固定不是金融资产"即可。

❹ 企业持有金融资产的目的就是"获得现金流量"（收钱），所以现金流量的特征不一样，金融资产的分类也不一样。【非常重要】

❺ 持有的目的是到期。

❻ 如果金融资产本身有固定的现金流量（收息收本），且企业持有的目的是本息都要（持有到期）时，则可以分类为"以摊余成本计量的金融资产"。

❼ 持有目的在到期和卖之间。

❽ 持有的目的是卖。

表中作为流动资产列示。

需要说明的是，从金融资产的合同现金流量特征来看，尽管交易性金融资产仍将收取合同现金流量，但只是偶尔为之，并非为了实现业务模式目标（收取合同现金流量）而不可或缺。

## 📖 考点2：交易性金融资产的账务处理

### （一）取得交易性金融资产 ❶ `2分考点`

企业取得交易性金融资产时，应当按照该金融资产取得时的公允价值作为其初始入账金额。金融资产的公允价值，应当以市场交易价格为基础确定。

企业取得交易性金融资产所支付的价款中包含的已宣告但尚未发放的现金股利或已到付息期但尚未领取的债券利息，应单独确认为应收项目。

企业取得交易性金融资产所发生的相关交易费用应当在发生时计入当期损益，冲减投资收益，发生交易费用取得增值税专用发票的，进项税额经认证后可从当月销项税额中扣除。交易费用是指可直接归属于购买、发行或处置金融工具的增量费用。

基本账务处理：

借：交易性金融资产——成本（扣除取得时已宣告但尚未发放的现金股利或已到付息期但尚未领取的债券利息）
　　应收股利/应收利息（支付价款中包含的已宣告但尚未发放的现金股利或已到付息期但尚未领取的债券利息）
　　投资收益（交易费用）
　　应交税费——应交增值税（进项税额）
贷：其他货币资金——存出投资款（支付的总价款）

### （二）持有交易性金融资产 ❷ `2分考点`

| 情形 | | 会计处理 |
|---|---|---|
| 取得时包含的现金股利或应付利息实际发放 | | 借：其他货币资金等<br>　贷：应收股利/应收利息 |
| 宣告发放现金股利或到期计提的利息 | | 借：应收股利（或应收利息）<br>　贷：投资收益 |
| 资产负债表日，交易性金融资产采用公允价值进行后续计量，公允价值与账面余额之间的差额计入当期损益 | 股价或债券价格上涨，公允价值大于账面价值时 | 借：交易性金融资产——公允价值变动<br>　贷：公允价值变动损益 |
| | 股价或债券价格下跌，公允价值小于账面价值时 | 借：公允价值变动损益<br>　贷：交易性金融资产——公允价值变动 |

### （三）交易性金融资产的处置 ❸ `2分考点`

（1）出售交易性金融资产时，应将出售时的公允价值与其账面余额之间的差额确认为当期投资损益进行会计处理。

借：其他货币资金等
贷：交易性金融资产——成本
　　　　　　　　　——公允价值变动（或借方，余额反向出）
　　投资收益（损失记借方，收益记贷方）

（2）转让金融商品应交增值税。

金融商品转让按照卖出价扣除买入价（不需要扣除已宣告未发放现金股利和已到付息期未领取的利息）后的余额作为销售额计算增值税，即转让金融商品按盈亏相抵后的余额为

---

**小鱼讲重点**

❶ 取得交易性金融资产有以下几个核心要点：

（1）入账价值＝公允价值（购买当天的市价）。

（2）贷记"其他货币资金"科目。想买股票需要在证券公司开户，然后把钱转入证券公司的账户，用证券公司账户中的钱购买，因此是"其他货币资金"。

（3）交易费用：

借记"投资收益"科目。交易费用是你让证券公司买股票需要支付的"佣金"（手续费）。支付手续费，意味着还没挣钱，就先花一笔。根据会计"收入和成本配比"原则，买股票挣钱了要记入"投资收益"科目贷方，那么发生的成本就记入"投资收益"科目借方。"投资收益"科目是损益类科目，借方表示损失。

（4）如果在买股票的时候就已经确认将来会收到一笔"利息"，则相当于返现。比如你买了一条价格为100元的裙子，店主说"亲，好评返现10元哦"，那么你买裙子的时候就预期裙子的成本实际上只有90元。股利也是如此。如果你买股票的时候，就预期将来会收到一部分股利，那么这部分股利就直接抵减成本，借记"应收股利"科目。

❷ 如何理解持有期间市价变动时应进行的会计处理？

你昨天买了一只股票，价值为100元：

借：交易性金融资产——成本　100
　贷：其他货币资金　100

今天晚上一看，发现这只股票已经涨到了110元。作为一个谨慎的小会计，你需要根据"市价"调账，使你现在持有的股票账实

销售额。若相抵后出现负差，可结转下一纳税期与下期转让金融商品销售额互抵，但年末时仍出现负差的，不得转入下一会计年度。

应编制的会计分录为：

①转让金融资产当月月末：

如产生转让收益，按应纳税额：

借：投资收益等
　　贷：应交税费——转让金融商品应交增值税

如产生转让损失，按可结转下月抵扣税额：

借：应交税费——转让金融商品应交增值税
　　贷：投资收益等

②年末，如果"应交税费——转让金融商品应交增值税"科目有借方余额，说明<u>本年度金融商品转让损失无法弥补，不得转入下一年</u>。

借：投资收益等
　　贷：应交税费——转让金融商品应交增值税

### 📘 小鱼讲例题

**14.【单选题】** 资产负债表日，交易性金融资产的公允价值高于其账面余额的差额，借记"交易性金融资产"科目，贷记（　　）。【2021年】
A. "公允价值变动损益"科目　　B. "投资收益"科目
C. "交易性金融资产"科目　　　D. "长期股权投资减值准备"科目

**15.【单选题】** 甲公司为增值税一般纳税人，购入乙上市公司股票并通过"交易性金融资产"科目核算。购入时支付价款800万元，另支付交易费用2万元，支付的增值税额为0.12万元。不考虑其他因素，甲公司购入股票的初始入账金额为（　　）万元。【2021年】
A. 802.12　　B. 802　　C. 798　　D. 800

**16.【单选题】** 下列各项中，关于交易性金融资产相关会计处理表述正确的是（　　）。【2019年】
A. 资产负债表日，其公允价值与账面余额之间的差额计入投资收益
B. 按取得时的公允价值为初始入账金额
C. 出售时公允价值与账面余额的差额计入公允价值变动损益
D. 取得时发生相关交易费用计入初始入账金额

**17.【单选题】** 甲购入乙上市公司股票确认为交易性金融资产，支付价款为1 060 000元（其中宣告但尚未发放的现金股利为30 000元），另支付交易费用1 000元，增值税税额为60元，不考虑其他因素，甲公司"投资收益"科目借方金额为（　　）元。【2020年】
A. 30 000　　B. 1 000　　C. 1 060 000　　D. 29 000

**18.【单选题】** 2014年6月1日，甲公司以每股14元的价格购入乙公司同日发行的股票10万股，确认为交易性金融资产。2014年6月30日，乙公司股票的市价为每股15元。则6月30日甲公司会计处理结果正确的是（　　）。【2015年】
A. "交易性金融资产"科目借方增加10万元
B. "投资收益"科目贷方增加10万元
C. "公允价值变动损益"科目借方增加10万元
D. "资产减值损失"科目贷方增加10万元

**19.【单选题】** 下列各项中，资产负债表日企业计算确认所持有交易性金融资产的公允价值低于其账面余额的金额，应借记的会计科目是（　　）。【2018年】
A. 营业外支出　　　　B. 投资收益
C. 公允价值变动损益　　D. 其他业务成本

---

（来自上页）❷相符。

当股票涨到110元时，你需要进行会计处理：

借：交易性金融资产——公允价值变动（表示涨价）　10

"交易性金融资产——公允价值变动"是交易性金融资产的<u>二级科目</u>，表示市价波动使得交易性金融资产账面价值发生的变化。

同时，因为股票涨了10元，表示未来你也会挣10元。但是这10元并没有"真正的到你兜里"，<u>只是持有期间暂时的涨跌</u>，因此，计入：

贷：公允价值变动损益　10

"公允价值变动损益"是一个损益类科目，借方表示亏损，贷方表示收益，<u>是指持有期间由于市价上下波动，暂时性的涨跌带来的暂时性的收益或亏损</u>。

❸ 如何理解出售交易性金融资产时进行的会计处理？

第三天，你发现昨天110元的股票已经涨到了115元，于是你想把这只股票卖掉（交易性金融资产本来就是为了挣差价）。首先你会收到115元：

借：其他货币资金　115

同时，你要把"交易性金融资产"科目的账面价值冲销掉。

请注意，现在你持有的交易性金融资产的账面价值=100（成本）+10（昨天由于市价上涨带来的变动）。即：

贷：交易性金融资产——成本　100
　　交易性金融资产——公允价值变动　10

你收到的钱（115元）-交易性金融资产账面价值（110元），表示你最后挣了5元。

贷：投资收益　5

20.【单选题】甲公司购入乙公司股票并划分为交易性金融资产，共支付价款 3 600 000 元（其中包含已宣告但尚未发放的现金股利 100 000 元），另支付相关交易费用 10 000 元，取得并经税务机关认证的增值税专用发票上注明的增值税税额为 600 元。不考虑其他因素，甲公司取得乙公司股票时应借记"交易性金融资产"科目的金额为（　　）元。【2019 年】

A. 3 600 000　　B. 3 610 000　　C. 3 510 000　　D. 3 500 000

21.【单选题】ABC 公司从证券交易所购入北方公司股票 400 万股，每股支付购买价款 15 元（其中包括已宣告但尚未发放的现金股利 0.5 元／股），另支付交易费用 4 万元。ABC 公司将其划分为交易性金融资产核算，则该交易性金融资产的入账价值是（　　）万元。【2020 年】

A. 5 796　　B. 5 800　　C. 6 000　　D. 6 004

22.【单选题】下列各项中，企业取得交易性金融资产时，应记入当期损益的是（　　）。【2019 年】

A. 支付的不含增值税交易费用
B. 支付交易费用时取得经税务机关认证的增值税专用发票上注明的增值税税额
C. 支付价款中包含的已到付息期但尚未领取的债券利息
D. 支付价款中包含的已宣告但尚未发放的现金股利

23.【单选题】2018 年 12 月 1 日，某企业"交易性金融资产——A 上市公司股票"借方余额为 1 000 000 元；12 月 31 日，A 上市公司股票的公允价值为 1 050 000 元。不考虑其他因素，下列各项中，关于该企业持有 A 上市公司股票相关会计科目处理正确的是（　　）。【2019 年】

A. 贷记"营业外收入"科目 50 000 元
B. 贷记"资本公积"科目 50 000 元
C. 贷记"公允价值变动损益"科目 50 000 元
D. 贷记"投资收益"科目 50 000 元

24.【单选题】甲公司将其持有的交易性金融资产全部出售，售价为 26 400 000 元；出售前该金融资产的账面价值为 25 700 000 元；甲公司购入该交易性金融资产支付价款 26 000 000 元（其中包含已到付息期但尚未领取的债券利息 500 000 元）。假定不考虑其他因素，适用的增值税税率为 6%，该项业务转让金融商品应交增值税为（　　）元。【2020 年】

A. 39 622.64　　　　B. 700 000
C. 22 641.51　　　　D. 400 000

25.【单选题】2020 年 5 月 10 日，甲公司从上海证券交易所购入乙公司股票 20 万股，支付价款 200 万元，其中包含已宣告但尚未发放的现金股利 12 万元，另支付相关交易费用 1 万元，取得增值税专用发票上注明的增值税税额为 0.06 万元。甲公司将该股票划分为交易性金融资产，则该交易性金融资产的初始入账金额为（　　）万元。

A. 201　　B. 200　　C. 188　　D. 201.06

26.【单选题】购入公司债券划分为交易性金融资产核算，支付价款 100 万元（其中包含已到付息期但尚未领取的利息 3 万元），另支付交易费用 0.2 万元。不考虑其他因素，该企业取得交易性金融资产的入账价值为（　　）万元。

A. 97　　B. 170　　C. 220　　D. 190

27.【多选题】下列各项中，企业交易性金融资产业务应通过"投资收益"科目核算的有（　　）。【2018 年】

A. 持有期间被投资单位宣告分派的现金股利
B. 资产负债表日发生的公允价值变动
C. 取得时支付的交易费用
D. 出售时公允价值与其账面余额的差额

（来自上页）❸
"投资收益"表示你投资股票真正挣到的钱。
这一笔股票交易对你的影响：
贷：公允价值变动损益　10
贷：投资收益　5
因此，你的收益总额 =10+5=15（元）。
为什么要把总收益分为公允价值变动损益和投资收益两个部分呢？
因为"公允价值变动损益"体现的是"持有期间市价波动带来的收益"，"投资收益"表示的是"卖掉的时候产生的真正收益"，两个科目加起来就是购买股票获得的全部收益。

28.【判断题】资产负债表日,企业持有的交易性金融资产的公允价值变动损益应计入投资收益。(　　)【2019年】

29.【判断题】出售交易性金融资产发生的净损失应计入营业外支出。(　　)【2017年】

30.【判断题】交易性金融资产持有期间,投资单位收到投资前被投资单位已宣告但尚未发放的现金股利时,应确认为投资收益。(　　)【2017年】

14.【答案】A

15.【答案】D

16.【答案】B

【解析】选项A错误,资产负债表日,交易性金融资产应当按照公允价值计量,公允价值与账面余额之间的差额计入公允价值变动损益;选项B正确,企业取得交易性金融资产时,应当按照该取得金融资产时的公允价值作为其初始入账金额;选项C错误,企业出售交易性金融资产时,应当将该金融资产出售时的公允价值与其账面余额之间的差额作为当期投资损益进行会计处理;选项D错误,企业取得交易性金融资产所发生的相关交易费用应当在发生时计入当期损益,冲减投资收益。

17.【答案】B

【解析】交易性金融资产初始取得的交易费用计入投资收益。

相关账务处理:

| | | |
|---|---|---|
| 借:交易性金融资产——成本 | 1 030 000 | |
| 　　应收股利 | 30 000 | |
| 　　投资收益 | 1 000 | |
| 　　应交税费——应交增值税(进项税额) | 60 | |
| 　贷:其他货币资金 | | 1 061 060 |

18.【答案】A

【解析】相关会计分录如下:

甲公司购入交易性金融资产时:

| | | |
|---|---|---|
| 借:交易性金融资产——成本 | 140 | |
| 　贷:其他货币资金 | | 140 |

6月30日,公允价值发生变动时:

| | | |
|---|---|---|
| 借:交易性金融资产——公允价值变动 | 10 | |
| 　贷:公允价值变动损益 | | 10 |

19.【答案】C

【解析】交易性金融资产采用公允价值进行后续计量,在资产负债表日公允价值的变动计入当期损益(公允价值变动损益)。

20.【答案】D

【解析】交易性金融资产的入账成本=3 600 000-100 000=3 500 000(元)。购入时分录如下:

| | | |
|---|---|---|
| 借:交易性金融资产——成本 | 3 500 000 | |
| 　　应收股利 | 100 000 | |
| 　　投资收益 | 10 000 | |
| 　　应交税费——应交增值税(进项税额) | 600 | |
| 　贷:银行存款 | | 3 610 600 |

21.【答案】B

【解析】交易性金融资产的入账价值=400×(15-0.5)=5 800(万元)。

相关账务处理:

| | | |
|---|---|---|
| 借:交易性金融资产——成本 | 5 800 | |
| 　　应收股利 | 200 | |
| 　　投资收益 | 4 | |
| 　贷:其他货币资金等 | | 6 004 |

22. 【答案】A

    【解析】选项 B，应记入"应交税费——应交增值税（进项税额）"科目；选项 C，应记入"应收利息"科目；选项 D，应记入"应收股利"科目。

23. 【答案】C

    【解析】交易性金融资产期末按公允价值计量，12 月 31 日，公允价值上涨了 50 000 元，相关分录：

    借：交易性金融资产——公允价值变动　　　　　50 000
    　　贷：公允价值变动损益　　　　　　　　　　　　　　　50 000

24. 【答案】C

    【解析】转让金融商品应交增值税 =（26 400 000−26 000 000）÷（1+6%）×6%=22 641.51（元）。无须扣除购买时已到付息期但尚未领取的债券利息。

    相关账务处理：

    借：投资收益　　　　　　　　　　　　　　　　22 641.51
    　　贷：应交税费——转让金融商品应交增值税　　　　　22 641.51

25. 【答案】C

    【解析】支付价款中包含的已宣告但尚未发放的现金股利应计入应收股利；相关交易费用应借记投资收益，均不影响交易性金融资产入账金额。相关会计处理如下：

    借：交易性金融资产——成本　　　　　　　　　188
    　　投资收益　　　　　　　　　　　　　　　　1
    　　应交税费——应交增值税（进项税额）　　　0.06
    　　应收股利　　　　　　　　　　　　　　　　12
    　　贷：其他货币资金——存出投资款　　　　　　　　　201.06

26. 【答案】A

    【解析】交易性金融资产的入账价值是不包括已到付息期但尚未领取的利息，相关交易费是计入投资收益的，所以入账价值 =100−3=97（万元），因为这个交易费用是另支付的，所以不用从支付价款中减去。

27. 【答案】ACD

    【解析】选项 B 借记或贷记"交易性金融资产——公允价值变动"科目，贷记或借记"公允价值变动损益"科目，借贷双方均不通过"投资收益"科目核算。

28. 【答案】×

    【解析】资产负债表日，企业持有的交易性金融资产的公允价值变动损益应计入公允价值变动损益。

29. 【答案】×

    【解析】应通过"投资收益"科目核算。

30. 【答案】×

## 考点 3：短期投资的核算

按照《小企业会计准则》的相关规定，小企业购入的能随时变现并且持有时间不准备超过 1 年（含 1 年）的投资应设置"短期投资"科目核算。该科目应按照股票、债券、基金等短期投资种类进行明细核算。该科目为流动资产类科目，小企业取得短期投资记入该科目的借方，出售短期投资记入该科目的贷方；该科目期末借方余额，反映小企业持有的短期投资成本。

### （一）取得短期投资的账务处理[1]

| 情形 | 账务处理 |
| --- | --- |
| 小企业购入各种股票、债券、基金等作为短期投资 | 借：短期投资（实际支付的购买价款和相关税费）<br>　　应收股利（包含已宣告但尚未发放的现金股利）<br>　　应收利息（包含已到付息期但尚未领取的债券利息）<br>　　贷：银行存款 |

**小鱼讲重点**

[1] 请注意，小企业短期投资无须按照公允价值进行后续计量。

## （二）短期投资持有期间的账务处理

| 情形 | 账务处理 |
| --- | --- |
| 被投资单位宣告分派现金股利时 | 借：应收股利<br>贷：投资收益 |

## （三）出售短期投资的账务处理

| 情形 | 账务处理 |
| --- | --- |
| 出售短期投资 | 借：银行存款/库存现金<br>贷：短期投资<br>　　投资收益（或借方）<br>　　应收股利/应收利息（尚未收到的现金股利或债券利息） |

# 第三节 应收及预付款项  `10分考点`

微信扫码
观看视频课程

### 📘 一个小目标

| 必须掌握 | 了解一下 |
| --- | --- |
| 应收账款 | 应收票据 |
| 预付账款 | 应收股利和应收利息 |
| 其他应收款 |  |
| 应收款项减值 |  |

应收及预付款项是指企业在日常生产经营过程中发生的各项债权，包括应收款项和预付款项。

## 📝 考点1：应收❶票据  `2分考点`

### （一）概念

应收票据是指企业因销售商品、提供服务等而收到的商业汇票❷。

商业汇票根据承兑人❸不同，分为商业承兑汇票和银行承兑汇票；企业申请使用银行承兑汇票时，应向其承兑银行按票面金额的0.5‰（万分之五）交纳手续费，并将其记入"**财务费用**"科目；商业汇票的付款期限最长不超过六个月。

### （二）账务处理

为了反映和监督应收票据取得、票款收回等情况，企业应当设置"应收票据"科目。

| （借） | 应收票据 | （贷） |
| --- | --- | --- |
| 取得的应收票据的面值 |  | 到期收回的票款 |
|  |  | 到期前向银行贴现的应收票据的票面金额 |
| 期末余额在借方，反映企业持有的商业汇票的票面金额 |  |  |

### 🐟 小鱼讲重点

❶ "应收"表示该收但还没收，是资产。

❷ "应收票据"表示的是你作为卖家售货后，买家给你开了一张"商业承兑汇票"或"银行承兑汇票"。因为商业承兑汇票不是见票即付的，所以暂时记入"应收票据"科目，表示这笔钱你现在还没有收到。

❸ "承兑"指的是"承诺兑付"，"承兑人"就是付款人。如果付款人是企业，那么这就是一张"商业承兑汇票"；如果付款人是银行，那么这就是一张"银行承兑汇票"。

| 情形 | 会计处理 | 情形 | 会计处理 |
|---|---|---|---|
| 因销售取得的应收票据 | 借：应收票据<br>贷：主营业务收入<br>　　应交税费——应交增值税<br>　　　　　（销项税额） | 到期未收回① | 借：应收账款<br>贷：应收票据 |
| 因债务人抵偿前欠货款而取得的应收票据② | 借：应收票据<br>贷：应收账款 | 票据贴现③ | 借：银行存款<br>　　财务费用（贴现息）<br>贷：应收票据（不附追索权）<br>或<br>借：银行存款<br>　　财务费用（贴现息）<br>贷：短期借款（附票据追索权） |
| 到期收回 | 借：银行存款<br>贷：应收票据 | 票据背书转让④ | 借：库存商品等<br>　　应交税费——应交增值税（进项税额）<br>贷：应收票据<br>　　银行存款（差额，也可能在借方） |

### 小鱼讲重点

① 商业汇票是有期限的，如果过期了，那么这张票就是一张废纸，拿着票要钱就要不到了。但这并不表示对方不欠你钱了，虽然票废了，但钱还是得还，因此要将原来的"应收票据"转入"应收账款"。

② 一开始卖货没收到钱（借：应收账款），后来对方拿一张商业汇票来抵债，就把原来的应收账款冲销了：
借：应收票据
　　贷：应收账款

③ "贴现"，就是你拿着票去银行要钱。因为商业汇票不是拿到票之后马上就能去要钱，所以如果你急需用钱，可以直接去银行，让银行先把钱垫付给你。
（1）银行不是白垫钱给你的，要收取一定的手续费。比如你有一张 100 元的商业汇票，贴现时银行可能会只给你 95 元，那么这 5 元就是你为了提前拿到钱必须支付的贴现息，记入"财务费用"科目；费用类科目借方表示增加，因此，借记"财务费用"科目，表示你花了一笔财务费用。
（2）什么是"追索权"？
①你把票给了银行，将来银行直接拿着票去找票据承兑人要钱，如果要不到，那么银行自认倒霉，不会来找你，这个叫"不附追索权"。如果是不附追索权的票据贴现，只要你把票给了银行，其他的事就跟你没什么关系了，你拿到的钱就是安心的"银行存款"。
②如果将来银行拿票去找承兑人要钱，承兑人耍赖不给，银行就来找你追债，这种贴现叫作"附带追索权"。从经济实质来看，你从银行拿到钱的时候，并不代表你就跟这张票据脱离了关系，本质上这是一种"抵押贷款"，因此要记入"短期借款"科目。贴现的利息记入"财务费用"科目。

④ 什么叫"票据的背书转让"？
当你卖货收到一张商业汇票时，你可以拿着这张票再去买东西，即转手把票给下家。因此，此时你支付的就不是银行存款，而是商业汇票。如果票面的钱不够，

### 📖 小鱼讲例题

31.【单选题】下列各项中，企业销售商品收到银行承兑汇票时应借记的会计科目是（　　）。【2021 年】
A. 其他应收款　　　　　　B. 应收票据
C. 银行存款　　　　　　　D. 其他货币资金

32.【单选题】下列各项中，应记入"应收票据"科目借方的是（　　）。【2019 年】
A. 提供劳务收到的商业承兑汇票
B. 提供劳务收到的银行本票
C. 销售商品收到的银行汇票
D. 销售原材料收到的转账支票

31.【答案】B
32.【答案】A
【解析】选项 B、C、D，应记入"银行存款"科目的借方。

## 考点 2：应收账款⑤ 2分考点

### （一）概述

应收账款是指企业因销售商品、提供服务等经营活动，应向购货单位或接受服务单位收取的款项，主要包括企业销售商品或提供服务等应向有关债务人收取的价款增值税及代购货单位垫付的包装费、运杂费等。

合同价款 ＋ 增值税（销项） ＋ 运杂费 ＝ 应收账款

### （二）账务处理

企业应设置"应收账款"科目，不单独设置"预收账款"科目的企业，预收账款也在"应收账款"科目核算。如果"应收账款"科目的期末余额在贷方，则反映企业预收的账款。⑥

| 情形 | 会计处理 |
| --- | --- |
| 发生赊销 | 借：应收账款<br>贷：主营业务收入<br>　　应交税费——应交增值税（销项税额）<br>　　银行存款（代垫各类款项）❶ |
| 转为商业汇票结算 | 借：应收票据<br>贷：应收账款 |

### 小鱼讲例题

**33.【单选题】** 某企业采用托收承付结算方式销售商品，增值税专用发票上注明的价款为500万元，增值税税额为65万元，代购货方垫付的包装费为2万元、运输费为3万元（含增值税），已办妥托收手续。不考虑其他因素，该企业应确认的应收账款的金额为（　　）万元。【2018年】
A. 565　　　B. 505　　　C. 570　　　D. 575

**34.【单选题】** 企业销售商品代购货单位垫付的包装费、运杂费应计入的会计科目是（　　）。【2015年】
A. 销售费用　　　　　　　B. 原材料
C. 应收账款　　　　　　　D. 管理费用

33.【答案】C
【解析】该企业应确认的应收账款的金额=500+65+2+3=570（万元）。

34.【答案】C
【解析】应收账款主要包括企业销售商品或提供服务等应向有关债务人收取的价款增值税及代购货单位垫付的包装费、运杂费等，选项C正确。

## 考点3：预付账款　**2分考点**

### （一）概述

预付账款是指企业按照合同规定预付的款项，如预付的材料、商品采购款、在建工程价款等。

预付款项情况不多的企业，可以不设置"预付账款"科目，而将预付的款项通过"应付账款"科目核算❷。

### （二）账务处理

| 情形 | 会计处理 |
| --- | --- |
| 预付账款 | 借：预付账款<br>贷：银行存款 |
| 收货 | 借：原材料等<br>　　应交税费——应交增值税（进项税额）<br>贷：预付账款 |
| 补付余款 | 借：预付账款<br>贷：银行存款 |
| 收到退回的多余金额 | 借：银行存款<br>贷：预付账款 |

（来自上页）❹
你就要给对方补付银行存款，如果票面的钱多了，对方就退还你银行存款。

❺ 应收账款表示你卖货该收但没收到的钱，是资产。
"应收账款的入账价值"是每年必考的考点。
（1）"应收账款的入账价值"即应收账款值多少钱。
（2）请注意：应收账款不仅包含价款，而且还要另外付增值税和价外费用。比如，你在网上买了一件100元的衣服，还需要支付邮费10元。在发货的时候，这10元邮费由卖家先行垫付，等你确认收货后，卖家一共收到110元。因此，对卖家来说，他帮你垫付的运杂费，是他"应收账款"的一部分。

❻ "预收账款"和"应收账款"的关系是历年考试的核心考点。
"预收账款"是你收了别人的钱，暂时还没有发货，因此"预收账款"是你欠别人的钱，是负债。如果企业的预收账款特别少，则没有必要单开一个预收账款账簿，此时根据口诀"收对收，付对付"，可以将"预收账款"放到"应收账款"中反映。由于"预收账款"是负债，因此记入"应收账款"科目的贷方。

### 小鱼讲重点

❶ 从发生赊销时的会计分录可以看出：
应收账款的入账价值=合同价款+增值税（销项税额）+代垫款项。

❷ 根据"收对收，付对付"，如果企业不设置"预付账款"科目，预付的款项可以计入应付账款。"应付账款"表示该给但还没给，是负债，而"预付账款"是资产，因此要记入"应付账款"科目的借方。
是记入贷方还是借方跟记入哪个科目无关，只跟这个科目原来的性质有关。如果原来的科目是资产，那么无论是记入资产还是负债类科目，都计入借方。

### 小鱼讲例题

35.【单选题】企业未设置"预付账款"科目，发生预付货款业务时应借记的会计科目是（　　）。【2017年】
A. 预收账款　　　　　　　　B. 其他应付款
C. 应收账款　　　　　　　　D. 应付账款

36.【判断题】某企业由于预付款项业务不多，不单独设置"预付账款"科目，对于预付的款项应通过"应付账款"科目核算。（　　）【2019年】

35.【答案】D
【解析】企业未设置"预付账款"科目，发生预付货款业务时应借记"应付账款"科目。

36.【答案】√
【解析】企业应通过"预付账款"科目核算预付账款的增减变动及其结存情况。但是预付款项业务不多的企业，可以不单独设置"预付账款"科目，其所发生的预付款项可通过"应付账款"科目核算。

## 考点4：应收股利和应收利息

### （一）应收股利的账务处理

应收股利是指企业应收取的现金股利或应收取的其他单位分配的利润❶。

| 情形 | 会计处理 |
| --- | --- |
| 被投资单位宣告❷发放现金股利或利润 | 借：应收股利<br>　贷：投资收益（交易性金融资产持有期间） |
| 实际收到现金股利或利润 | 借：其他货币资金❸——存出投资款（上市公司）<br>　　　银行存款（非上市公司）<br>　贷：应收股利 |

### （二）应收利息的账务处理

应收利息是指企业根据合同或协议规定应向债务人收取的利息。

| 情形 | 会计处理 |
| --- | --- |
| 根据合同约定，计提应收利息 | 借：应收利息<br>　贷：投资收益 |
| 实际收到利息 | 借：银行存款等<br>　贷：应收利息 |

## 考点5：其他应收款❹ 2分考点

其他应收款是指企业除应收票据、应收账款、预付账款、应收股利和应收利息以外的其他各种应收及暂付款项。

主要内容包括：
（1）应收的各种赔款、罚款，如因企业财产等遭受意外损失而应向有关保险公司收取的赔款等；
（2）应收的出租包装物租金；
（3）应向职工收取的各种垫付款项，如为职工垫付的水电费、应由职工负担的医药费、房租等；
（4）存出保证金，如租入包装物支付的押金❺；

---

### 小鱼讲重点

❶ 什么是股利？
当你购买上市公司的股票后，在持有期间，由于当年企业盈利，企业将利润拿出一部分分配给股东，你收到的这一部分利润就叫作股利，也可以叫作红利。
因此，应收股利表示的是你应该收到但是还没有收到的股利，是你的资产。

❷ 当被投资单位"宣告"发放股利时，你就知道将来你会收到一笔股利，此时，就要确认一笔"应收"，表示未来你会收到。
这种虽然没有实际收到，但是预测会收到时就进行会计处理的行为，叫作"计提"，这体现了会计的谨慎性。
股利表示你因投资而收到了一笔收益，因此，贷记"投资收益"科目。"投资收益"科目是一个损益类科目，贷方表示增加。

❸ 如果是由于持有公开上市股票而获得的股利，那么在发放时会发放到你的证券公司账户，因此借记"其他货币资金"科目。
如果股利是由于持有非公开上市的股票而获得的，对方公司会直接把钱打到你的银行账户，因此借记"银行存款"科目。

❹ "应收账款"和"其他应收款"有什么区别？
"应收账款"可以简单地理解为"卖货"，"其他应收款"可以理解为"除卖货以外，卖其他东西该收到的钱"。
"其他应收款"的主要内容是历年考试的核心，需要背诵。
（还记得第一节的"其他货币资金"吗？）

❺ 租入包装物支付的押金记入"其他应收款"科目，因为租入包装物支付的押金在未来会被收回；租出包装物的押金，是别人租用你的包装物，向你支付的押金，这笔押金将来也要退还，因此记入"其他应付款"科目。

(5) 其他各种应收、暂付款项。

| 情形 | 会计处理 |
| --- | --- |
| 企业发生各种其他应收款项 | 借：其他应收款<br>贷：库存现金／银行存款／固定资产清理等 |
| 收回其他各种应收款项 | 借：库存现金／银行存款／应付职工薪酬等<br>贷：其他应收款等 |

### 小鱼讲例题

**37.**【单选题】下列各项中，属于"其他应收款"科目核算内容的是（　　）。【2018年】
A. 为购货单位垫付的运费　　　　B. 应收的劳务款
C. 应收的销售商品款　　　　　　D. 为职工垫付的房租

**38.**【单选题】下列各项中，应通过其他应收款科目核算的是（　　）。【2022年】
A. 应收的出租包装物的租金　　　B. 预付的购货款
C. 应向购货方收取的代垫的运杂费　D. 收取的出租包装物的押金

**39.**【单选题】2021年12月初，某企业"其他应收款"科目借方余额为5万元。12月份发生业务如下：销售商品为客户代垫运费2万元，增值税税额为0.18万元，收回垫付的房租4万元，支付租入包装物押金2万元。不考虑其他因素，该企业12月31日"其他应收款"科目的借方余额为（　　）万元。【2022年】
A. 3　　　　　B. 5　　　　　C. 5.18　　　　　D. 1

**40.**【多选题】下列各项中，引起企业"其他应收款"科目余额发生增减变动的有（　　）。【2018年】
A. 职工出差从企业预借的差旅费　　B. 销售商品代垫运费
C. 租入包装物支付的押金　　　　　D. 确认应收保险公司的赔偿款

**41.**【多选题】下列各项中，企业应通过"其他应收款"科目核算的有（　　）。【2019年】
A. 应收代职工垫付的房租和水电费
B. 财产遭受意外损失应由保险公司支付的赔偿款项
C. 销售商品代客户垫付的运输费
D. 租入包装物支付的押金

**37.**【答案】D
【解析】选项A、B、C，记入"应收账款"科目。

**38.**【答案】A
【解析】选项B，预付的购货款通过"预付账款"科目核算；选项C，应向购货方收取的代垫的运杂费通过"应收账款"科目核算；选项D，收取的出租包装物押金通过"其他应付款"科目核算。

**39.**【答案】A
【解析】"其他应收款"科目借方余额 ="其他应收款"科目期初借方余额－收回垫付的租金＋支付租入包装物押金 =5－4+2=3（万元），销售商品为客户代垫运费记入"应收账款"科目。综上，本题应选A。

**40.**【答案】ACD
【解析】选项B，记入"应收账款"科目。

**41.**【答案】ABD
【解析】选项C，通过"应收账款"科目核算。

## 考点6：应收款项减值　**2分考点**

企业的各项应收款项，可能会因债务人拒付、破产、死亡等信用缺失而使部分或全部

---

**小鱼讲重点**

❶ 应收账款减值是历年考试的核心考点。

如何理解应收账款减值？

比如会计小刘借给小杨100元，本来说好了一个月后还钱，但是小杨手头很紧，多次暗示小刘还不起了，这个时候，小刘的100元很有可能收不回来，此时，这100元就应该确认减值，表示原来的应收账款，已经"不值钱了"。

应收款项无法收回。这类无法收回的应收款项通常称为坏账。企业因坏账而遭受的损失称为坏账损失。应收款项减值有两种核算方法，即直接转销法和备抵法。我国企业会计准则规定，应收款项减值的核算应采用备抵法。小企业会计准则规定，应收款项减值的核算应采用直接转销法。

### （一）直接转销法❶

采用直接转销法时，日常核算中应收款项可能发生的坏账损失不进行会计处理，只有实际发生坏账时，才作为坏账损失计入当期损益。

**1. 坏账损失的确认**

小企业应收及预付款项符合下列条件之一的，减除可收回的金额后确认的无法收回的应收及预付款项，作为坏账损失：

（1）债务人依法宣告破产、关闭、解散、被撤销，或者被依法注销、吊销营业执照，其清算财产不足清偿的；

（2）债务人死亡，或者被依法宣告失踪、死亡，其财产或者遗产不足清偿的；

（3）债务人逾期3年以上未清偿，且有确凿证据证明已无力清偿债务的；

（4）与债务人达成债务重组协议或法院批准破产重整计划后，无法追偿的；

（5）因自然灾害、战争等不可抗力导致无法收回的；

（6）国务院财政、税务主管部门规定的其他条件。

**2. 坏账损失的账务处理**

小企业会计准则规定确认应收账款实际发生的坏账损失，应当按照可收回的金额：

借：银行存款
　　营业外支出——坏账损失
　　贷：应收账款

【例1】某小企业2016年发生的一笔20 000元应收账款，因债务人财务不足清偿的状况而长期未能收回，于2020年末经催收收回2 000元，其余款项确实无法收回确认为坏账。该小企业在2020年末应编制如下会计分录：

借：银行存款　　　　　　　　　2 000
　　营业外支出——坏账损失　　 18 000
　　贷：应收账款　　　　　　　　　 20 000

直接转销法的优点：账务处理简单，将坏账损失在实际发生时确认为损失符合其偶发性特征和小企业经营管理的特点。

直接转销法的缺点：不符合权责发生制会计基础，与资产定义也存在一定的冲突。在这种方法下，只有坏账实际发生，才能将其确认为当期损益，导致资产和各期损益不实；另外，在资产负债表上，应收账款是按账面余额而不是按账面价值反映，这在一定程度上高估了期末应收款项。

### （二）备抵法❷

备抵法是采用一定的方法按期确定预期信用损失计入当期损益，作为坏账准备，待坏账损失实际发生时，冲销已计提的坏账准备和相应的应收款项。采用这种方法，需要对预期信用损失进行复杂的评估和判断，履行预期信用损失的确定程序。

**1. 预期信用损失❸的概念**

信用损失，是指企业按照实际利率折现的、根据合同应收的所有合同现金流量与预期收取的所有现金流量之间的差额。

预期信用损失，是指以发生违约的风险为权重的金融工具信用损失的加权平均值。

---

> **小鱼讲重点**
>
> ❶ 直接转销法的含义：当这笔钱确定收不回来的时候，直接把应收账款转销，并确认损失。
>
> 比如，小刘借给小杨的100块钱，最后小杨只还了10块钱，当小刘在收到这10块钱时，就表明"小杨真的还不起钱了，只能还10块钱"。这个时候，原来小刘账上"应收账款=100"已经不值100块钱了，即发生了"应收账款的减值"。因此，小刘需要含泪把应收账款账面价值调整为10块钱，以保证"账实相符"：
>
> 贷：应收账款　　90
>
> 同时，由于最后只能收到10块，表示损失了90块钱：
>
> 借：信用减值损失　　90
>
> "信用减值损失"这个科目表示当应收账款不能全额收回时造成的损失，是一个损益类科目，借方表示损失。
>
> 同时在收到10块钱后：
>
> 借：库存现金　　10
> 　　贷：应收账款　　10
>
> 此时，小刘账上100块钱的应收账款已经被全部冲掉。
>
> ❷ 备抵法和直接转销法最大的区别：直接转销法只有在"确定收不回来"的时候，才进行账务处理；而备抵法在"预期收不回来的时候"，就开始进行账务处理，体现了会计的谨慎性特征。
>
> 备抵法的两步走：
>
> 1. 计提
>
> 当会计小刘有"足够的证据"证明小杨已经还不起他所借的100块钱了，作为谨慎的会计，小刘预测将来小杨只能还10块钱，虽然还没有最终收到10块钱，但此时，小刘就应该含泪将应收账款的账面价值调减至10块钱，使得"账实相符"：
>
> 借：信用减值损失　　90（表示未

**2. 预期信用损失的确定方法**

企业对于《企业会计准则第 14 号——收入》规范的交易形成且不含重大融资成分的应收款项，始终按照相当于整个存续期内预期信用损失的金额计量其损失准备。

信用风险自初始确认后是否显著增加的判断。

（1）企业应通过比较应收款项在初始确认时所确定的预计存续期内的违约概率与该工具在资产负债表日所确定的预计存续期内的违约概率，来判定金融工具信用风险是否显著增加。

（2）如果企业确定应收款项在资产负债表日只具有较低的信用风险的，可以假设该应收款项的信用风险自初始确认后并未显著增加。通常情况下，如果逾期超过 30 日，则表明应收款项的信用风险已经显著增加。除非企业在无须付出不必要的额外成本或努力的情况下即可获得合理且有依据的信息，证明即使逾期超过 30 日，信用风险自初始确认后仍未显著增加。

（3）在确定信用风险自初始确认后是否显著增加时，企业应考虑无须付出不必要的额外成本或努力即可获得的合理且有依据的信息，包括前瞻性信息。

（4）对于应收款项，企业在单项应收款项层面无法以合理成本获得关于信用风险显著增加的充分证据，而在组合的基础上评估信用风险是否显著增加是可行的，企业应以应收款项的类型、信用风险评级、初始确认日期、剩余合同期限为共同风险特征，对应收账款进行分组并以组合为基础考虑评估信用风险是否显著增加。

在确定信用风险自初始确认后是否显著增加时，企业应考虑的具体信息包括：

（1）债务人未能按合同到期日支付款项的情况；

（2）已发生的或预期的债务人的外部或内部信用评级的严重恶化；

（3）已发生的或预期的债务人经营成果的严重恶化；

（4）现存的或预期的技术、市场、经济或法律环境变化，并将对债务人对本企业的还款能力产生重大不利影响。

考虑到应收款项的流动性特征，实务中通常按照应收款项的账面余额和预计可收回金额的差额确定预计信用减值损失。即按照在应收款项初始确认时所确定的预计存续期内的违约概率与该应收款项在资产负债表日所确定的预计存续期内的违约概率，来判定应收款项信用风险是否显著增加。应收款项坏账准备可以分项分类计算确定，如表 3-1 所示；也可以以组合为基础计算确定，如表 3-2 所示。

**表 3-1 应收票据坏账准备分类计算表**

| 类别 | 期末余额 | | | | 期初余额 | | | | |
|---|---|---|---|---|---|---|---|---|---|
| | 账面余额 | | 坏账准备 | | 账面余额 | | 坏账准备 | | 账面价值（万元） |
| | 金额（万元） | 比例（%） | 金额（万元） | 计提比例（%） | 账面价值（万元） | 金额（万元） | 比例（%） | 金额（万元） | 计提比例（%） | |
| 按单项计提坏账准备的应收票据 | 1 050 | 100.00 | 27.50 | | 1 022.50 | 1 396 | 100.00 | 69.80 | | 1 326.20 |
| 其中： | | | | | | | | | | |
| 银行承兑汇票 | 500 | 47.62 | | | 500 | | | | | |
| 商业承兑汇票 | 550 | 52.38 | 27.50 | 5.00 | 522.50 | 1 396 | 100.00 | 69.80 | 5.00 | 1 326.20 |
| 合计 | 1 050 | 100.00 | 27.50 | | 1 022.50 | 1 396 | 100.00 | 69.80 | | 1 326.20 |

---

（来自上页）❷

来要损失 90）

　　贷：坏账准备　90

坏账准备是什么？

因为小刘现在的一系列操作都是基于"预测"，因此不能直接计入应收账款贷方。只有这笔钱确确实实收不回来了，才能计入应收账款贷方。但是此时，为了使得账实相符，就发明了一个新的科目——"坏账准备"。坏账准备本质上就是应收账款的分身，因为不能使用应收账款，就暂时使用"坏账准备"这个科目替代一下。当贷记坏账准备的时候，就表示此时应收账款已经不值钱了。

2. 确认

当小杨已经把 10 块钱塞到了小刘的手中，小刘已经真切地知道，这笔钱真收不回来了。这个时候，应该把当时计提的坏账准备先冲销掉：

借：坏账准备　90

　　贷：应收账款　90

让应收账款账面余额变成 10 块钱。请注意，确认坏账的分录不会对应收账款的账面价值产生影响。因为坏账准备本来就是应收账款的分身，这个分录应该被改写成：

借：坏账准备（= 应收账款）

　　贷：应收账款

因此，对应收账款的账面价值没有影响。

❸ 预期信用损失法与过去规定的、根据实际已发生减值损失确认损失准备的方法有本质不同。在预期信用损失法下，减值准备的计提不以减值的实际发生为前提，而以未来可能发生的违约事件造成的损失的期望值来计量当前（资产负债表日）应当确认的损失准备。不同的金融资产，都会对应一个"违约概率"（违约的可能性），违约概率越高，收回应收账款的可能性就越低。

表 3-2 应收账款坏账准备计算表

| 年限 | 期末余额 | | |
|---|---|---|---|
| | 账面金额（万元） | 坏账准备（万元） | 计提比例（%） |
| 1 年以内 | 9 000 | 450.00 | 5.00 |
| 1~2 年 | 240 | 24.00 | 10.00 |
| 2~3 年 | 45 | 13.50 | 30.00 |
| 3~4 年 | 21 | 10.50 | 50.00 |
| 4~5 年 | 13 | 10.40 | 80.00 |
| 5 年以上 | 1 | 1.00 | 100.00 |
| 合计 | 9 320 | 509.40 | — |

"坏账准备"属于资产备抵类科目，借减贷增。

| 情形 | 相关会计分录 | 对应收账款账面价值的影响 |
|---|---|---|
| 计提坏账准备（计提） | 借：信用减值损失<br>贷：坏账准备 | 贷方登记坏账准备，坏账准备增加，使应收账款的账面价值减少 |
| 冲减多计提的坏账准备 | 借：坏账准备<br>贷：信用减值损失 | 冲减多计提的坏账准备，使应收账款的账面价值增加 |
| 实际发生坏账损失时（确认） | 借：坏账准备<br>贷：应收账款 | 借方登记坏账准备，坏账准备减少，应收账款的账面价值不变，应收账款的账面余额减少 ❶ |
| 已确认并转销的应收账款又重新收回 | 借：应收账款<br>贷：坏账准备<br>借：银行存款<br>贷：应收账款 | 第一笔分录借贷方同时影响应收账款的账面价值，相互抵销后不影响应收账款账面价值；第二笔分录贷方登记应收账款，使应收账款的账面价值减少；该项业务使应收账款账面价值减少 |

采用备抵法核算信用减值损失的优点：

（1）符合权责发生制和会计谨慎性要求，在资产负债表中列示应收款项的净额，使财务报表使用者能了解企业应收款项预期可收回的金额和谨慎的财务状况；

（2）在利润表中作为营业利润项目列示，有利于落实企业管理者的经管责任，有利于企业外部利益相关者如实评价企业的经营业绩，做出谨慎的决策。

采用备抵法核算信用减值损失的缺点：

（1）预期信用损失的估计需要考虑的因素众多，且有部分估计因素带有一定的主观性，对会计职业判断的要求较高，可能导致预期信用损失的确定不够准确、客观；

（2）预期信用减值损失影响各期营业利润金额的计算与确定，客观存在企业管理者平滑利润进行盈余管理甚至利润操纵与舞弊的可能性，增加会计职业风险，增加注册会计师审计难度和审计风险，同时，也增加政府和行业的会计监管难度和风险，这对会计制度的制定者、执行者和监管者等提出更高的要求。

## 小鱼讲例题

42.【单选题】2020 年 6 月 30 日，乙公司应收款项借方余额 2 300 万元，"坏账准备"科目贷方余额 184 万元；综合考虑各种信用减值损失风险因素，确定本期预期信用损失为 115 万元。下列各项中，关于乙公司本期计提坏账准备账务处理表述正确的是（　　）。

A. 借记"信用减值损失"科目 69 万元，贷记"坏账准备"科目 69 万元
B. 借记"坏账准备"科目 69 万元，贷记"信用减值损失"科目 69 万元
C. 借记"信用减值损失"科目 115 万元，贷记"坏账准备"科目 115 万元
D. 借记"坏账准备"科目 184 万元，贷记"信用减值损失"科目 184 万元

### 小鱼讲重点

❶ 如何区分账面余额和账面价值？

账面余额指的是应收账款的账簿上还有多少钱。只要没有"贷：应收账款"，那么应收账款的账簿上永远都是 100 元。

账面价值指的是应收账款到底还值不值 100 元。一旦计提坏账准备，就表明应收账款已经不值钱了。

应收账款的账面价值 = 账面余额（100 元）- 坏账准备（90 元）

坏账准备作为备抵科目，一旦出现就表明应收账款账面价值下降。备抵的意思就是，谁不值钱就抵谁。

43.【单选题】下列各项中,应计提坏账准备的是( )。【2021年】
A.应付账款　　　　　　B.应收账款
C.预收账款　　　　　　D.其他应付款

44.【单选题】"坏账准备"科目期末如为贷方余额,其反映的内容是( )。【2021年】
A.企业已提计但尚未转销的坏账准备金额
B.已经发生的坏账损失
C.本年冲减的坏账准备金额
D.上年年末坏账准备的余额小于本年确认的坏账损失部分

45.【单选题】2021年年初,某公司"坏账准备——应收账款"科目贷方余额为3万元,3月20日,收回已核销的坏账12万元并已入账。12月31日,"应收账款"科目余额为220万元(所属明细科目为借方余额),预计未来现金流量现值为200万元,不考虑其他因素,2021年年末该公司计提的坏账准备金额为( )万元。【2021年】
A.17　　　　B.29　　　　C.20　　　　D.5

46.【单选题】某企业年初"坏账准备"科目的贷方余额为20万元,本年收回上年已确认为坏账的应收账款5万元,经减值测试并确定"坏账准备"科目年末贷方余额应为30万元。不考虑其他因素,该企业年末应计提的坏账准备为( )万元。【2018年】
A.5　　　　B.10　　　　C.15　　　　D.30

47.【单选题】2017年12月1日,某企业"坏账准备——应收账款"科目贷方余额为1万元。12月25日,收回已作坏账转销的应收账款1万元;12月31日,应收账款余额为130万元,经减值测试,应收账款的预计未来现金流量现值为118万元。不考虑其他因素,12月31日该企业应计提的坏账准备金额为( )万元。【2018年】
A.10　　　　B.12　　　　C.11　　　　D.13

48.【单选题】2021年12月,某企业"坏账准备"科目贷方余额为50万元,本月发生坏账损失30万元。12月31日,确定本期预期信用损失为80万元。2021年12月31日应计提的坏账准备金额为( )万元。
A.30　　　　B.60　　　　C.80　　　　D.0

49.【判断题】企业在确定应收款项减值的核算方法时,应根据本企业的实际情况,按照成本效益原则,在备抵法和直接转销法之间进行合理选择。( )【2015年】

---

42.【答案】B
【解析】确定本期预期信用损失为115万元,而计提本期坏账准备时"坏账准备"科目贷方余额为184万元,说明已计提的坏账准备多了69万元,应冲减坏账准备69万元。

43.【答案】B
【解析】应付账款、预收账款和其他应付款均属于负债,不属于坏账准备计提的范畴。

44.【答案】A
【解析】"坏账准备"科目的贷方登记当期计提的坏账准备金额,借方登记实际发生的坏账损失金额和冲减的坏账准备金额,期末余额一般在贷方,反映企业已计提但尚未转销的坏账准备,当期应计提的坏账准备=当期按应收款项计算应计提的坏账准备金额±"坏账准备"科目的贷方(或借方)余额。故选A。

45.【答案】D
【解析】本题考查坏账准备的核算。12月31日,坏账准备应有余额=220-200=20(万元),计提坏账准备前坏账准备的余额=3+12=15(万元),所以2021年年末应计提的坏账准备金额=20-15=5(万元)。

46.【答案】A
【解析】本年收回上年已确认为坏账的应收账款5万元,分录为:

借：应收账款　　　　　　　5
　　贷：坏账准备　　　　　　　5
借：银行存款　　　　　　　5
　　贷：应收账款　　　　　　　5

此时"坏账准备"科目贷方金额=20+5=25（万元），因年末"坏账准备"科目贷方余额为30万元，故年末应计提坏账准备金额=30-25=5（万元）。

47.【答案】A
【解析】12月25日收回已作坏账转销的应收账款1万元，分录为：
借：银行存款　　　　　　　1
　　贷：应收账款　　　　　　　1
借：应收账款　　　　　　　1
　　贷：坏账准备　　　　　　　1

12月31日，应收账款发生减值，坏账准备应有余额=130-118=12（万元），应计提的坏账准备=12-1-1=10（万元）。
借：信用减值损失　　　　　10
　　贷：坏账准备　　　　　　　10

48.【答案】B
【解析】80-（50-30）=60（万元）。

49.【答案】×
【解析】我国企业会计准则规定确定应收款项的减值只能采用备抵法，不得采用直接转销法。

## 第四节　存货

### 📘 一个小目标

| 必须掌握 | 了解一下 |
|---|---|
| 存货概述 | 库存商品 |
| 原材料 | 消耗性生物资产 |
| 周转材料 |  |
| 委托加工物资 |  |
| 存货清查 |  |
| 存货减值 |  |

微信扫码
观看视频课程

### 📖 考点1：存货概述 ❶

**（一）存货的内容**

存货是指企业在日常活动中**持有以备出售**的产品或商品、处于生产过程中的在产品、在生产过程或提供劳务过程中耗用的材料或物料等，包括各类材料、在产品、半成品、产成品、商品以及包装物、低值易耗品、委托代销商品等。

| 内容 | 应计入的会计科目 |
|---|---|
| **原材料**是指企业在生产过程中经加工将改变其形态或性质并**构成产品主要实体**的各种原料及主要材料、辅助材料、外购半成品（外购件）、修理用备件（备品备件）、包装材料、燃料等 | 原材料 |
| 在产品是指企业正在制造**尚未完工**的生产物，包括正在各个生产工序加工的产品和已加工完毕但尚未检验或已检验但尚未办理入库手续的产品 | 生产成本 |
| 半成品是指经过一定生产过程并已检验合格交付半成品仓库保管，但尚未制造完工，**仍需进一步加工的中间产品** | 生产成本 |

**小鱼讲重点**

❶ 持有存货的主要目的是"销售"。比如房地产开发企业盖房子就是为了卖房子，因此盖好的房子对房地产开发企业而言就是"存货"，而不是"固定资产"。

续表

| 内容 | 应计入的会计科目 |
|---|---|
| 产成品是指企业已经完成全部生产过程并验收入库，可以按照合同规定的条件送交订货单位，或者可以作为商品对外销售的产品。企业接受来料加工制造的代制品和为外单位加工修理的代修品，制造和修理完成并验收入库后，应视同企业的产成品 | 库存商品 |
| 商品是指商品流通企业外购或委托加工完成验收入库用于销售的各种商品 | 库存商品 |
| 包装物是指为了包装本企业的商品而储备的各种包装容器，如桶、箱、瓶、坛、袋等。其主要作用是盛装、装潢产品或商品 | 周转材料 |
| 低值易耗品是指不能作为固定资产核算的各种用具物品，如工具、管理用具、玻璃器皿、劳动保护用品以及在经营过程中周转使用的容器等。其特点是单位价值较低或使用期限相对于固定资产较短，在使用过程中保持其原有实物形态基本不变，如锤子 | 周转材料 |
| 委托代销商品是指企业委托其他单位代销的商品 | 发出商品 |

### 📖 小鱼讲例题

**50.【单选题】** 下列各项中，属于制造业企业在产品的是（　　）。【2021年】
A. 验收入库的完工产品　　B. 对外销售的自制半成品
C. 正在返修的废品　　　　D. 修理用备件

**50.【答案】** C

### （二）存货成本的确定  `2分考点`

存货应当按照成本（历史成本）进行初始计量。存货成本包括采购成本、加工成本和其他成本。

**1. 存货的采购成本❶**（外购存货的成本）

存货的采购成本，包括购买价款、相关税费、运输费、装卸费、保险费以及其他可归属于存货采购成本的费用。

| 情形 | 内容 | 成本组成 |
|---|---|---|
| 购买价款❷ | 企业购入的材料或商品的发票账单上列明的价款，不包括按规定可以抵扣的增值税额（小规模纳税人的增值税计入采购成本） | 成本＝买价＋运杂费（运输费、装卸费、保险费、包装费、仓储费等）＋入库前的挑选整理费用＋按规定应计入存货成本的税费（不可抵扣的）和其他费用（含运输途中的合理损耗） |
| 相关税费❸ | 企业购买存货发生的进口关税、消费税、资源税和不能抵扣的增值税进项税额以及相应的教育费附加等应计入存货采购成本的税费 | |
| 其他可归属于存货采购成本的费用 | 存货采购过程中发生的仓储费、包装费、运输途中的合理损耗、入库前的挑选整理费用等。<br>运输途中的合理损耗❹，是指商品在运输过程中，因商品性质、自然条件及技术设备等因素而发生的自然的或不可避免的损耗。<br>商品流通企业在采购商品过程中发生的运输费、装卸费、保险费以及其他可归属于存货采购成本的费用等进货费用，应当计入存货采购成本，也可以先进行归集，期末再根据所购商品的存销情况进行分摊。①对于已售商品的进货费用，计入当期损益；②对于未售商品的进货费用，计入期末存货成本；③企业采购商品的进货费用金额较小时，可以在发生时直接计入当期损益 | |

**2. 存货的加工成本**

存货的加工成本是指在存货的加工过程中发生的追加费用，包括直接人工以及按照一定方法分配的制造费用。

存货的加工成本＝加工过程中的追加费用＝直接人工＋制造费用

**3. 存货的其他成本**

存货的其他成本是指除采购成本、加工成本以外的，使存货到达目前场所和达到目前

---

### 🐟 小鱼讲重点

❶ 凡"有助于存货形成的费用"都是存货的成本。比如存货入库前的运输费、装卸费和保险费，都有助于存货的形成，所以要计入存货成本。如果是存货入库后的挑选整理费，则不应该计入存货成本。因为存货"入库后"的费用，已经无助于存货的形成，所以要直接计入当期损益。在生产过程中为达到下一个生产阶段所必需的存储费用应计入存货成本。比如某种酒类产品生产企业为了使生产的酒达到规定的产品质量标准而必须发生的仓储费用，应计入酒的成本，而不应计入当期损益。

❷ "购买价款"是指不包含增值税的裸价。

❸ "相关税费"一般指的都是不包含增值税的其他价内税。

❹ 如何理解合理损耗？
比如你购买100个鸡蛋，花费了100元，回家之后发现碎了2个，这2个碎了的鸡蛋就可以理解为"合理损耗"，因为鸡蛋本来就是易碎品，在运输过程中有破碎是正常的现象。合理损耗要计入存货成本，因此，你现在一共拥有98个鸡蛋，但购买成本还是100元，合理损耗不影响存货的整体入账价值。如果你要核算单个鸡蛋的价值，则是1.02元/个，所以，合理损耗影响单位存货的价值。

状态所发生的其他支出。比如产品设计费[1]：为特定客户设计产品发生的、可直接确定的设计费用应计入存货成本，但是企业设计产品发生的一般设计费用通常应计入当期损益。

**4. 委托外单位加工完成的存货**

成本 = 实际耗用的原材料或半成品 + 加工费 + 装卸费 + 保险费 + 委托加工的往返运输费 + 按规定应计入存货成本的税费（不可抵扣）

**5. 其他特殊规定** `2分考点`

| 情形 | 是否计入存货成本 | 应计入的会计科目 |
| --- | --- | --- |
| 进口关税、消费税、资源税、不能抵扣的增值税进项税额、教育费附加等 | √ | |
| 自然灾害等原因造成的原材料的净损失 | × | 营业外支出 |
| 为特定客户设计产品发生的、可直接确定的设计费用 | √ | |
| 正常产品设计费计入当期损益 | × | 管理费用 |
| 运输途中的合理损耗 | √ | |
| 存货入库后发生的存储费用 | × | 管理费用 |
| 在生产过程中为达到下一个阶段所必需的存储费用 | √ | |

### 📖 小鱼讲例题

**51.【单选题】** 某企业为增值税一般纳税人。购入材料900千克，每千克不含税价格50元，运输途中发生合理损耗30千克，入库前发生挑选整理费用1 000元，该批材料的入账价值为（　　）元。【2022年】
A. 44 500　　　　B. 45 000　　　　C. 43 500　　　　D. 46 000

**52.【多选题】** 某企业为增值税一般纳税人，委托其他单位加工应税消费品，该产品收回后继续加工应税消费品，下列各项中，应记入委托加工物资成本的有（　　）。【2021年】
A. 发出材料的实际成本　　　　B. 支付给受托方的加工费
C. 支付给受托方的增值税　　　D. 受托方代收代缴的消费税

**53.【多选题】** 下列各项中，企业应计入外购存货采购成本的有（　　）。【2019年】
A. 入库前的挑选整理费　　　　B. 材料购买款（不含增值税）
C. 享受的商业折扣　　　　　　D. 采购过程中发生的仓储费

**54.【多选题】** 下列各项中，企业应计入存货成本的有（　　）。【2019年】
A. 为特定客户设计产品发生的、可直接确定的设计费用
B. 发出委托加工材料负担的运输费用
C. 自制存货发生的直接材料、直接人工和制造费用
D. 购入原材料运输途中发生的合理损耗

**51.【答案】** D
【解析】该批材料的入账价值 =900×50+1 000=46 000（元）。

**52.【答案】** AB
【解析】选项C，支付给受托方的增值税应该记入"应交税费——应交增值税（进项税额）"科目；选项D，委托方加工的物资收回后用于连续生产应税消费品，委托方应按对方代收代缴的消费税额，借记"应交税费——应交消费税"账户，贷记"应付账款""银行存款"等账户，不计入委托加工物资成本。

**53.【答案】** ABD
【解析】外购存货采购成本包括买价、相关税费、运输费、保险费、装卸费、入库前的挑选整理费等。选项C，应当按扣除商业折扣后的金额计入外购存货采购成本。

**54.【答案】** ABCD
【解析】运输途中发生的合理损耗要计入存货成本，不从采购成本中扣除。

---

**小鱼讲重点**

[1] 产品设计费的归属：
如果是一般产品的设计费，比如企业生产了一批杯子，那么杯子的设计费可以直接计入当期损益，因为其设计可适用于全部批次的杯子，并没有"特定的受益对象"。如果是特定产品的设计费，比如你找人给自己设计一款钻戒花费了1 000元，这1 000元就可以直接计入钻戒的成本，因为这个设计有"特定的受益对象"。

## （三）发出存货的计价方法 【2分考点】

发出存货可以采用实际成本核算，也可以采用计划成本核算。

### 1. 个别计价法①

| 项目 | 内容 |
| --- | --- |
| 概念 | 个别计价法是假设存货具体项目的实物流转与成本流转一致，按照各种存货逐一辨认各批发出存货和期末存货所属的购进批别或生产批别，分别按其购入或生产时所确定的单位成本计算各批发出存货和期末存货成本的方法 |
| 优点 | 成本计算准确，符合实际情况 |
| 缺点 | 在存货收发频繁的情况下，其发出成本分辨的工作量较大 |
| 适用 | 通常适用于一般不能替代使用的存货、为特定项目专门购入或制造的存货以及提供的劳务，如珠宝、名画等贵重物品 |

### 2. 先进先出法②

| 项目 | 内容 |
| --- | --- |
| 概念 | 先进先出法是指先购入的存货成本在后购入存货成本之前转出，据此确定发出存货和期末存货的成本。具体方法是：收入存货时，逐笔登记收入存货的数量、单价和金额；发出存货时，按照先进先出的原则逐笔登记存货的发出成本和结存金额 |
| 优点 | 可以随时结转存货发出成本 |
| 缺点 | 存货收发业务较多，且存货单价不稳定时，其工作量较大 |
| 备注 | 在物价持续上升时，期末存货成本接近市价，而发出成本偏低，会高估企业当期利润和库存存货价值；反之，则会低估企业当期利润和库存存货价值 |

### 📖 小鱼讲例题

55.【单选题】某企业采用先进先出法计算发出甲材料的成本，2021年2月1日，结存甲材料200千克，每千克实际成本为100元；2月10日购入甲材料300千克，每千克实际成本为110元；2月15日发出甲材料400千克。2月末，库存甲材料的实际成本为（　　）元。【2021年】
A. 10 000　　　B. 10 500　　　C. 10 600　　　D. 11 000

56.【单选题】某企业采用先进先出法核算原材料，2017年3月1日库存甲材料500千克，实际成本为3 000元；3月5日购入甲材料1 200千克，实际成本为7 440元；3月8日购入甲材料300千克，实际成本为1 830元；3月10日发出甲材料900千克。不考虑其他因素，该企业发出甲材料的实际成本为（　　）元。【2018年】
A. 5 550　　　B. 5 580　　　C. 5 521.5　　　D. 5 480

57.【单选题】某企业采用先进先出法计算发出原材料的成本。2020年6月1日，甲材料结存100千克，每千克实际成本为200元；6月7日购入甲材料150千克，每千克实际成本为220元；6月15日购入甲材料200千克，每千克实际成本为180元；6月20日发出甲材料400千克。6月份甲材料发出成本为（　　）元。【2022年】
A. 72 000　　　B. 80 000　　　C. 88 000　　　D. 82 000

55.【答案】D
【解析】该企业采用先进先出法，在2月15日发出的甲材料400千克是由期初结存的200千克与2月10日购入的200千克组成的，所以2月末库存甲材料的实际成本=（300–200）×110=11 000（元）。

56.【答案】D

### 小鱼讲重点

① "个别计价法"的核心是：每个产品都按照产品的实际价格来计价。如果企业的产量很大，则个别计价法的工作量就会很大。

② "先进先出法"就是假定先买的存货先发货。如果物价持续上升，那么先买的存货价格低，后买的存货价格逐渐上升。如果先买的先发出，那么由于先买的存货价格低，成本也会低，则会高估利润。而库存的存货是后购入的，成本高，会高估存货的库存价值。

【解析】

| 日期 | 摘要 | 金额 | 数量 |
|---|---|---|---|
| 2017年3月1日 | 期初余额 | 3 000 | 500 |
| 2017年3月5日 | 购入 | 7 440 | 1 200 |
| 2017年3月8日 | 购入 | 1 830 | 300 |
| 2017年3月10日 | 发出 | 3 000+7 440÷1 200×400 | 900 |

先进先出就是优先发出最早日期购入的，本题中，3月10日发出的900千克甲材料中，优先发出期初结存的500千克，继而发出3月5日购入的400（900–500）千克。因此，该企业发出甲材料的实际成本 =3 000+7 440÷1 200×400=5 480（元）。

57.【答案】B

【解析】由于采用先进先出法计算发出原材料的成本，先购进的材料先发出，所以该企业6月份发出甲材料的成本 =100×200+150×220+150×180=80 000（元）。

### 3. 月末一次加权平均法①

| 项目 | 内容 |
|---|---|
| 概念 | 月末一次加权平均法是指用本月全部进货数量加上月初存货数量作为权数，去除本月全部进货成本加上月初存货成本，算出存货的加权平均单位成本，以此为基础计算本月发出存货的成本和期末结存存货的成本的一种方法。<br>存货单位成本 =[月初结存存货的实际成本 + ∑（本月各批进货的实际单位成本 × 本月各批进货的数量）] ÷（月初结存存货数量 + 本月各批进货数量之和） |
| 优点 | 采用月末一次加权平均法只在月末一次计算加权平均单价，可以简化成本计算工作 |
| 缺点 | 月末一次计算加权平均单价和发出存货成本，不便于存货成本的日常管理与控制② |

### 4. 移动加权平均法③

| 项目 | 内容 |
|---|---|
| 概念 | 移动加权平均法是指以每次进货的成本加上原有结存存货的成本的合计额，除以每次进货数量加上原有结存存货的数量的合计额，据此计算加权平均单位成本，作为下次进货前计算各次发出存货成本依据的一种方法。<br>存货单位成本 =（原有结存存货实际成本 + 本次进货实际成本）÷（原有结存存货数量 + 本次进货数量） |
| 优点 | 能够使企业管理层及时了解存货的结存情况，计算的平均单位成本以及发出和结存的存货成本比较客观 |
| 缺点 | 每次收货都要计算一次平均单位成本，计算工作量较大，对收发货较频繁的企业不太适用 |

### 📘 小鱼讲例题

58.【多选题】存货计价方法包括（　　）。【2017年】
A. 先进先出法　　　　B. 个别计价法
C. 后进先出法　　　　D. 加权平均法

59.【判断题】企业采用月末一次加权平均法计量发出材料的成本，在本月有材料入库的情况下，物价上涨时，当月月初发出材料的单位成本小于月末发出材料的单位成本。（　　）【2022年】

60.【判断题】采用移动加权平均法计算发出存货成本，不能在月度内随时结转发出存货的成本。（　　）【2017年】

61.【判断题】采用月末一次加权平均法核算发出材料成本，企业可以随时通过账簿记录得到发出和结存材料的单价和金额。（　　）【2019年】

62.【判断题】物价持续上涨时，采用先进先出法计算的期末库存商品成本比采用月末一次加权平均法高。（　　）【2021年】

58.【答案】ABD

59.【答案】×

---

### 小鱼讲重点

① 什么是加权平均？

当存货的成本各不相同时，如果想要计算一个"平均价格"，就可以计算一个加权平均价格。

比如当前仓库中有3批存货，价格分别为100元/千克、150元/千克、200元/千克，对应的库存量分别为1千克、2千克、1千克。如果要计算当前仓库中库存商品的加权平均价格，就可以用三批存货的全部金额除以数量。

加权平均价格 =（100×1+150×2+200×1）÷（1+2+1）=150（元/千克）

"月末一次加权平均"就是按照本期全部购入的存货，一次计算加权平均价格，然后按照算出来的加权平均价格计算发出存货的价值。月末一次加权平均价格的计算和存货的发出无关，只和"进货"有关。

例如：2017年6月1日结存乙材料200件，单位成本为35元，6月10日购入乙材料400件，单位成本为40元，6月20日购入乙材料400件，单位成本为45元。当月发出乙材料600件。

如果采用月末一次加权平均法核算发出材料成本，那么加权价格只和"进货"有关。因此，首先计算月初和两次进货的加权平均价格 =（200×35+400×40+400×45）÷（200+400+400）=41（元/件）。

当月发出材料600件，发出材料的单位成本按照41元计算，因此发出材料的成本 =41×600=24 600（元）。

② 由于月末一次加权平均法只在月末计算一次成本，因此并不知道平时发货的价值。

③ "移动加权平均法"就是每次收货之前，都要按照库存存货的情况，计算一次加权平均价格。

例如：A公司3月月初结存甲材料13吨，每吨单价为8 290元，3月购入情况如下：3日购入5吨，单价为8 800元；17日购入12吨，

【解析】采用月末一次加权平均法，只在月末计算一次加权平均单价，所以当月发出材料的单位成本是相同的。

60.【答案】×

61.【答案】×

【解析】采用月末一次加权平均法只在月末一次计算加权平均单价，有利于简化成本计算工作。但由于平时无法从账上提供发出和结存存货的单价及金额，不利于存货成本的日常管理与控制。

62.【答案】√

## 考点 2：原材料

原材料，是指企业在生产过程中经过加工改变其形态或性质并构成产品主要实体的各种原料、主要材料和外购半成品，以及不构成产品实体但有助于产品形成的辅助材料。原材料具体包括原料及主要材料、辅助材料、外购半成品（外购件）、修理用备件（备品备件）、包装材料、燃料等。

原材料的日常收发及结存可以采用实际成本核算，也可以采用计划成本核算。

### （一）原材料按实际成本核算❶ 2分考点

**1. 原材料核算应设置的会计科目**

材料采用实际成本核算时，材料的收入、发出及结存，无论总分类核算还是明细分类核算，均按照实际成本计价。

（1）"原材料"❷。

"原材料"科目用于核算企业库存各种材料的收入、发出与结存情况。在原材料按实际成本核算时，借方登记入库材料的实际成本，贷方登记发出材料的实际成本，期末余额在借方，反映企业库存材料的实际成本。

（2）"在途物资"❸。

"在途物资"科目用于核算企业采用实际成本（进价）进行材料、商品等物资的日常核算、价款已付尚未验收入库的各种物资（即在途物资）的采购成本，本科目应当按照供应单位和物资品种进行明细核算。借方登记购入的在途物资的实际成本、在途物资的采购成本，贷方登记验收入库的在途物资的实际成本。

（3）"应付账款"❹。

"应付账款"科目用于核算企业因购买材料、商品和接受劳务等经营活动应支付的款项。借方登记支付的应付账款，贷方登记尚未支付的应付账款。

**2. 原材料的账务处理**

（1）购入环节。

| 情形 | 会计处理 |
| --- | --- |
| 材料已验收入库，货款已经支付或开出、承兑商业汇票（货已入库，钱已支付） | 借：原材料<br>　　应交税费——应交增值税（进项税额）<br>贷：银行存款<br>　　其他货币资金（银行汇票）<br>　　应付票据（商业汇票）<br>　　应付账款等 |
| 货款已经支付或开出、承兑商业汇票，材料尚未到达或尚未验收入库（货没入库，钱已支付，入库后转入原材料） | 借：在途物资<br>　　应交税费——应交增值税（进项税额）<br>贷：银行存款等<br>验收入库后：<br>借：原材料<br>贷：在途物资 |
| 赊销时，可以确定材料成本，材料已经验收入库（货已入库，钱没支付） | 借：原材料<br>　　应交税费——应交增值税（进项税额）<br>贷：应付账款 |

（来自上页）❸

单价为 7 900 元。本月领用情况如下：10 日领用 10 吨，28 日领用 10 吨。

在 10 日领用之前，库存甲材料的情况为：

月初：13 吨，8 290 元 / 吨；

3 日：5 吨，8 800 元 / 吨。

因此，10 日领用时的加权平均价格 =（13×8 290+5×8 800）÷（13+5）= 8 431.67（元 / 吨）。

在 28 日领用之前，库存甲材料的情况为：

10 日：13+5–10=8（吨），8 431.67 元 / 吨；

17 日：12 吨，7 900 元 / 吨。

因此，28 日领用时的加权平均价格 =（8×8 431.67+12×7 900）÷（8+12）= 8 112.67（元 / 吨）。

因此，A 公司期末结存甲材料成本为（8+12–10）×8 112.67=81 126.67（元）。

### 小鱼讲重点

❶ "原材料按实际成本核算"就是原材料按照实际购买的价格入账。

❷ 核算"已经入库"的原材料。

❸ 在实际成本法下，如果原材料还没入库，就先记入"在途物资"科目，因此"在途物资"科目有两个特点：①实际成本法；②没入库。

❹ "应付账款"科目是负债类科目，表示该给但还没给，贷方表示增加，借方表示减少。

续表

| 情形 | | 会计处理 |
|---|---|---|
| 赊销时，无法确定材料成本，材料已经验收入库（货已入库，钱没支付，不确定要给多少钱） | 月末仍未收到单据（材料按暂估价值入账）① | 借：原材料<br>　贷：应付账款——暂估应付账款 |
| | 下月月初红字冲销原会计分录 | 借：原材料（金额红字）<br>　贷：应付账款——暂估应付账款（金额红字） |
| | 后收到发票账单 | 借：原材料<br>　　应交税费——应交增值税（进项税额）<br>　贷：银行存款等 |
| 预付货款购买材料 | 预付货款 | 借：预付账款<br>　贷：银行存款 |
| | 收到材料并验收入库 | 借：原材料<br>　　应交税费——应交增值税（进项税额）<br>　贷：预付账款<br>　　银行存款（补足剩余货款，如果退回超过的预付账款则在借方） |

（2）发出材料。

企业各生产单位及有关部门领用的材料具有种类多、业务频繁等特点。为了简化核算，企业可以在月末根据"领料单"或"限额领料单"中有关领料的单位、部门等加以归类，编制"发料凭证汇总表"，据以编制记账凭证、登记入账。发出材料实际成本的确定，可以由企业从上述个别计价法、先进先出法、月末一次加权平均法、移动加权平均法等方法中选择。计价方法一经确定，不得随意变更；如需变更，应在附注中予以说明。

| 情形 | 会计处理 |
|---|---|
| 生产经营领用材料 | 借：生产成本（直接材料成本）<br>　　制造费用（间接材料成本）<br>　　销售费用（销售环节消耗）<br>　　管理费用（行政环节消耗）<br>　　研发支出（研发环节消耗）<br>　贷：原材料 |
| 出售材料结转成本 | 借：其他业务成本<br>　贷：原材料 |
| 发出委托外单位加工的材料 | 借：委托加工物资<br>　贷：原材料 |

### 📖 小鱼讲例题

63.【判断题】月末货到单未到的入库材料应按暂估价值入账，并于下月月初编制相反方向会计分录予以冲回。（　　）【2017年】

63.【答案】√

（二）采用计划成本核算② **2 分考点**

**1. 原材料核算应设置的会计科目**

计划成本法下，一般通过"原材料""材料采购""材料成本差异"等科目进行核算。

（1）"原材料"，资产类科目，核算原材料计划成本。

（2）"材料采购"：反映材料实际成本。

（3）"材料成本差异"：反映企业已入库各种材料的实际成本与计划成本的差额。

---

**小鱼讲重点**

① 由于发票账单未到，无法确定实际成本，期末应先按照暂估价值入账，在下月月初，用红字冲销原暂估入账金额，待收到发票账单后再按照实际金额记账。

② 原材料核算中的计划成本法是全书的难点之一。

如何理解计划成本法？如果企业每次进货都按照"多少钱买的就记多少钱的账"的形式记账，那么在业务量繁杂的企业工作的会计可能会累死。因此，企业制定了一个"计划成本"（类似于标准成本），无论原材料是多少钱买的，都按照统一的"计划成本"来计算，以减轻会计的核算负担。比如，企业规定每千克原材料的计划成本是100元，如果现在购买原材料实际支付了110元，那么实际花费和计划成本之间的差额是正数，表示你"多花了10元"。

现在你需要记住计划成本法的第一个公式：

110=100+10

110：实际成本（实际花的钱）；
100：计划成本（企业制定的标准）；
10：材料成本差异 [实际和计划之间的差额，如果差额是正数，表示"多花了"（超支差），如果是负数则表示"少花了"（节约差）]。

## 2. 购入原材料的账务处理

| 情形 | 会计处理 |
| --- | --- |
| 货款已经支付，同时材料验收入库 | 借：材料采购（实际成本）❶<br>　　应交税费——应交增值税（进项税额）<br>贷：银行存款/其他货币资金等 |
| 结转计划成本 | 借：原材料（计划成本）<br>贷：材料采购（实际成本）<br>差额：材料成本差异 |

## 3. 发出原材料

| 情形 | 会计处理 |
| --- | --- |
| 生产经营领用材料 | 借：生产成本（直接材料成本）<br>　　制造费用（间接材料成本）<br>　　销售费用（销售环节消耗）<br>　　管理费用（行政环节消耗）<br>　　研发支出（研发环节消耗）<br>贷：原材料 |
| 出售材料结转成本 | 借：其他业务成本<br>贷：原材料 |
| 发出委托外单位加工的材料 | 借：委托加工物资<br>贷：原材料 |
| 材料采用计划成本核算时，材料的收入、发出及结存，按照计划成本计价 | |
| 期末分摊成本差异 | 借：生产成本等<br>　　贷：材料成本差异（结转超支差）<br>借：材料成本差异（结转节约差）<br>　　贷：生产成本等 |

材料采用计划成本核算时，材料的收入、发出及结存，按照计划成本计价。月末，计算本月发出材料应负担的成本差异并进行分摊，根据领用材料的用途计入相关资产的成本或当期损益，从而将发出材料的计划成本调整为实际成本。

### 4. 材料成本差异计算❷

发出材料应负担的成本差异 = 发出材料的计划成本 × 本期材料成本差异率

本期材料成本差异率 =（期初结存材料的成本差异 + 本期验收入库材料的成本差异）÷（期初结存材料的计划成本 + 本期验收入库材料的计划成本）× 100%

发出材料应负担的成本 = 发出材料的计划成本 ×（1 + 本期材料成本差异率）

### 📖 小鱼讲例题

64.【单选题】甲公司对原材料采用计划成本法进行核算。2020年12月初，结存的M材料的账面余额为30万元，该材料负担的节约差为2万元；本期购入M材料的实际成本为110万元，计划成本为120万元，当月发出M材料的计划成本为100万元。不考虑其他因素，甲公司2020年12月发出材料的实际成本为（　　）万元。【2021年】
A. 100　　　B. 92　　　C. 108　　　D. 46

65.【单选题】某企业为增值税一般纳税人，增值税税率为13%。本月销售一批材料，含税价5 876元。该批材料计划成本为4 200元，材料成本差异率为2%，该企业销售材料应确认的损益为（　　）元。【2020年】
A. 916　　　B. 1 084　　　C. 1 884　　　D. 1 968

---

### 小鱼讲重点

❶ 计划成本法相关的会计科目：
(1) 计划成本（100元）记入"原材料"科目。计划成本法就是为了减轻会计的核算负担，所以材料的收入、发出和结存都使用计划成本来核算。由于材料的收入、发出和结存都通过"原材料"科目核算，因此"原材料"科目登记材料的"计划成本"（100元）。
(2) 但是在实际购买的时候花了110元，这110元需要在会计分录中反映出来，因此又设置了"材料采购"科目。"材料采购"是原材料的分身，记录的是计划成本核算中实际花的钱（110元）。
(3) 实际成本和计划成本之间的差额（10元）记入"材料成本差异"科目，借方（正数）表示"多花了"（超支差），贷方（负数）表示"少花了"（节约差）。
因此，购买原材料的会计分录是：
借：材料采购　　110
　贷：银行存款　　110
结转计划成本：
借：原材料　　　100
　　材料成本差异　10
　贷：材料采购　　110

❷ 计划成本法中的计算题是每年考试的重点。
这种类型的题的解题核心是计算"差异率"。
现在，你需要记住计划成本法的第二个公式：
差异率 = 10 ÷ 100 × 100%
10是材料成本差异，100是计划成本。差异率表示当期的差异额和平均标准之间的偏离度。
如果题目中有期初的材料和本期购入的材料，那么分子10（成本差异）就变成了（期初的差异 + 本期的差异），分母100（计划成

66.【单选题】某企业材料采用计划成本核算，月初结存材料计划成本为 260 万元，材料成本差异为节约 60 万元；当月购入材料一批，实际成本为 150 万元，计划成本为 140 万元，领用材料的计划成本为 200 万元。当月结存材料的实际成本为(　　)万元。

A. 125　　　　　　　B. 200

C. 250　　　　　　　D. 175

67.【单选题】2018 年 6 月 1 日 A 企业"材料成本差异"科目的借方余额为 4 000 元，"原材料"科目余额为 250 000 元，本月购入原材料的实际成本为 475 000 元，其计划成本为 425 000 元；本月发出原材料的计划成本为 100 000 元，则 2018 年 6 月 30 日该企业的原材料存货实际成本为(　　)元。

A. 621 000　　　　　B. 614 185

C. 577 400　　　　　D. 575 000

64.【答案】B

【解析】材料成本差异率 =（−2−10）÷（30+120）×100%=−8%，甲公司 2020 年 12 月发出材料的实际成本 =100×（1−8%）=92（万元）。

65.【答案】A

【解析】销售材料确认的其他业务收入 =5 876÷（1+13%）=5 200（元），确认的其他业务成本 =4 200×（1+2%）=4 284（元），销售材料应确认的损益 =5 200−4 284=916（元）。

66.【答案】D

【解析】①材料成本差异率 =（−60+10）÷（260+140）×100%=−12.5%；

②当月领用材料的实际成本 =200×（1−12.5%）=175（万元）；

③当月结存材料的实际成本 =260−60+150−175=175（万元）。

67.【答案】A

【解析】①材料成本差异率 =（4 000+50 000）÷（250 000+425 000）×100%=8%；

②发出材料的实际成本 =100 000×（1+8%）=108 000（元）；

③期末存货实际成本 =250 000+4 000+475 000−108 000=621 000（元）。

## 考点 3：周转材料

周转材料，是指企业能够多次使用，不符合固定资产定义，逐渐转移其价值但仍保持原有形态的材料物品。企业的周转材料包括包装物和低值易耗品等。

### （一）包装物核算的内容

包装物，是指为了包装商品而储备的各种包装容器，如桶、箱、瓶、坛、袋等。具体包括：

(1) 生产过程中用于包装产品作为产品组成部分的包装物；

(2) 随同商品出售不单独计价的包装物；

(3) 随同商品出售单独计价的包装物；

(4) 出租或出借给购买单位使用的包装物。

### （二）包装物的账务处理　**2 分考点**

| 情形 | | 会计处理 |
| --- | --- | --- |
| 生产领用包装物 | | 借：生产成本<br>贷：周转材料——包装物 |
| 随同商品出售包装物 | 不单独计价❶的包装物 | 借：销售费用<br>贷：周转材料——包装物 |
| | 单独计价的包装物 | 借：其他业务成本<br>贷：周转材料——包装物 |

---

（来自上页）❷

本）变成了（期初的计划成本 + 本期的计划成本）。

例如：某企业为增值税一般纳税人，期初材料计划成本为 500 万元，超支差为 90 万元。本月入库材料计划成本为 1 100 万元，节约差为 170 万元。本月领用材料的计划成本为 1 200 万元，领用材料的实际成本为（　　）万元。（2018 年）

(1) 看到计划成本法的计算题，先计算差异率。

期初的差异 =90 万元（超支差），本期入库材料的差异 =−170 万元（节约差）；期初材料的计划成本 =500 万元，本期入库材料的计划成本 =1 100 万元，因此：

差异率 =（90−170）÷（500+1 100）=−5%。

(2) 计算差异率之后，根据"差异率 =10÷100×100%"的公式，已知当期领用材料的计划成本 =1 200 万元，那么当期领用材料的差异额 =1 200×（−5%）=−60（万元）。

(3) 根据公式一"110=100+10"，实际成本 = 计划成本 + 差异，那么当期领用材料的实际成本 =1 200+（−60）=1 140（万元）。

### 小鱼讲重点

❶ 如果包装物随同商品出售而不单独计价，表示未来不会获得收入。没有收入，这种包装物的成本不能计入其他业务成本。包装物做得好看是为了"卖"，所以要计入销售费用。

续表

| 情形 | | 会计处理 |
|---|---|---|
| 出租或出借包装物 | 发出包装物 | 借：周转材料——包装物——出租包装物（或出借包装物）<br>贷：周转材料——包装物——库存包装物 |
| | 收取包装物押金❶ | 借：库存现金/银行存款等<br>贷：其他应付款——存入保证金 |
| | 出租期间，企业按约定收取的包装物租金❷ | 借：库存现金/银行存款/其他应收款等<br>贷：其他业务收入<br>　　应交税费——应交增值税（销项税额） |
| 出租或出借包装物发生的相关费用 | 企业按照规定的摊销方法、对包装物进行摊销 | 借：其他业务成本（出租包装物）<br>　　销售费用（出借包装物）<br>贷：周转材料——包装物——包装物摊销 |
| | 企业确认应由其负担的包装物修理费用等支出 | 借：其他业务成本（出租包装物）<br>　　销售费用（出借包装物）<br>贷：库存现金/银行存款/原材料/应付职工薪酬等 |

（来自上页）❶

如果包装物随同商品出售单独计价，表示未来将获得一笔收入。出售包装物的收入不是主营业务，因此该收入要计入其他业务收入。根据"收入和成本配比"的原则，随同商品出售单独计价包装物的成本要计入其他业务成本。

包装物什么时候计入销售费用，什么时候计入其他业务成本，要仔细分辨，考试必考。

### 📖 小鱼讲例题

68.【单选题】2016年7月1日，某企业销售商品领用不单独计价包装物的计划成本为60 000元，材料成本差异率为-5%，下列各项中，关于该包装物会计处理正确的是（　　）。【2017年】

A. 借：销售费用　　　　　　　　　　63 000
　　贷：周转材料——包装物　　　　　　　60 000
　　　　材料成本差异　　　　　　　　　　3 000

B. 借：销售费用　　　　　　　　　　57 000
　　　　材料成本差异　　　　　　　　3 000
　　贷：周转材料——包装物　　　　　　　60 000

C. 借：其他业务成本　　　　　　　　63 000
　　贷：周转材料——包装物　　　　　　　60 000
　　　　材料成本差异　　　　　　　　　　3 000

D. 借：其他业务成本　　　　　　　　57 000
　　　　材料成本差异　　　　　　　　3 000
　　贷：周转材料——包装物　　　　　　　60 000

69.【多选题】下列各项中，关于发出包装物的会计处理表述正确的有（　　）。【2017年】
A. 随同商品销售单独计价包装物成本记入"其他业务成本"科目
B. 生产领用作为产品组成部分的包装物成本直接记入"生产成本"科目
C. 随同商品销售不单独计价包装物成本记入"销售费用"科目
D. 生产车间一般耗用包装物摊销额记入"制造费用"科目

70.【判断题】企业销售商品领用单独计价的包装物，应记入"销售费用"科目。（　　）【2021年】

### 小鱼讲重点

❶ "押金"表示这笔钱未来要还给对方，因此是暂时收到的一笔负债，应当计入其他应付款。

❷ 跟包装物相关的所有收入都计入其他业务收入，因为出租包装物不是主营业务。

68.【答案】B
　【解析】企业销售商品时，随同商品出售不单独计价的包装物需要计入销售费用，因为该包装物的计划成本为60 000元，实际成本为60 000×（1-5%）=57 000（元），所以计入销售费用的金额为57 000元，结转的材料成本差异为60 000×5%=3 000（元），相关会计处理如下：
　　借：销售费用　　　　　　　　　　57 000
　　　　材料成本差异　　　　　　　　3 000
　　贷：周转材料——包装物　　　　　　　60 000

69.【答案】ABCD

【解析】随同商品出售单独计价的包装物成本记入"其他业务成本"科目，选项 A 正确；生产领用作为产品组成部分的包装物成本直接记入"生产成本"科目，选项 B 正确；随同商品销售不单独计价包装物成本记入"销售费用"科目，选项 C 正确；生产车间一般耗用包装物摊销额记入"制造费用"科目，选项 D 正确。

70.【答案】×

【解析】企业销售商品领用单独计价的包装物，应记入"其他业务成本"科目。

### （三）低值易耗品的内容❶

作为存货核算和管理的低值易耗品，一般划分为一般工具、专用工具、管理用具、替换设备、劳动保护用品和其他用具等。

### （四）低值易耗品的账务处理

**1. 科目设置**

为了反映和监督低值易耗品的增减变动及其结存情况，企业应当设置"周转材料——低值易耗品"科目，借方登记低值易耗品的增加，贷方登记低值易耗品的减少，期末余额在借方，通常反映企业期末结存低值易耗品的金额。

**2. 账务处理**

（1）领用低值易耗品时：

借：周转材料——低值易耗品——在用

　　贷：周转材料——低值易耗品——在库

（2）低值易耗品可采用一次摊销法或分次摊销法。低值易耗品摊销时，记入"制造费用"等科目。

| 摊销法 | 方法 | 适用 |
| --- | --- | --- |
| 一次摊销法 | 在领用时一次计入成本费用 | 金额较小，但为了加强实物管理，应当在备查簿中进行登记 |
| 分次摊销法 | 按账面价值分次平均摊销 | 多次使用的低值易耗品 |

### 📖 小鱼讲例题

71.【多选题】下列各项中，关于周转材料会计处理表述正确的有（　　）。【2012 年】
A. 多次使用的包装物应根据使用次数分次进行摊销
B. 金额较小的低值易耗品可在领用时一次计入成本费用
C. 随同商品销售出租的包装物的摊销额应计入管理费用
D. 随同商品出售单独计价的包装物取得的收入应计入其他业务收入

72.【判断题】"周转材料——低值易耗品"科目，借方登记低值易耗品的减少，贷方登记低值易耗品的增加，期末余额在贷方。（　　）【2018 年】

71.【答案】ABD

【解析】选项 C，随同商品销售出租的包装物的摊销额应计入其他业务成本。

72.【答案】×

【解析】"周转材料——低值易耗品"科目，借方登记低值易耗品的增加，贷方登记低值易耗品的减少，期末余额在借方，表示企业期末结存低值易耗品的金额。

---

**小鱼讲重点**

❶ 什么是低值易耗品？

如物业的锤子和扳手等工具，价值很低，不符合固定资产的确认条件，但又能使用很长时间，因此划入"低值易耗品"进行管理。低值易耗品是企业的资产。

低值易耗品的摊销可以选择一次摊销或者分次摊销。如果一次摊销，就将低值易耗品的价值全部转入生产费用；如果多次摊销，就随着低值易耗品的使用逐步摊销（类似于固定资产）。

## 考点 4：委托加工物资 ①

### （一）委托加工物资的内容和成本

委托加工物资是指企业委托外单位加工的各种材料、商品等物资。与材料或商品销售不同，委托加工材料发出后，虽然其保管地点发生改变，但材料或商品仍属于企业存货的范畴。经过加工，材料或商品不仅实物形态、性能和使用价值可能发生变化，加工过程中也要消耗其他材料，发生加工费、税费，导致被加工材料或商品的成本增加。

企业委托外单位加工物资的成本包括：

(1) 加工实际耗用物资的成本；
(2) 支付加工的加工费用及应负担的运杂费等；
(3) 支付的税费。

### （二）委托加工物资的账务处理

**1. 科目设置**

"委托加工物资"科目的借方登记委托加工物资的实际成本，贷方登记加工完成验收入库的物资的实际成本和剩余物资的实际成本，期末余额在借方，反映企业尚未完工的委托加工物资的实际成本等。

**2. 账务处理**

| 情形 | 会计处理 |
| --- | --- |
| 发出物资 | 借：委托加工物资<br>　贷：原材料 |
| 支付加工费、运杂费等 | 借：委托加工物资（加工费、运杂费等）<br>　　应交税费——应交增值税（进项税额）<br>　贷：银行存款等 |
| 加工完成验收入库 | 借：库存商品/周转材料等<br>　贷：委托加工物资（委托加工物资成本＝实际耗用物资成本＋加工费＋运杂费＋相关税费等） |

**3. 特殊要求** 〖2 分考点〗

（1）如果以计划成本核算，在发出委托加工物资时，应同时结转发出材料应负担的材料成本差异。收回委托加工物资时，应视同材料购入结转采购形成的材料成本差异。

（2）应计入委托加工物资成本的税金。

| 税种 | 情形 | 会计处理 |
| --- | --- | --- |
| 增值税 | 一般纳税人 | 应交税费——应交增值税（进项税额） |
|  | 小规模纳税人 | 计入委托加工物资成本 |
| 消费税 ② | 收回后直接对外出售 | 计入委托加工物资成本 |
|  | 收回后连续生产应税消费品 | 借：应交税费——应交消费税 |

### 📖 小鱼讲例题

73.【单选题】某企业委托外单位加工一批应税货物，该批货物收回后用于连续生产应税消费品，则委托加工物资成本包括（　　）。【2020年】
A. 受托方代扣代缴的消费税
B. 支付的材料的增值税
C. 支付的物资加工费
D. 支付的代销手续费

---

### 小鱼讲重点

① "委托加工物资"是你委托别人帮你加工物资，因此发出的待加工材料还是你的资产。

② 委托加工物资消费税的处理是历年考试的必考点。

(1) 什么是消费税？
消费税可以理解为"高消费税"，只针对特定的消费品征收消费税，包括高消费品（让有钱人多交税）、高污染消费品（限制不环保产品的使用）等。消费税是价内税，在产品销售的时候对产品整体征税。比如消费税税率是3%，产品售价为100元，那么在产品销售的时候需要支付3元消费税。

(2) 如果委托加工的产品是"应税消费品"（即应该交消费税的消费品），受托方要"代收代缴消费税"（你委托谁加工，谁就给你交），等委托加工产品加工完毕，你直接卖掉，这一部分消费税就可以直接计入委托加工物资的成本（消费税是价内税，计入成本）。

(3) 如果收回后的产品需要继续加工，加工完毕后，产品价格是100元，对方帮你缴纳了3元的消费税，你拿回委托加工物资后，继续生产应税消费品，使价格变成了200元，当你卖掉的时候，就需要缴纳6元消费税，因为消费税要按照产品价格的全额缴纳。但是请注意，之前收回委托加工商品的时候，已经给受托方3元去缴纳消费税了，现在再交6元，就等于多交了3元。因此，原来给受托方的消费税，可以抵扣，这样你总共还是只交了6元消费税。因此"收回后连续生产应税消费品"缴纳的消费税不计入委托加工物资成本，而记入"应交税费——应交消费税"科目。"应交税费"是负债科目，借方表示减少，表示以后少交3元。

74.【单选题】甲企业为增值税一般纳税人，委托乙企业加工应交消费税的M材料，发出材料价款20 000元，支付加工费7 000元，由受托方代收代缴消费税3 000元。M材料收回后用于连续生产应税消费品，收回M材料的成本为（　　）元。【2022年】
A. 30 000　　　　B. 27 000　　　　C. 30 910　　　　D. 20 000

75.【多选题】下列各项中，应计入加工收回后直接出售的委托方加工物资成本的有（　　）。【2017年】
A. 受托方代收代缴的消费税　　　B. 支付委托加工的往返运输费
C. 实际耗用的原材料费用　　　　D. 支付的加工费

76.【多选题】甲企业委托乙企业加工一批物资，发出原材料的实际成本为100万元，支付运杂费3万元，加工费2万元（均不考虑增值税）。乙企业代收代缴消费税8万元，该物资收回后用于连续生产应税消费品。不考虑其他税费，下列各项中，关于甲企业委托加工物资会计处理结果表述正确的有（　　）。【2017年】
A. 支付的运杂费3万元应计入委托加工物资成本
B. 乙企业代收代缴的消费税8万元应计入委托加工物资成本
C. 乙企业代收代缴的消费税8万元应借记"应交税费——应交消费税"科目
D. 委托加工物资成本总额为105万元

73.【答案】C
【解析】企业委托外单位加工物资的成本包括加工中实际耗用物资的成本、支付的加工费用及应负担的运杂费、支付的税费等。选项A，应记入"应交税费——应交消费税"科目；选项B，应记入"应交税费——应交增值税（销项税额）"科目；选项D，应记入"销售费用"科目。

74.【答案】B
【解析】收回M材料的成本=20 000+7 000=27 000（元）。

75.【答案】ABCD
【解析】委托加工物资收回后直接出售，应将材料费用、加工费、运输费以及受托方代收代缴的消费税计入委托加工物资的成本核算。

76.【答案】ACD
【解析】委托加工物资成本=100+3+2=105（万元）。甲企业委托加工物资的账务处理为：
借：委托加工物资　　　　　　　　　105
　　应交税费——应交消费税　　　　  8
　贷：原材料　　　　　　　　　　　100
　　　银行存款等　　　　　　　　　 13

## 考点5：库存商品[1]

### （一）库存商品的内容

库存商品，是指企业已完成全部生产过程并验收入库、合乎标准规格和技术条件，可以按照合同规定的条件送交订货单位，或可以作为商品对外销售的产品以及外购或委托加工完成的验收入库用于销售的各种商品。

库存商品具体包括库存产成品、外购商品、存放在门市部准备出售的商品、发出展览的商品、寄存在外的商品[2]、接受来料加工制造的代制品和为外单位加工修理的代修品等。已完成销售手续但购买单位在月末未提取的产品，不应作为企业的库存商品[3]，而应作为代管商品处理，单独设置"代管商品"备查簿进行登记。

### （二）库存商品的账务处理

**1. 科目设置**

"库存商品"，借方登记验收入库的库存商品成本，贷方登记发出的库存商品成本，期末

---

**小鱼讲重点**

[1] "库存商品"就是生产完毕等待出售的商品。

[2] "寄存在外"：如"寄卖的商品"，商品的所有权并未转移，因此仍属于你。

[3] 如果商品已经被卖掉，但是买家还没来提货，此时商品虽然还在你的仓库里，但是已经不属于你了。

余额在借方，反映各种库存商品的实际成本。

### 2. 生产型企业库存商品的账务处理

| 情形 | 会计处理 |
|---|---|
| 验收入库商品 | 借：库存商品<br>贷：生产成本——基本生产成本 |
| 发出商品，结转成本 | 借：银行存款等<br>贷：主营业务收入<br>应交税费——应交增值税（销项税额）<br>借：主营业务成本<br>贷：库存商品 |

### 3. 商品流通企业库存商品的核算  `2 分考点`

商品流通企业发出存货，通常采用毛利率法和售价金额核算法进行核算。

（1）毛利率法①。

毛利率 =（销售毛利÷销售额）×100%

销售净额 = 销售收入 – 销售退回 – 销售折让

销售毛利 = 销售净额 × 毛利率（上期实际或本期计划）

销售成本 = 销售净额 – 销售毛利 = 销售净额 ×（1– 毛利率）

期末存货成本 = 期初存货成本 + 本期购货成本 – 本期销售成本

这一方法是商品流通企业，尤其是商业批发企业常用的计算本期商品销售成本和期末库存商品成本的方法。商品流通企业由于经营商品的品种繁多，如果分品种计算商品成本，工作量将大大增加②，而且一般来讲，商品流通企业同类商品的毛利率大致相同，采用这种存货计价方法既能减轻工作量，也能满足对存货管理的需要。

#### 小鱼讲例题

77.【单选题】某企业采用毛利率法对库存商品进行核算。2018 年 4 月 1 日，"库存商品"科目期初余额为 150 万元，本月购进一批商品，采购成本为 250 万元，本月实现商品销售收入 300 万元。上一季度该类商品的实际毛利率为 20%。不考虑其他因素，该企业本月末"库存商品"科目的期末余额为（　）万元。【2019 年】
A. 160    B. 100    C. 80    D. 110

78.【单选题】企业采用毛利率法核算库存商品，月初商品成本为 600 万元，购进存货成本为 1 400 万元，本月销售收入为 1 600 万元，该商品上期毛利率为 15%，则月末结存商品成本为（　）万元。【2018 年】
A.700    B.1 360    C.400    D.640

79.【单选题】某商品流通企业采用毛利率法核算库存商品。2016 年 7 月 1 日，家电类库存商品余额为 360 万元，7 月份购进商品 400 万元，销售商品取得不含增值税收入 580 万元，上一季度该类商品毛利率为 20%。不考虑其他因素，7 月 31 日该企业家电类库存商品成本为（　）万元。【2017 年】
A. 608    B. 464    C. 296    D. 180

77.【答案】A
【解析】销售毛利 =300×20%=60（万元）；本期销售成本 =300–60=240（万元）；月末库存商品成本 =150+250–240=160（万元）。

78.【答案】D

#### 小鱼讲重点

① 毛利率法就是根据"销售毛利"，测算本期销售的商品成本。什么是"销售毛利"？

销售毛利 = 主营业务收入 – 主营业务成本

毛利率 = 销售毛利÷主营业务收入 =（主营业务收入 – 主营业务成本）÷ 主营业务收入

例如：某商品流通企业库存商品采用毛利率法核算。2017 年 5 月初，W 类库存商品成本总额为 125 万元，本月购进商品成本为 180 万元，本月销售收入为 250 万元，W 类商品上期毛利率为 20%。不考虑其他因素，该类商品月末库存成本总额为（　）万元。（2018 年）

（1）根据本期销售收入，算出本期销售毛利。

本期销售毛利 =20%×250=50（万元）。

（2）本期销售成本 =250–50=200（万元）。

（3）商品月末库存成本 = 月初存货成本 + 本月购进成本 – 本月销售成本 =125+180–200=105（万元）。

② 毛利率法的应用主要是为了"省事儿"（跟计划成本法一样）。对于商品流通企业，比如超市，如果通过单独计算每个产品的成本来核算本月销售产品的总成本，会计可能会累死。因此，根据过去一段时间的商品购销情况，计算一个"平均的毛利率"，然后根据本月的营业收入，就能直接计算出平均的营业成本，有利于简化工作量。

【解析】销售毛利 = 销售净额 × 毛利率 =1 600×15%=240（万元）；

销售成本 = 销售净额 − 销售毛利 =1 600−240=1 360（万元）；

期末存货成本 = 期初存货成本 + 本期购货成本 − 本期销售成本 =600+1 400−1 360=640（万元）。

79.【答案】C

【解析】本期销售成本 =580×（1−20%）=464（万元），结存存货成本 =360+400−464=296（万元）。

（2）**售价金额核算法**❶。

售价金额核算法，是指平时商品的购入、加工收回、销售均按售价记账，售价与进价的差额通过"商品进销差价"科目核算，期末计算进销差价率和本期已销售商品应分摊的进销差价，并据以调整本期销售成本的一种方法。

商品进销差价率 =（期初库存商品进销差价 + 本期购入商品进销差价）÷（期初库存商品售价 + 本期购入商品售价）×100%

本期销售商品应分摊的商品进销差价 = 本期商品销售收入 × 商品进销差价率

本期销售商品的成本 = 本期商品销售收入 − 本期销售商品应分摊的商品进销差价

期末结存商品的成本 = 期初库存商品的进价成本 + 本期购进商品的进价成本 − 本期销售商品的成本

企业购入商品采用售价金额核算：

借：库存商品（售价）
　　应交税费——应交增值说（进项税款）
　贷：银行存款/在途物资/委托加工物资等（商品进价）
　　　商品进销差价（售价与进价之间的差额）

对外销售发出商品时，按售价结转销售成本：

借：主营业务成本
　贷：库存商品

期（月）末分摊已销商品的进销差价：

借：商品进销差价
　贷：主营业务成本

### 📘 小鱼讲例题

80.【单选题】某商场采用售价金额核算法核算库存商品。2015 年 3 月 1 日，该商场库存商品的进价成本总额为 180 万元，售价总额为 250 万元；本月购入商品的进价成本总额为 500 万元，售价总额为 750 万元；本月实现的销售收入总额为 600 万元。不考虑其他因素，2015 年 3 月 31 日该商场库存商品的成本总额为（　　）万元。【2016 年】
A. 408　　　　　B. 400　　　　　C. 272　　　　　D. 192

81.【单选题】库存商品采用售价金额法核算，2021 年 12 月初库存商品的进价成本总额为 200 万元，售价总额为 220 万元，当月购进的商品的进价成本总额为 150 万元，售价总额为 180 万元，当月实际销售收入总额为 240 万元，不考虑其他因素，2021 年 12 月 31 日该公司结存商品的实际成本总额为（　　）万元。【2022 年】
A. 110　　　　　B. 180　　　　　C. 160　　　　　D. 140

80.【答案】C

【解析】本月商品进销差价率 =（期初库存商品进销差价 + 本期购入商品进销差价）÷（期初库存商品售价 + 本期购入商品售价）×100% =（250−180+750−500）÷（250+750）×100%=32%，2015 年 3 月 31 日该商场库存商品的成本总额 = 期初库存商品的进价成本 + 本期购进商品的进价成本 − 本期销售商品的成本 =180+500−600×（1−32%）=272（万元）。

81.【答案】D

### 🚩 小鱼讲重点

❶ 售价金额核算法和计划成本法的原理基本一致。只是计划成本法中的"差异率"变成了"进销差价率"。什么是"进销差价"？对于一个超市，进价和销售价之间的差异，就是超市的"利润"。如果有期初的进销差价和本期的进销差价，就可以计算一个"平均进销差价率"。

例如：某企业库存商品采用售价金额核算法进行核算，2013 年 5 月初，库存商品售价总额为 14.4 万元，进销差价率为 15%，本月购入库存商品进价成本总额为 18 万元，售价总额为 21.6 万元，本月销售商品收入为 20 万元，该企业本月销售商品的实际成本为（　　）万元。（2014 年）

（1）先计算进销差价率。

期初进销差价 = 期初库存商品售价总额 × 期初进销差价率 =14.4×15%=2.16（万元）；

进销差价率 =（期初进销差价 + 本期进销差价）÷（期初售价 + 本期售价）=（2.16+21.6−18）÷（14.4+21.6）×100%=16%（此处保留到整数位）。

（2）本期销售商品的进销差价 =16%×20=3.2（万元）。

（3）本期销售的成本 =20−3.2=16.8（万元）。

进销差价率的计算方式和计划成本法的计算原理一样，计划成本法的差异率 = 差异额 ÷ 计划成本，进销差价率 = 差价额 ÷ 售价。

**【解析】**商品进销差价率＝（期初库存商品进销差价＋本期购入商品进销差价）÷（期初库存商品售价＋本期购入商品售价）×100%=[（220-200）+（180-150）]÷（220+180）=12.5%，本期销售商品应分摊的商品进销差价＝本期商品销售收入×商品进销差价率=240×12.5%=30（万元），本期销售商品的成本＝本期商品销售收入－本期销售商品应分摊的商品进销差价=240-30=210（万元），期末结存商品的成本＝期初库存商品的进价成本＋本期购进商品的进价成本－本期销售商品的成本=200+150-210=140（万元），所以正确答案为 D 选项。

## 考点 6：消耗性生物资产

### （一）消耗性生物资产的确认与计量 ❶

生物资产，是指农业活动所涉及的活的动物或植物。生物资产分为消耗性生物资产、生产性生物资产和公益性生物资产。

消耗性生物资产，是指企业（农、林、牧、渔业）生长中的大田作物、蔬菜、用材林以及存栏待售的牲畜等。如玉米和小麦等庄稼、用材林、存栏待售的牲畜、养殖的鱼等。

**1. 消耗性生物资产的成本确定**

企业自行栽培、营造、繁殖或养殖的消耗性生物资产的成本，应当按照下列规定确定。

| 类型 | 成本确定规定 ❷ |
| --- | --- |
| 自行栽培的大田作物和蔬菜的成本 | 在收获前耗用的种子、肥料、农药等材料费、人工费和应分摊的间接费用 |
| 自行营造的林木类消耗性生物资产的成本 | 郁闭前发生的造林费、抚育费、营林设施费、良种试验费、调查设计费和应分摊的间接费用 |
| 自行繁殖的育肥畜的成本 | 出售前发生的饲料费、人工费和应分摊的间接费用 |
| 水产养殖的动物和植物的成本 | 在出售或入库前耗用的苗种、饲料、肥料等材料费、人工费和应分摊的间接费用 |

**2. 主要会计科目设置**

（1）"消耗性生物资产"科目。设置"消耗性生物资产"科目核算企业（农、林、牧、渔业）持有的消耗性生物资产的实际成本，借方登记消耗性生物资产的增加金额，贷方登记销售消耗性生物资产的减少金额，期末借方余额，反映企业（农、林、牧、渔业）消耗性生物资产的实际成本。本科目应按照消耗性生物资产的种类、群别等进行明细核算。

（2）"农产品"科目。设置"农产品"科目核算企业（农、林、牧、渔业）消耗性生物资产收获的农产品。

### （二）消耗性生物资产的账务处理

| 情形 | 账务处理 |
| --- | --- |
| 外购的消耗性生物资产 | 借：消耗性生物资产<br>贷：银行存款/应付账款 |
| 自行栽培的大田作物和蔬菜（收获前发生的必要支出） | |
| 自行营造的林木类消耗性生物资产（郁闭前发生的必要支出） | |
| 自行繁殖的育肥畜、水产养殖的动植物（出售前发生的必要支出） | |
| 择伐、间伐或抚育更新性质采伐而补植林木类消耗性生物资产发生的后续支出 | |
| 林木类消耗性生物资产郁闭后发生的管护费用等后续支出 | 借：管理费用<br>贷：银行存款等 |
| 农业生产过程中发生的应归属于消耗性生物资产的费用，按照应分配的金额 | 借：消耗性生物资产<br>贷：生产成本 |
| 消耗性生物资产收获为农产品 | 借：农产品<br>贷：消耗性生物资产 |

**【例2】**甲公司为一家林业有限责任公司，其下属森林班统一组织培植管护一片森林。2020 年 3 月，发生森林管护费用共计 40 000 元，其中，本月应付人员薪酬 20 000 元，仓库领用库存肥料 16 000 元，管护设备折旧 4 000 元。管护总面积为 5 000 公顷，其中，作

---

**小鱼讲重点**

❶ 消耗性生物资产基本等同于存货，持有消耗性生物资产的主要目的是销售。

❷ 凡是有助于形成（成熟之前）的费用，都要计入成本。

为用材林的杨树林共计 4 000 公顷，已郁闭的占 80%，其余的尚未郁闭；作为水土保持林的马尾松共计 1 000 公顷，已全部郁闭。管护费用按照森林面积比例分配。

计算过程如下：

未郁闭杨树林应分配共同费用的比例 =4 000×(1-80%)÷5 000=0.16
已郁闭杨树林应分配共同费用的比例 =4 000×80%÷5 000 =0.64
已郁闭马尾松应分配共同费用的比例 =1 000÷5 000=0.2
未郁闭杨树林应分配的共同费用 =40 000×0.16=6 400（元）
已郁闭杨树林应分配的共同费用 =40 000×0.64=25 600（元）
已郁闭马尾松应分配的共同费用 =40 000×0.2=8 000（元）

甲公司应编制如下会计分录：

借：消耗性生物资产——用材林（杨树林）　　6 400
　　管理费用　　　　　　　　　　　　　　　33 600
　　贷：应付职工薪酬　　　　　　　　　　　　　20 000
　　　　原材料　　　　　　　　　　　　　　　　16 000
　　　　累计折旧　　　　　　　　　　　　　　　4 000

### （三）消耗性生物资产的减值 ❶

企业至少应当于每年年度终了对消耗性生物资产进行检查，有确凿证据表明由于遭受自然灾害、病虫害、动物疫病侵袭或市场需求变化等原因，使消耗性生物资产的可变现净值低于其账面价值的，应当按照可变现净值低于账面价值的差额，计提生物资产跌价准备，并计入当期损益。可变现净值应当分别按照存货减值的办法确定。

消耗性生物资产减值的影响因素已经消失的，减记金额应当予以恢复，并在原已计提的跌价准备金额内转回，转回的金额计入当期损益。

## 考点 7：存货清查 ❷ 〔2 分考点〕

存货清查，是指通过对存货的实地盘点，确定存货的实有数量，并与账面结存数核对，从而确定存货实存数与账面结存数是否相符的一种专门方法。

由于存货种类繁多、收发频繁，在日常收发过程中可能发生计量错误、计算错误、自然损耗，还可能发生损坏变质等情况，造成账实不符，形成存货盘盈和盘亏的问题。对于存货的盘盈、盘亏，应填写存货盘点报告（如实存账存对比表），及时查明原因，按照规定程序报批处理。

为了反映和监督企业在财产清查中查明的各种存货的盘盈、盘亏和毁损情况，企业应当设置"待处理财产损溢"科目。借方登记存货的盘亏、损毁金额及盘盈的转销金额、贷方登记存货的盘盈金额及盘亏的转销金额。

企业清查的各种存货损溢，应在期末结账前处理完毕，期末处理后，"待处理财产损溢"科目应无余额。

| 情形 | | 调账 | 报批 |
|---|---|---|---|
| 盘盈 ❸ | | 借：原材料、库存商品等<br>　贷：待处理财产损溢 | 借：待处理财产损溢<br>　贷：管理费用 |
| 盘亏 ❹ | 天灾造成的盘亏 | 借：待处理财产损溢<br>　贷：原材料、库存商品等 | 借：管理费用（正常经营损失❺）<br>　　其他应收款（保险赔款或责任人赔款）<br>　　营业外支出（非常损失）<br>　　原材料等（残料）<br>　贷：待处理财产损溢 |
| | 人祸造成的盘亏 | 借：待处理财产损溢<br>　贷：原材料、库存商品等<br>　　应交税费——应交增值税<br>　　　　（进项税额转出） | |

---

**小鱼讲重点**

❶ 和存货的减值一样。

❷ 跟现金清查的原理一样，包含两步：
（1）调账。无论是盘盈还是盘亏，都要先调账，保证"账实相符"，通过"待处理财产损溢"科目处理。
（2）报批。等查明盘盈和盘亏的原因以后，将原来的"待处理财产损溢"科目冲销。

❸ 存货的盘盈为什么不像库存现金的盘盈一样，计入营业外收入？请注意，存货的盘盈不是正常现象。比如，生产线明明只生产了100 部手机，仓库里盘存却盘出了120 部手机。除非看仓库的人员收发出现了问题，否则根本不会出现存货的盘盈。因此，存货多了表示管理上出了问题，要冲减管理费用，因此，贷记"管理费用"科目。管理费用是损益类科目，贷方表示费用减少。

❹ 存货的盘亏要区分是"天灾"还是"人祸"，不同的盘亏原因会导致增值税的处理不一样。比如现在有一件库存商品，成本为100 元，生产该库存商品产生了100×13%=13（元）的增值税进项税。这 13 元的增值税进项税，将来在产生增值税销项税的时候，可以进行抵扣，因此增值税进项税是企业的"资产"。

（1）天灾造成的库存商品损毁：自然灾害造成的损毁进项税可以继续抵扣，企业遇到天灾已经很惨了，所以原来的进项税还是可以继续抵扣。在调账的时候，只需要将原来 100 元的库存商品调减：
借：待处理财产损溢　　100
　贷：存货　　　　　　100
（2）人祸造成的库存商品损毁：管理不善造成的损毁是企业自己的责任，增值税进项税不可以继

## 小鱼讲例题

**82.【单选题】** 暴雨导致原材料损毁,该原材料的实际成本为1万元,残料变现0.05万元,保险赔付0.3万元,该批原材料损毁的净损失为( )万元。【2020年】
A. 1　　　　B. 0.7　　　　C. 0.05　　　　D. 0.65

**83.【单选题】** 某企业为增值税一般纳税人,2019年6月20日因管理不善造成一批库存材料毁损。该批材料账面余额为20 000元,增值税进项税额为2 600元,未计提存货跌价准备,收回残料价值1 000元,应由责任人赔偿5 000元。不考虑其他因素,该企业应确认的材料毁损净损失为( )元。【2019年】
A. 14 000　　　　B. 21 600　　　　C. 17 600　　　　D. 16 600

**84.【单选题】** 下列各项中,关于企业原材料盘亏及毁损会计处理表述正确的是( )。【2017年】
A. 由保管员过失造成的需赔偿的损失,计入管理费用
B. 由台风造成的净损失,计入营业外支出
C. 应由保险公司赔偿的部分,计入营业外收入
D. 由经营活动造成的净损失,计入其他业务成本

**85.【单选题】** 某企业因洪水毁损一批实际成本为500 000元的库存商品。其残料价值50 000元已验收入库,应由保险公司赔偿300 000元。不考虑其他因素,下列选项中,关于毁损库存商品的会计处理正确的是( )。【2016年】
A. 批准处理前:
借:待处理财产损溢　　　　　　500 000
　　贷:主营业务成本　　　　　　　　　　500 000
B. 批准处理后:
借:其他应收款　　　　　　　　300 000
　　原材料　　　　　　　　　　 50 000
　　营业外支出　　　　　　　　150 000
　　贷:待处理财产损溢　　　　　　　　500 000
C. 批准处理后:
借:管理费用　　　　　　　　　150 000
　　贷:待处理财产损溢　　　　　　　　150 000
D. 批准处理前:
借:待处理财产损溢　　　　　　150 000
　　贷:库存商品　　　　　　　　　　　150 000

**86.【判断题】** 企业发生存货盘盈时,记入"营业外收入"科目。( )【2021年】

---

(来自上页) ④续抵扣,而是需要将100元库存商品对应的增值税进项税13元一并调减,未来再做处理。
借:待处理财产损溢　　　113
　　贷:存货　　　　　　　　100
　　　　应交税费——应交增值税
　　　　　　(进项税额转出)　13
"进项税额转出"就是原来不能抵扣的增值税进项税,将其和存货成本一起转入待处理财产损溢,将来再一并进行处理。

⑤ 存货的盘亏如果是"正常经营损失",比如仓库里的苹果,一个月以后腐烂了一部分,这就属于正常经营损失,要计入管理费用。如果是"非正常损失",如被人偷走一部分,就要计入营业外支出。

---

82.【答案】D
【解析】相关账务处理:
(1)报经批准前:
借:待处理财产损溢　　　　　　1
　　贷:原材料　　　　　　　　　　　1
(2)报经批准后:
借:银行存款　　　　　　　　　0.05
　　其他应收款　　　　　　　　0.3
　　营业外支出　　　　　　　　0.65
　　贷:待处理财产损溢　　　　　　　1

83.【答案】D
【解析】批准处理前:

```
借：待处理财产损溢                    22 600
    贷：原材料                                  20 000
        应交税费——应交增值税（进项税额转出）      2 600
批准处理后：
借：其他应收款                         5 000
    原材料                             1 000
    管理费用                          16 600
    贷：待处理财产损溢                        22 600
```

84.【答案】B

【解析】企业发生原材料盘亏或毁损时：
```
借：待处理财产损溢
    贷：原材料等
```
按管理权限报经批准后：
```
借：原材料等（收回的残料价值）
    其他应收款（应由保险公司或过失人赔偿的部分）
    管理费用（一般经营损失）
    营业外支出（非常损失）
    贷：待处理财产损溢
```

85.【答案】B

【解析】批准前：
```
借：待处理财产损溢                   500 000
    贷：库存商品                             500 000
批准后：
借：其他应收款                       300 000
    原材料                            50 000
    营业外支出                       150 000
    贷：待处理财产损溢                       500 000
```

86.【答案】×

【解析】企业发生存货盘盈时，按照管理权限报经批准后，冲减管理费用。

## 考点8：存货减值   `2分考点`

### （一）存货跌价准备的计提和转回

资产负债表日，存货应按照**成本与可变现净值孰低法**❶计量。其中，成本是指期末存货的实际成本；可变现净值是指在日常活动中，存货的估计售价减去至完工时估计将要发生的成本、估计的销售费用以及估计的相关税费后的金额。

| 情形 | 会计处理 |
|---|---|
| 可变现净值＜成本 | 计提存货跌价准备，计入资产减值损失 |
| 减值因素消失后 | 减值的金额应在原已计提的存货跌价准备金额内予以恢复 |

### （二）存货跌价准备的账务处理

**1. 科目设置**

为了反映和监督企业存货跌价准备的计提、转回和转销情况，企业应设置"存货跌价准备"科目，借方登记实际发生的存货跌价损失金额和转回的存货跌价准备金额，贷方登记计提的存货跌价准备金额。跌价损失的借方记入"资产减值损失"科目。

---

**小鱼讲重点**

❶ 仓库中有一批诺基亚手机，成本为5 000元，但是现在如果卖掉，可变现净值为500元，这就表明库存商品已经不值钱了，发生了减值。如果这批5 000元的诺基亚手机变成绝版款，市场上售价变为了10 000元，根据会计的谨慎性原则，不需要进行处理。
因此将成本和可变现净值进行比较，谁低就按照谁计价。
如果成本为5 000元的诺基亚手机可变现净值为500元，那么首先还是要"调账"，将库存商品的账面价值调成500元，使得账实相符。如果未来这批手机绝版了，可变现净值变成10 000元，再把账面价值从500元调回5 000元，请注意，将账面价值转回时，不能超过原价。

## 2. 账务处理

| 情形 | 会计处理 |
|---|---|
| 可变现净值＜成本❶ | 借：资产减值损失——计提的存货跌价准备<br>贷：存货跌价准备 |
| 减值因素消失后 | 借：存货跌价准备<br>贷：资产减值损失——计提的存货跌价准备 |
| 将提过减值准备的库存商品卖掉❷：企业结转存货销售成本时，对于其已计提的存货跌价准备，应当一并结转 | 借：主营业务成本、其他业务成本<br>贷：库存商品❸（或原材料）<br>借：存货跌价准备<br>贷：主营业务成本、其他业务成本 |

### 📘 小鱼讲例题

**87.【单选题】** 2017年3月31日，某企业乙存货的实际成本为100万元，加工该存货至完工产成品估计还将发生成本25万元，估计销售费用和相关税费为3万元，估计该存货生产的产成品售价为120万元。假定乙存货月初"存货跌价准备"科目余额为12万元，2017年3月31日应计提的存货跌价准备为（　　）万元。【2017年】
A. –8　　　B. 4　　　C. 8　　　D. –4

**88.【单选题】** 下列各项中，关于存货期末计量会计处理表述正确的是（　　）。【2020年】
A. 当存货可变现净值高于存货成本时，应按其可变现净值计价
B. 当存货可变现净值高于存货成本时，应将其差额计入当期损益
C. 已计提的存货跌价准备不得转回
D. 当存货账面价值高于其可变现净值时，应计提存货跌价准备

**89.【多选题】** 下列各项中，影响企业资产负债表日存货可变现净值的有（　　）。【2017年】
A. 存货的账面价值
B. 销售存货过程中估计的销售费用及相关税费
C. 存货的估计售价
D. 存货至完工估计将要发生的成本

**87.【答案】** D
【解析】可变现净值＝存货的估计售价－进一步加工成本－估计的销售费用和税费＝120–25–3＝92（万元）。当期应计提的存货跌价准备＝（存货成本－可变现净值）－存货跌价准备已有贷方余额＝（100–92）–12＝–4（万元）。

**88.【答案】** D
【解析】存货期末应当按照成本与可变现净值孰低法计量，故存货可变现净值高于存货成本时，按成本计量，不需要另外再做账务处理；已计提的存货跌价准备在以后年度可以转回。

**89.【答案】** BCD
【解析】可变现净值是指在日常活动中，存货的估计售价减去至完工时估计将要发生的成本、估计的销售费用以及估计的相关税费后的金额。

---

### 小鱼讲重点

❶ 如果成本为5 000元的诺基亚手机可变现净值为500元。
首先要计提，也就是"调账"，将库存商品的账面价值调成500元，使账实相符。
贷：存货跌价准备　　4 500
和应收账款的减值一样，现在存货还没有真正地卖出去，现在存货的可变现净值500元是你的"预测"，因此不能直接"贷：库存商品4 500"，而是换了一个库存商品的分身，即"存货跌价准备"。
当"贷：存货跌价准备"的时候，就表示存货已经不值钱了。存货跌价准备是备抵科目，和坏账准备一样，备抵科目就是谁不值钱就抵谁。
同时，由于本来你应该卖5 000元的手机，现在只能卖500元了，表明未来要损失4 500元，因此：
借：资产减值损失　　4 500
"资产减值损失"科目表示当存货卖不上好价的时候带来的损失，是一个损益类科目，借方表示损失。
如何区分"信用减值损失"和"资产减值损失"？
信用减值损失针对的是"应收账款不值钱"，而"资产减值损失"针对的是所有实物类资产不值钱，如存货、固定资产、无形资产等。

❷ 将提过减值准备的库存商品卖掉。
虽然计提了4 500元的减值准备，但是库存商品的账面余额（原值）还是5 000元，因此首先：
贷：库存商品　　5 000
之前计提的4 500元减值准备可以冲销掉：
借：存货跌价准备　　4 500
销售成本调整后还剩下500元，因此：
借：主营业务成本　　500

❸ 无论是否计提过减值损失，贷方都是5 000元的库存商品，差额就在借方。
如果从未计提过减值损失，则：
借：主营业务成本　　5 000
如果计提了4 500元的减值准备，则损益变成了500元的主营业务成本加上4 500元的资产减值损失。
因此，无论是否计提过减值准备，它们对利润表上成本费用的影响都是一样的。

 **小鱼复盘**

| 本章知识点打卡 | DAY 1 | DAY 7 | DAY 15 | DAY 30 |
|---|---|---|---|---|
| 货币资金 | ☐ | ☐ | ☐ | ☐ |
| 交易性金融资产 | ☐ | ☐ | ☐ | ☐ |
| 应收及预付款项 | ☐ | ☐ | ☐ | ☐ |
| 存货 | ☐ | ☐ | ☐ | ☐ |

# 第四章 非流动资产

微信扫码
观看视频课程

**本章鱼情解锁**

- **分值**：20 分。
- **出题量**：10 题左右。
- **本章特点**：本章是整本书难度最大的章节（基本和中级、CPA 靠拢）。本章是整本书最"酸爽"的章节，学起来会有"我是谁，我在干什么"的恍惚之感，不要慌，这都是正常的。建议搭配小鱼老师的课程进行学习、理解，有些难懂的概念用一句话给大家解释清楚！
  
  非常人性化的是，本章今年删掉了"使用权资产"的部分（说真的，使用权资产确实不是人学的）。本章学习起来一定要以理解为主，切勿死记硬背。
- **建议复习时长**：30 小时。

**小鱼复习路线图**

非流动资产

**第一节 长期投资**
- 长期投资概述
- 债权投资
- 长期股权投资

**第二节 投资性房地产**
- 投资性房地产的管理
- 投资性房地产的确认与计量
- 投资性房地产的账务处理

**第三节 固定资产**
- 固定资产概述
- 取得固定资产
- 固定资产的折旧
- 固定资产的后续支出
- 固定资产的处置
- 固定资产清查
- 固定资产减值

**第四节 生产性生物资产**
- 生产性生物资产的确认与计量
- 生产性生物资产的账务处理

**第五节 无形资产和长期待摊费用**
- 无形资产
- 长期待摊费用

# 第一节　长期投资

微信扫码
观看视频课程

### 一个小目标

| 必须掌握 | 了解一下 |
| --- | --- |
| 债权投资 | 长期投资概述 |
| 长期股权投资 | |

## 考点 1：长期投资概述

### （一）长期投资的管理

长期投资，是指企业投资期限在 1 年（含 1 年）以上的对外投资。这类投资具有投资期限长、稳定性和收益性相对较高等优点，但是，这类投资也具有投资种类和投资的具体目的多种多样、投资金额较高、资金占用时间长、资金周转慢、资金调度困难、投资风险高等诸多缺点。因此，企业应正确记录和反映各项投资所发生的成本和损益，加强企业长期投资的会计核算和监督，在促进企业落实投资经管责任、合理控制投资规模、有效管控投资风险等方面具有重要的作用和意义。

### （二）长期投资的内容

| 分类 | 定义 |
| --- | --- |
| 债权投资 | 债权投资是指以摊余成本计量的金融资产中的债权投资。如企业投资普通债券通常可能符合本金加利息的合同现金流量的以摊余成本计量的金融资产。<br>按照小企业会计准则的相关规定归类为长期债券投资进行核算和管理，即小企业准备长期（在 1 年以上）持有的债券投资 |
| 其他债权投资 | 其他债权投资是既以收取合同现金流量为目标又以某个特定日期出售该金融资产为目标管理的金融资产投资，其性质属于以公允价值计量且其变动计入其他综合收益的金融资产 |
| 股权投资（根据投资方在股权投资后对被投资单位能够施加影响的程度） | 交易性金融资产：以公允价值计量且其变动计入当期损益的金融资产<br>长期股权投资：对联营企业、合营企业和子公司的投资 |
| 其他权益工具投资 | 公允价值计量且其变动计入其他综合收益的金融资产 |

## 考点 2：债权投资

### （一）债权投资的确认与计量

（1）企业取得符合债权投资定义的金融资产应当确认为债权投资。

（2）取得时应当按照购买价款和相关税费作为成本进行计量。

（3）实际支付价款中包含的已到付息期但尚未领取的债券利息，应当单独确认为应收利息，不计入债权投资的成本。

（4）持有期间的摊余成本应当以其初始确认金额扣除已偿还的本金、加上或减去采用实际利率法将该初始确认金额与到期日金额之间的差额进行摊销形成的累计摊销额、扣除计提的累计信用减值准备计算确定。

（5）在持有期间发生的应收利息（实际利率法下考虑溢、折价摊销等利息调整后）应当确认为投资收益。持有期间，预期发生信用减值损失的还应计提债权投资减值准备。

（6）处置债权投资，处置价款扣除其账面余额、相关税费后的净额，应当计入投资收益。

（7）债权投资的后续计量分为实际利率法和直线法两种。

### 小鱼讲重点

① 部分内容比较抽象，需要理解的部分较多，大家在学习时要有足够的耐心。

② （1）债权投资：即企业购买后准备持有到期（到期之后收取本金和全部利息）的长期债券。

（2）其他债权投资：企业购买债券，但是是否要持有到期得看企业决策。如果债券涨势喜人，可以随时卖掉。究竟是持有到期，还是期间卖掉，企业在购买初期是不确定的。
其他债权投资后续的计量有点像交易性金融资产，也是按照公允价值调整，但是公允价值的变动不计入公允价值变动损益，而是计入其他综合收益（所有者权益科目）。

（3）股权投资：企业购买其他企业的股票，买得少，计入交易性金融资产；买得多（一般超过20%），计入长期股权投资。

（4）其他权益工具投资：类似于长期股权投资，即准备长期持有此金融资产，但是持有比例较小，没有达到"长期股权投资"比例。

③ 由于相关税费有助于投资的形成，所以要计入成本。

④ 和交易性金融资产一样。

| 项目 | 实际利率法 | 直线法 |
|---|---|---|
| 定义 | 计算金融资产的摊余成本以及将利息收入分摊计入各会计期间的方法 | 债券投资的折价或者溢价在债券存续期间内于确认相关债券利息收入时采用直线法进行摊销 |
| 优点 | 债权投资后续确认与计量时考虑市场实际利率的波动影响，计量与确认的摊余成本和投资收益比较准确 | 会计处理简便易行 |
| 缺点 | 市场实际利息率计算确定及相应的会计处理较为复杂 | 债权投资后续确认与计量时不考虑市场实际利率的波动影响 |
| 应用范围 | 一般企业 | 小企业 |

## （二）债权投资的账务处理❶

| 情形 | 一般企业账务处理（按照实际利率法后续计量） | 小企业账务处理（按照直线法后续计量） |
|---|---|---|
| 购买债券 | 借：债权投资——成本（面值）<br>　　　　　——应计利息（一次还本付息债券投资按票面利率计算确定的应收未收的利息）<br>　　　　　——利息调整（面值与实际支付的购买价款之间的差额）<br>　　　应收利息（已到期但尚未领取的债券利息）<br>　　贷：银行存款（购买价款＋相关税费） | 借：长期债券投资——面值<br>　　　　　　　　　——溢折价<br>　　　应收利息<br>　　贷：银行存款 |
| 确认持有期间利息 | 借：应收利息（按票面利率确定）<br>　　贷：投资收益（按实际利率确定）<br>　　　　债权投资——利息调整 | 借：应收利息（按票面利率确定）<br>　　贷：投资收益（轧差）<br>　　　　长期债券投资——溢折价 |
| 收到应收利息 | 借：银行存款<br>　　贷：应收利息 | 借：银行存款<br>　　贷：应收利息 |
| 债券到期 | 借：银行存款<br>　　贷：债权投资——成本 | 借：银行存款<br>　　贷：长期债券投资——面值<br>　　　　应收利息 |
| 债券发行人破产等 |  | 借：银行存款<br>　　营业外支出<br>　　贷：长期债券投资——面值 |

【例1】甲公司为一家小企业。2019年1月1日，从二级市场购入乙公司债券，支付价款合计510 000元（含已宣告但尚未领取的利息10 000元），另支付交易费用10 000元。该债券面值500 000元，剩余期限为2年，票面年利率为4%，每半年付息一次，合同现金流量特征仅为本金和以供付本金金额为基础的利息的支付。甲企业准备持有至到期，分类为长期债券投资进行核算与管理。假定不考虑增值税等其他因素，甲公司的账务处理如下：

2019年1月1日，购入乙公司债券时：

借：长期债券投资——面值　　　　　500 000
　　　　　　　　——溢折价　　　　 10 000
　　应收利息　　　　　　　　　　　 10 000
　　贷：银行存款　　　　　　　　　　　　 520 000

其中：交易费用10 000元在"长期债券投资——溢折价"明细科目进行核算，在以后确认投资收益时采用直线法摊销。

2019年1月5日，收到2018年下半年利息10 000元：

借：银行存款　　　　　　　　　　　 10 000
　　贷：应收利息　　　　　　　　　　　　 10 000

2019年6月30日和12月31日及2020年6月30日和12月31日，分别确认投资收益。每半年应收利息＝500 000×4%÷2＝10 000（元）；溢折价摊销＝10 000÷4＝2 500（元）：

**小鱼讲重点**

❶ 重点掌握小企业债权投资账务处理。

借：应收利息　　　　　　　　　　　　　10 000
　　贷：长期债券投资——溢折价　　　　　　　2 500
　　　　投资收益　　　　　　　　　　　　　7 500

2019 年 7 月 5 日和 2020 年 1 月 5 日及 2020 年 7 月 5 日，分别收到各半年的应收利息：
借：银行存款　　　　　　　　　　　　　10 000
　　贷：应收利息　　　　　　　　　　　　　10 000

2021 年 1 月 5 日，收到半年利息及本金合计 510 000 元：
借：银行存款　　　　　　　　　　　　　510 000
　　贷：长期债券投资——面值　　　　　　　500 000
　　　　应收利息　　　　　　　　　　　　10 000

> 📖 **小鱼讲例题**
>
> 1.【单选题】小企业应当设置（　　）科目核算准备长期（1 年以上）持有的债券投资。【2022 年】
> A. 长期债券投资　　　　B. 债权投资
> C. 其他债权投资　　　　D. 交易性金融资产

1.【答案】A
【解析】小企业应当设置"长期债券投资"科目核算准备长期（1 年以上）持有的债券投资。

## 📕 考点 3：长期股权投资

### （一）长期股权投资的确认与计量

**1. 长期股权投资**

长期股权投资是指应当按照《企业会计准则第 2 号——长期股权投资》进行核算的权益性投资，主要包括三个方面：

（1）投资方能够对被投资单位实施控制❶的权益性投资，即对子公司投资。（可以理解为持股比例超过 50%）

（2）投资方与其他合营方一同对被投资单位实施共同控制且对被投资单位净资产享有权利的权益性投资，即对合营企业投资。（投资方和其他投资方持股比例相等，享有的话语权相同）

（3）投资方对被投资单位具有重大影响的权益性投资，即对联营企业投资。（可以理解为持股比例为 20%~50%）

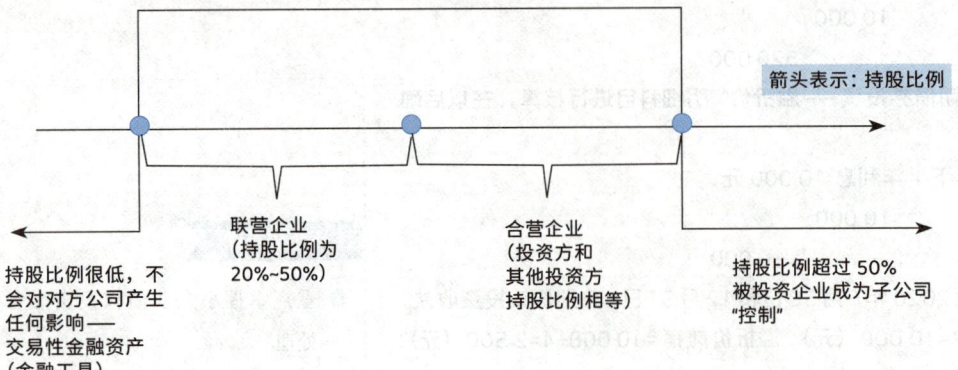

> **小鱼讲重点**
>
> ❶ 如果对被投资单位的持股比例超过 50%，就可以理解为被投资企业就是我的子公司。

## 2. 长期股权投资的初始计量（买长期股权投资）

| 取得方式 | 分类 |
| --- | --- |
| 以合并方式取得的长期股权投资（持股比例超过50%，即对子公司的投资） | 同一控制下的企业合并[1]（和买来的子公司同为一个母公司） |
|  | 非同一控制下的企业合并（和买来的子公司没什么关系） |
| 以非合并方式取得的长期股权投资（持股比例为20%~50%，对联营企业、合营企业的投资） | |

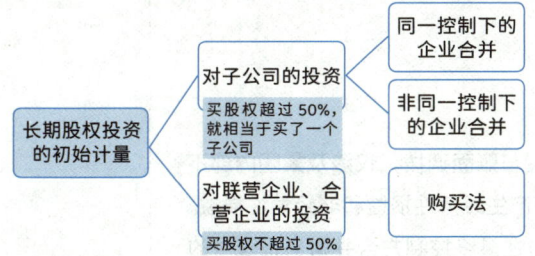

## 3. 长期股权投资的后续计量（持有期间）

| 计量方式 | 定义 | 适用范围 |
| --- | --- | --- |
| 成本法 | 除追加投资或收回投资外，长期股权投资的账面价值一般应当保持不变 | 对子公司的投资 |
| 权益法 | 长期股权投资的账面价值随着被投资单位所有者权益的变动而变动，在股权持有期间，长期股权投资的账面价值与享有被投资单位所有者权益的份额相对应 | 对联营企业、合营企业的投资 |

### 📖 小鱼讲例题

**2.【单选题】** 企业下列各项权益性投资中，不能作为长期股权投资核算的是（　　）。【2022年】

A. 对子公司的投资　　　　　B. 对合营企业的投资

C. 对联营企业的投资　　　　D. 无控制、重大影响的对外投资

**3.【多选题】** 甲公司对下列各非关联公司进行投资，应作为长期股权投资核算的有（　　）。

A. 持有乙公司20%股权，能够对乙公司施加重大影响

B. 持有丙公司10%股权，对丙公司无重大影响

C. 持有丁公司33%股权，能够与其他合营方共同控制丁公司

D. 持有戊公司45%股权，能够控制戊公司

**4.【多选题】** 下列各项中，应按长期股权投资核算的有（　　）。

A. 在活跃市场中有报价、公允价值能可靠计量的不具有控制、共同控制和重大影响的权益性投资

B. 在活跃市场中没有报价、公允价值无法可靠计量的不具有控制、共同控制和重大影响的权益性投资

C. 对联营企业、合营企业的投资

D. 对子公司的投资

2.【答案】D

【解析】选项A、B、C不符合题意，均在"重大影响"之上，均应作为长期股权投资核算。选项D符合题意，无控制、重大影响的对外投资，可以作为交易性金融资产、债权投资等按金融工具确认和计量准则进行核算。综上，本题应选D。

3.【答案】ACD

### 小鱼讲重点

[1]

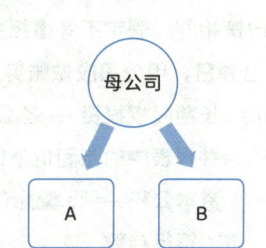

A和B同为母公司的子公司，三个公司是一家。如果现在A把B的股权买过来，B成为A的子公司，那么A买B股权的过程就叫"同一控制下的企业合并"。

【解析】企业对被投资单位具有控制、共同控制或重大影响的权益性投资，应作为长期股权投资核算。选项B，对丙公司不具有重大影响，应作为《企业会计准则第22号——金融工具确认和计量》准则规范的金融资产核算。

4. 【答案】CD

【解析】根据会计准则相关规定，对被投资单位不具有控制、共同控制或重大影响的权益性投资，应作为金融资产核算。

### （二）长期股权投资的账务处理

**1. 企业合并形成长期股权投资（初始计量）**

（1）同一控制下的企业合并形成长期股权投资❶。

同一控制下的企业合并实质是集团内部资产的重新配置与账面调拨，仅涉及集团内部不同企业间资产和所有者权益的变动，不具有商业实质，不应产生经营性损益和非经营性损益。

借：长期股权投资（在合并日按照被合并方所有者权益在最终控制方合并财务报表中的账面价值的份额）

　　资本公积（转让资产或代偿负债的账面价值高于长期股权投资初始成本的差额先冲资本公积）

　　盈余公积

　　利润分配——未分配利润（当资本公积不够冲减时再冲减盈余公积，如果仍不够，则继续冲减未分配利润）

　贷：银行存款（付出的现金对价）

　　　股本（发行股票购买长期股权投资）

　　　资本公积——股本溢价

另付发行佣金时（支付给证券承销机构的发行佣金）：

借：资本公积——股本溢价

　贷：银行存款

另付为企业合并发生的审计、法律服务、评估咨询等中介费用时：

借：管理费用

　贷：银行存款

【例2】甲公司和乙公司为同一母公司最终控制下的两家公司。2019年6月30日，甲公司向其母公司支付现金43 400 000元，取得母公司拥有的乙公司100%的股权，于当日起能够对乙公司实施控制。合并后乙公司仍维持其独立法人地位继续经营。2019年6月30日母公司合并报表中乙公司的净资产账面价值为40 000 000元。甲、乙公司在合并前采用的会计政策相同。假定不考虑相关税费等其他因素影响。

合并日，甲公司应做账务处理如下：

借：长期股权投资——乙公司　40 000 000（长期股权投资的入账价值为乙公司在母公司的合并报表中的账面价值的份额40 000 000元）

　　资本公积——股本溢价　　3 400 000（倒挤）

　贷：银行存款　　　　　　　43 400 000

【例3】甲公司和乙公司为同一母公司最终控制下的两家公司。2019年6月30日，假定甲公司向其母公司发行10 000 000股普通股（每股面值为1元，每股公允价值为4.34元），取得母公司拥有的乙公司100%的股权，于当日起能够对乙公司实施控制。合并后乙公司仍维持其独立法人地位继续经营。2019年6月30日母公司合并报表中乙公司的净资产账面价值为40 000 000元。甲、乙公司在合并前采用的会计政策相同。假定不考虑相关税费等其他因素影响。

**小鱼讲重点**

❶ 同一控制下的企业合并形成长期股权投资，由于转让前后同属于一个母公司，这项交易不具有"商业实质"。因此长期股权投资的入账价值，要按照"被合并方所有者权益在最终控制方合并财务报表中的账面价值"（被购买方在母公司报表中的账面价值）的份额来确认，和付出对价之间的差额，计入资本公积（权益性交易，不涉及损益）。

合并日，甲公司应做账务处理如下：

借：长期股权投资——乙公司　　40 000 000（长期股权投资的入账价值为乙公司在母公司的合并报表中的账面价值的份额 40 000 000 元）

　　贷：股本　　　　　　　　　　　10 000 000

　　　　资本公积——股本溢价　　　30 000 000（倒挤）

> 📖 小鱼讲例题

**5.【单选题】** 2018年2月1日，A公司支付给B公司银行存款6 000万元，作为取得B公司持有的C公司70%股权的合并对价。另发生评估、审计等中介费用10万元，已用银行存款支付。交易前B公司为A公司和C公司的母公司，股权合并日被合并方C公司在最终控制方B公司合并财务报表中的净资产的账面价值为10 000万元。下列关于A公司在合并日的会计处理中，不正确的是（　　）。
A.长期股权投资的初始投资成本为7 000万元
B.发生的评估、审计等中介费用10万元应计入管理费用
C.长期股权投资初始投资成本与支付对价的差额确认投资收益1 000万元
D.长期股权投资初始投资成本与支付对价的差额确认资本公积1 000万元

**6.【单选题】** A公司于2018年3月1日与B公司的控股股东甲公司签订股权转让协议，公司定向增发本公司普通股股票给甲公司，甲公司以其所持有的B公司60%的股权作为对价。A公司于2018年5月31日，向甲公司定向增发5 000万股普通股（每股面值为1元），并于当日办理了股权登记手续取得控制权。当日B公司普通股收盘价为每股16.60元。购买日，B公司可辨认净资产账面价值为100 000万元，公允价值为138 000万元。此外，A公司发生评估、咨询费用100万元、股票发行费用500万元，均用银行存款支付。A公司与甲公司在交易前不存在任何关联方关系。假定不考虑所得税等其他因素，下列关于B公司在购买日的相关处理，表述不正确的是（　　）。
A.长期股权投资的入账价值为83 000万元
B.发生评估、咨询费用100万元计入管理费用
C.确认资本公积（股本溢价）为78 000万元
D.股票发行费用500万元冲减资本公积

**7.【单选题】** 甲公司和乙公司是同一母公司最终控制下的两家公司。2021年1月1日，甲公司向其母公司发行1 000万股普通股，该普通股每股面值为1元，每股的公允价值为3.6元。取得母公司拥有乙公司80%的股权，于当日起能够对乙公司实施控制。合并后乙公司维持其独立法人地位继续经营。合并日母公司合并报表中，乙公司的净资产账面价值为4 000万元，公允价值为4 200万元。假定合并前双方采用的会计政策及会计期间均相同。不考虑其他因素，下列有关甲公司合并日所作账务处理的说法正确的是（　　）。【2022年】
A.该长期股权投资的初始投资成本为4 000万元
B.该长期股权投资的初始投资成本为3 200万元
C.贷方登记"实收资本"科目1 000万元
D.借方登记"股本"科目1 000万元

**8.【单选题】** 丙公司为甲、乙公司的母公司，2018年1月1日，甲公司以银行存款7 000万元取得乙公司60%有表决权的股份，另以银行存款100万元支付与合并直接相关的中介费用，当日办妥相关股权划转手续后，取得了对乙公司的控制权；乙公司在丙公司合并财务报表中的净资产账面价值为9 000万元。不考虑其他因素，投资当日甲公司"资本公积——股本溢价"科目余额为2 000万元，则取得长期股权投资时，甲公司应冲减资本公积的金额为（　　）万元。【2022年】
A.100　　　　B.0　　　　C.1 600　　　　D.1 700

9.【单选题】成本法下，被投资单位宣告分派现金股利时，投资企业应按享有的部分计入（　　）科目。【2022年】
A. 长期股权投资　　　　　　B. 投资收益
C. 资本公积　　　　　　　　D. 营业外收入

10.【单选题】甲公司和乙公司为同一母公司最终控制下的两家公司。甲公司支付现金5 200万元取得乙公司100%的股权实施控制。合并日，甲公司的资本公积为300万元，母公司合并报表中乙公司的净资产账面价值为5 000万元。不考虑其他因素，甲公司合并日的会计处理正确的是（　　）。【2022年】

A. 借：长期股权投资　　　　　5 000
　　　营业外支出　　　　　　　200
　　　贷：银行存款　　　　　　　　　5 200
B. 借：长期股权投资　　　　　5 000
　　　投资收益　　　　　　　　200
　　　贷：银行存款　　　　　　　　　5 200
C. 借：长期股权投资　　　　　5 000
　　　资本公积　　　　　　　　200
　　　贷：银行存款　　　　　　　　　5 200
D. 借：长期股权投资　　　　　5 200
　　　贷：银行存款　　　　　　　　　5 200

5.【答案】C

【解析】选项A，初始投资成本=10 000×70%=7 000（万元）；选项B，发生的评估、审计等中介费用应计入管理费用；选项C、D，同一控制下企业合并，长期股权投资初始投资成本7 000万元与支付的银行存款6 000万元之间的差额1 000万元计入资本公积——股本溢价。

6.【答案】C

【解析】A公司的合并成本=5 000×16.6=83 000（万元），发生的评估、咨询费用100万元计入管理费用，股票发行费用应冲减溢价收入，即资本公积（股本溢价）=5 000×（16.6–1）–500=77 500（万元）。综上，选项C不正确。

7.【答案】B

【解析】甲公司应编制如下会计分录：

借：长期股权投资　　　　　　3 200（4 000×80%）
　　贷：股本　　　　　　　　　　　1 000
　　　　资本公积——股本溢价　　　2 200（差额）

8.【答案】C

【解析】甲公司和乙公司属于同一集团，甲公司取得对乙公司的股权投资属于同一控制下的控股合并，甲公司取得乙公司股权投资的初始投资成本=9 000×60%=5 400（万元）。

甲公司取得长期股权投资时：

借：长期股权投资　　　　　　5 400
　　资本公积——股本溢价　　　1 600
　　贷：银行存款　　　　　　　　　7 000

9.【答案】B

【解析】成本法下，被投资单位宣告分派现金股利时，投资企业应按享有的份额确认投资收益。

借：应收股利
　　贷：投资收益

10.【答案】C

【解析】同一控制下企业合并形成的长期股权投资，应在合并日按取得被合并方所有者权益在最终控制方合并财务报表中的账面价值的份额作为初始投资成本，甲公司取得乙公司长期股权投资的账面价值为 5 000 万元，初始投资成本与支付对价账面价值的差额计入资本公积 200 万元（5 200-5 000）。

(2) 非同一控制下的企业合并形成长期股权投资❶。

非同一控制下的企业合并实质是不同市场主体间的产权交易，购买方如果以转让非现金资产方式作为对价，实质是转让或处置了非现金资产，具有商业实质性质，产生经营性或非经营性损益。

①购买方以固定资产为对价，购买长期股权投资，按正常转让固定资产处理：

借：长期股权投资（固定资产的公允价值）
　　累计折旧
　　固定资产减值准备
　贷：固定资产
　　　资产处置损益

【例4】甲公司和乙公司为非同一控制下的两家独立公司。2019 年 6 月 30 日，甲公司用其拥有的固定资产对乙公司投资（甲公司购买乙公司），取得乙公司 60% 的股权。该固定资产原值 1 500 万元，已累计计提折旧 400 万元，已计提减值准备 50 万元，投资日该固定资产的公允价值为 1 250 万元。2019 年 6 月 30 日乙公司的可辨认净资产公允价值为 2 000 万元。假定不考虑相关税费等其他因素影响。

投资日，甲公司应做账务处理如下：

借：长期股权投资——乙公司　　1 250（按固定资产公允价值入账）
　　累计折旧　　　　　　　　　　400
　　固定资产减值准备　　　　　　 50
　贷：固定资产　　　　　　　　　　　1 500
　　　资产处置损益　　　　　　　　　 200（倒挤）

②购买方以存货为对价，购买长期股权投资，则按正常销售处理：

借：长期股权投资（存货的公允价值 + 销项税额）
　贷：主营业务收入（存货的公允价值）
　　　应交税费——应交增值税（销项税额）

借：主营业务成本
　　存货跌价准备
　贷：库存商品

③购买方如果发行股票，购买长期股权投资，则应做如下处理：

借：长期股权投资（按发行股票的公允价值入账）
　贷：股本（按股票面值入账）
　　　资本公积——股本溢价（倒挤）

另付发行佣金时（支付给证券承销机构的发行佣金）：

借：资本公积——股本溢价
　贷：银行存款

另付为企业合并发生的审计、法律服务、评估咨询等中介费用时：

借：管理费用
　贷：银行存款

【例5】甲公司和乙公司为非同一控制下的两家独立公司。2019 年 6 月 30 日，甲公司以发行 9 000 万股普通股取得乙公司有表决权的股份 60%。该股票面值为每股 1 元，市场发行价格为 5 元。向证券承销机构支付股票发行相关税费 1 350 万元。假定不考虑其他因素影响。

**小鱼讲重点**

❶ 非同一控制下的企业合并，就是投资公司在公平市场上买子公司，在买之前投资公司和被投资公司没有关系，等同于"一手交钱一手交货"，长期股权投资入账价值完全取决于花了多少钱。

购买日，甲公司应做账务处理如下：

借：长期股权投资——乙公司　　45 000（发行股票的公允价值=9 000×5）
　　贷：股本　　　　　　　　　　　　90 000
　　　　资本公积——股本溢价　　　　36 000

支付发行相关税费：

借：资本公积——股本溢价　　　1 350
　　贷：银行存款　　　　　　　　　　1 350

### 📖 小鱼讲例题

**11.【单选题】**同一控制下的企业合并中，合并方为企业合并发生的审计、法律服务、评估咨询等中介费用以及其他相关费用，应于发生时计入（　　）。
A. 管理费用　　　　　　　　　　B. 资本公积
C. 长期股权投资的初始投资成本　　D. 营业外支出

**12.【单选题】**2018年1月1日，甲公司以定向增发1 500万股普通股（每股面值为1元，公允价值为6元）的方式取得乙公司80%的股权，另外用银行存款支付股票发行费用300万元，相关手续于当日完成，取得了乙公司的控制权。当日，乙公司所有者权益的账面价值为12 000万元。本次投资前，甲公司与乙公司不存在关联方关系。不考虑其他因素，甲公司该长期股权投资的初始投资成本为（　　）万元。
A. 9 600　　　　B. 9 900　　　　C. 9 300　　　　D. 9 000

**13.【多选题】**下列有关非同一控制下控股合并的处理方法中，正确的有（　　）。
A. 应在购买日按企业合并成本确认长期股权投资初始投资成本
B. 企业合并成本中不包含被投资单位已宣告但尚未发放的现金股利
C. 以固定资产作为合并对价的，资产的公允价值与账面价值的差额计入当期损益
D. 因企业合并发生的评估、审计和律师费用计入管理费用

**14.【多选题】**下列有关非同一控制下企业合并的处理方法中，正确的有（　　）。【2022年】
A. 应在购买日按企业合并成本确认长期股权投资初始投资成本
B. 企业合并成本中不包含被投资单位已宣告但尚未发放的现金股利
C. 以固定资产作为合并对价的，资产的公允价值与账面价值的差额计入当期损益
D. 因企业合并发生的评估、审计和律师费用，计入管理费用

**11.【答案】** A
【解析】无论是同一控制下的企业合并还是非同一控制下的企业合并，合并方为企业合并发生的审计、法律服务、评估咨询等中介费用以及其他相关费用，应于发生时计入当期管理费用。

**12.【答案】** D
【解析】甲公司取得乙公司的股权属于非同一控制下的企业合并，长期股权投资的初始投资成本=付出对价的公允价值=1 500×6=9 000（万元）。

**13.【答案】** ABCD
【解析】选项B，被投资单位已宣告但尚未发放的现金股利应记入"应收股利"科目。

**14.【答案】** ABCD
【解析】选项A、B、D表述正确，非同一控制下的企业合并，应在购买日按企业合并成本确认长期股权投资初始投资成本，支付对价中包含的被投资单位已宣告但尚未发放的现金股利应计入应收股利，不计入合并成本中，因企业合并发生的评估、审计和律师费用，计入管理费用。选项C表述正确，以固定资产作为合并对价的，资产的公允价值与账面价值的差额计入当期损益（资产处置损益）。综上，本题应选A、B、C、D。

**【总结一下】**

| 企业合并 | 同一控制下的企业合并 | 按取得被合并方所有者权益在最终控制方合并财务报表中的账面价值的份额入账 |
|---|---|---|
| | 非同一控制下的企业合并 | 按现金、非现金货币性资产的公允价值或发行的权益性证券的公允价值入账 |

**2. 以非企业合并方式形成的长期股权投资**❶

企业以非企业合并方式形成的长期股权投资，其实质是进行权益投资性质的商业交易。

（1）以支付现金取得的长期股权投资，应当按照实际支付的购买价款作为初始投资成本。初始投资成本包括与取得长期股权投资直接相关的费用、税金及其他必要支出。企业取得长期股权投资，实际支付的价款或对价中包含的已宣告但尚未发放的现金股利或利润，应作为应收项目处理。

借：长期股权投资
　　应收股利（实际支付的价款或对价中包含的已宣告但尚未发放的现金股利或利润）
　贷：银行存款

（2）以发行权益性证券取得的长期股权投资，应当按照发行权益性证券的公允价值作为初始投资成本。权益性证券的发行费用在溢价发行前提下冲抵溢价，如果溢价不够冲抵的，应依次冲减盈余公积和未分配利润。

借：长期股权投资——某公司
　贷：股本
　　　资本公积——股本溢价

另付发行佣金时（支付给证券承销机构的发行佣金）：

借：资本公积——股本溢价
　贷：银行存款

【例6】甲公司和乙公司为非同一控制下的两家独立小型有限责任股份公司。2019年6月30日，甲公司以支付现金200万元取得乙公司有表决权的股份20%。甲公司准备长期持有。假定不考虑其他因素影响。

购买日，甲公司应做账务处理如下：

借：长期股权投资——乙公司　　　　200
　贷：银行存款　　　　　　　　　　　　200

**3. 长期股权投资的后续计量**

（1）采用成本法下长期股权投资的会计处理。

长期股权投资采用成本法核算的，应按被投资单位宣告发放的现金股利或利润中属于投资企业的部分：

借：应收股利
　贷：投资收益

【例7】甲公司对乙公司持有100%的股权。2019年12月31日，乙公司利润表显示当年实现净利润100万元。2020年2月20日发布经股东会批准的利润决算报告，决定分配现金股利60万元的利润分配方案；并于2020年3月20日发放了全部股利。

甲公司对乙公司的股权投资采用成本法核算，2019年12月31日被投资方乙公司当年实现净利润，甲公司不需要做会计处理。2020年2月20日发布利润决算报告，甲公司应编制如下会计分录：

借：应收股利　　　　　　　　　　　60

**小鱼讲重点**

❶ 由于买的股权不够多（份额为20%~50%），不等于企业合并（买子公司）。按公平市场交易原则处理，花多少钱，长期股权投资就按照多少钱入账；不区分同一控制和非同一控制（都是公平交易）。

贷：投资收益　　　　　　　　　　　　　　　60
2020年3月20日，收到乙公司发放的股利，应编制如下会计分录：
　　借：银行存款　　　　　　　　　　　　　　　60
　　　贷：应收股利　　　　　　　　　　　　　　60
　（2）采用权益法下长期股权投资的会计处理。
企业的长期股权投资采用权益法核算的，应当分别按下列情况处理：
　①被投资单位可辨认净资产公允价值发生变动的会计处理。
　a. 长期股权投资的初始投资成本大于投资时应享有被投资单位可辨认净资产公允价值份额的，不调整已确认的初始投资成本；
　b. 长期股权投资的初始投资成本小于投资时应享有被投资单位可辨认净资产公允价值份额的，应按其差额❶：
　　借：长期股权投资——投资成本
　　　贷：营业外收入
　②被投资单位实现盈利或发生净亏损的会计处理。
　a. 被投资单位实现盈利❷：
　　借：长期股权投资——损益调整（按被投资单位实现的净利润中企业享有的份额，以取得投资时被投资单位可辨认净资产的公允价值为基础计算）
　　　贷：投资收益
　b. 被投资单位发生净亏损：
　　借：投资收益
　　　贷：长期股权投资——损益调整（以"长期股权投资"科目的账面价值减记至零为限）
　　　　　长期应收款
　　　　　预计负债（按照投资合同或协议约定将承担的损失）
（除上述情况外仍未确认的应分担被投资单位的损失，应在账外备查簿中登记）
　【例8】2019年12月31日，甲公司持有丙公司发行在外的普通股15 000万股，拥有丙公司30%的股份。经审计的年度利润表中当年实现净利润45 000万元。甲公司应确认投资收益13 500万元（45 000×30%）。甲公司应编制如下会计分录：
　　借：长期股权投资——丙公司——损益调整　　13 500
　　　贷：投资收益　　　　　　　　　　　　　　13 500
　③取得长期股权投资后，被投资单位分配股利或利润的会计处理。
　a. 被投资单位宣告发放现金股利或利润时：
　　借：应收股利
　　　贷：长期股权投资——损益调整
　b. 收到被投资单位发放的股票股利，不进行账务处理，但应在备查簿中登记。
　c. 发生亏损的被投资单位以后实现净利润的，企业计算应享有的份额，如有未确认投资损失的，应先弥补未确认的投资损失，弥补损失后仍有余额的：
　　借：长期股权投资——损益调整
　　　贷：投资收益
　【例9】甲公司持有丙公司20%的股权，2020年3月20日，丙公司经股东大会批准，宣告现金股利分配方案为每10股2元分配2019年度现金股利。甲公司于2020年4月20日收到丙公司发放的现金股利。不考虑所得税等相关因素影响。2020年3月20日，甲公司确认应分配的现金股利为3 000万元（15 000×20%），应编制如下会计分录：

### 小鱼讲重点

❶ 如果购买了20%~50%的长期股权投资（对联营企业、合营企业的投资），后续计量需要使用"权益法"。
在长期股权投资初始计量时，长期股权投资的入账价值=花的钱。
（1）长期股权投资的初始投资成本大于投资时应享有被投资单位可辨认净资产公允价值份额的，后续不进行调整；
（2）长期股权投资的初始投资成本小于投资时应享有被投资单位可辨认净资产公允价值份额的，在购买日，乙的"可辨认净资产公允价值"（市场价值）=100万元，甲购买了20%的股权，也就是20万元。但甲如果只花了18万元，那么就占了便宜，后续要对初始计量进行调整。
①初始计量（花了18万元）：
　借：长期股权投资——投资成本　18
　　贷：银行存款　18
②后续计量：
　借：期股权投资——投资成本　2
　　贷：营业收入　2（占了便宜，天上掉馅饼）

❷

权益法处理的核心：他成长，你受益。如果被投资单位当年盈利，就表明你的这笔投资"赚了"，要确认为投资收益。

借：应收股利　　　　　　　　　　　　　3 000
　　贷：长期股权投资——损益调整　　　　　　　3 000
2020年4月20日，甲公司收到现金股利，应编制如下会计分录：
借：银行存款　　　　　　　　　　　　　3 000
　　贷：应收股利　　　　　　　　　　　　　　　3 000

④被投资单位除净损益、利润分配以外的其他综合收益变动或所有者权益的其他变动，企业按持股比例计算应享有的份额。

借：长期股权投资——其他综合收益
　　贷：其他综合收益
　　　　资本公积——其他资本公积

（3）计提长期股权投资减值准备。

①资产负债表日，企业根据资产减值相关要求确定长期股权投资发生减值的：
借：资产减值损失
　　贷：长期股权投资减值准备

②小企业发生长期股权投资减值损失采用直接转销法核算。根据小企业会计准则规定确认实际发生的长期股权投资损失，应当按照可收回的金额：
借：银行存款
　　营业外支出
　　贷：长期股权投资

（4）长期股权投资的处置。

企业处置长期股权投资时，应相应地结转与所出售股权相对应的长期股权投资的账面价值，出售所得价款与处置长期股权投资账面价值之间的差额，应确认为处置损益。采用权益法核算的长期股权投资，原计入其他综合收益、资本公积——其他资本公积中的金额，在处置时亦应进行结转，将与所出售股权相对应的部分在处置时自其他综合收益、资本公积——其他资本公积转入当期损益或留存收益。

①成本法下处置长期股权投资的一般分录。
借：银行存款
　　长期股权投资减值准备
　　贷：长期股权投资
　　　　投资收益（倒挤）

②权益法下处置长期股权投资的一般分录。
a. 借：银行存款
　　　　长期股权投资减值准备
　　　贷：长期股权投资——投资成本
　　　　　　　　　　　——损益调整
　　　　　　　　　　　——其他权益变动（如为贷方余额则应在借方冲减）
　　　　　　　　　　　——其他综合收益（如为贷方余额则应在借方冲减）
　　　　　　投资收益（倒挤）
b. 借：其他综合收益
　　　贷：投资收益
c. 借：资本公积——其他资本公积
　　　贷：投资收益

## 小鱼讲例题

**15.【单选题】** 2015年1月3日，A公司取得乙公司30%的有表决权股份，其初始投资成本为1650万元，采用权益法核算。投资时乙公司可辨认净资产公允价值为5000万元。当年乙公司实现净利润1500万元，2016年乙公司发生净亏损7500万元，2017年乙公司实现净利润3000万元。假定取得投资时乙公司可辨认净资产公允价值等于账面价值，双方采用的会计政策、会计期间相同。不考虑其他因素，2017年年末公司长期股权投资的账面价值为（　　）万元。
A. 750　　　　B. 900　　　　C. 1650　　　　D. 0

**16.【单选题】** 企业采用权益法核算长期股权投资时，能引起投资收益增加的是（　　）。【2022年】
A. 被投资单位提取盈余公积
B. 被投资单位实现净利润
C. 收到被投资单位分配的股票股利
D. 收到被投资单位分配的现金股利

**17.【多选题】** 采用权益法核算的长期股权投资，不会引起长期股权投资账面价值发生增减变动的事项有（　　）。
A. 被投资单位实际发放股票股利
B. 被投资单位其他综合收益或其他资本公积发生变动
C. 被投资单位股东大会宣告分派股票股利
D. 实际收到已宣告发放的现金股利

**18.【多选题】** 下列关于长期股权投资的会计处理中，投资企业应确认为投资收益的有（　　）。
A. 采用成本法核算的，被投资企业宣告发放的现金股利
B. 采用权益法核算的，初始投资成本小于投资时应享有被投资单位可辨认净资产公允价值份额的差额
C. 出售采用成本法核算的长期股权投资时，实际收到的金额与其账面价值及已宣告但尚未发放的现金股利或利润的差额
D. 丧失采用权益法核算的长期股权投资时，结转原记入"资本公积——其他资本公积"科目的金额

**19.【多选题】** 长期股权投资采用权益法核算的，以下业务发生时，投资企业不需要进行会计处理的有（　　）。
A. 被投资单位实现净利润　　B. 被投资单位以盈余公积转增资本
C. 被投资单位盈余公积弥补亏损　　D. 被投资单位提取法定盈余公积

---

15.【答案】A
【解析】2017年年末公司长期股权投资的账面价值=3 000×30%–150=750（万元）。此处在2016年年末备查簿中登记的尚未确认的损失=（7 500–1 500）×30%–1 650=150（万元）。

16.【答案】B
【解析】被投资单位实现净利润能引起投资收益增加。

17.【答案】ACD
【解析】选项A、C，被投资单位宣告或实际分派股票股利，投资企业均不做账务处理，不会引起长期股权投资账面价值发生增减变动；选项D，实际收到已宣告发放的现金股利，借记"银行存款"等科目，贷记"应收股利"科目，不会引起长期股权投资账面价值发生增减变动。

18.【答案】ACD
【解析】选项B，应记入"营业外收入"科目。

19.【答案】BCD
【解析】被投资单位所有者权益总额未发生变动，权益法下投资企业不需要进行账务处理。

# 第二节 投资性房地产

微信扫码
观看视频课程

### 📘 一个小目标

| 必须掌握 | 了解一下 |
| --- | --- |
| 投资性房地产的管理 | |
| 投资性房地产的确认与计量 | |
| 投资性房地产的账务处理 | |

## 🔖 考点1：投资性房地产的管理

### （一）投资性房地产的概念❶ 【2 分考点】

投资性房地产，是指为赚取租金或资本增值，或二者兼有而持有的房地产。企业持有投资性房地产的主要目的是赚取租金或资本增值。资本增值是指资产负债表日投资性房地产的价值减去转作或购置时的价值或价格后增加或损失的价值。

| 范围 | 注意问题 |
| --- | --- |
| 已出租的土地使用权 | 是指企业通过出让或转让方式取得并以经营租赁方式出租的土地使用权。对于以经营租赁方式租入土地使用权再转租给其他单位的，不能确认为投资性房地产❷ |
| 持有并准备增值后转让的土地使用权 | 是指企业通过出让或转让方式取得并准备增值后转让的土地使用权。按照国家有关规定认定的闲置土地❸，不属于持有并准备增值后转让的土地使用权 |
| 已出租的建筑物 | 是指企业拥有产权并以经营租赁方式出租的建筑物；以经营租赁方式租入再转租的建筑物不属于投资性房地产；企业将建筑物出租，按租赁协议向承租人提供的相关辅助服务在整个协议中不重大的，如企业将办公楼出租并向承租人提供保安、维修等辅助服务，应当将该建筑物确认为投资性房地产 |

（1）投资性房地产应当能够单独计量和出售。如果某项房地产部分用于赚取租金或资本增值，部分用于生产商品、提供劳务或经营管理，能够单独计量和出售的、用于赚取租金或资本增值的部分，应当确认为投资性房地产；不能够单独计量和出售的、用于赚取租金或资本增值的部分，不确认为投资性房地产。
（2）企业自用房地产和作为存货的房地产不属于投资性房地产。如企业拥有并自行经营的旅馆饭店，其经营目的主要是通过提供客房服务赚取服务收入，不确认为投资性房地产（核心）

### 📖 小鱼讲例题

20.【单选题】下列各项中，不属于投资性房地产的是（　　）。
A.已出租的土地使用权　　B.持有并准备增值后转让的商品房
C.已出租的建筑物　　D.持有并准备增值后转让的土地使用权

21.【单选题】属于投资性房地产的是（　　）。【2022年】
A.拥有自主经营的旅馆　　B.出租的机器设备
C.出租的办公楼　　D.以经营租赁方式租入再转租的土地使用权

22.【单选题】下列各项中，可以确认为投资性房地产的是（　　）。【2022年】
A.企业购入写字楼作为经营办公场所
B.企业购入的土地准备自行建造厂房
C.企业自行建造办公楼达到预定可使用状态，准备对外出租
D.房地产开发企业开发的商品房不再销售，建造完成时直接对外出租

23.【多选题】下列各项中，属于投资性房地产的有（　　）。
A.已出租的建筑物　　B.待出租的建筑物
C.已出租的土地使用权　　D.以经营租赁方式租入后再转租的建筑物

### 小鱼讲重点

❶ 什么是"投资性房地产"？
固定资产的持有目的是"自用"，而投资性房地产的持有目的是"挣钱"。房子还是原来的房子，只不过持有目的不同，放入的会计科目不同，从而后续的计量方式也会发生变化。分为"已经出租的"和"准备出租的"两种情况。

❷ 如果企业没有产权，只是"转租"，那么不算投资性房地产。

❸ 闲置土地由于"持有目的不明确"，因此也不算投资性房地产。

24.【多选题】下列各项关于企业土地使用权的会计处理的表述中，正确的有（　　）。【2022 年】
A. 企业将租出的土地使用权作为无形资产核算
B. 国家有关规定认定的闲置土地，不属于投资性房地产
C. 企业持有准备增值后转让的土地使用权作为投资性房地产核算
D. 工业企业将购入的用于建造办公楼的土地使用权作为固定资产核算

20.【答案】B
【解析】属于投资性房地产的项目：①已出租的土地使用权（选项 A）；②持有并准备增值后转让的土地使用权（选项 D）；③已出租的建筑物（选项 C）。

21.【答案】C
【解析】投资性房地产是指为赚取租金或资本增值，或二者兼有而持有的房地产，包括已出租的土地使用权、持有并准备增值后转让的土地使用权、已出租的建筑物。

22.【答案】D
【解析】选项 A、C，应确认为固定资产。选项 B，应确认为无形资产。选项 D，应确认为投资性房地产。综上，本题应选 D。

23.【答案】AC
【解析】选项 B，待出租的建筑物不属于投资性房地产；选项 D，以经营租赁方式租入后再转租的建筑物不属于企业持有的资产。

24.【答案】BC
【解析】选项 A，企业将租出的土地使用权作为投资性房地产核算。选项 B、C，企业通过出让或转让方式取得的并准备增值后转让的土地使用权属于投资性房地产；按照国家有关规定认定的闲置土地，不属于持有并准备增值后转让的土地使用权，不属于投资性房地产。选项 D，工业企业将购入的用于建造办公楼的土地使用权作为无形资产核算。故选 B、C。

## （二）投资性房地产的管理要求

投资性房地产是企业的一种经营性活动，经营方式主要是出租赚取租金和持有并准备增值后转让获取资本增值。出租包括出租建筑物和土地使用权，其实质是在一定时期内让渡资产使用权的商业行为。投资性房地产的租金和资本增值高低，与国内外市场供求、经济发展、房地产市场波动、国家对房地产市场的管控及其政策变化等众多经济、政治、法律等因素影响紧密相关；加之，投资性房地产投资金额巨大、周期长，在持有期间管理难度大，客观上存在较大风险。

（1）投资决策失误，引发盲目投资或丧失其他更有利的投资机会，可能导致资金链断裂或投资效益低下；

（2）资金占用过量、资金调度困难、营运不畅，可能导致企业陷入财务困境风险；

（3）出租经营活动管控不严，可能导致出租资产损坏或租金收取困难，甚至遭受欺诈欺骗等风险；

（4）当投资决策失当、管控不严等引发资金周转困难时，又常常会引发盲目筹资和资本结构不合理或筹资困难，导致企业筹资成本过高或债务危机等。

加强投资性房地产的会计核算与监督管理，提供真实、完整、准确、及时、详尽的会计资料，对落实投资性房地产经管责任、提高管理效率和投资效益、防范投资风险等具有十分重要的作用和意义。

## 考点 2：投资性房地产的确认与计量

### （一）投资性房地产的确认

**1. 投资性房地产的确认条件**

将某项资产确认为投资性房地产，首先应当符合投资性房地产的定义，其次要同时满足投资性房地产的两个确认条件。

（1）与该投资性房地产相关的经济利益很可能流入企业；
（2）该投资性房地产的成本能够可靠地计量。

**2. 投资性房地产的确认时点**　*2分考点*

| 情形 | 确认时点 |
|---|---|
| 已出租的土地使用权、建筑物 | 租赁期开始日 |
| 持有并以备经营出租的空置建筑物 | 企业管理当局（董事会或类似机构）做出正式书面决议的日期，明确表明将其用于经营出租且持有意图短期内不再发生变化的，即使尚未签订租赁协议，也可视为投资性房地产 |
| 持有并准备增值后转让的土地使用权 | 将自用土地使用权停止自用，准备增值后转让的日期 |

> 📘 **小鱼讲例题**
>
> 25.【多选题】下列各项关于投资性房地产转换日的说法，正确的有（　　）。
> A. 投资性房地产开始自用，转换日为房地产达到自用状态，企业开始将房地产用于生产商品、提供劳务或者经营管理的日期
> B. 作为存货的房地产改为出租，或者自用建筑物停止自用改为出租，转换日为租赁期开始日
> C. 自用土地使用权停止自用，改为用于赚取租金或资本增值，转换日为自用土地使用权停止自用后，确定用于赚取租金或资本增值的日期
> D. 房地产企业将用于经营出租的房地产重新开发用于对外销售时，由投资性房地产转为存货，转换日为租赁期满、企业董事会或类似机构做出书面决议明确表明将其重新开发用于对外销售的日期

25.【答案】ABCD

### （二）投资性房地产的计量

| 成本模式<br>（类似于固定资产的核算模式） | 公允价值模式<br>（类似于交易性金融资产的核算模式） |
|---|---|
| 初始计量和后续计量均采用实际成本进行核算 | 后续计量按照投资性房地产的公允价值进行计量 |
| 后续发生符合资本化条件的支出计入账面成本 | 只有在存在确凿证据表明投资性房地产的公允价值能够持续可靠取得的情况下，企业才可以采用公允价值模式进行后续计量。 |
| 后续计量按照固定资产或无形资产的相关规定按期计提折旧或摊销 | 可靠证据是指投资性房地产所在地有活跃的房地产交易市场、企业能够从活跃的交易市场上取得同类或类似房地产的市场价格及其他相关信息，从而对投资性房地产的公允价值做出合理的估计。 |
| 资产负债表日发生减值的计提减值准备 | 企业一旦选择采用公允价值模式❶，就应当对其所有投资性房地产采用公允价值模式进行后续计量 |

> **小鱼讲重点**
>
> ❶ 请注意：企业一旦选择采用公允价值模式，就应当对其所有投资性房地产采用公允价值模式进行后续计量。

| 成本模式 | 公允价值模式 |
|---|---|
| （类似于固定资产的核算模式） | （类似于交易性金融资产的核算模式） |

两种模式的会计核算结果及其经济后果存在一定的差异。
(1) 成本模式下会计核算结果的可靠性和可控性较高、会计处理比较简单、不同会计期间会计资料的可比性较强，便于监督管理。
(2) 公允价值模式下取得公允价值的确凿证据相对困难，对会计职业判断的要求高，可能存在一定的企业自由裁量权，会计核算结果的可靠性和可控性较低、顺周期性较为明显、会计处理较为复杂烦琐、不同会计期间会计资料的可比性较差，对会计监督管理的要求很高。
(3) 为此，准则规定，企业通常应当采用成本模式对投资性房地产进行后续计量，对采用公允价值模式的条件做了限制性规定，且同一企业只能采用一种模式对所有投资性房地产进行后续计量，不得同时采用两种计量模式。
(4) 成本模式可以转为公允价值模式，但已采用公允价值模式后不得❶转为成本模式

## 考点 3：投资性房地产的账务处理

| 情形 | 外购的投资性房地产 | 自建的投资性房地产 |
|---|---|---|
| 初始计量 | 借：投资性房地产（购买价款+相关税费+直接归属于资产的其他支出）<br>　贷：银行存款等 | 借：投资性房地产（成本由建造该项资产达到预定可使用状态前发生的必要支出构成，包括土地开发费、建筑成本、安装成本、应予以资本化的借款费用、支付的其他费用和分摊的间接费用等。建造过程中发生的非正常性损失，直接计入当期损益，不计入建造成本）<br>　贷：银行存款等 |

| 情形 | 成本模式 | 公允价值模式 |
|---|---|---|
| 后续计量 | 按期（月）计提折旧或进行摊销❷：<br>借：其他业务成本<br>　贷：投资性房地产累计折旧/摊销 | 不计提折旧或摊销，资产负债表日按照公允价值计量。如果公允价值大于其账面余额，则其差额的会计处理如下：<br>借：投资性房地产——公允价值变动<br>　贷：公允价值变动损益 |
| 取得租金收入（两种模式会计分录相同） | 借：银行存款等<br>　贷：其他业务收入<br>　　　应交税费——应交增值税（销项税额） | |
| 减值 | 存在减值迹象，经减值测试后确定发生减值的。<br>借：资产减值损失<br>　贷：投资性房地产减值准备 | 不需要进行减值测试❸ |
| 投资性房地产的转换 | 自用房地产→投资性房地产<br>借：投资性房地产（原值）<br>　　累计折旧/累计摊销<br>　　固定资产/无形资产减值准备<br>　贷：固定资产/无形资产（原值）<br>　　　投资性房地产累计折旧/累计摊销<br>　　　投资性房地产减值准备<br>[成本模式下属于科目等值互换，不产生损益] | 自用房地产→投资性房地产<br>借：投资性房地产——成本（公允价值）<br>　　累计折旧/累计摊销（转销）<br>　　固定资产/无形资产减值准备（转销）<br>　　公允价值变动损益（借方差）<br>　贷：固定资产/无形资产（原值转销）<br>　　　其他综合收益（贷方❹差）<br>[借方差和贷方差不同处理] |
| 处置 | 借：银行存款等<br>　贷：其他业务收入<br>　　　应交税费——应交增值税（销项税额）<br>借：其他业务成本<br>　　投资性房地产累计折旧/摊销<br>　　投资性房地产减值准备<br>　贷：投资性房地产 | 借：银行存款等<br>　贷：其他业务收入<br>　　　应交税费——应交增值税（销项税额）<br>借：其他业务成本（倒挤）<br>　　其他综合收益（自用→公允模式投资性房地产时，计入其他综合收益的金额，处置时转入其他业务成本）<br>　贷：投资性房地产——成本<br>　　　　　　　　　　——公允价值变动 |

### 小鱼讲重点

❶ 后续计量模式一旦选定"公允价值模式"就不能回头了。

❷ 成本模式的后续计量和固定资产一样。如果固定资产折旧，则投资性房地产也折旧，折旧额计入其他业务成本。

❸ 在公允价值模式下，减值就是公允价值变动，不需要进行减值测试，直接计入公允价值变动损益。

❹ 自用房地产转投资性房地产要重点掌握。如果原来自用的房地产账面价值为10万元，投资性房地产公允价值为100万元，那么转换后投资性房地产多了90万元，而如果将这90万元全部计入损益，则意味着企业只转换了一下后续计量模式，就多出了90万元的"收入"，企业可能会通过改变计量模式的方式操纵利润。所以，如果是"房产增值"，贷方要记入所有者权益的"其他综合收益"科目，这样既不会影响损益，也不会影响当期利润。
但是如果公允价值低于账面价值，表明转换后产生了损失，那就直接记入"公允价值变动损益"科目，这样符合谨慎性原则。一般而言，不用担心企业会刻意低估利润。

对公允价值变动损益的不同处理，一方面是基于会计谨慎性原则的考虑，即企业不得高估资产和收益，如果将转换日公允价值大于账面价值的差额计入公允价值变动损益，可能会导致利润虚增；另一方面也符合了会计可靠性原则，即公允价值增值有客观确凿的证据，理应如实记账，转换日的公允价值大于原账面价值的差额属于未实现损益，将其计入其他综合收益，不会增加净利润。

【例10】2020年4月2日，甲企业购入写字楼，支付价款共计1 200万元，与公允价值为相同金额。该写字楼所在区域有活跃的房地产交易市场，而且能够从房地产市场上获得同类房地产的市场报价。假设不考虑相关税费及其他因素影响。甲企业采用公允价值模式对该项出租房地产进行后续核算。2020年12月31日该写字楼的公允价值为1 320万元。甲公司应做账务处理如下：

2020年4月2日，购入写字楼：

借：投资性房地产——成本　　　　　　　　1 200
　　贷：银行存款　　　　　　　　　　　　　　　　1 200

2020年12月31日，按照公允价值调整其账面价值，公允价值与原账面价值之间的差额计入当期损益：

借：投资性房地产——公允价值变动　　　　120
　　贷：公允价值变动损益——投资性房地产　　　　120

【例11】2020年2月，甲公司从其他单位购入一块使用年限为50年的土地，并开始在此土地上自行建造两栋厂房。2020年11月，甲公司预计厂房即将完工，与乙公司签订了经营租赁合同，将其中的一栋厂房租给乙公司使用。合同约定于厂房完工交付使用时开始起租，租赁期为6年，每年年末支付租金288万元。2020年12月3日，两栋厂房同时完工，达到预定可使用状态并交付使用。该土地所有权的成本为900万元，至2020年12月5日，该土地使用权已累计提摊销16.50万元；两栋厂房的实际造价成本均为1 200万元，能够单独出售。两栋厂房分别占用这块土地的一半面积。甲公司应做账务处理如下：

借：固定资产——厂房　　　　　　　　　　1 200
　　投资性房地产——厂房　　　　　　　　1 200
　　贷：在建工程——厂房　　　　　　　　　　　　2400

将出租厂房应分摊的土地使用权转作投资性房地产累计摊销：

借：投资性房地产——已出租土地使用权　　450
　　累计摊销　　　　　　　　　　　　　　8.25
　　贷：无形资产——土地使用权　　　　　　　　　450
　　　　投资性房地产累计摊销　　　　　　　　　　8.25

若甲公司按月计提投资性房地产折旧和摊销。预计出租的厂房使用寿命为20年，预计净残值为0；土地使用权按50年摊销。按照年限平均法计提折旧和摊销。甲公司应做账务处理如下：

每月计提折旧50 000元和摊销7 500元：

借：其他业务成本——出租厂房折旧　　　　50 000
　　　　　　　　　——投资性房地产累计摊销　7 500
　　贷：投资性房地产累计折旧　　　　　　　　　　50 000
　　　　投资性房地产累计摊销　　　　　　　　　　7 500

每月确认应收租金收入240 000元：

借：其他应收款——应收租金　　　　　　　240 000（2 880 000÷12）
　　贷：其他业务收入　　　　　　　　　　　　　　240 000

【例12】甲公司将一幢出租用房出售，取得收入4 000万元并存入银行。甲公司采用成本模式计量，该幢出租用房的账面原值为8 600万元，已计提折旧5 160万元，未计提减值准备。假定不考虑相关税费等其他因素。甲公司应做账务处理如下：

借：银行存款　　　　　　　　　　　4 000
　　贷：其他业务收入　　　　　　　　　　4 000
借：其他业务成本　　　　　　　　　3 440
　　投资性房地产累计折旧　　　　　5 160
　　贷：投资性房地产　　　　　　　　　　8 600

【例13】甲公司将一幢出租用房出售，取得收入8 600万元并存入银行。甲公司采用公允价值模式计量，该幢出租用房出售时投资性房地产的成本明细科目借方余额为8 600万元、公允价值变动明细科目贷方余额为200万元。假定不考虑相关税费等其他因素。甲公司应做账务处理如下：

借：银行存款　　　　　　　　　　　8 600
　　贷：其他业务收入　　　　　　　　　　8 600
借：其他业务成本　　　　　　　　　8 400
　　投资性房地产——公允价值变动　　200
　　贷：投资性房地产——成本　　　　　　8 600

## 📖 小鱼讲例题

26.【单选题】2019年2月1日，甲公司购入一栋办公楼用于对外出租，支付购买价款5 000万元，支付相关税费200万元。甲公司预计该办公楼可以使用20年，预计净残值率为5%，采用年限平均法计提折旧。2019年12月31日办公楼的可收回金额为5 100万元，假定不考虑增值税等其他因素，甲公司取得办公楼当日直接对外出租，且对投资性房地产采用成本模式进行后续计量。下列各项说法中正确的是（　　）。
A.购入办公楼应作为固定资产核算
B.办公楼折旧金额计入管理费用
C.当年应计提的折旧金额为205.83万元
D.2019年12月31日办公楼的账面价值为5 100万元

27.【单选题】甲公司将一块土地的使用权出租给乙公司，约定年租金为260万元（不含增值税），甲公司对投资性房地产采用公允价值模式进行后续计量。2019年1月1日投资性房地产的账面价值为2 350万元，2019年6月30日投资性房地产的公允价值为2 600万元，2019年12月31日投资性房地产的公允价值为2 450万元。假定不考虑其他因素，则该投资性房地产对甲公司当年营业利润的影响金额为（　　）万元。
A.0　　　B.360　　　C.260　　　D.160

28.【单选题】甲公司将原自用的办公楼用于出租，以赚取租金收入。租赁期开始日，该办公楼账面原价为14 000万元，已计提折旧为5 600万元，公允价值为12 000万元。甲公司对投资性房地产采用公允价值模式进行后续计量。上述甲公司自用办公楼转换为投资性房地产时公允价值大于原账面价值的差额在财务报表中列示的项目是（　　）。
A.资本公积　　　　　　　　B.营业收入
C.其他综合收益　　　　　　D.公允价值变动收益

29.【多选题】2019年2月1日，甲公司将一栋自用办公楼出租给乙公司，租赁期为2年，年租金为120万元（不含增值税），当日该办公楼的账面价值为2 600万元，公允价值为2 800万元，甲公司采用公允价值模式对投资性房地产进行后续计量。2019年12月31日该办公楼的公允价值为3 000万元。假定不考虑所得税及其他相关因素，则下列会计处理正确的有（　　）。
A. 转换日投资性房地产的入账价值为2 600万元
B. 转换日应确认其他综合收益200万元
C. 该投资性房地产持有期间公允价值变动计入当期损益
D. 以公允价值模式进行后续计量的投资性房地产需要定期进行减值测试

30.【多选题】下列各项关于投资性房地产后续计量的表述，正确的有（　　）。
A. 同一企业应对所有的投资性房地产采用同一种计量模式进行后续计量
B. 采用成本模式进行后续计量的投资性房地产按月计提折旧（摊销）
C. 采用成本模式进行后续计量的投资性房地产在期末发生减值的应计提减值准备
D. 采用公允价值模式进行后续计量的投资性房地产期末公允价值变动计入投资收益

31.【多选题】甲公司为制造业企业，与乙公司签订为期10年的租赁合同，将自有的一栋写字楼租赁给乙公司，每月末收取租金，每月按年限平均法计提折旧，下列各项中，关于甲公司的会计处理表述正确的有（　　）。【2022年】
A. 租金收入确认为主营业务收入
B. 租金收入确认为其他业务收入
C. 出租的写字楼应确认为投资性房地产
D. 每月计提折旧确认为其他业务成本

32.【多选题】下列各项中，关于投资性房地产会计处理表述正确的有（　　）。【2022年】
A. 采用公允价值模式计量的投资性房地产，可转换为成本模式计量
B. 采用公允价值模式计量的投资性房地产，应计提折旧或摊销
C. 采用成本模式计量的投资性房地产，在满足规定条件的情况下，可转换为公允价值模式计量
D. 采用公允价值模式计量的投资性房地产，其公允价值变动应计入公允价值变动损益

---

26.【答案】C
【解析】购入办公楼用于出租应作为投资性房地产核算，选项A错误；办公楼作为投资性房地产，其折旧金额计入其他业务成本，选项B错误；当年应计提的折旧金额=（5 000+200）×（1-5%）÷20÷12×10=205.83（万元），选项C正确；资产负债表日投资性房地产的账面价值=5 200-205.83=4 994.17（万元），可收回金额大于其账面价值，应按账面价值计量，选项D错误。

27.【答案】B
【解析】2019年与投资性房地产相关的租金收入260万元计入其他业务收入，公允价值变动损益=2 450-2 350=100（万元），对甲公司当年营业利润的影响金额=260+100=360（万元）。

28.【答案】C
【解析】自用房地产转换为以公允价值模式进行后续计量的投资性房地产，转换日公允价值大于原账面价值的差额计入其他综合收益，公允价值小于原账面价值的差额计入公允价值变动损益。

29.【答案】BC
【解析】转换日投资性房地产的入账价值为转换日公允价值2 800万元，选项A错误；以公允价值模式进行后续计量的投资性房地产在资产负债表日无须进行减值测试，选项D错误。

30.【答案】ABC
【解析】采用公允价值模式进行后续计量的投资性房地产期末公允价值变动计入公允价值变动损益，选项D错误。

31. 【答案】BCD

【解析】甲公司为制造业企业，其租出的写字楼应确认为投资性房地产，取得的租金收入确认为其他业务收入，每月计提折旧应确认为其他业务成本。综上，本题应选B、C、D。

32. 【答案】CD

【解析】选项A错误、选项C正确，对于投资性房地产，企业可以从成本模式计量变更为公允价值模式计量，已采用公允价值模式计量的不得转为成本模式计量；选项B错误，采用公允价值模式计量的投资性房地产，不计提折旧或摊销；选项D正确，采用公允价值模式计量的投资性房地产，其公允价值变动应计入公允价值变动损益。综上，本题应选C、D。

# 第三节 固定资产

## 一个小目标

| 必须掌握 | 了解一下 |
|---|---|
| 取得固定资产 | 固定资产概述 |
| 固定资产的折旧 | |
| 固定资产的后续支出 | |
| 固定资产的处置 | |
| 固定资产清查 | |
| 固定资产减值 | |

微信扫码
观看视频课程

## 考点1：固定资产概述

### （一）固定资产的概念和特征

固定资产是指同时具有以下特征的有形资产：
(1) 为生产商品、提供劳务、出租或经营管理而持有❶；
(2) 使用寿命超过一个会计年度❷。

### （二）固定资产的分类

| 依据 | 内容 |
|---|---|
| 按经济用途分类 | (1) 生产经营用固定资产：直接服务于企业生产、经营过程的各种固定资产，如生产经营用的房屋、建筑物、机器、设备、器具、工具等。<br>(2) 非生产经营用固定资产：不直接服务于企业生产、经营过程的各种固定资产，如职工宿舍等使用的房屋、设备和其他固定资产等 |
| 综合分类：按固定资产的经济用途和使用情况等综合分类 | (1) 生产经营用固定资产。<br>(2) 非生产经营用固定资产。<br>(3) 租出固定资产：指企业在经营租赁方式下出租给外单位使用的固定资产。<br>(4) 不需用固定资产。<br>(5) 未使用固定资产。<br>(6) 土地：指过去已经估价单独入账的土地❸。<br>(7) 租入固定资产：指企业除短期租赁和低价值资产租赁租入的固定资产，该资产在租赁期内，应作为使用权资产进行核算与管理 |

### （三）固定资产核算应设置的会计科目

为了反映和监督固定资产的取得、计提折旧和处置等情况，企业一般需要设置"固定资产""累计折旧""在建工程""工程物资""固定资产清理"等科目。

---

**小鱼讲重点**

❶ 企业持有固定资产的目的是满足生产商品、提供劳务、出租或经营管理的需要，而持有存货是为了对外出售。这是固定资产区别于存货等流动资产的重要标志。

❷ 企业使用固定资产的期限较长，使用寿命一般会超过一个会计年度。这一特征表明企业固定资产属于非流动资产，能在一年以上的时间里为企业创造经济利益。

❸ 因征地而支付的补偿费，应计入与土地有关的房屋、建筑物的价值内，不单独作为土地价值入账。企业取得的土地使用权，应作为无形资产管理和核算，不作为固定资产管理和核算。"过去已经估价单独入账的土地"是历史核算下并未作为无形资产单独核算或未并入房屋价值内计算的土地。

(1) 固定资产：核算企业固定资产的原价。

(2) 累计折旧❶：核算企业固定资产的累计折旧，是固定资产科目的备抵账户，贷方登记企业计提的固定资产折旧，借方登记处置固定资产转出的累计折旧，期末贷方余额反映企业固定资产的累计折旧额。

(3) 在建工程❷：核算企业基建、更新改造等在建工程发生的支出，期末借方余额反映企业尚未达到预定可使用状态的在建工程的成本。

(4) 工程物资：核算企业为在建工程准备的各种物资的实际成本。

(5) 固定资产清理：核算企业因出售、报废和毁损等原因转入清理的固定资产价值及其在清理过程中所发生的清理费用和清理收益等。

### 📋 小鱼讲例题

33.【单选题】汽车制造企业下列情况作为固定资产核算的是（　　）。【2020年】
A. 正在建的生产线　　　　B. 生产完成的汽车
C. 自用的自产汽车　　　　D. 生产完成准备出售的汽车

33.【答案】C
【解析】自用的自产汽车属于企业的固定资产。正在建的生产线属于企业的在建工程，还不属于固定资产；该企业属于制造企业，生产完成的汽车以及生产完成准备出售的汽车属于该企业的存货，不属于固定资产。

### （四）固定资产的管理要求

固定资产是企业生产经营管理过程中重要的劳动资料和物质基础，是固定资本的实物形态。企业应结合实际情况加强固定资产的监督管理，规范固定资产管理流程，明确固定资产的申请采购、验收、交付使用、处置报废等各环节的权、责、利，强化各有关部门及员工的职责、落实经管责任，保证固定资产会计核算资料的真实、准确、完整，防范固定资产更新改造不够、使用效能低下、维护不当、产能过剩，可能导致企业缺乏竞争力、资产价值贬损、安全事故频发或资源浪费等风险。具体要求主要有：

(1) 正确预测并确定固定资产的需要量和规模。

(2) 严格划分资本性支出和收益性支出的界限。合理确认并准确计量固定资产的价值；坚持实质重于形式的原则，正确区分固定资产和在建工程。

(3) 加强固定资产的日常管理。在日常管理过程中，企业应建立和健全固定资产的管理责任制度，严格固定资产的采购、验收、交付使用、出售和报废清理及定期清查盘点等责任制度，确保各项经办业务的各项原始凭证真实、准确、完整，提高固定资产的使用效率和效果。

(4) 正确核算固定资产折旧和减值，及时准确计提固定资产折旧，需要计提固定资产减值的应准确合理识别固定资产减值迹象并按规定计提减值，确保固定资产的及时更新改造。

## 📕 考点2：取得固定资产　`2分考点`

### （一）外购固定资产

**1. 外购固定资产的成本确定❸**

企业外购的固定资产，应按实际支付的购买价款、相关税费、使固定资产达到预定可使用状态前所发生的可归属于该项资产的运输费、装卸费、安装费和专业人员服务费等，作为固定资产的取得成本。其中，相关税费不包括按照现行增值税制度规定，可以从销项税额

---

### 小鱼讲重点

❶ 如何理解"累计折旧"？

企业花120万元买了一个面包生产线：

借：固定资产　120

　　贷：银行存款　120

每生产一个月的面包，都会损耗机器，让机器逐渐"不值钱"。预测面包机可以连续使用10年，那么在这10年中，每年机器都要折旧12万元（120÷10）。

因此，用"累计折旧"这个科目代表"机器逐渐不值钱"，每年需要进行会计处理：

贷：累计折旧　12

累计折旧是固定资产的备抵科目，和"坏账准备""存货跌价准备"一样，备抵科目的含义就是"谁不值钱就抵谁"。因此，随着每年计提"累计折旧"，固定资产会逐渐不值钱，账面价值会逐年降低。

❷ "在建工程"表示固定资产还没有建好，而工程物资是为了建造"在建工程"而储备的物资。

如何区分"工程物资"和"原材料"？

企业持有原材料最终是为了出售，因此原材料是"存货"的一部分；而企业的工程物资不是为了"卖"，而是为了"建造"，因此工程物资属于"固定资产"的一部分。

❸ 和存货一样，凡是"有助于固定资产形成的费用"都是固定资产的成本，即"达到预定可使用状态前"的费用。

中抵扣的增值税进项税额。

| 税种 | 纳税人 | 会计科目 |
|---|---|---|
| 增值税 | 一般纳税人 | 计入应交税费 |
| | 小规模纳税人 | 计入固定资产 |
| 契税、车辆购置税 | 一般纳税人/小规模纳税人 | 计入固定资产 |

**2. 外购固定资产的账务处理**

| 情形 | | 会计处理 |
|---|---|---|
| 不需安装 | | 借：固定资产<br>　　应交税费——应交增值税（进项税额）<br>贷：银行存款等 |
| 需要安装 | 购入需要安装的固定资产 | 借：在建工程<br>　　应交税费——应交增值税（进项税额）<br>贷：银行存款等 |
| | 支付安装费等 | 借：在建工程<br>　　应交税费——应交增值税（进项税额）<br>贷：银行存款等 |
| | 耗用了本单位的材料或人工 | 借：在建工程<br>贷：原材料（成本价）<br>　　应付职工薪酬 |
| | 设备安装完毕交付使用 | 借：固定资产<br>贷：在建工程 |

**3. 外购固定资产的特殊规定**

企业以一笔款项购入多项没有单独标价的固定资产，应将各项资产单独确认为固定资产，并按各项固定资产公允价值的比例对总成本进行分配，分别确定各项固定资产的成本❶。

**（二）建造固定资产**

自行建造的固定资产，按建造该项资产达到预定可使用状态前所发生的必要支出，作为固定资产的成本。企业自行建造固定资产，应先通过"在建工程"科目核算，工程达到预定可使用状态时，再从"在建工程"科目转入"固定资产"科目。企业自行建造固定资产，主要有自营和出包两种方式，由于采用的建设方式不同，其会计处理也不同。

**1. 自营工程❷**

自营工程是指企业自行组织工程物资采购、自行组织施工人员施工的建筑工程和安装工程。

| 情形 | 会计处理 |
|---|---|
| 购入工程物资 | 借：工程物资<br>　　应交税费——应交增值税（进项税额）<br>贷：银行存款、应付账款等 |
| 领用工程物资 | 借：在建工程<br>贷：工程物资 |
| 领用企业库存原材料 | 借：在建工程<br>贷：原材料（成本价） |
| 支付工程人员工资及福利 | 借：在建工程<br>贷：应付职工薪酬 |
| 支付发生的其他工程费用 | 借：在建工程<br>　　应交税费——应交增值税（进项税额）<br>贷：银行存款 |
| 工程完工后 | 借：固定资产<br>贷：在建工程 |

> **小鱼讲重点**
>
> ❶ 比如家电节搞活动，你花10 000元购买了冰箱、电视、空调、洗衣机，如果单件购买，可能要花15 000元。由于固定资产需要单独入账，就要根据单件购买的公允价值，把冰箱、电视、空调、洗衣机在10 000元之间进行分配，最后分别按照分配后的价值入账。
>
> ❷ "自营工程"就是自己买原材料，自己建造固定资产。

## 2. 出包工程

出包工程是指企业通过**招标方式**将工程项目发**包给建造承包商**，由建造承包商组织施工的建筑工程和安装工程。企业采用出包方式进行的固定资产工程，其工程的具体支出主要由建造承包商核算，在这种方式下，"在建工程"科目主要反映企业与建造承包商办理**工程价款结算的情况**，企业支付给建造承包商的工程价款作为工程成本，通过"在建工程"科目核算。

| 情形 | 会计处理 |
| --- | --- |
| 按合理进度和合同规定计算工程款 | 借：在建工程<br>　　应交税费——应交增值税（进项税额）<br>贷：银行存款 |
| 补付工程款 | 借：在建工程<br>　　应交税费——应交增值税（进项税额）<br>贷：银行存款 |
| 工程完工并达到预定可使用状态 | 借：固定资产<br>贷：在建工程 |

### 📖 小鱼讲例题

**34.【单选题】** 某企业为增值税一般纳税人，购入一台不需要安装的设备，增值税专用发票上注明的价款为50 000元，增值税税额为6 500元，另发生运输费1 000元、包装费500元（均不考虑增值税）。不考虑其他因素，该设备的入账价值为（　　）元。【2017年】
A. 50 000　　B. 60 000　　C. 58 000　　D. 51 500

**35.【单选题】** 甲公司为增值税一般纳税人，2020年6月1日，甲公司购入一台需要安装的生产用设备，取得的增值税专用发票上注明的设备买价为30 000元，增值税税额为3 900元，支付的运输费为1 200元（不考虑增值税），设备安装时领用原材料价值2 000元（不含增值税），购进该批原材料的增值税进项税额为260元，设备安装时支付有关人员工资薪酬2000元。该固定资产的入账成本为（　　）元。【2022年】
A. 35 200　　B. 33 200　　C. 32 200　　D. 34 200

**36.【单选题】** 甲公司为增值税一般纳税人，2021年2月2日购入需安装的生产用机器设备一台，支付价款100万元，增值税税额为13万元。安装过程中领用本公司自产产品一批，该批产品成本为5万元，公允价值为8万元。2021年2月22日安装结束，固定资产达到预定可使用状态。则该固定资产的入账金额为（　　）万元。【2022年】
A. 121　　B. 108　　C. 105　　D. 118

**34.【答案】** D
【解析】该设备的入账价值=50 000+1 000+500=51 500（元）。

**35.【答案】** A
【解析】固定资产的入账成本=30 000+1 200+2 000+2 000=35 200（元）。

**36.【答案】** C
【解析】固定资产安装后的入账金额=100+5=105（万元），安装领用本公司自产产品不需确认增值税销项税额，按成本领用即可。

## 📌 考点3：固定资产的折旧

### （一）固定资产的折旧概述　**2分考点**

固定资产的折旧是指在固定资产使用寿命内，按照确定的方法对**应计折旧额进行系统分摊**。应计折旧额，是指应当计提折旧的固定资产的原价扣除其预计净残值后的金额。已计

---

### 小鱼讲重点

❶ 折旧就是将原来购买的固定资产的成本，逐渐转移到受益对象上。用"累计折旧"这个科目，代表"机器逐渐不值钱"：

贷：累计折旧

根据"谁用谁承担成本"，借方根据受益对象进行分配。如生产面包的生产线，生产线的成本逐渐转移到面包成本中，因此：

借：制造费用
　　贷：累计折旧

如果是管理使用的固定资产：

借：管理费用
　　贷：累计折旧

提减值准备的固定资产，还应当扣除已计提的固定资产减值准备累计金额。企业应当根据固定资产的性质和使用情况，合理确定固定资产的使用寿命和预计净残值。固定资产的使用寿命、预计净残值一经确定，不得随意变更。

### 1. 影响固定资产折旧的因素❶

（1）原价，指固定资产的成本。

（2）预计净残值，是指假定固定资产预计使用寿命已满并处于使用寿命终了时的预期状态，企业目前从该项资产处置中获得的扣除预计处置费用后的金额❷。

（3）固定资产减值准备，是指固定资产已计提的固定资产减值准备累计金额❸。

（4）固定资产的使用寿命，是指企业使用固定资产的预计期间，或者该固定资产所能生产产品或提供劳务的数量。

企业确定固定资产使用寿命时，应当考虑下列因素：①该项资产预计生产能力或实物产量；②该项资产预计有形损耗，如设备使用中发生磨损、房屋建筑物受到自然侵蚀等；③该项资产预计无形损耗，如新技术的出现使现有的资产技术水平相对陈旧、市场需求变化使产品过时等；④法律或者类似规定对该项资产使用的限制。

> 📘 **小鱼讲例题**

**37.【多选题】**下列各项中，影响固定资产折旧的因素有（　　）。【2021年】
A. 固定资产原价　　　　　　B. 固定资产的预计使用寿命
C. 固定资产预计净残值　　　D. 已计提的固定资产减值准备

**38.【多选题】**下列各项中，企业需暂估入账的有（　　）。【2011年】
A. 月末已验收入库但发票账单未到的原材料
B. 已发出商品但货款很可能无法收回的商品销售款
C. 已达到预定可使用状态但尚未办理竣工决算的办公楼
D. 董事会已通过但股东大会尚未批准的拟分配现金股利

**37.【答案】**ABCD
【解析】影响固定资产折旧的因素包括：固定资产原价、预计使用寿命、预计净残值和已计提的固定资产减值准备。

**38.【答案】**AC
【解析】选项A、C，应先暂估入账；选项B，应将库存商品转入发出商品；选项D，无须进行账务处理。

### 2. 计提折旧的范围❹

除以下情况外，企业应当对所有固定资产计提折旧：

（1）已提足折旧仍继续使用的固定资产；

（2）单独计价入账的土地；

（3）改扩建期间的固定资产；

（4）提前报废的固定资产。

在确定计提折旧的范围时，还应注意以下几点：

（1）固定资产应当按月计提折旧，当月增加的固定资产，当月不计提折旧，从下月起开始计提折旧；当月减少的固定资产，当月仍计提折旧，从下月起不再计提折旧。

（2）固定资产提足折旧后，不论能否继续使用，均不再计提折旧；提前报废的固定资产，也不再补提折旧。所谓提足折旧，是指已经提足该项固定资产的应计折旧额。

---

> **小鱼讲重点**

❶ 固定资产账面净值＝固定资产原价－累计折旧；
固定资产账面价值＝固定资产原价－累计折旧－固定资产减值准备。

❷ "预计净残值"就是不能再用了，卖废铁能值多少钱。

❸ "固定资产减值准备"是我们现在学的第三个准备。
当"固定资产不值钱了"，就需要计提减值准备。
固定资产减值准备也是一个"备抵科目"，只要是计提减值准备，谁不值钱就抵谁。

❹ 计提折旧的范围是历年考试的必考点。
（1）未使用、不需用的固定资产需计提折旧，折旧费用计入管理费用；
（2）因大修理而停工的固定资产需要计提折旧；
（3）替换设备要计提折旧。

(3) 已达到预定可使用状态但尚未办理竣工决算的固定资产❶，应当按照估计价值确定其成本，并计提折旧；待办理竣工决算后，再按照实际成本调整原来的暂估价值，但不需要调整原已计提的折旧额。

**3. 固定资产使用寿命、预计净残值和折旧方法的复核**

企业至少应当于每年年度终了，对固定资产的使用寿命、预计净残值和折旧方法进行复核。

| 项目 | 处理 |
| --- | --- |
| 使用寿命预计数与原先估计数有差异 | 调整固定资产使用寿命 |
| 预计净残值预计数与原先估计数有差异 | 调整预计净残值 |
| 与固定资产有关的经济利益预期实现方式有重大改变 | 改变固定资产折旧方法 |

固定资产使用寿命、预计净残值和折旧方法的改变应当作为会计估计变更❷处理。

### 📖 小鱼讲例题

**39.【单选题】**下列各项中，关于固定资产计提折旧的表述正确的是（　　）。【2018年】
A. 承租方短期租入的房屋应计提折旧
B. 提前报废的固定资产应补提折旧
C. 已提足折旧继续使用的房屋应计提折旧
D. 暂时闲置的库房应计提折旧

**40.【多选题】**下列关于计提固定资产折旧的说法中正确的有（　　）。【2021年】
A. 公司当月减少的固定资产当照提折旧
B. 公司当月增加的固定资产当月开始计提折旧
C. 固定资产提足折旧后仍继续使用的不用计提折旧
D. 提前报废但未提足折旧的固定资产不再补提折旧

**41.【多选题】**下列各项中，需要计提折旧的有（　　）。【2020年】
A. 营业用的中央空调
B. 已经达到使用但尚未办理竣工决算的办公大楼
C. 日常维修停工的生产设备
D. 已经足额提取折旧继续使用的生产线

**42.【判断题】**已达到预定可使用状态但尚未办理竣工决算的固定资产不应计提折旧。（　　）【2013年】

**39.【答案】**D
【解析】承租方短期租入的房屋，出租方计提折旧，承租方不计提折旧，选项A错误；提前报废的固定资产无须补提折旧，选项B错误；已提足折旧仍继续使用的房屋无须计提折旧，选项C错误；暂时闲置的库房应计提折旧，选项D正确。

**40.【答案】**ACD
【解析】固定资产计提折旧：（1）固定资产应当按月计提折旧，当月增加的固定资产，当月不计提折旧，从下月起计提折旧；当月减少的固定资产，当月仍计提折旧，从下月起不计提折旧。（2）固定资产提足折旧后，不论能否继续使用，均不再计提折旧；提前报废的固定资产，也不补提折旧。

**41.【答案】**ABC
【解析】已经足额提取折旧继续使用的生产线不再计提折旧。

**42.【答案】**×
【解析】已达到预定可使用状态但尚未办理竣工决算的固定资产，应当按照估计价值确定其成本，并计提折旧。

### （二）固定资产的折旧方法  `2分考点`

固定资产折旧方法可以采用年限平均法、工作量法、双倍余额递减法、年数总和法等。折旧方法的选择应当遵循可比性原则，如需变更，应在会计报表附注中予以说明。

---

### 小鱼讲重点

❶ 什么是"已达到预定可使用状态但尚未办理竣工决算的固定资产"？固定资产已经建设完成，但是暂时没有办理竣工结算手续，此时，固定资产已经达到预期的状态。有些企业为了不计提折旧，延迟办理竣工结算手续，为此规定，即使没有办理相关手续，固定资产也要按照"暂估价格"计提折旧。

❷（了解即可）

**会计估计变更：**会计估计是指企业对其结果不确定的交易或事项以最近可利用的信息为基础所作的判断。会计估计变更是指由于资产和负债因当前状况以及预期经济利益和义务发生了变化，从而对资产或负债的账面价值或资产的定期消耗金额进行调整。

**会计政策变更：**会计政策是指企业在会计确认、计量和报告中所采用的原则、基础和会计处理方法。会计政策变更是指企业对相同的交易或者事项改原来采用的会计政策为另一会计政策的行为。

会计估计变更可以理解为企业自己的行为，且一般都是数字的变化，如原来认为固定资产能用10年，但是经过一段时间的运行，发现只能用5年，由于获得了更可靠的信息，把原来10年的折旧期改成了5年。会计估计变更处理方法是未来适用法，即以后按照新的估计来计量，不用调整原来的结果。

会计政策变更可以理解为统一的行为，比如统一改原来采用的会计政策为另一种会计政策的行为，一般是由会计准则的调整引起的；或者是按照会计准则的要求，可以在不同的政策当中选择企业由一种政策变更成另一种政策的行为。比如，发出存货的计量方法由先进先出法变更为月末一次加权平均法（方法选择不同导致计量的结果不同）。会计政策变更的会计处理方法是追溯调整法和未来适用法。追溯调整法需要按照新的会计政策，对以前年度的结果进行调整。

**1. 年限平均法（或直线法）①**

采用年限平均法计提固定资产折旧，其特点是将固定资产的应计折旧额均衡地分摊到固定资产的预计使用寿命内，采用这种方法计算的每期折旧额是相等的。

方法一：

年折旧率 =（1− 预计净残值率）÷ 预计使用年限 ×100%

月折旧率 = 年折旧率 ÷12

月折旧额 = 固定资产原价 × 月折旧率

方法二：

年折旧额 =（固定资产原价−预计净残值）÷ 预计使用年限 = 固定资产原价 ×（1 − 预计净残值率）÷ 预计使用年限

月折旧额 = 年折旧额 ÷12

**2. 工作量法②**

工作量法，是指根据实际工作量计算固定资产每期应计提折旧额的一种方法。

单位工作量折旧额 = 固定资产原价 ×（1− 预计净残值率）÷ 预计总工作量

某项固定资产月折旧额 = 该项固定资产当月工作量 × 单位工作量折旧额

**3. 双倍余额递减法③**

双倍余额递减法，是指在不考虑固定资产预计净残值的情况下，根据每期期初固定资产原价减去累计折旧后的余额和双倍的直线法折旧率计算固定资产折旧的一种方法。采用双倍余额递减法计提固定资产折旧，一般应在固定资产使用寿命到期前两年内，将固定资产账面净值扣除预计净残值后的余额平均摊销。

年折旧率 =2÷ 预计使用年限 ×100%

年折旧额 = 每个折旧年度年初固定资产账面净值 × 年折旧率

月折旧率 = 年折旧率 ÷12

采用这种方法，在固定资产使用到期前的最后两年之前，固定资产的年折旧率保持不变，固定资产账面净额逐年减少，固定资产使用早期计提折旧高，以后逐年递减，反映的会计处理结果比较稳健，有利于固定资产投入早期回收垫支的固定资金，加速资金周转和固定资产的更新，促进技术进步。

### 📖 小鱼讲例题

**43.【多选题】** 2016 年 12 月 20 日，某企业购入一台设备，其原价为 2 000 万元，预计使用年限为 5 年，预计净残值为 5 万元，采用双倍余额递减法计提折旧，下列各项中，关于该企业采用双倍余额递减法计提折旧的结果表述正确的有（　　）。【2018 年】

A. 2017 年折旧额为 665 万元　　　B. 应计折旧总额为 1 995 万元

C. 年折旧率为 33%　　　　　　　D. 2017 年折旧额为 800 万元

43.【答案】BD

【解析】双倍余额递减法年折旧率 =2÷ 预计使用年限 ×100%=2÷5×100%=40%，选项 C 错误。第一年应计提的折旧额 =2 000×40%=800（万元）；第二年应计提的折旧额 =（2 000−800）×40%=480（万元）；第三年应计提的折旧额 =（2 000−800−480）×40%=288（万元）；第四年起改用年限平均法计提折旧：第四、五年的年折旧额 =[（2 000−800−480−288)−5]÷2=213.5（万元）。应计折旧总额可以用原值减去预计净残值：2 000−5=1 995（万元），也可以用各年计提的折旧求和 =800+480+288+213.5×2=1 995（万元），选项 B 正确。因为该设备是 2016 年 12 月 20 日购入的，当月增加的固定资产次月开始计提折旧，即从 2017 年 1 月份开始计提折旧，也就

---

### 小鱼讲重点

① 比如原价为 110 万元的机器，预计净残值为 10 万元，预计使用 10 年，那么每年的折旧额 =（110−10）÷10=10（万元/年）。

② 比如工厂引进了一台机器，齿轮能工作 10 000 次，今年工作了 3 000 次，明年工作 2 000 次，则今年的折旧率是 3 000÷10 000×100%=30%，明年的折旧率是 2 000÷10 000×100%=20%。按照工作量法计提折旧，就是"干多少活，计提多少折旧"。工作量法也需要先扣减掉预计净残值之后，再将剩余的部分计提折旧。

③ 双倍余额递减法是历年考试的必考点。

如何理解双倍余额递减法？

比如，固定资产的原值为 100 万元，折旧年限是 5 年。如果按照年限平均法来计提折旧，每年的折旧额 =100÷5=20（万元）。年限平均法就是假设机器在使用年限内每年的工作状态是一样的，所以每年的折旧额也一样。

而双倍余额递减法则假设，随着机器的不断使用，性能越来越差，因此要在前几年多提折旧，后几年少提折旧。

因此双倍余额递减法第一年的折旧额 =（100÷5）×2，和年限平均法相比，第一年的折旧额是年限平均法第一年的 2 倍。

计算步骤：

（1）双倍余额递减法要先计算折旧率：年限平均法的折旧率是 1÷5×100%=20%，而双倍余额递减法的折旧率 =2÷5×100%=40%。

（2）第一年折旧额 =100×40%=40（万元）；第二年折旧额 =（100−40）×40%=24（万元）；第三年折旧额 =（100−40−24）×40%=14.4（万

是第一个折旧年度和会计年度完全相同，因此 2017 年折旧额为 800 万元，选项 D 正确，选项 A 错误。

### 4. 年数总和法①

年数总和法是指将固定资产的原价减去预计净残值后的余额，乘以一个逐年递减的分数计算每年的折旧额，这个分数的分子代表固定资产尚可使用年限，分母代表固定资产预计使用寿命逐年数字总和。

年折旧率 = 尚可使用年限 ÷ 预计使用年限的年数总和 ×100%

年折旧额 =（固定资产原价 – 预计净残值）× 年折旧率

在这种方法下，各年的固定资产原价减去预计净残值的余额始终保持不变，年折旧率逐年降低，年折旧额逐年减少，逐年降低的幅度较双倍余额递减法有所减缓，会计处理结果比较稳健。

> 📘 小鱼讲例题
>
> 44.【单选题】2015 年 12 月某企业购入一台设备，初始入账价值为 400 万元。设备于当月交付使用，预计使用寿命为 5 年，预计净残值为 4 万元，采用年数总和法计提折旧。不考虑其他因素，2017 年该设备应计提的折旧额为（　　）万元。【2018 年】
> A. 160　　　　B. 96　　　　C. 132　　　　D. 105.6
>
> 45.【单选题】2018 年 12 月 3 日购入一台不需要安装的设备，原价 60 000 元，预计净残值 3 000 元，预计使用年限 5 年，采用年数总和法计提折旧，2019 年 12 月 31 日该设备账面价值（　　）元。【2020 年】
> A. 48 600　　　B. 36 000　　　C. 41 000　　　D. 54 000
>
> 46.【单选题】某企业 2020 年 9 月 30 日自行建造的一条生产线投入使用，该生产线建造成本为 3 000 万元，预计使用年限为 5 年，预计净残值为 100 万元。在采用双倍余额递减法计提折旧的情况下，2020 年该生产线应计提的折旧额为（　　）万元。【2022 年】
> A. 600　　　　B. 350　　　　C. 300　　　　D. 1 200
>
> 47.【单选题】某公司为增值税一般纳税人，2019 年 7 月 5 日购入一台需要安装的机器设备，增值税专用发票注明的价款为 600 万元，增值税 78 万元，以上款项以支票支付。安装过程中领用本公司原材料 80 万元，该设备 2019 年 8 月 8 日达到预定可使用状态并交付车间使用。该固定资产预计使用 5 年，预计净残值率为 5%，同时对该固定资产采用年数总和法计提折旧，则 2020 年应当计提的折旧额为（　　）万元。
> A. 215.33　　　B. 172.26　　　C. 200.98　　　D. 196.45

44.【答案】D

【解析】2017 年该设备应计提的折旧额 =（400–4）×（4÷15）=105.6（万元）。

45.【答案】C

【解析】年数总和法下，年折旧率 = 尚可使用年限 ÷ 预计使用年限的年数总和 ×100%。2018 年 12 月 3 日购入一台不需要安装的设备，2019 年是折旧的第一年，因此折旧率 =5÷（1+2+3+4+5）= 5÷15。2019 年折旧额 =（固定资产原价 – 预计净残值）× 年折旧率 =（60 000–3 000）×5÷15= 19 000（元）。2019 年 12 月 31 日该设备的账面价值 =60 000–19 000=41 000（元）。故选 C。

46.【答案】C

【解析】2020 年该生产线应计提的折旧额 =3 000×2÷5×3÷12=300（万元）。

47.【答案】C

【解析】固定资产的入账价值 =600+80=680（万元）；固定资产应当在 2019 年 9 月开始计提折旧。

---

（来自上页）③

元）。

（3）最后两年，折旧余额平摊 =（100–40–24–14.4）÷2=10.8（万元）；

第四年折旧额 =10.8（万元）；

第 五 年 折 旧 额 =10.8（万元）。

如果有预计净残值，预计净残值在最后两年扣减，即（100–40–24–14.4– 预计净残值）÷2。

---

> 📘 小鱼讲重点
>
> ① 年数总和法也是一种"加速折旧方法"，即一开始多折旧，后来少折旧。
>
> 计算步骤如下：
>
> （1）年数总和法要先计算使用年限之和。比如机器一共可以使用五年，那么年数总和 =1+2+3+4+5=15。
>
> （2）第一年的折旧率 =5÷15×100%；
>
> 第二年的折旧率 =4÷15×100%；
>
> 第三年的折旧率 =3÷15×100%；
>
> 第四年的折旧率 =2÷15×100%；
>
> 第五年的折旧率 =1÷15×100%。
>
> （3）第一年的折旧额 =（原值 – 预计净残值）× 第一年的折旧率；
>
> 第二年的折旧额 =（原值 – 预计净残值）× 第二年的折旧率；
>
> ……

第一个折旧年度【2019.9.1–2020.8.31】应计提的折旧额 =680×（1–5%）×5÷15=215.33（万元）。
第二个折旧年度【2020.9.1–2021.8.31】应计提的折旧额 =680×（1–5%）×4÷15=172.27（万元）。
2020 年应当计提的折旧额 =215.33×8÷12+172.27×4÷12=200.98（万元）。

### （三）固定资产折旧的账务处理 　2分考点

固定资产应当按月计提折旧，将计提的折旧额记入"累计折旧"科目，并根据固定资产的用途和受益对象的性质计入相关资产的成本或者当期损益。

| 情形 | 会计处理 | 会计分录 |
| --- | --- | --- |
| 企业自行建造固定资产过程中使用的固定资产 | 计入在建工程成本 | 借：制造费用❶（生产用固定资产的折旧）<br>　　管理费用（行政用固定资产或不需要、未采用的固定资产的折旧）<br>　　销售费用（销售部门用固定资产的折旧）<br>　　在建工程（用于工程的固定资产的折旧）<br>　　研发支出（用于研发的固定资产的折旧）<br>　　其他业务成本（经营租出的固定资产的折旧）等<br>贷：累计折旧 |
| 基本生产车间使用的固定资产 | 计入制造费用 | |
| 管理部门使用的固定资产 | 计入管理费用 | |
| 销售部门使用的固定资产 | 计入销售费用 | |
| 经营租出的固定资产 | 计入其他业务成本 | |

#### 📖 小鱼讲例题

48.【多选题】下列各项中，关于工业企业固定资产折旧会计处理表述正确的有（　　）。【2017 年】
A. 基本生产车间使用的固定资产，其计提的折旧应计入制造费用
B. 经营租出的固定资产，其计提的折旧应计入其他业务成本
C. 建造厂房时使用的自有固定资产，其计提的折旧应计入在建工程成本
D. 行政管理部门使用的固定资产，其计提的折旧应计入管理费用

49.【多选题】下列各项中，关于企业固定资产折旧会计处理表述正确的有（　　）。【2018 年】
A. 自营建造厂房使用的自有固定资产，计提的折旧应计入在建工程成本
B. 基本生产车间使用的自有固定资产，计提的折旧应计入制造费用
C. 经营租赁租出的固定资产，其计提的折旧应计入管理费用
D. 专设销售机构使用的自有固定资产，计提的折旧应计入销售费用

50.【判断题】企业自行建造固定资产过程中，所使用自有设备计提的折旧应计入在建工程成本。（　　）【2019 年】

48.【答案】ABCD
49.【答案】ABD
【解析】选项 C，经营租赁租出的固定资产，其计提的折旧计入其他业务成本。
50.【答案】√
【解析】企业自行建造固定资产过程中使用的固定资产，其计提的折旧应计入在建工程成本。

### 考点 4：固定资产的后续支出 　2分考点

固定资产的后续支出是指固定资产在使用过程中发生的更新改造支出、修理费等❷。固定资产的更新改造、修理等后续支出，满足固定资产确认条件的，应当计入固定资产成本，如有被替换的部分，应同时将被替换部分的账面价值从该固定资产原账面价值中扣除；不满足固定资产确认条件的后续支出，应当在发生时计入当期损益。

---

**小鱼讲重点**

❶ 生产车间固定资产的折旧要计入制造费用而非生产成本。"生产成本"科目登记的是"直接受益的成本"，比如原材料和直接人工；而固定资产可能同时生产好几种产品，因此要计入间接受益的成本，即"制造费用"；
如果企业将固定资产租赁出去（经营租赁），此时获得的收入要计入其他业务收入（由于租赁固定资产并非主要业务），根据"收入和成本配比"原则，租出的固定资产成本（即折旧）则应计入其他业务成本。

❷ 什么是"大修理"和"改扩建"？
固定资产的大修理就相当于"割双眼皮"，稍微"休息"一下，下午还得上班；
固定资产的改扩建就相当于"换肾"，首先需要将固定资产转入在建工程，得休整几个月才能好。
因此在大修理期间，需要继续计提折旧，而改扩建期间则不需要。

## （一）更新改造基本账务处理

| 情形 | 会计处理 |
|---|---|
| 固定资产转入在建工程 | 借：在建工程<br>　　累计折旧<br>　　固定资产减值准备<br>　贷：固定资产 |
| 发生可资本化后续支出 | 借：在建工程<br>　　应交税费——应交增值税（进项税额）<br>　贷：银行存款等 |
| 终止被替换部分的账面价值① | 借：银行存款或原材料（变价收入，剩余残料价值②）<br>　　营业外支出——非流动资产处置损失（净损失）<br>　贷：在建工程（被替换部分的账面价值 = 替换部分原值 – 累计折旧 – 固定资产减值准备） |
| 更新改造完毕 | 借：固定资产<br>　贷：在建工程 |

## （二）固定资产维修费用账务处理

固定资产的大修理支出通常不符合固定资产的确认条件，在发生时应直接计入当期损益。企业生产车间③（部门）和行政管理部门等发生的固定资产修理费用等后续支出记入"管理费用"；企业设置专设销售机构的，其发生的与专设销售机构相关的固定资产修理费用等后续支出，记入"销售费用"。

### 小鱼讲例题

**51.【单选题】**某企业对生产设备进行改良，发生资本化支出共计45万元，被替换旧部件的账面价值为10万元，该设备原价为500万元，已计提折旧300万元。不考虑其他因素，该设备改良后的入账价值为（　　）万元。【2017年】
A. 245　　B. 235　　C. 200　　D. 190

**52.【单选题】**A公司对一座办公楼进行更新改造，该办公楼原价为1 000万元，已计提折旧500万元。更新改造过程中发生支出600万元，被替换部分账面原价为100万元，出售价款为2万元。则新办公楼的入账价值为（　　）万元。【2018年】
A. 1 100　　B. 1 050　　C. 1 048　　D. 1 052

**53.【单选题】**2020年12月某企业发生固定资产后续支出业务如下：生产设备更新改造支出30 000元（符合资本化条件），车间生产线日常维修支出3 000元，行政管理部门办公设备日常维修支出2 000元。不考虑其他因素，下列各项中，该企业固定资产后续支出中计入当期损益的金额为（　　）元。【2021年】
A. 5 000　　B. 2 000　　C. 35 000　　D. 3 000

**54.【判断题】**企业生产车间发生的固定资产日常维修费，应作为制造费用核算计入产品成本。（　　）【2017年】

**55.【判断题】**符合资本化确认条件的固定资产更新改造支出，应在发生时通过"在建工程"科目核算。（　　）【2021年】

**56.【判断题】**企业对固定资产进行更新改造时，应当将该固定资产账面价值转入在建工程，并将被替换部件的变价收入冲减在建工程。（　　）【2021年】

**51.【答案】B**
**【解析】**设备改良后的入账价值 =45–10+500–300=235（万元）。

---

### 小鱼讲重点

① 甲航空公司为增值税一般纳税人，2010年12月，购入一架飞机，总计花费80 000 000元（含发动机），发动机当时的购价为5 000 000元。甲航空公司未将发动机单独作为一项固定资产进行核算。2019年6月末，甲航空公司开辟新航线，航程增加。为延长飞机的空中飞行时间，公司决定更换一部性能更为先进的发动机。公司以银行存款购入新发动机一台，增值税专用发票上注明的购买价为7 000 000元，增值税税额为910 000元；另支付安装费用并取得增值税专用发票，注明安装费为100 000元，税率为9%，增值税税额为9 000元。假定飞机的年折旧率为3%，不考虑预计净残值的影响，替换下的老发动机报废且无残值收入。

(1) 2019年6月末飞机的累计折旧金额 =80 000 000×3%×8.5= 20 400 000（元），将固定资产转入在建工程：
借：在建工程　59 600 000
　　累计折旧　20 400 000
　贷：固定资产　80 000 000

(2) 购入并安装新发动机：
借：工程物资　7 000 000
　　应交税费——应交增值税（进项税额）　910 000
　贷：银行存款　7 910 000
借：在建工程　7 000 000
　贷：工程物资　7 000 000

(3) 支付安装费用：
借：在建工程　100 000
　　应交税费——应交增值税（进项税额）　9 000
　贷：银行存款　109 000

(4) 2019年6月末老发动机的账面价值 =5 000 000 – 5 000 000× 3%×8.5 = 3 725 000（元），终止确认老发动机的账面价值：
借：营业外支出——非流动资产处置损失　3 725 000
　贷：在建工程　3 725 000

(5) 新发动机安装完毕，投入使用，固定资产的入账价值 =59 600 000 + 7 000 000 + 100 000 – 3 725 000 =62 975 000（元）。
借：固定资产　62 975 000
　贷：在建工程　62 975 000

② 对于固定资产后续支出涉及替换

52. 【答案】B

    【解析】被替换部分的账面价值 =100×(1–500÷1 000)=50（万元）。

    新办公楼的入账价值 =1 000–500+600–50=1 050（万元）。

53. 【答案】A

    【解析】生产设备更新改造支出符合资本化条件的应予以资本化，车间生产线日常维修支出计入当期损益管理费用，行政管理部门的日常维修费用计入当期损益管理费用，所以计入当期损益的金额 =3 000+2 000=5 000（元）。所以本题答案为选项 A。

54. 【答案】×

    【解析】企业生产车间发生的固定资产日常维修费应计入管理费用。

55. 【答案】√

56. 【答案】×

    【解析】企业对固定资产进行更新改造时，应当将该固定资产账面价值转入在建工程，并将被替换部件的账面价值扣除，被替换部件的变价收入冲减营业外支出，不影响在建工程的账面价值。综上，本题表述错误。

## 考点 5：固定资产的处置  `2 分考点`

固定资产的处置，即固定资产的终止确认，具体包括固定资产的出售、报废、毁损、对外投资、非货币性资产交换、债务重组等。

处置的固定资产包括：(1) 将**不适用**或**不需用**的固定资产对外**出售**转让；(2) 因磨损、技术进步等原因对**固定资产进行报废**，或因遭受自然灾害而对毁损的固定资产进行处理。

| 情形 | | 会计处理 |
|---|---|---|
| 固定资产转入清理① | | 借：固定资产清理<br>　　累计折旧<br>　　固定资产减值准备<br>　贷：固定资产 |
| 结算清理费用等 | | 借：固定资产清理<br>　　应交税费——应交增值税（进项税额）<br>　贷：银行存款 |
| 收回出售固定资产的价款、残料价值和变价收入等 | 收回出售固定资产的价款、税款 | 借：银行存款<br>　贷：固定资产清理<br>　　　应交税费——应交增值税（销项税额） |
| | 残料入库 | 借：原材料<br>　贷：固定资产清理 |
| | 确认应收责任单位（或个人）赔偿损失 | 借：其他应收款<br>　贷：固定资产清理 |
| 结转清理净损益② | 因固定资产已丧失使用功能或因自然灾害发生毁损等原因而报废清理 | (1) 正常报废清理产生的处理净损失：<br>借：营业外支出——非流动资产处置损失<br>　贷：固定资产清理<br>(2) 自然灾害等非正常原因造成的：<br>借：营业外支出——非常损失<br>　贷：固定资产清理<br>(3) 如果是净收益：<br>借：固定资产清理<br>　贷：营业外收入——非流动资产处置利得 |
| | 因出售、转让等原因产生的固定资产处置利得或损失 | 借：固定资产清理<br>　贷：资产处置损益（利得）<br>借：资产处置损益（损失）<br>　贷：固定资产清理 |

（来自上页）❷

原固定资产的某组成部分，当发生的后续支出符合固定资产确认条件时，应将其计入固定资产成本，同时将被替换部分的账面价值扣除。这样可以避免将替换部分的成本和被替换部分的成本同时计入固定资产成本，导致固定资产成本被高估。

请注意：被替换部分的剩余料价值计入银行存款或原材料，而非冲减在建工程，**因此被替换部分资产无论是否有残料收入等经济利益的流入，都不会影响最终固定资产的入账价值。**

更新改造完的固定资产，从在建工程转为固定资产后，按重新确定的使用寿命、预计净残值和折旧方法计提折旧。

❸ 跟"生产车间"固定资产相关的费用：

(1) 固定资产折旧费——制造费用；

(2) 固定资产大修理支出——管理费用。

为什么生产车间固定资产大修理支出不计入制造费用？

制造费用将来要转入产品成本，固定资产修理一次可以使用多年，如果计入制造费用，将来转入当期生产产品的成本，这期产品成本也太贵了，所以直接在修理的当期费用化。

### 小鱼讲重点

❶ 固定资产的处置要先转入"固定资产清理"科目，后续无论发生处置费用或者处置收入，都先计入固定资产清理，最后把"固定资产清理"科目的借方余额转入"损失"，贷方余额转入"收益"。

"固定资产清理"科目的借方余额表示：固定资产的账面价值还剩这些，如果没有收到相应的收入来补偿这些剩余价值，这些借方余额就只能报废了，因此借方余额要转入损失。

比如，固定资产原价为 200 万元，已计提折旧 50 万元，计提减值准备 50 万元，现在要处置该固定资产，首先需要将账面价值转入"固定资产清理"科目：

借：固定资产清理　　100
　　累计折旧　　　　 50

## 小鱼讲例题

**57.【单选题】** 某企业处置一项固定资产收回的价款为80万元，该资产原价为100万元，已计提折旧60万元，计提减值准备5万元，处置发生清理费用5万元，不考虑其他因素，处置该资产对当期利润总额的影响金额为（　　）万元。【2016年】
A. 40　　　B. 80　　　C. 50　　　D. 35

**58.【多选题】** 下列各项中，应通过"固定资产清理"科目核算的有（　　）。【2018年】
A. 固定资产盘亏的账面价值　　B. 固定资产更新改造支出
C. 固定资产毁损净损失　　　　D. 固定资产出售的账面价值

**57.【答案】** A
【解析】处置固定资产的净收益=80−(100−60−5)−5=40（万元），影响利润总额的金额为40万元。

**58.【答案】** CD
【解析】选项A通过"待处理财产损溢"科目进行核算；选项B通过"在建工程"科目进行核算。

## 考点6：固定资产清查 ❶ 〔2分考点〕

为保证固定资产核算的真实性，充分挖掘企业现有固定资产的潜力，企业应当定期或者至少于每年年末对固定资产进行清查盘点。在固定资产清查过程中，如果发现盘盈、盘亏的固定资产，应当填制固定资产盘盈盘亏报告表。清查固定资产的损溢，及时查明原因，并按照规定程序报批处理。

| 情形 | 调账 | 报批 | |
|---|---|---|---|
| 盘盈 | 借：固定资产（重置成本入账）<br>　贷：以前年度损益调整（前期差错） | 由于以前年度损益调整而增加的所得税费用 | 借：以前年度损益调整<br>　贷：应交税费——应交所得税 |
| | | 将以前年度损益调整科目余额转入留存收益时 | 借：以前年度损益调整<br>　贷：盈余公积——法定盈余公积（10%）<br>　　　利润分配——未分配利润 |
| 盘亏 | 借：待处理财产损溢<br>　　累计折旧<br>　　固定资产减值准备<br>　贷：固定资产<br>　　　应交增值税（进项税额转出）（自然灾害除外） | 借：其他应收款（保险赔款或责任人赔款）<br>　　营业外支出——盘亏损失<br>　贷：待处理财产损溢 | |

**【几种财产清查】**

| 项目 | 盘盈 | 盘亏 |
|---|---|---|
| 现金 | 营业外收入 | 管理费用 |
| 存货 | 冲减管理费用 | 其他应收款（有人赔）<br>管理费用（正常损耗）<br>营业外支出（非正常损耗） |
| 固定资产 | 以前年度损益调整 | 其他应收款（有人赔）<br>营业外支出（固定资产"坏"） |

## 小鱼讲例题

**59.【单选题】** 企业在财产清查中盘盈一台设备，下列各项中，根据该设备的重置成本应贷记的会计科目是（　　）。【2021年】
A. 营业外收入　　　　　B. 以前年度损益调整
C. 待处理财产损溢　　　D. 固定资产清理

**60.【单选题】** 盘盈固定资产时入账价值的计量属性是（　　）。【2018年】
A. 可变现净值　　B. 公允价值　　C. 重置成本　　D. 现值

---

（来自上页）❶
　　固定资产减值准备　50
　贷：固定资产　　　　　　200
如果该固定资产卖不掉，则表示"固定资产清理"科目100万元的借方余额就要报废了：
借：营业外支出/资产处置损益　100
　贷：固定资产清理　　　　　　100

❷ 固定资产净损益记入哪个会计科目？要分清固定资产是"坏"还是"卖"。如果固定资产是"卖"，这个行为是企业"意料之内"的，因此要计入<u>资产处置损益</u>；如果固定资产是"坏"，这个行为是企业"意料之外"的，因此要计入<u>营业外收入/营业外支出</u>。

## 小鱼讲重点

❶ 固定资产清查是历年考试的必考点。
（1）盘盈。首先，和存货相比，<u>固定资产不可能"盘盈"</u>。而且，一旦出现"多了的"固定资产，多是因为记账错误。由于固定资产每年都需要计提折旧，多了的固定资产因为之前没有提过折旧，因此需要用"<u>以前年度损益调整</u>"科目进行追溯调整。
（2）盘亏。如果固定资产出现盘亏，只有两种情况，要么有人赔，计入其他应收款；要么没人赔，计入营业外支出。因为固定资产的盘亏，也就是固定资产的"坏"，这个行为是企业"意料之外"的，因此要计入<u>营业外支出</u>。

59.【答案】B
60.【答案】C
【解析】盘盈的固定资产，应按重置成本确定其入账价值，借记"固定资产"科目，贷记"以前年度损益调整"科目。

### 考点7：固定资产减值  **2分考点**

固定资产在资产负债表日存在可能发生减值的迹象时，其可收回金额[1]低于账面价值的，企业应当将该固定资产的账面价值减记至可收回金额，减记的金额确认为减值损失，计入当期损益，同时计提相应的资产减值准备。

账务处理：
借：资产减值损失——固定资产减值损失
　　贷：固定资产减值准备
固定资产减值损失一经确认，在以后会计期间不得转回[2]。

**小鱼讲例题**

61.【单选题】下列各项中，关于企业固定资产会计处理的表述正确的是（　　）。【2018年】
A. 盘盈的固定资产应计入营业外收入
B. 已提足折旧仍继续使用的固定资产不再计提折旧
C. 固定资产发生的符合资本化条件的后续支出计入当期损益
D. 已确定的固定资产减值损失在以后会计期间可以转回

62.【单选题】下列各项中，企业通过"待处理财产损溢"科目核算的业务是（　　）。【2020年】
A. 固定资产报废　　　　B. 固定资产减值
C. 固定资产盘亏　　　　D. 固定资产买卖

61.【答案】B
【解析】选项A应作为前期会计差错进行更正，通过"以前年度损益调整"科目核算，选项C应计入固定资产成本，选项D在以后会计期间不可以转回。

62.【答案】C
【解析】企业在财产清查中盘亏的固定资产，按照盘亏规定资产的账面价值，借记"待处理财产损溢"科目，贷记"固定资产"科目。

## 第四节　生产性生物资产

**一个小目标**

| 必须掌握 | 了解一下 |
| --- | --- |
| 生产性生物资产的确认与计量 | |
| 生产性生物资产的账务处理 | |

### 考点1：生产性生物资产的确认与计量[3]

生产性生物资产，是指为产出农产品、提供劳务或出租等而持有的生物资产，包括经济林、薪炭林、产畜和役畜等。

**小鱼讲重点**

[1] 固定资产的可收回金额应当以固定资产的预计未来现金流量现值与公允价值减处置费用的净额孰高原则确认。
固定资产的可收回金额就是"把固定资产处置了，能得到多少钱？"主要有两种处置方式：
（1）公允价值–处置费用；
（2）未来现金流量现值（理解为租出去收租金，一直到资产报废能收多少钱）。
哪个可回收的金额高，就选哪个。将可收回金额和固定资产的账面价值相比，如果可收回金额低于账面价值，表示固定资产减值了。

[2] 和应收账款的减值、存货的减值相比，固定资产的减值一旦确定，未来不得转回。
对于应收账款、存货等流动性较强的资产，价格有所波动是正常现象，而且即使提了减值准备，也只和当期的损益有关，因此，可以将原来计提的减值准备在"计提的跌价准备金额内"进行恢复。固定资产、无形资产等非流动资产的价格波动不会很大，而且一旦计提减值，以后年度的折旧和摊销都要根据减值后的金额进行计提，所以对固定资产、无形资产计提的减值是比较慎重的行为，一旦确认，以后会计期间不得转回。

[3] 什么是"生产性生物资产"？
可以理解为持有该资产的主要目的是"下崽"（使用）。由于持有目的是"使用"而非直接出售，因此处理方法类似于固定资产，后续也要进行折旧和摊销。

### （一）生产性生物资产的计量

（1）**外购生产性生物资产的成本**，包括购买价款、相关税费、运输费、保险费以及可直接归属于购买该资产的其他支出。

（2）自行营造或繁殖的生产性生物资产的成本，应当按照下列规定确定。

①自行营造的林木类生产性生物资产的成本，包括达到预定生产经营目的前发生的造林费、抚育费、营林设施费、良种试验费、调查设计费和应分摊的间接费用等必要支出。

②自行繁殖的产畜和役畜的成本，包括达到预定生产经营目的（成龄）前发生的饲料费、人工费和应分摊的间接费用等必要支出。达到预定生产经营目的，是指生产性生物资产进入正常生产期，可以多年连续稳定产出农产品、提供劳务或出租。

（3）因择伐、间伐或抚育更新性质采伐而补植林木类生物资产发生的后续支出，应当计入林木类生物资产的成本。

生物资产在郁闭或达到预定生产经营目的后发生的管护、饲养费用等后续支出，应当计入当期损益。

### （二）主要会计科目的设置

（1）"生产性生物资产"科目核算企业（农、林、牧、渔业）持有的生产性生物资产的原价（成本）。借方登记外购、自行营造的林木、自行繁殖产畜和役畜等增加的生产性生物资产成本，贷方登记出售、报废、毁损、对外投资等减少的生产性生物资产原价（成本）。期末借方余额，反映企业（农、林、牧、渔业）生产性生物资产的原价（成本）。本科目应按照"未成熟生产性生物资产"和"成熟生产性生物资产"，分别生物资产的种类、群别等进行明细核算。

（2）"生产性生物资产累计折旧"科目核算企业（农、林、牧、渔业）成熟生产性生物资产的累计折旧。贷方登记企业按月计提成熟生产性生物资产的折旧，借方登记处置生产性生物资产结转的生产性生物资产累计折旧。期末贷方余额，反映企业成熟生产性生物资产的累计折旧额。本科目应按照生产性生物资产的种类、群别等进行明细核算。

> 📖 **小鱼讲例题**
>
> 63.【多选题】生产性生物资产包括（　　）。【2022年】
> A. 经济林　　　　　　　　B. 存栏待售的牲畜
> C. 薪炭林　　　　　　　　D. 产畜

63.【答案】ACD
【解析】选项A、C、D符合题意，生产性生物资产，是指为产出农产品、提供劳务或出租等而持有的生物资产，包括经济林、薪炭林、产畜和役畜等；选项B不符合题意，存栏待售的牲畜属于消耗性生物资产。综上，本题应选A、C、D。

### 📕 考点2：生产性生物资产的账务处理

#### （一）生产性生物资产增加的账务处理

| 情形 | 账务处理 |
| --- | --- |
| 企业外购的生产性生物资产 | 借：生产性生物资产（购买价款+相关税费）<br>　　应交税费——应交增值税（进项税额）<br>贷：银行存款等 |

续表

| 情形 | 账务处理 |
|---|---|
| 自行营造的林木类生产性生物资产 | 借：生产性生物资产（达到预定生产经营目的前发生的造林费、抚育费、营林设施费、良种试验费、调查设计费和应分摊的间接费用等必要支出）<br>贷：原材料/银行存款等 |
| 自行繁殖的产畜和役畜 | 借：生产性生物资产（达到预定生产经营目的前发生的饲料费、人工费和应分摊的间接费用等必要支出）<br>贷：原材料/银行存款等 |
| 未成熟生产性生物资产达到预定生产经营目的 | 借：生产性生物资产——成熟生产性生物资产<br>贷：生产性生物资产——未成熟生产性生物资产 |
| 育肥畜转为产畜或役畜 | 借：生产性生物资产<br>贷：消耗性生物资产 |
| 产畜或役畜淘汰转为育肥畜 | 借：消耗性生物资产<br>　　生产性生物资产累计折旧<br>贷：生产性生物资产 |
| 择伐、间伐或抚育更新性质采伐而补植林木类生产性生物资产发生的后续支出 | 借：生产性生物资产——未成熟生产性生物资产<br>贷：银行存款 |
| 生产性生物资产发生的管护、饲养费用等后续支出 | 借：管理费用<br>贷：银行存款 |

【例14】甲公司自2015年年初开始自行营造100公顷橡胶树，当年发生种苗费169 000元，平整土地和定植所需机器设备折旧费55 500元；自营造开始正常生产周期为6年，假定各年均匀发生抚育肥料及农药费41 750元、人工费75 000元、每年应分摊管护费用402 500元。假定不考虑相关税费等其他因素。甲公司应编制如下会计分录：

2015年，发生种苗费、平整土地等费用：

借：生产性生物资产——未成熟生产性生物资产　　　　224 500
　　贷：原材料——种苗　　　　　　　　　　　　　　　　169 000
　　　　累计折旧　　　　　　　　　　　　　　　　　　　 55 500

2015~2020年，每年发生抚育肥料及农药费、人工费、应分摊管护费用：

借：生产性生物资产——未成熟生产性生物资产　　　　519 250
　　贷：原材料——肥料及农药　　　　　　　　　　　　　 41 750
　　　　应付职工薪酬　　　　　　　　　　　　　　　　　 75 000
　　　　银行存款　　　　　　　　　　　　　　　　　　　402 500

【例15】2015~2020年，甲公司自行营造生产性生物资产达到预定生产经营目的。生产性生物资产成本总额=224 500+519 250×6=3 340 000(元)。甲公司应编制如下会计分录：

借：生产性生物资产——成熟生产性生物资产　　　　　3 340 000
　　贷：生产性生物资产——未成熟生产性生物资产　　　3 340 000

### 小鱼讲例题

64.【多选题】下列有关生产性生物资产的表述中，正确的有（　　）。【2022年】
A. 自行繁殖的育肥畜应计入生产性生物资产
B. 达到预定生产经营目的的生产性生物资产应计提折旧
C. 生产性生物资产在郁闭后发生的管护费应计入管理费用
D. 自行营造的经济林计入生产性生物资产

64.【答案】BCD

【解析】选项 A 错误，自行繁殖的育肥畜应计入消耗性生物资产。选项 B 正确，企业对达到预定生产经营目的的生产性生物资产，应按期计提折旧，并根据用途分别计入相关资产的成本或当期损益。选项 C 正确，生物资产在郁闭或达到预定生产经营目的后发生的管护、饲养费用等后续支出，应计入当期损益（管理费用）。选项 D 正确，自行营造的经济林计入生产性生物资产。综上，本题应选 B、C、D。

## （二）生产性生物资产折旧的账务处理❶

（1）企业对达到预定生产经营目的的生产性生物资产，应当按期计提折旧，并根据用途分别计入相关资产的成本或当期损益。

（2）企业应当根据生产性生物资产的性质、使用情况和有关经济利益的预期实现方式，合理确定其使用寿命、预计净残值和折旧方法。

（3）可选用的折旧方法包括年限平均法、工作量法、产量法等。生产性生物资产的使用寿命、预计净残值和折旧方法一经确定，不得随意变更。

（4）企业确定生产性生物资产的使用寿命，应当考虑的因素包括：

①预计的产出能力或实物产量；

②预计的有形损耗，如产畜和役畜衰老、经济林老化等；

③预计的无形损耗，如因新品种的出现而使现有的生产性生物资产的产出能力和产出农产品的质量等方面相对下降、市场需求的变化使生产性生物资产产出的农产品相对过时等。

（5）企业至少应当于每年年度终了对生产性生物资产的使用寿命、预计净残值和折旧方法进行复核。使用寿命或预计净残值的预期数与原先估计数有差异的，或者有关经济利益预期实现方式有重大改变的，应当作为会计估计变更，调整生产性生物资产的使用寿命、预计净残值或者改变折旧方法。

## （三）生产性生物资产减值的账务处理

企业至少应当于每年年度终了对生产性生物资产进行检查，有确凿证据表明由于遭受自然灾害、病虫害、动物疫病侵袭或市场需求变化等，使生产性生物资产的可收回金额低于其账面价值的❷，应当按照可收回金额低于账面价值的差额，计提生产性生物资产减值准备，并计入当期损益。可收回金额应当按照资产减值的办法确定。生产性生物资产减值准备一经计提，不得转回。

## （四）生产性生物资产成本结转

生产性生物资产收获的农产品成本，按照产出或采收过程中发生的材料费、人工费和应分摊的间接费用等必要支出计算确定，并采用加权平均法、个别计价法、蓄积量比例法、轮伐期年限法等方法，将其账面价值结转为农产品成本。

## （五）生物资产后续计量的公允价值账务处理❸

根据规定，生物资产通常按照成本计量，但有确凿证据表明其公允价值能够持续可靠取得的除外。采用公允价值计量的生物资产，应当同时满足下列两个条件：

（1）生物资产有活跃的交易市场。活跃的交易市场是指同时具有下列特征的市场：

①市场内交易的对象具有同质性。

②可以随时找到自愿交易的买方和卖方。

③市场价格的信息是公开的。

（2）能够从交易市场上取得同类或类似生物资产的市场价格及其他相关信息，从而对生物资产的公允价值做出合理估计。同类或类似是指生物资产的品种相同或类似、质量等级相同或类似、生长时间相同或类似、所处气候和地理环境相同或类似。

> **小鱼讲重点**
>
> ❶ 和普通固定资产计提折旧的方法一致。
>
> ❷ 和普通固定资产计提减值的方法一致。
>
> ❸ 如果公允价值可以持续可靠取得，也可以使用公允价值进行后续计量。

# 第五节　无形资产和长期待摊费用

## 📘 一个小目标

| 必须掌握 | 了解一下 |
|---|---|
| 无形资产 | 长期待摊费用 |

微信扫码
观看视频课程

### 📖 考点 1：无形资产

#### （一）无形资产概述

**1. 无形资产的概念**

无形资产是指企业拥有或者控制的没有实物形态的可辨认非货币性资产，主要包括专利权、非专利技术、商标权、著作权、土地使用权和特许权等。

**2. 无形资产的特征**

（1）具有资产基本特征。由企业拥有或者控制并能为其带来未来经济利益是无形资产作为一项资产的基本特征。

（2）不具有实物形态。

（3）具有可辨认性❶。

资产满足下列条件之一的，符合无形资产定义中的可辨认性标准：

①能够从企业中分离或者划分出来，并能单独或者与相关合同、资产或负债一起，用于出售、转让、授予许可、租赁或者交换。

②源自合同性权利或其他法定权利，无论这些权利是否可以从企业或其他权利和义务中转移或者分离。

（4）属于非货币性资产。无形资产在持有期间为企业带来未来经济利益的情况不确定，不属于以固定或可确定的金额收取的资产。无形资产的存在形态不具有货币性资产形态特征。

**3. 无形资产的管理**

无形资产是经济增长的决定性因素。企业无形资产的规模和质量决定着创新型企业的技术水平、创新资源、创新能力和创新效率等核心竞争力和可持续发展能力，无形资产相对于有形资产在保持和增强企业持久经济利益流入中越来越重要。无形资产准确及时的确认与计量、提供高质量的无形资产会计核算资料和会计信息，可防范和化解企业因无形资产权属不清、技术落后、缺乏核心技术、管理失当、存在重大技术安全隐患等导致的企业法律纠纷、缺乏可持续发展能力风险，并对引导创新决策、有效配置创新资源等方面具有重要意义和作用。

**4. 主要无形资产的确认与计量**

无形资产的确认与计量，应同时满足：

（1）与该无形资产有关的经济利益很可能流入企业。

（2）该无形资产的成本能够可靠地计量。

| 无形资产 | 确认与计量 |
|---|---|
| 专利权 | 专利权是指国家专利主管机关依法授予发明创造专利申请人对其发明创造在法定期限内所享有的专有权利，包括发明专利权、实用新型专利权和外观设计专利权。企业持有专利可以降低成本，或者提高产品质量，或者将其转让出去能获得转让收入 |

---

### 小鱼讲重点

❶ "可辨认性"是无形资产最重要的特征，是指资产能不能脱离企业而单独存在。具有可辨认性的无形资产可以单独对外出租、出售、交换。无形资产一般包括专利权、商标权、非专利技术、著作权、土地使用权、商誉、特许权、租赁权等。

比如，可口可乐公司总裁曾经说过：如果可口可乐公司在世界各地的厂房被一把大火烧光，只要"可口可乐"这个品牌还在，一夜之间，它会让所有的厂房在废墟上拔地而起。"可口可乐"这个品牌就是无形资产。可口可乐公司可以把"可口可乐"品牌卖给娃哈哈公司，生产的产品还是可口可乐。这就是"单独存在的可辨认性"。

再比如，北京三里屯是一条网红聚集、大牌云集的购物街。如果北京三里屯把这条街卖给青海省西宁市文化街，打造"西宁三里屯"，效果肯定不如北京三里屯。因为北京三里屯能成为知名地标，跟"三里屯"这个名字没什么关系，而是基于天时地利人和等，所以，北京三里屯就不是"无形资产"，也不能从地理位置或者名称中区分开。

（这种在同等条件下，能获得高于正常投资报酬率所形成的价值，是由于企业所处地理位置的优势或者企业经营效率高、历史悠久、人员素质高等，这种与同行企业比较，可以获得超额利润的能力是商誉，它不能从企业整体中单独划分出来，所以不属于无形资产）

续表

| 无形资产 | 确认与计量 |
|---|---|
| 非专利技术 | 非专利技术即专有技术，是指先进的、未公开的、未申请专利、可以带来经济效益的技术及诀窍。<br>①工业专有技术，即在生产上已经采用，仅限于少数人知道，不享有专利权或发明权的生产、装配、修理、工艺或加工方法的技术知识。<br>②商业（贸易）专有技术，即具有保密性质的市场情报、原材料价格情报以及用户、竞争对象的情况和有关知识。<br>③管理专有技术，即生产组织的经营方式、管理方式、培训职工方法等保密知识。非专利技术并不是专利法的保护对象，专有技术所有人依靠自我保密的方式来维持其独占权，可以用于转让和投资 |
| 商标权 | 商标是用来辨认特定的商品或劳务的标记。企业为宣传自创并已注册登记的商标而发生的相关费用，应在发生时直接计入当期损益 |
| 著作权 | 著作权又称版权，指作者对其创作的文学、科学和艺术作品依法享有的某些特殊权利 |
| 土地使用权 | 土地使用权是指国家准许某一企业或单位在一定期间内对国有土地享有开发、利用、经营的权利 |
| 特许权 | 特许权又称经营特许权、专营权，指企业在某一地区经营或销售某种特定商品的权利或是一家企业接受另一家企业使用其商标、商号、技术秘密等的权利 |

### （二）无形资产的账务处理

**1. 科目设置**

"无形资产"科目核算企业持有的无形资产成本，借方登记取得无形资产的成本，贷方登记处置无形资产时转出无形资产的账面余额，期末借方余额反映企业无形资产的成本。"无形资产"科目应当按照无形资产的项目设置明细科目进行核算。

"累计摊销"科目核算企业对使用寿命有限的无形资产计提的累计摊销，该科目属于"无形资产"的调整科目。"累计摊销"科目的贷方登记企业计提的无形资产摊销，借方登记处置无形资产时转出的累计摊销，期末贷方余额反映企业无形资产的累计摊销额。

企业无形资产发生减值的，还应当设置"无形资产减值准备"科目进行核算。

**2. 无形资产的取得** `2 分考点`

无形资产应当按照取得成本进行初始计量。取得方式主要有外购、自行研究开发等。

（1）外购的无形资产。

外购❶的无形资产的成本包括购买价款、相关税费以及直接归属于使该项资产达到预定用途所发生的其他支出。其中，相关税费不包括按照现行增值税制度规定，可以从销项税额中抵扣的增值税进项税额。

账务处理：

借：无形资产
　　应交税费——应交增值税（进项税额）
　贷：银行存款等

（2）企业自行研究开发的无形资产。

企业自行研究开发项目所发生的支出应区分研究阶段支出和开发阶段支出❷。

| 类别 | 情形 | 发生时会计处理 | 后续处理 |
|---|---|---|---|
| 研究阶段支出 | 不满足资本化条件 | 记入"研发支出——费用化支出" | 管理费用 |
| 开发阶段支出 | 满足资本化条件 | 记入"研发支出——资本化支出" | 无形资产 |

企业自行研究开发的无形资产取得增值税专用发票注明可抵扣的进项税额，记入"应交税费——应交增值税（进项税额）"。

> **小鱼讲重点**
>
> ❶ 和固定资产一样，只有达到"预定可使用状态"之前的支出，才能计入无形资产成本。
>
> ❷ 企业自行研究开发无形资产包含两个阶段：
>
> （1）研究阶段：研究阶段全部费用化。因为研究阶段基本上是只研究不产出，无法计入成本，直接计入当期损益即可。
>
> （2）开发阶段：开发阶段要区分是否能够满足资本化条件。比如在开发阶段请专家吃饭的支出无法计入无形资产成本。

企业如果无法可靠区分研究阶段支出和开发阶段支出，应将发生的研发支出全部费用化，计入当期损益，记入"管理费用"科目的借方[1]。

### 小鱼讲例题

**65.【单选题】** 2017 年 1 月 1 日，某企业开始自行研究开发一套软件，研究阶段发生支出 30 万元，开发阶段发生支出 125 万元，开发阶段支出均满足资本化条件。4 月 15 日，该软件开发成功并依法申请了专利，支付相关手续费 1 万元。不考虑其他因素，该项无形资产的入账价值为（　　）万元。【2017 年】
A. 126　　　B. 155　　　C. 125　　　D. 156

**66.【单选题】** 某公司自行研发非专利技术共发生支出 460 万元，其中：研究阶段发生支出 160 万元；开发阶段发生支出 300 万元，符合资本化条件的支出为 180 万元。不考虑其他因素，该研发活动应计入当期损益的金额为（　　）万元。【2019 年】
A. 180　　　B. 280　　　C. 340　　　D. 160

**67.【单选题】** 下列各项中，企业自行研究开发无形资产发生无法可靠区分研究阶段和开发阶段支出的，期末应将所发生的研发支出转入（　　）。【2021 年】
A. 其他业务成本　　　　B. 管理费用
C. 无形资产　　　　　　D. 制造费用

**68.【单选题】** 自行研发无形资产发生的费用化支出应列入（　　）项目。【2022 年】
A. 利润表中的管理费用　　　B. 利润表中的研发费用
C. 资产负债表中的开发支出　D. 资产负债表中的无形资产

**69.【单选题】** 某企业自行研究开发一项专利技术，截至 12 月 31 日，共发生研发支出 150 万元，经测试，已完成研究阶段，1 月 31 日，研发活动进入开发阶段，共发生支出 200 万元，其中，120 万元符合资本化条件，9 月 30 日研究项目达到预定用途，形成一项无形资产。不考虑其他因素，该专利权的初始入账成本为（　　）万元。【2022 年】
A. 210　　　B. 120　　　C. 350　　　D. 270

**70.【多选题】** 下列各项中，应计入企业自行研究开发专利权入账价值的有（　　）。【2021 年】
A. 满足资本化条件的专利研发支出
B. 无法可靠区分研究阶段和开发阶段的专利研发支出
C. 专利权申请过程中发生的律师费
D. 专利权申请过程中发生的专利登记费

**71.【多选题】** 下列各项中，应计入专利权入账价值的有（　　）。【2018 年】
A. 无法区分研究阶段和开发阶段的设备折旧费
B. 研究阶段支付的研发人员薪酬
C. 依法取得专利权发生的注册费
D. 开发阶段满足资本化条件的材料支出

---

**65.【答案】** A
【解析】研究阶段支出应费用化，不构成无形资产入账成本，该项无形资产的入账价值 =125+1=126（万元）。

**66.【答案】** B
【解析】开发阶段发生的符合资本化条件的支出 180 万元应计入无形资产成本；研究阶段发生的支出 160 万元和开发阶段发生的不符合资本化条件的支出 120 万元（300-180）全部计入管理费用，影响当期损益，所以计入当期损益的金额 =160+120=280（万元），选项 B 正确。

**67.【答案】** B

**68.【答案】** B

---

### 小鱼讲重点

[1] 如果无法区分开发阶段谁是费用化，谁是资本化，那么应按照会计的谨慎性要求，直接将其全部费用化。

【解析】自行研发无形资产发生的费用化支出和计入管理费用的摊销都应列入利润表中的"研发费用"项目。

69.【答案】B

【解析】通常情况下，研究阶段的支出不满足资本化条件，应全部计入当期损益；开发阶段满足资本化条件的支出构成无形资产的成本。故专利权的初始入账成本为 120 万元。综上，本题应选 B。

70.【答案】ACD

【解析】无法可靠区分研究阶段和开发阶段的专利研发支出属于费用化支出，期末转入"管理费用"科目。

71.【答案】CD

【解析】选项 A、B 计入管理费用。

### 3. 摊销无形资产成本  `2 分考点`

企业应当于取得无形资产时分析判断其使用寿命。使用寿命有限的无形资产应进行摊销。使用寿命不确定的无形资产不应摊销❶。

使用寿命有限的无形资产，其残值通常视为零。对于使用寿命有限的无形资产，企业应当按月进行摊销。自可供使用（即达到预定用途）当月❷起开始摊销，处置当月不再摊销。无形资产摊销方法有年限平均法（即直线法）、生产总量法等。企业选择的无形资产摊销方法，应当反映与该项无形资产有关的经济利益的预期实现方式。无法可靠确定预期实现方式的，应当采用年限平均法（即直线法）摊销。

无形资产的摊销的账务处理：

借：管理费用（管理用无形资产）
　　制造费用（生产产品用无形资产）
　　其他业务成本（出租无形资产/让渡无形资产使用权❸）等
　贷：累计摊销

### 4. 出售和报废无形资产

企业出售无形资产，应当将取得的价款扣除该无形资产账面价值以及出售相关税费后的差额作为资产处置损益进行会计处理。

如果无形资产预期不能为企业带来未来经济利益，例如，某项无形资产已被其他新技术替代或超过法律保护期，该资产不再符合无形资产的定义，企业应将其报废并予以转销，其账面价值转入当期损益❹。

借：银行存款等
　　累计摊销
　　无形资产减值准备
　贷：无形资产
　　　应交税费——应交增值税（销项税额）
　　　资产处置损益（卖）（差额，或借方）
　　　营业外支出——非流动资产处置损失（坏）（差额，或借方）

### 5. 无形资产的减值

如果无形资产将来为企业创造的经济利益不足以补偿无形资产成本（摊余成本），则说明无形资产发生了减值，具体表现为无形资产的账面价值超过了其可收回金额。

在资产负债表日，无形资产可能出现减值迹象，且其可收回金额低于账面价值的，企业应当计提减值准备：

借：资产减值损失——无形资产减值损失

---

**小鱼讲重点**

❶ 使用寿命不确定的无形资产不用进行摊销（主要是不知道摊销几年），但是需要在每期期末进行减值测试（虽然不进行摊销，但是得测试到底值不值钱），如果发生减值，就要计提减值准备。

❷ 无形资产在当月开始摊销，固定资产在下月开始折旧。

❸ "让渡无形资产使用权"就是"出租无形资产"。跟出租固定资产一样，由于都不是企业的"主营业务"，因此计入其他业务收入。那么，根据"收入和成本配比"原则，出租无形资产摊销的成本要计入其他业务成本。

❹ 出售固定资产和出售无形资产的账务处理有很大区别。出售固定资产通过"固定资产清理"科目核算，而无形资产处置，收钱就直接计入银行存款，没收钱就直接计入损益。但是也要区分是"卖"还是"坏"：

"卖"——资产处置损益；

"坏"——营业外支出。

（无形资产也是可以"坏"的，比如商标不值钱了）

贷：无形资产减值准备

无形资产减值损失一经确认，以后会计期间不得转回。

【几种减值准备】

| 项目 | 比较基准 | 会计处理 | 减值准备能否转回 |
|---|---|---|---|
| 应收账款 | 预期信用损失 | 借：信用减值损失<br>贷：坏账准备 | √ |
| 存货 | 成本、账面价值与可变现净值 | 借：资产减值损失<br>贷：存货跌价准备 | √ |
| 固定资产 | 成本、账面价值与可收回金额 | 借：资产减值损失<br>贷：固定资产减值准备 | × |
| 无形资产 | 成本、账面价值与可收回金额 | 借：资产减值损失<br>贷：无形资产减值准备 | × |

### 小鱼讲例题

72.【单选题】下列各项中，关于企业无形资产的表述不正确的是（　　）。【2014年】
A. 使用寿命不确定的无形资产不应摊销
B. 研究阶段和开发阶段的支出应全部计入无形资产成本
C. 无形资产应当按照成本进行初始计量
D. 出租无形资产的摊销额应计入其他业务成本

73.【单选题】下列各项中，关于无形资产会计处理表述正确的是（　　）。【2016年】
A. 已确认的无形资产减值损失在以后会计期间可以转回
B. 使用寿命不确定的无形资产按月进行摊销
C. 处置无形资产的净损益计入营业外收支
D. 出租无形资产的摊销额计入其他业务成本

74.【单选题】关于无形资产会计处理的表述正确的是（　　）。【2022年】
A. 出租无形资产的摊销额计入管理费用
B. 使用寿命不确定的无形资产应按10年摊销
C. 报废无形资产的净损失应计入资产处置损益
D. 无形资产减值损失一经确认，在以后会计期间不得转回

75.【多选题】某公司为增值税一般纳税人，2017年1月4日购入一项无形资产，取得的增值税专用发票注明价款为880万元，增值税税额为52.8万元，该无形资产使用年限为5年，按年进行摊销，预计残值为零。下列关于该项无形资产的会计处理中，正确的有（　　）。【2018年】
A. 2017年1月4日取得该项无形资产的成本为880万元
B. 2017年12月31日该项无形资产的累计摊销额为176万元
C. 该项无形资产自2017年2月起开始摊销
D. 该无形资产的应计摊销额为932.8万元

76.【多选题】下列各项中，关于制造业企业无形资产的会计处理表述正确的有（　　）。【2018年】
A. 使用寿命有限的无形资产自使用当月起开始摊销
B. 已计提的无形资产减值准备在以后期间可以转回
C. 出租无形资产的摊销额应计入其他业务成本
D. 使用寿命不确定的无形资产不进行摊销

77.【多选题】下列各项中，关于企业无形资产摊销的会计处理表述正确的有（　　）。【2021年】

A. 使用寿命不确定的无形资产，按照估计寿命进行摊销

B. 使用寿命有限的无形资产，处置当月继续摊销

C. 使用寿命有限的无形资产，达到预定用途的当月起开始摊销

D. 出租的无形资产，其摊销金额计入其他业务成本

78.【多选题】下列各项中，企业计提的资产减值准备在以后期间不得转回的有（　　）。【2017年】

A. 固定资产减值准备　　B. 无形资产减值准备

C. 信用减值损失　　　　D. 存货跌价准备

72.【答案】B

【解析】对于使用寿命不确定的无形资产不应摊销，选项A正确；对于企业自行研究开发的无形资产应该区分研究阶段支出和开发阶段支出，只有开发阶段符合资本化条件的支出才能计入无形资产成本，选项B错误；企业的无形资产应按照成本进行初始计量，选项C正确；出租无形资产的摊销额应计入其他业务成本，选项D正确。

73.【答案】D

【解析】无形资产减值损失一经确认，在以后会计期间不得转回，选项A错误；使用寿命不确定的无形资产不应摊销，选项B错误；处置无形资产的净损益计入资产处置损益或营业外支出，影响营业利润，选项C错误；出租无形资产的摊销计入其他业务成本，选项D正确。

74.【答案】D

【解析】出租无形资产的摊销额计入其他业务成本；使用寿命不确定的无形资产不需要摊销；报废无形资产的净损失应计入营业外支出。

75.【答案】AB

【解析】无形资产按照取得时的成本进行初始计量，选项A正确；对于使用寿命有限的无形资产应当自可供使用当月起开始摊销，所以2017年的摊销额=880÷5=176（万元），选项B正确，选项C错误；该无形资产的应计摊销额为无形资产的成本880万元，选项D错误。

76.【答案】ACD

【解析】对于使用寿命有限的无形资产应当自可供使用（即达到预定用途）当月起开始摊销，使用寿命不确定的无形资产不应摊销，选项A、D正确；无形资产减值损失一经确认，以后会计期间不得转回，选项B错误；出租无形资产的摊销额应计入其他业务成本，选项C正确。

77.【答案】CD

【解析】使用寿命有限的无形资产，自达到预定用途的当月起开始摊销，处置当月不摊销；使用寿命不确定的无形资产不进行摊销；出租无形资产的摊销额计入其他业务成本。综上，本题答案为选项C、D。

78.【答案】AB

【解析】信用减值损失和存货跌价准备在以后期间满足条件的可以转回。

## 考点2：长期待摊费用

长期待摊费用是指企业已经发生但应由本期和以后各期负担的<u>分摊期限在一年以上</u>的各项费用，如<u>以租赁方式租入的使用权资产发生的改良支出</u>等。

为了反映长期待摊费用的发生、摊销情况，企业应设置"长期待摊费用"科目。该科目借方登记发生的长期待摊费用，贷方登记摊销的长期待摊费用，期末余额在借方，反映企业尚未摊销完毕的长期待摊费用。"长期待摊费用"科目可按待摊费用项目进行明细核算。

账务处理：

（1）发生长期待摊费用时：

借：长期待摊费用

### 小鱼讲重点

❶ 如何理解"长期待摊费用"？

例如，企业租入了一项固定资产，租期为10年。租入后发生了更新改造支出，如果是自有的固定资产，更新改造支出要计入固定资产成本。可现在这项固定资产不是企业的，而是租入的，此时，人们就发明了"长期待摊费用"科目，可以在固定资产的租期内进行摊销。

应交税费——应交增值税（进项税额）
　　贷：银行存款等
（2）摊销时：
借：管理费用
　　销售费用等
　　贷：长期待摊费用

 小鱼讲例题

79.【单选题】下列各项中，属于长期待摊费用的是（　　）。【2021年】
A.租入的使用权资产发生的改良支出　　B.自有固定资产的改良支出
C.管理部门固定资产的日常修理费　　　D.生产设备的折旧费

80.【单选题】2018年12月初，某企业"长期待摊费用"科目余额为4 000元，本月借方发生额为3 000元，贷方发生额为2 000元。不考虑其他因素，2018年年末该企业"长期待摊费用"科目的余额为（　　）元。【2019年】
A.借方3 000　　　　　　　　　　　B.贷方3 000
C.贷方5 000　　　　　　　　　　　D.借方5 000

81.【判断题】企业以租赁方式租入固定资产供销售部门使用，对该资产进行改良发生的支出应直接计入固定资产的成本。（　　）【2018年】

82.【判断题】某企业对租入的营业大厅进行重大装修，工程人员工资应计入长期待摊费用。（　　）【2022年】

79.【答案】A
80.【答案】D
【解析】长期待摊费用是资产类科目，借增贷减，2018年年末该企业"长期待摊费用"科目的余额=4 000+3 000-2 000=5 000（元），选项D正确。
81.【答案】×
【解析】以租赁方式租入固定资产发生的改良支出应当计入长期待摊费用，长期待摊费用是指企业已经发生但应由本期和以后各期负担的分摊期限在一年以上的各项费用。
82.【答案】√

 小鱼复盘

| 本章知识点打卡 | DAY 1 | DAY 7 | DAY 15 | DAY 30 |
| --- | --- | --- | --- | --- |
| 长期投资 | □ | □ | □ | □ |
| 投资性房地产 | □ | □ | □ | □ |
| 固定资产 | □ | □ | □ | □ |
| 生产性生物资产 | □ | □ | □ | □ |
| 无形资产和长期待摊费用 | □ | □ | □ | □ |

# 第五章 负债

微信扫码
观看视频课程

**本章鱼情解锁**

- **分值：** 12 分。
- **出题量：** 6 题左右。
- **本章特点：** 在学习本章的时候，你会发现很多会计科目"似曾相识"。资产和负债实际上是镜子里外的一对儿，资产有"应收"，负债就有"预收"；资产有"预付"，负债就有"应付"，本章可以和第三章流动资产结合起来学习。本章 2023 年新增一个"应付债券"科目，难度不是很大，不要怕。

  本章有一个核心难点：应交税费。"应交税费"科目里面有很多二级科目，甚至三级科目都需要你细细理解，坚持！坚持！坚持！
- **建议复习时长：** 16 小时。

**小鱼复习路线图**

负债

**第一节 短期借款**
- 短期借款

**第二节 应付及预收款项**
- 应付票据
- 应付账款
- 预收账款
- 应付利息和应付股利
- 其他应付款

**第三节 应付职工薪酬**
- 职工薪酬的内容
- 短期薪酬的核算
- 长期薪酬的账务处理

**第五节 非流动负债**
- 长期借款
- 应付债券
- 长期应付款

**第四节 应交税费**
- 应交税费概述
- 应交增值税
- 应交消费税
- 其他应交税费

# 第一节 短期借款  **2 分考点**

微信扫码
观看视频课程

### 一个小目标

| 必须掌握 | 了解一下 |
|---|---|
| 短期借款 | |

### 考点：短期借款

短期借款是指企业向银行或其他金融机构等借入的 期限在 1 年以下（含 1 年）的各种款项。短期借款一般是企业为了 满足正常生产经营所需的资金 或者为了抵偿某项债务而借入的资金。短期借款的债权人包括银行以及其他非银行金融机构或其他单位和个人。企业应设置"短期借款"科目核算短期借款的取得、偿还等情况。

| 情形 | | 会计处理 |
|---|---|---|
| 借入 | | 借：银行存款<br>贷：短期借款 |
| 计提利息 | 计提 | 借：财务费用<br>贷：应付利息 |
| | 支付 | 借：应付利息<br>贷：银行存款等 |
| | 无须计提，直接支付 | 借：财务费用<br>贷：银行存款等 |
| 到期还本付息 | | 借：短期借款<br>　　应付利息（已计提未支付）<br>　　财务费用（当期未计提未支付）<br>贷：银行存款 |

### 小鱼讲例题

1.【单选题】2020 年 7 月 1 日，某企业向银行借款 500 万元，期限 3 个月，到期一次还本付息，年利率为 3%，借款利息按月计提，2020 年 8 月 31 日该短期借款的账面价值为（　　）万元。【2022 年】
A. 496.25　　　　　　　　B. 515
C. 503.75　　　　　　　　D. 500

2.【单选题】4 月 1 日，某企业借入经营用短期借款 100 000 元，期限 6 个月，年利率 4.8%；借款利息按月计提、季末支付，到期还本。6 月 30 日支付借款利息的会计处理正确的是（　　）。【2022 年】
A. 借：财务费用　　　　　　800
　　　应付利息　　　　　　400
　　贷：银行存款　　　　　　1 200
B. 借：财务费用　　　　　　400
　　　应付利息　　　　　　800
　　贷：银行存款　　　　　　1 200
C. 借：应付利息　　　　　　1 200
　　贷：银行存款　　　　　　1 200
D. 借：应付利息　　　　　　800
　　贷：银行存款　　　　　　800

---

**小鱼讲重点**

❶ 短期借款可以向银行借，也可以向财务公司、非银行金融机构、个人等借。只要借款期限在 1 年以下的款项，都可以通过"短期借款"科目进行核算。

❷ "应付利息"是一个需要特别关注的科目。
只要有利息就通过"应付利息"科目进行核算吗？
当然不是了。只有该给没给的时候，才通过"应付利息"科目进行核算。
比如，公司向银行借入一笔生产经营用短期借款共计 120 万元，年利率为 4%，利息按季支付、按月计提。
由于每季度才向银行支付一次利息，但是每个月都需要归集借款的利息费用，因此每个月都会产生一笔"该给银行支付利息但是没给"的负债：
1 月末，计提 1 月份应该支付的利息（120×4%÷12）：
借：财务费用　　0.4
　　贷：应付利息　　0.4
2 月末，计提 2 月份应该支付的利息（120×4%÷12）：
借：财务费用　　0.4
　　贷：应付利息　　0.4
3 月末的利息不需要计提，直接支付利息：
借：财务费用　　0.4
　　贷：银行存款　　0.4（直接交 3 月份的利息）
借：应付利息　　0.8
　　贷：银行存款　　0.8（向银行支付前两个月的计提的利息）

3.【单选题】下列关于短期借款的说法中,不正确的是( )。【2021年】
A. 短期借款是指企业向银行或其他金融机构等借入的期限在1年以下(含1年)的各种款项
B. 短期借款利息属于筹资费用的,计入资产成本
C. 短期借款利息按季度支付且数额较大的,采用月末预提方式核算利息
D. 短期借款利息按月支付且数额不大的,在实际支付时计入当期损益

4.【单选题】下列各项中,企业计提短期借款利息费用应贷记的会计科目是( )。【2017年】
A. 其他应付款　　　　　　B. 短期借款
C. 银行存款　　　　　　　D. 应付利息

1.【答案】D
【解析】短期借款的利息记入"应付利息"科目,不记入"短期借款"科目,所以短期借款的账面价值为本金500万元。

2.【答案】B
【解析】选项A、C、D不符合题意,选项B符合题意,企业4月和5月应分别计提短期借款利息=100 000×4.8%×1÷12=400(元);6月30日支付借款利息时不需单独计提6月利息。
借:财务费用　　　　　　　400
　　应付利息　　　　　　　800
　贷:银行存款　　　　　　　　　　1 200
综上,本题应选B。

3.【答案】B
【解析】短期借款是指企业向银行或其他金融机构等借入的期限在1年以下(含1年)的各种款项,选项A正确;短期借款利息属于筹资费用的,应在发生时作为财务费用直接计入当期损益,选项B错误;若按季度支付利息,并且其数额较大的,企业于月末应采用预提方式进行短期借款利息的核算,选项C正确;如果企业的短期借款利息按月支付,数额不大的可以不采用预提的方法,直接计入当期损益,选项D正确。

4.【答案】D

# 第二节　应付及预收款项

## 一个小目标

| 必须掌握 | 了解一下 |
| --- | --- |
| 应付票据 |  |
| 应付账款 |  |
| 预收账款 |  |
| 应付利息和应付股利 |  |
| 其他应付款 |  |

微信扫码
观看视频课程

### 考点1:应付票据　**2分考点**

应付票据是指企业购买材料、商品和接受劳务供应等而开出、承兑的商业汇票,包括银行承兑汇票和商业承兑汇票。我国商业汇票的付款期限不超过6个月,因此,企业应将应付票据作为流动负债管理和核算。

### 小鱼讲重点

❶ 如果企业在购买商品的时候,给对方开出一张银行承兑汇票或商业承兑汇票来进行结算,那么这张尚未支付的票据就计入应付票据。

什么是银行承兑汇票和商业承兑汇票?

在第三章的其他货币资金中,讲到过"银行汇票存款"。

银行承兑汇票可以理解为一种支付工具,由银行签发。你是买方,为了付款,可以到银行去开银行承兑汇票交给卖方,卖方拿着银行承兑汇票即可到银行承兑。

银行承兑汇票不是想开就能开的,需要先在银行存入一笔"保证金",也就是"银行汇票存款",同时还要给银行支付手续费。

商业承兑汇票也是一种支付工具,由企业开出,由企业承兑。

| 情形 | 会计处理 |
|---|---|
| 企业开出商业汇票 | 借：材料采购/原材料/在途物资等<br>　　应交税费——应交增值税（进项税额）<br>贷：应付票据 |
| 企业因开出银行承兑汇票而支付银行的承兑汇票手续费① | 借：财务费用<br>　　应交税费——应交增值税（进项税额）<br>贷：银行存款 |
| 开具的商业汇票到期支付票据款 | 借：应付票据<br>贷：银行存款 |
| 应付商业承兑汇票到期，企业无力支付票款 | 借：应付票据<br>贷：应付账款② |
| 应付银行承兑汇票到期，企业无力支付票款 | 借：应付票据<br>贷：短期借款③ |

### 📖 小鱼讲例题

**5.【单选题】** 2021年2月1日，某企业购入一批原材料，开了一张面值为120 000元，期限为3个月的不带息银行承兑汇票。2021年5月1日该企业无力支付票款时，下列会计处理正确的是（　　）。【2021年】
A. 借：应付票据120 000，贷：短期借款120 000
B. 借：应付票据120 000，贷：其他应付款120 000
C. 借：应付票据120 000，贷：预付账款120 000
D. 借：应付票据120 000，贷：应付账款120 000

**6.【单选题】** 下列各项中，企业外购材料开出银行承兑汇票支付的手续费，应借记的会计科目是（　　）。【2019年】
A. 管理费用　　B. 材料采购　　C. 原材料　　D. 财务费用

**7.【单选题】** 下列各项中，应通过"应付票据"会计科目核算的是（　　）。【2019年】
A. 用银行本票购买办公用品　　B. 用商业汇票购买原材料
C. 用转账支票购买固定资产　　D. 用银行汇票购买周转材料

**8.【单选题】** 下列各项中，企业应付银行承兑汇票到期无力支付票款时，应将应付票据的账面余额转入的会计科目是（　　）。【2018年】
A. 其他应付款　　B. 预付账款
C. 应付账款　　　D. 短期借款

**9.【单选题】** 应付商业承兑汇票到期，企业无力支付票款，下列各项中，应按该票余额贷记的会计科目是（　　）。【2018年】
A. 应付账款　　　B. 短期借款
C. 其他货币资金　D. 其他应付款

**10.【多选题】** 下列各项中，引起"应付票据"科目金额发生增减变动的有（　　）。【2016年】
A. 开出商业承兑汇票购买原材料
B. 转销已到期无力支付票款的商业承兑汇票
C. 转销已到期无力支付票款的银行承兑汇票
D. 支付银行承兑汇票手续费

**11.【判断题】** 无力支付的银行承兑汇票应按其账面余额转入短期借款。（　　）【2021年】

5.【答案】A
6.【答案】D

### 小鱼讲重点

① 企业给银行支付的手续费，要计入财务费用。由于银行开展金融服务需要缴纳增值税（经济法基础中会有涉及），因此支付的手续费是含税价，可以进行进项税抵扣。

② 商业汇票是有期限的，过期了这张票就是废纸一张，但是这并不表示你就不欠对方钱了，虽然票废了，但是该还的钱还得还，因此原来的"应付票据"转入"应付账款"。

③ 如果你使用银行承兑汇票购买商品，到期之后银行会把钱直接打给卖方，然后银行来找你要钱。此时，你的"应付票据"就变成了对银行的欠款，记入"短期借款"科目。

【解析】企业因开出银行承兑汇票而支付银行的承兑汇票手续费，应当计入当期财务费用。
7. 【答案】B
   【解析】选项A、D，通过"其他货币资金"科目核算；选项C，通过"银行存款"科目核算。
8. 【答案】D
   【解析】会计分录为：
   借：应付票据
   　　贷：短期借款
9. 【答案】A
   【解析】会计分录为：
   借：应付票据
   　　贷：应付账款
10. 【答案】ABC
    【解析】选项A，增加"应付票据"科目余额；选项B、C，减少"应付票据"科目余额；选项D，计入财务费用，不影响"应付票据"科目余额。
11. 【答案】√

## 考点2：应付账款  [2分考点]

### 应付账款的账务处理

应付账款指企业因购买材料、商品或接受劳务供应等经营活动而应付给供应单位的款项。应付账款和应收账款在会计处理上基本一致，入账金额都等于价款加增值税加相关代垫款项等。在材料、商品和发票账单同时到达的情况下，一般在所购材料、商品验收入库后，根据发票账单登记入账，确认应付账款。在所购材料、商品已经验收入库，但是发票账单未能同时到达的情况下，企业应付材料、商品供应单位的债务已经成立，在会计期末，为了反映企业的负债情况，需要将所购材料、商品和相关的应付账款暂估入账，待下月初用红字将上月末暂估入账的应付账款予以冲销。

| 情形 | | 会计处理 |
| --- | --- | --- |
| 企业产生应付账款 | | 借：原材料/库存商品等<br>　　应交税费——应交增值税（进项税额）<br>贷：应付账款 |
| 企业偿还应付账款或开出商业汇票抵付应付账款 | | 借：应付账款<br>贷：银行存款/应付票据 |
| 由于债权单位撤销或其他原因而使应付账款无法清偿❶，对应付账款予以转销 | | 借：应付账款<br>贷：营业外收入 |
| 实务中，企业外购电力、燃气等动力一般通过"应付账款"科目核算❷，即在每月付款时先做暂付款处理 | 支付外购动力费 | 借：应付账款<br>　　应交税费——应交增值税（进项税额）<br>贷：银行存款等 |
| | 月末按用途分配外购动力费 | 借：生产成本（直接用于生产）<br>　　制造费用（生产车间照明等）<br>　　管理费用（管理运营）<br>贷：应付账款 |

### 小鱼讲重点

❶ 如果应付账款不用付了，就是"天上掉馅饼"，这时可以把原来的"应付账款"转入"营业外收入"。

❷ 交电费、燃气费的时候，照理说应该直接按照"谁受益谁承担"的原则进行分配，但是由于交电费和月末分配核算的时间不一定一致，可以先通过"应付账款"进行核算，等到月末分配的时候，再将原来暂估的应付账款冲销。

### 📖 小鱼讲例题

12. 【单选题】转销企业无法支付的应付账款，应贷记的科目是（　　）。【2018年】
    A. 营业外收入　　　　　　B. 其他业务收入
    C. 其他应付款　　　　　　D. 资本公积

12.【答案】A
【解析】会计分录为：
借：应付账款
　　贷：营业外收入

## 考点 3：预收账款① 2分考点

预收账款是指企业按照合同规定预收的款项。企业应设置"预收账款"科目，核算预收账款的取得、偿付等情况。该科目贷方登记发生的预收账款金额，借方登记企业冲销的预收账款金额；期末贷方余额，反映企业预收的款项，如为借方余额，反映企业尚未转销的款项。

| 情形 | 会计处理 |
| --- | --- |
| 收到预收账款 | 借：银行存款/库存现金<br>　　贷：预收账款<br>　　　　应交税费——应交增值税（销项税额）（如有） |
| 企业分期确认有关收入 | 借：预收账款<br>　　贷：主营业务收入/其他业务收入 |
| 企业收到客户补付款项 | 借：库存现金/银行存款<br>　　贷：预收账款 |
| 退回客户多预付的款项 | 借：预收账款<br>　　贷：库存现金/银行存款 |

## 考点 4：应付利息和应付股利 2分考点

### （一）应付利息②

应付利息是指企业按照合同约定应支付的利息，包括预提短期借款利息、分期付息到期还本的长期借款、企业债券等应支付的利息。企业应设置"应付利息"科目核算应付利息的发生、支付情况。该科目贷方登记按照合同约定计算的应付利息，借方登记实际支付的利息，期末贷方余额反映企业应付未付的利息。本科目一般应按照债权人设置明细科目进行明细核算。

| 情形 | 会计处理 |
| --- | --- |
| 计提利息 | 借：财务费用、研发支出、在建工程等<br>　　贷：应付利息 |
| 实际支付 | 借：应付利息<br>　　贷：银行存款等 |

### （二）应付股利

应付股利是指企业根据股东大会或类似机构审议③批准的利润分配方案确定分配给投资者的现金股利或利润。企业应设置"应付股利"科目核算企业确定或宣告发放但尚未实际支付的现金股利或利润。该科目贷方登记应支付的现金股利或利润；借方登记实际支付的现金股利或利润；期末贷方余额反映企业应付未付的现金股利或利润。本科目应按照投资者设置明细科目进行明细核算。

| 情形 | 会计处理 |
| --- | --- |
| 企业根据股东大会或类似机构审议批准的利润分配方案，确认应付给投资者的现金股利或利润 | 借：利润分配——应付现金股利或利润<br>　　贷：应付股利 |
| 实际支付 | 借：应付股利<br>　　贷：银行存款等 |

---

### 小鱼讲重点

① 在新的会计准则下，在预收账款中核算的因转让商品、销售服务、提供劳务而收到的预收款，改在合同负债中核算。预收账款只核算"接受租赁服务单位预收的款项"。比如，企业为了销售货物预收的款项，将记入"合同负债"科目，而如果企业是租赁服务企业，由于租出设备而预收的款项，则记入"预收账款"科目。
"预收账款"是企业还没发货先收钱，是企业的负债。如果企业的预收账款数量很少，可以不设置预收账款账簿，而是根据"收对收，付对付"原则，将预收账款记入"应收账款"科目。由于预收账款是负债，因此记入"应收账款"科目的贷方。记到贷方还是借方跟记到哪个科目中没关系，跟原来这个科目是什么性质有关。如果原来的科目是负债，那么无论记到资产类科目还是负债类科目中，都是计入贷方。
因此，如果企业"应收账款"科目有贷方余额，就表明企业有"预收账款"。

② "应付利息"科目核算的是借款后应该偿还的利息。只有计提利息（该给没给）才通过"应付利息"科目进行核算，如果到期直接支付利息，不通过"应付利息"科目核算，而是直接"贷：银行存款/库存现金"。

③ 如果企业在挣到钱之后，决定把一部分利润分配出去，并通过了"股东大会"审议，那么就产生了一笔"该给但是还没给的股利"，记入"应付股利"科目。应付股利是企业的负债，核算时贷方表示增加，借方表示减少。
请注意：分配股利必须由股东大会或类似机构审议批准，董事会通过的方案不算数，不需要进行账务处理，但应在附注中披露。

### 小鱼讲例题

13. 【多选题】下列各项中，关于"应付利息"科目表述正确的有（　　）。【2018年】
A. 企业开出银行承兑汇票支付银行手续费，应记入"应付利息"科目借方
B. "应付利息"科目期末贷方余额反映企业应付未付的利息
C. 按照短期借款合同约定计算的应付利息，应记入"应付利息"科目借方
D. 企业支付已经预提的利息，应记入"应付利息"科目借方

14. 【判断题】企业根据股东大会或类似机构审议批准的利润分配方案中确认分配的股票股利，应通过"应付股利"科目核算。（　　）【2019年】

15. 【判断题】企业向投资者宣告发放现金股利，应在宣告时确认为费用。（　　）【2016年】

16. 【判断题】分期计提利息到期还本的长期借款，应通过"应付利息"科目核算。（　　）【2021年】

---

13.【答案】BD

【解析】选项A，企业因开出银行承兑汇票而支付银行的承兑汇票手续费，应当计入当期财务费用，借记"财务费用"科目，贷记"银行存款"科目；选项C，在资产负债表日，企业应当按照计算确定的短期借款利息费用，借记"财务费用"科目，贷记"应付利息"科目。

14.【答案】×

【解析】应付股利是指企业根据股东大会或类似机构审议批准的利润分配方案确定分配给投资者的现金股利或利润。企业分配的股票股利不通过"应付股利"科目核算。

15.【答案】×

【解析】企业向投资者宣告发放现金股利时，借记"利润分配"科目，贷记"应付股利"科目，不确认为费用。

16.【答案】√

## 考点5：其他应付款　2分考点

其他应付款是指企业除应付票据、应付账款、预收账款、应付职工薪酬、应交税费、应付利息、应付股利等经营活动以外的其他各项应付、暂收的款项，如应付短期租赁固定资产租金、租入包装物租金、存入保证金等。企业应设置"其他应付款"科目核算其他应付款的增减变动及其结存情况。该科目贷方登记发生的各种应付、暂收款项；借方登记偿还或转销的各种应付、暂收款项；该科目期末贷方余额反映企业应付未付的其他应付款项。本科目按照其他应付款的项目和对方单位（或个人）设置明细科目进行明细核算。

其主要内容包括：

（1）应付短期租赁固定资产租金；

（2）租入包装物租金；

（3）存入保证金，如出租包装物（收别人的）押金等。

| 情形 | 会计处理 |
| --- | --- |
| 企业发生其他各种应付、暂收款项 | 借：管理费用、银行存款等<br>贷：其他应付款 |
| 支付或退回其他各种应付、暂收款项 | 借：其他应付款<br>贷：银行存款等 |

### 小鱼讲重点

❶ "其他应付款"可以理解为"除了买货以外，买其他东西应付的款项，或者收了别人的钱但是还要还给人家的款项"。学习"其他应付"和"其他应收"的思路基本一致，两个科目可以结合起来记忆。

"其他应付款"的主要内容是历年考试的核心考点，需要背记。

### 📘 小鱼讲例题

**17.【多选题】**下列各项中，工业企业应通过"其他应付款"科目核算的有（　　）。【2022年】
A. 应付职工的工资　　　　　　　　B. 应缴纳的教育费附加
C. 应付以短期租赁方式租入设备的租金　　D. 应付租入包装物的租金

**18.【多选题】**下列各项中，企业"其他应付款"科目核算的有（　　）。【2022年】
A. 应付出借包装物收取的保证金　　B. 应付水电费
C. 应付包装物的租金　　　　　　　D. 应付购买的原材料运费

**19.【多选题】**下列选项中，引起企业"其他应付款"科目余额增减变动的有（　　）。【2021年】
A. 单位代垫的职工家属医药费　　　B. 短期租赁固定资产租金
C. 租入包装物支付的押金　　　　　D. 应付租入包装物租金

---

**17.【答案】** CD
【解析】选项 A，计入应付职工薪酬；选项 B，计入应交税费。

**18.【答案】** AC
【解析】选项 A 符合题意，收取出租或出借包装物的押金应通过"其他应付款"科目核算。选项 B 不符合题意，企业应付水电费，一般通过"应付账款"科目核算。选项 C 符合题意，企业租入包装物的租金，应当按期支付，尚未支付的款项应通过"其他应付款"科目核算。选项 D 不符合题意，应付购买的原材料运费应通过"应付账款"科目核算。综上，本题应选 A、C。

**19.【答案】** BD

---

# 第三节　应付职工薪酬

微信扫码
观看视频课程

### 📘 一个小目标

| 必须掌握 | 了解一下 |
|---|---|
| 职工薪酬的内容 |  |
| 短期薪酬的核算 |  |
| 长期薪酬的账务处理 |  |

### 📖 考点 1：职工薪酬的内容　`2分考点`

职工主要包括三类人员。具体包括❷：

（1）与企业订立劳动合同的**所有人员**，包含全职、兼职和临时职工；

（2）未与企业订立劳动合同但由企业**正式任命的人员**，如董事会成员、监事会成员等；

（3）在企业的计划和控制下，虽未与企业订立劳动合同或未由其正式任命，但向企业所提供服务与职工所提供服务类似的人员，也属于职工范畴，包括通过企业与劳务中介公司签订用工合同而向企业提供服务的人员（**劳务派遣人员**）。

职工薪酬是指企业为获得职工提供的服务或解除劳动关系而给予的**各种形式的报酬或补偿**。职工薪酬包括短期薪酬、离职后福利、辞退福利和其他长期职工福利。企业提供给职工配偶、子女、受赡养人、已故员工遗属及其他受益人等的福利，也属于职工薪酬。

---

### 小鱼讲重点

❶ 应付职工薪酬的内容特别是非货币性福利部分，容易考查不定项选择题，是非常重要的内容。

❷ 只要是在企业里任职的人员，包括全职、兼职、劳务派遣人员都属于职工范畴；职工薪酬，是指给予职工的各种形式的报酬，都通过"应付职工薪酬"科目来进行核算。

## （一）短期薪酬

短期薪酬是指企业在职工提供相关服务的年度报告期间结束后 **12 个月内需要全部予以支付**的职工薪酬，因解除与职工的劳动关系给予的补偿除外。短期薪酬具体如下。

| 分类 | 内容 |
| --- | --- |
| 职工工资、奖金、津贴和补贴 | （1）基本工资；<br>（2）加班工资；<br>（3）职工津贴和补贴；<br>（4）按照短期奖金计划向职工发放的奖金 |
| 职工福利费 | 指企业向职工提供的生活困难补助、丧葬补助费、抚恤费、职工异地安家费、防暑降温费等职工福利支出 |
| 社会保险费 | 医疗保险费、工伤保险费和生育保险费等 |
| 住房公积金 | |
| 工会经费和职工教育经费 | 指企业为了改善职工文化生活、为职工学习先进技术及提高文化水平和业务素质，用于开展工会活动和职工教育及职业技能培训等相关支出 |
| 短期带薪缺勤 | 指职工虽然缺勤但企业仍向其支付报酬的安排，包括年休假、病假、婚假、产假、丧假、探亲假等 |
| 短期利润分享计划 | 指因职工提供服务而与职工达成的基于利润或其他经营成果提供薪酬的协议 |
| 其他短期薪酬 | |

## （二）长期职工薪酬

### 1. 离职后福利[1]

离职后福利是指企业为获得职工提供的服务而在**职工退休**或与企业解除劳动关系后，提供的各种形式的报酬和福利，短期薪酬和辞退福利除外。离职后福利计划，是指企业与职工就离职后福利达成的协议，或者企业为向职工提供离职后福利制定的规章或办法等。

按其特征可分为：

（1）设定提存计划[2]：是指向独立的基金缴存固定费用后，企业不再承担进一步支付义务的离职后福利计划。

（2）设定受益计划：是指除设定提存计划以外的离职后福利计划。

### 2. 辞退福利

辞退福利是指企业在职工劳动合同到期之前解除与职工的劳动关系，或者为鼓励职工自愿接受裁减而给予职工的补偿。

### 3. 其他长期职工福利

其他长期职工福利是指除短期薪酬、离职后福利、辞退福利之外所有的职工薪酬，包括长期带薪缺勤、长期残疾福利、长期利润分享计划等。

### 小鱼讲例题

20.【单选题】下列各项中，属于长期职工薪酬的是（　　）。【2022 年】
A. 教育经费　　　　　　B. 离职后福利
C. 生活困难补助　　　　D. 工会经费

21.【单选题】下列各项中，不属于职工福利费用的是（　　）。【2021 年】
A. 抚恤费　　　　　　　B. 企业向职工发放的奖金
C. 丧葬补助费　　　　　D. 防暑降温费

---

**小鱼讲重点**

[1] "离职后福利"就是养老保险和失业保险。养老保险和失业保险不属于短期薪酬的范围，因为不是"12 个月内全部予以支付"。

[2] "设定提存计划"就是企业从每个月的工资中"提出一部分""存起来"给职工缴纳的养老保险。企业把养老保险交给"社保基金"，职工退休以后，就跟企业没有什么关系了，而是直接从社保基金中领取退休金。

22.【单选题】下列各项中,不属于职工薪酬的是( )。【2018年】
A. 为职工交纳的医疗保险　　B. 为职工交存的住房公积金
C. 为职工报销因公差旅费　　D. 支付职工技能培训费

23.【单选题】下列各项中,不属于企业职工薪酬组成内容的是( )。【2019年】
A. 为职工代扣代缴的个人所得税
B. 根据设定提存计划计提应向单独主体缴存的提存金
C. 为鼓励职工自愿接受裁减而给予职工的补偿
D. 按国家规定标准提取的职工教育经费

24.【多选题】属于设定提存计划的职工薪酬有( )。【2021年】
A. 工伤保险费　　B. 生育保险费
C. 失业保险　　　D. 职工养老保险

25.【多选题】下列各项中,属于"应付职工薪酬"科目核算内容的有( )。【2018年】
A. 正式任命并聘请的独立董事津贴
B. 已订立劳动合同的全职职工的奖金
C. 已订立劳动合同的临时职工的工资
D. 向住房公积金管理机构缴存的住房公积金

20.【答案】B
【解析】选项B符合题意,长期职工薪酬包括离职后福利、辞退福利和其他长期职工福利;选项A、C、D不符合题意,教育经费、生活困难补助和工会经费均属于短期薪酬。综上,本题应选B。

21.【答案】B
【解析】职工福利费,是指企业向职工提供的生活困难补助、丧葬补助费、抚恤费、职工异地安家费、防暑降温费等职工福利支出。企业发放的奖金属于职工薪酬,不属于福利费用。

22.【答案】C
【解析】医疗保险归属于社会保险费,职工技能培训费归属于工会经费和职工教育经费,这两项和住房公积金均属于短期薪酬核算的内容,属于职工薪酬;选项C,职工差旅费应计入管理费用。

23.【答案】A
【解析】为职工代扣代缴的个人所得税应通过"应交税费——应交个人所得税"科目核算。

24.【答案】CD
【解析】根据我国养老保险制度相关文件的规定,职工养老保险、失业保险待遇即收益水平与企业在职工提供服务各期的缴费水平不直接挂钩,企业承担的义务仅限于按照规定标准提存的金额,属于设定提存计划。

25.【答案】ABCD
【解析】选项A、B、C、D均属于应付职工薪酬核算内容。选项A属于应付职工薪酬中短期薪酬的津贴;选项B属于应付职工薪酬中短期薪酬的奖金。临时工也属于职工的范畴,因此选项C也属于应付职工薪酬;选项D属于应付职工薪酬中短期薪酬中按国家规定计提标准的职工薪酬。

## 考点2:短期薪酬的核算　**2分考点**

企业应设置"应付职工薪酬"❶科目,核算应付职工薪酬的计提、结算、使用等情况。该科目的贷方登记已分配计入有关成本费用项目的职工薪酬,借方登记实际发放的职工薪酬,包括扣还的款项等;期末贷方余额反映企业应付未付的职工薪酬。

"应付职工薪酬"科目应按照"工资、奖金、津贴和补贴""职工福利费""非货币性福利""社会保险费""住房公积金""工会经费和职工教育经费""带薪缺勤""利润分享计划""设定提存计划""设定受益计划""辞退福利"等职工薪酬项目设置明细账进行明细核算。

### 小鱼讲重点

❶ "应付职工薪酬"表示的是该给职工发的工资暂时还没发。
比如职工每做一个产品,都应该付5元的计件工资,这5元应该计入产品成本:
借:生产成本　　5
　贷:银行存款　　5
但是企业并不是职工每做一个产品就马上给钱,而是月底统一给钱,所以就会产生一个"该给没给的负债",记入"应付职工薪酬"科目:
借:生产成本　　5
　贷:应付职工薪酬　　5

## (一) 货币性职工薪酬的会计处理[1]

| 项目 | 会计分录 |
|---|---|
| 职工工资、奖金、津贴和补贴 | 在职工为其提供服务的会计期间<br>借：生产成本（生产车间生产工人薪酬）<br>　　制造费用（生产车间管理人员薪酬）<br>　　管理费用（行政人员薪酬）<br>　　销售费用（销售人员薪酬）<br>　　研发支出（从事研发活动人员薪酬）<br>　　在建工程等（从事工程建设人员薪酬）<br>　　合同履约成本<br>　　贷：应付职工薪酬——工资、奖金、津贴和补贴 |
|  | 实际支付时<br>借：应付职工薪酬——工资、奖金、津贴和补贴<br>　　贷：银行存款、库存现金等<br>　　　　其他应收款（替职工代垫的各种款项、房租、医药费等）<br>　　　　应交税费——应交个人所得税（替职工缴纳的个人所得税） |
| 职工福利费 | 借：生产成本／制造费用／管理费用等<br>　　贷：应付职工薪酬——职工福利费 |
| 社会保险费和住房公积金 | 企业承担的医疗保险和工伤保险作为企业的短期薪酬进行核算。（养老保险费和失业保险费按规定确认为离职后福利）<br>借：生产成本／制造费用／管理费用等<br>　　贷：应付职工薪酬——社会保险费——住房公积金<br>对于职工个人承担的社会保险费和住房公积金，由职工所在企业每月从其工资中代扣代缴：<br>借：应付职工薪酬——社会保险费——住房公积金<br>　　贷：其他应付款 |
| 工会经费和职工教育经费 | 企业按每月全部职工工资总额的 2% 向工会拨缴经费，主要用于为职工服务和工会活动；职工教育经费一般由企业按照每月工资总额的 8% 计提，主要用于职工接受岗位培训、继续教育等方面的支出。<br>借：生产成本／制造费用／管理费用等<br>　　贷：应付职工薪酬——工会经费、职工教育经费 |
| 短期带薪缺勤[2] | 累积带薪缺勤<br>指带薪权利可以结转下期的带薪缺勤，本期尚未用完的带薪缺勤权利可以在未来期间使用。<br>企业应在职工提供了服务从而增加了其未来享有的带薪缺勤权利时，确认与累积带薪缺勤相关的职工薪酬，并以累积未行使权利而增加的预期支付金额计量。<br>借：管理费用等<br>　　贷：应付职工薪酬——带薪缺勤——短期带薪缺勤——累积带薪缺勤 |
|  | 非累积带薪缺勤<br>非累积带薪缺勤，是指带薪权利不能结转下期的带薪缺勤，本期尚未用完的带薪缺勤权利将予以取消，并且职工离开企业时也无权获得现金支付。非累积带薪缺勤相关的职工薪酬已经包括在企业每期向职工发放的工资等薪酬中，因此不必额外做相应的账务处理 |

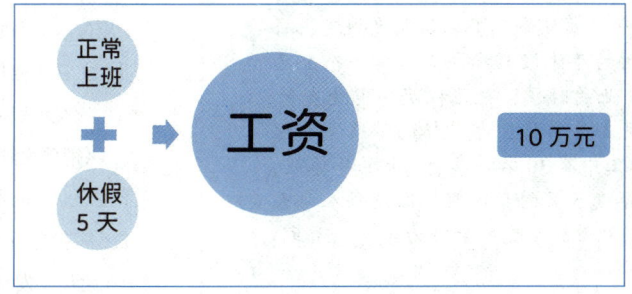

### 小鱼讲重点

[1] 只需要知道，所有跟职工短期薪酬相关的会计处理，都通过"应付职工薪酬"科目进行核算。如果有一些企业代垫、代缴的款项，可以先通过应付职工薪酬预提，再通过其他应收款结转。
借：生产成本等
　　贷：应付职工薪酬
借：应付职工薪酬
　　贷：其他应收款
　　　　应交税费——应交个人所得税

[2] 短期带薪缺勤是历年考试的核心考点。
什么是"短期带薪缺勤"？它指员工应该享受的年假、病假等。
什么是"累积带薪缺勤"？今年该休假的没休，导致多工作了几天，这几天可以明年继续休。
什么是"非累积带薪缺勤"？今年该休的假没休，明年也不能休。
比如，某公司实行累积带薪缺勤制度，每年法定的年假是 5 天，一年的工资包含正常上班的工资和休假 5 天的工资。如果今年的年假没有休，那么在确认累积带薪缺勤时，企业应该"给员工支付工资"，因此，需要在没有休假而是工作的当年进行会计处理：
借：生产成本／管理费用等
　　贷：应付职工薪酬
又如丁企业从 2×18 年 1 月 1 日起实行累积带薪缺勤制度。该制度规定，每个职工每年可享受 5 个工作日带薪年休假，未使用的年休假只能向后结转一个公历年度，超过 1 年未使用的权利作废，在职工离开企业时也无权获得现金支付；职工休年假时，首先使用当年可享受的权利，不足部分再从上年结转的带薪年假中扣除。
至 2×18 年 12 月 31 日，丁企业有 2 000 名职工未享受当年的带薪年假，丁企业预计 2×19 年其中有 1 900 名职工将享受不超过 5 天的

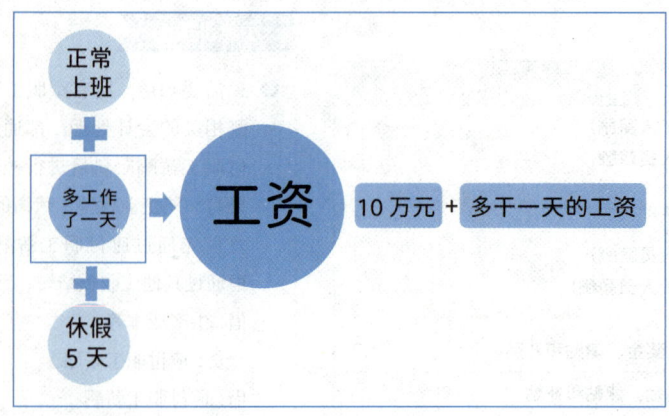

### (二)非货币性职工薪酬

企业向职工提供非货币性福利的,应当按照公允价值计量。公允价值不能可靠取得的,可以采用成本计量。

| 情形 | | 会计分录 |
|---|---|---|
| 企业以其自产产品❶作为非货币性福利发放给职工 | 计提 | 借:生产成本、制造费用、管理费用等<br>贷:应付职工薪酬——非货币性福利 |
| | 发放 | 借:应付职工薪酬——非货币性福利<br>贷:主营业务收入(售价)<br>    应交税费——应交增值税(销项税额)<br>借:主营业务成本<br>    存货跌价准备<br>贷:库存商品 |
| 企业以外购的商品❷作为非货币性福利提供给职工 | 外购商品 | 借:库存商品<br>    应交税费——应交增值税(进项税额)<br>贷:银行存款等 |
| | 计提 | 借:生产成本、制造费用、管理费用等<br>贷:应付职工薪酬——非货币性福利 |
| | 发放 | 借:应付职工薪酬——非货币性福利<br>贷:库存商品<br>    应交税费——应交增值税(进项税额转出) |
| 企业将拥有的房屋等资产无偿提供给职工使用的 | 计提 | 借:生产成本、制造费用、管理费用等<br>贷:应付职工薪酬——非货币性福利 |
| | 支付房租或折旧 | 借:应付职工薪酬❸<br>贷:累计折旧(企业自有资产的折旧计提)<br>    银行存款或其他应付款(企业短期租赁租入房屋等资产支付或应付的租金) |

### 📖 小鱼讲例题

26.【单选题】甲公司从 2020 年 1 月 1 日起实行累积带薪缺勤制度。该制度规定,每个职工每年可享受 5 个工作日带薪年休假,未使用的年休假只能向后结转一个公历年度,超过 1 年未使用的权利作废。在职工离开企业的时候,也无权获得现金支付;职工休年假时,首先使用当年可享受的权利,不足部分再从上年结转的带薪年休假中扣除。2020 年年末,甲公司预计 2021 年 200 名职工中有 30 名将享受 7 天的年休假,50 名职工将享受 6 天的年休假,剩余 120 职工将享受 5 天的年休假,假设每人每天的工资为 150 元,则甲公司 2020 年年末应确认的累积带薪缺勤的金额为(    )元。
【2022 年】
A. 9 000    B. 16 500    C. 76 500    D. 900 000

(来自上页)❷
带薪年假,剩余 100 名职工每人将平均享受 6 天半年休假,假定这 100 名职工全部为总部各部门经理,该企业平均每名职工每个工作日工资为 300 元。不考虑其他相关因素。
(翻译一下题目:2×18 年虽然有 2 000 名职工没有休年假,但是 2×19 年只有 100 人会休超过 5 天的年假,剩下的人休的年假不超过 5 天。因此只有这 100 人超过 5 天的年假才需要进行会计处理。)
2×18 年 12 月 31 日,丁企业应编制如下会计分录:
借:管理费用    45 000
[100×(6.5-5)×300]
贷:应付职工薪酬——带薪缺勤——短期带薪缺勤——累积带薪缺勤    45 000
对于非累积带薪缺勤,因为今年没休,明年也不能补休,没休也不多发工资,因此无须进行会计处理。

### 🐟 小鱼讲重点

❶ 企业把自产的产品发给员工当工资,就相当于"销售"给员工,这种行为叫"视同销售"。比如,当期应该发给生产工人 113 元的工资,企业正好自己生产了一批商品,成本为 80 元,售价为 100 元,就把这批商品"卖给员工"充抵工资。
借:生产成本    113
  贷:应付职工薪酬    113
借:应付职工薪酬    113
  贷:主营业务收入    100
    应交税费——应交增值税
    (销项税额)    13
借:主营业务成本    80
  贷:库存商品    80
(企业给员工发自产的产品,还赚了 20 元,这种行为就相当于把产

27.【单选题】企业将自有房屋无偿提供给本企业行政管理人员使用，下列各项中，关于计提房屋折旧的会计处理表述正确的是（　　）。【2017年】
A. 借记"其他业务成本"科目，贷记"累计折旧"科目
B. 借记"其他应收款"科目，贷记"累计折旧"科目
C. 借记"营业外支出"科目，贷记"累计折旧"科目
D. 借记"管理费用"科目，贷记"应付职工薪酬"科目，同时借记"应付职工薪酬"科目，贷记"累计折旧"科目

28.【单选题】某企业以现金支付行政管理人员生活困难补助2 000元，下列各项中，会计处理正确的是（　　）。【2014年】
A. 借：其他业务成本　　　　　　2 000
　　贷：库存现金　　　　　　　　　　2 000
B. 借：营业外支出　　　　　　　2 000
　　贷：库存现金　　　　　　　　　　2 000
C. 借：管理费用　　　　　　　　2 000
　　贷：库存现金　　　　　　　　　　2 000
D. 借：应付职工薪酬——职工福利 2 000
　　贷：库存现金　　　　　　　　　　2 000

29.【单选题】下列各项中，企业应记入"应付职工薪酬"科目贷方的是（　　）。【2019年】
A. 支付职工的培训费
B. 发放职工工资
C. 确认因解除与职工劳动关系应给予的补偿
D. 缴存职工基本养老保险费

30.【单选题】某家电生产企业，2020年1月以其生产的每台成本为800元的微波炉作为非货币性福利发放给职工，发放数量为100台，该型号的微波炉不含增值税的市场售价为1 000元，适用的增值税税率为13%。不考虑其他因素，该企业确认职工薪酬的金额应为（　　）元。【2019年】
A. 90 400　　　　　　　B. 80 000
C. 100 000　　　　　　D. 113 000

31.【单选题】下列各项中，关于企业以自产产品作为福利发放给职工的会计处理表述不正确的是（　　）。【2017年】
A. 按产品的账面价值确认主营业务成本
B. 按产品的公允价值确认主营业务收入
C. 按产品的账面价值加上增值税销项税额确认应付职工薪酬
D. 按产品的公允价值加上增值税销项税额确认应付职工薪酬

32.【多选题】下列各项中，属于企业职工薪酬组成内容的有（　　）。
A. 为职工代扣代缴的个人所得税
B. 根据设定提存计划计提应向单独主体缴存的提存金
C. 为鼓励职工自愿接受裁减而给予职工的补偿
D. 按国家规定标准提取的工会经费

33.【多选题】下列各项中，企业应通过"应付职工薪酬"科目核算的有（　　）。【2018年】
A. 支付给职工的生活困难补助
B. 为职工缴存的养老保险费
C. 为职工支付的业务培训费用
D. 支付为企业高管人员提供免费住房的房租

34.【多选题】下列各项中,属于"应付职工薪酬"科目核算内容的有(  )。
A. 正式任命并聘请的独立董事津贴
B. 报销出差员工的差旅费
C. 已订立劳务合同的临时职工的工资
D. 向住房公积金管理机构缴存的住房公积金

35.【判断题】企业提前解除劳动合同给予职工解除劳动关系的补偿,应通过"应付职工薪酬——辞退福利"科目核算。(   )【2018年】

36.【判断题】企业应在职工提供了服务从而增加了其未来享有的带薪缺勤权利时,确认与非累积带薪缺勤相关的职工薪酬。(   )【2017年】

37.【判断题】企业应在职工发生实际缺勤的会计期间确认与累积带薪缺勤相关的应付职工薪酬。(   )【2018年】

38.【判断题】非货币性福利不能确认受益对象时,应当计入当期损益和应付职工薪酬。(   )【2020年】

26.【答案】B
【解析】甲公司2020年年末应按照累积未行使的权利而增加的预期支付金额确认应付职工薪酬。即2020年年末应确认的累积带薪缺勤额=[30×(7-5)+50×(6-5)]×150=16 500(元)。

27.【答案】D
【解析】企业将自有房屋无偿提供给本企业行政管理人员使用,在计提折旧时:
借:管理费用
    贷:应付职工薪酬
借:应付职工薪酬
    贷:累计折旧

28.【答案】D
【解析】企业以现金支付的行政管理人员生活困难补助是属于职工福利,所以在实际支付的时候应该借记"应付职工薪酬——职工福利"科目,贷记"库存现金"科目。

29.【答案】C
【解析】选项A,支付职工的培训费分录如下:
借:管理费用
    贷:应付职工薪酬
借:应付职工薪酬
    贷:银行存款
选项B、D,发放职工工资和缴存职工基本养老保险费的分录如下:
借:应付职工薪酬
    贷:银行存款
选项C,确认因解除与职工劳动关系应给予的补偿分录如下:
借:管理费用
    贷:应付职工薪酬
选项C正确,应记入"应付职工薪酬"科目贷方。

30.【答案】D
【解析】分录如下:
借:生产成本等        113 000
    贷:应付职工薪酬              113 000
借:应付职工薪酬      113 000
    贷:主营业务收入              100 000
        应交税费——应交增值税(销项税额)  13 000
借:主营业务成本       80 000
    贷:库存商品                   80 000

选项 D 正确。
31. 【答案】C
    【解析】相关会计分录为：
    确认时：
    借：生产成本、制造费用、销售费用、管理费用等
    　　（公允价值 + 销项税额）
    　贷：应付职工薪酬——非货币性福利（公允价值 + 销项税额）
    发放时：
    借：应付职工薪酬——非货币性福利
    　贷：主营业务收入（公允价值）
    　　　应交税费——应交增值税（销项税额）
    　　　（公允价值 × 增值税税率）
    借：主营业务成本（账面价值）
    　贷：库存商品（账面价值）
32. 【答案】BCD
    【解析】为职工代扣代缴的个人所得税记入"应交税费——应交个人所得税"科目。
33. 【答案】ABCD
    【解析】选项 A、C、D 属于短期薪酬的内容，选项 B 属于离职后福利，均属于应付职工薪酬的内容。
34. 【答案】ACD
    【解析】选项 A 属于应付职工薪酬中短期薪酬的津贴；选项 B 直接计入当期损益，不属于应付职工薪酬；临时工也属于职工的范畴，因此选项 C 也属于应付职工薪酬；选项 D 属于应付职工薪酬中短期薪酬中按国家规定计提标准的职工薪酬。
35. 【答案】√
    【解析】
    借：管理费用
    　贷：应付职工薪酬——辞退福利
36. 【答案】×
    【解析】企业应在职工提供了服务从而增加了其未来享有的带薪缺勤权利时，确认与累积带薪缺勤相关的职工薪酬。
37. 【答案】×
    【解析】企业应在职工发生实际缺勤的会计期间确认与非累积带薪缺勤相关的职工薪酬。
38. 【答案】√
    【解析】如果能确认受益对象，要计入相关成本（如生产成本等）或当期损益；若难以确认受益对象，则计入当期损益（管理费用），并确认为应付职工薪酬。

## 考点3：长期薪酬的账务处理　2分考点

### （一）离职后福利

对于设定提存计划❶，企业应当根据在资产负债表日为换取职工在会计期间提供的服务而应向单独主体缴存的提存金，进行账务处理。

借：生产成本、制造费用、管理费用、销售费用等
　贷：应付职工薪酬——设定提存计划——基本养老保险费

### （二）辞退后福利❷

企业向职工提供辞退福利的，应当在"企业不能单方面撤回因解除劳动关系或裁减所提供的辞退福利时"和"企业确认涉及支付辞退福利的重组相关的成本或费用时"二者孰早日，确认辞退福利产生的职工薪酬负债，并计入当期损益：

借：管理费用
　贷：应付职工薪酬——辞退福利

---

**小鱼讲重点**

❶ "设定提存计划"就是企业从每个月的工资中提出一部分存起来给职工缴纳养老保险。

例如：甲企业根据所在地政府规定，按照职工工资总额的 16% 计提基本养老保险费，缴存当地社会保险经办机构。2×19 年 7 月份，甲企业缴存的基本养老保险费应计入生产成本的金额为 76 800 元。
借：生产成本——基本生产成本
　　　　　　　　　　76 800
　贷：应付职工薪酬——设定提存计划——基本养老保险费
　　　　　　　　　　76 800

❷ 辞退后福利，是指企业在职工劳动合同到期之前解除与职工的劳动关系，或者为鼓励职工自愿接受裁减而给予职工的补偿，其没有直接收益的对象，因此需要计入管理费用。

**【例 1】**甲公司是一家空调制造企业。2020 年 9 月，为了能够在下一年度顺利实施转产，甲公司管理层制订了一项辞退计划，从 2021 年 1 月 1 日起，企业将以职工自愿方式，辞退其柜式空调生产车间的职工。辞退计划的详细内容，包括拟辞退的职工所在部门、数量、各级别职工能够获得的补偿以及计划实施的时间等均已与职工沟通，并达成一致意见，辞退计划已于 2020 年 12 月 10 日经董事会正式批准，辞退计划将于下一个年度内实施完毕。该项辞退计划的详细内容如表 5-1 所示。

表 5-1　辞退计划

| 所属部门 | 职位 | 辞退数量（人） | 工龄（年） | 每人补偿额（万元） |
|---|---|---|---|---|
| 空调车间 | 车间主任、副主任 | 10 | 1~10 | 10 |
| | | | 10~20 | 20 |
| | | | 20~30 | 30 |
| | 高级技工 | 50 | 1~10 | 8 |
| | | | 10~20 | 18 |
| | | | 20~30 | 28 |
| | 一般技工 | 100 | 1~10 | 5 |
| | | | 10~20 | 15 |
| | | | 20~30 | 25 |
| 合计 | | 160 | | |

2020 年 12 月 31 日，企业预计各级别职工拟接受辞退职工数量的最佳估计数（最可能发生数）及其应支付的补偿如表 5-2 所示。

表 5-2　预计接受辞退补偿

| 所属部门 | 职位 | 辞退数量（人） | 工龄（年） | 接受数量（人） | 每人补偿额（万元） | 补偿金额（万元） |
|---|---|---|---|---|---|---|
| 空调车间 | 车间主任、副主任 | 10 | 1~10 | 5 | 10 | 50 |
| | | | 10~20 | 2 | 20 | 40 |
| | | | 20~30 | 1 | 30 | 30 |
| | 高级技工 | 50 | 1~10 | 20 | 8 | 160 |
| | | | 10~20 | 10 | 18 | 180 |
| | | | 20~30 | 5 | 28 | 140 |
| | 一般技工 | 100 | 1~10 | 50 | 5 | 250 |
| | | | 10~20 | 20 | 15 | 300 |
| | | | 20~30 | 10 | 25 | 250 |
| 合计 | | 160 | | 123 | | 1 400 |

根据表 5-2，愿意接受辞退职工的最佳估计数为 123 名，预计补偿总额为 1 400 万元，则企业在 2020 年（辞退计划于 2020 年 12 月 10 日由董事会批准）应编制如下会计分录：

借：管理费用　　　　　　　　　　　　　　1 400
　　贷：应付职工薪酬——辞退福利　　　　　　　1 400

### （三）其他长期职工福利[1]

企业向职工提供的其他长期职工福利，符合设定提存计划条件的，应当按照设定提存计划的有关规定进行会计处理；符合设定受益计划条件的，应当按照设定受益计划的有关规定进行会计处理。

长期残疾福利水平取决于职工提供服务期间长短的，企业应<u>在职工提供服务的期间确认应付长期残疾福利义务</u>，计量时应当考虑长期残疾福利支付的可能性和预期支付的期限；

---

**小鱼讲重点**

[1] 会计分录都是：
　借：生产成本 / 制造费用 / 管理费用等
　　贷：应付职工薪酬

与职工提供服务期间长短无关的，企业应当在导致职工长期残疾的事件发生的当期确认应付长期残疾福利。

> **小鱼讲例题**
>
> 39.【单选题】甲企业与其销售总经理达成协议：3年后利润达到1亿元，其薪酬为利润的2%。下列各项中，甲企业向销售总经理提供薪酬的类别是（　　）。
> A. 带薪缺勤　　　　　　B. 辞退福利
> C. 离职后福利　　　　　D. 利润分享计划
>
> 40.【单选题】某企业计提生产车间管理人员基本养老保险费120 000元。下列各项中，关于该事项的会计处理正确的是（　　）。【2017年】
> A. 借：管理费用　　　　　　　　　　　　　　　120 000
> 　　贷：应付职工薪酬——设定提存计划——基本养老保险费　120 000
> B. 借：制造费用　　　　　　　　　　　　　　　120 000
> 　　贷：应付职工薪酬——设定提存计划——基本养老保险费　120 000
> C. 借：制造费用　　　　　　　　　　　　　　　120 000
> 　　贷：银行存款　　　　　　　　　　　　　　　　　　　120 000
> D. 借：制造费用　　　　　　　　　　　　　　　120 000
> 　　贷：其他应付款　　　　　　　　　　　　　　　　　　120 000
>
> 41.【判断题】企业在资产负债表日为换取职工在会计期间提供的服务而应向单独主体缴存的提存金，确认为其他应付款。（　　）【2016年】

39.【答案】D

【解析】利润分享计划，是指因职工提供服务而与职工达成的基于利润或其他经营成果提供薪酬的协议。

40.【答案】B

【解析】计提生产车间管理人员的养老保险费：
借：制造费用　　　　　　　　　　　　　　　120 000
　　贷：应付职工薪酬——设定提存计划——基本养老保险费　120 000

41.【答案】×

【解析】企业在资产负债表日为换取职工在会计期间提供的服务而应向单独主体缴存的提存金，应确认为应付职工薪酬。

## 第四节　应交税费

📋 **一个小目标**

| 必须掌握 | 了解一下 |
| --- | --- |
| 应交税费概述 | 其他应交税费 |
| 应交增值税 |  |
| 应交消费税 |  |

微信扫码
观看视频课程

### 考点1：应交税费①概述　**2分考点**

企业根据税法规定应交纳的各种税费包括：增值税、消费税、城市维护建设税、企业所得税、土地增值税、资源税、房产税、车船税、城镇土地使用税、教育费附加、矿产资源补

> **小鱼讲重点**
>
> ① 请注意：并非所有的税费都通过"应交税费"进行核算。只有"该交没交的税"才通过应交税费科目核算。如增值税，每发生一笔销售，都会产生一笔增值税销项税，此时表示你应该去税务局交税，但是税务局要求月底统一交，因此产生了一项"该交没交的应交税费"。如果是"一手交钱一手交税"，则：
> 借：税金及附加
> 　　贷：银行存款
> 而不会通过"应交税费"科目进行核算。

偿费、印花税、耕地占用税、契税、环境保护税、车辆购置税等。

企业应通过"应交税费"科目，核算各种税费的应交、交纳等情况。该科目借方登记实际交纳的税费，贷方登记应交纳的各种税费等；期末余额一般在贷方，反映企业尚未交纳的税费，如果期末余额在借方，则反映的是企业多交或尚未抵扣的税费。

企业交纳的印花税、耕地占用税等不需要预计应交数的税金，不通过"应交税费"科目核算。

不通过"应交税费"科目核算的相关税种如下❶。

| 项目 | 会计处理 |
| --- | --- |
| 印花税 | 借：税金及附加<br>贷：银行存款 |
| 耕地占用税 | 借：无形资产、开发支出等<br>贷：银行存款 |
| 契税 | 借：无形资产、固定资产等<br>贷：银行存款 |
| 车辆购置税 | 借：固定资产<br>贷：银行存款 |

### 📖 小鱼讲例题

42.【单选题】以下各项中，通过"应交税费"科目核算的是（　　）。【2021年】
A. 印花税　　　　　　B. 消费税
C. 耕地占用税　　　　D. 契税

42.【答案】B

## 考点 2：应交增值税 ❷ 10 分考点

### （一）增值税概述

**1. 增值税征税范围和纳税义务人**

（1）概念。

增值税是以商品（含应税劳务、应税行为）在流转过程中产生的增值额作为计税依据而征收的一种流转税。

（2）范围。

按照我国现行增值税制度的规定，在我国境内销售货物、加工修理修配劳务、服务、无形资产和不动产以及进口货物的企业、单位和个人为增值税的纳税人。其中，"服务"是指提供交通运输服务、建筑服务、邮政服务、电信服务、金融服务、现代服务、生活服务。

（3）纳税人。

根据经营规模大小及会计核算水平的健全程度，增值税纳税人分为一般纳税人和小规模纳税人。

**2. 增值税的计税方法**

计算增值税的方法分为一般计税方法和简易计税方法。

（1）一般计税方法❸。

应纳税额 = 当期销项税额 – 当期进项税额

---

### 🐟 小鱼讲重点

❶ 印花税一般记入企业的"税金及附加"科目，作为企业的营业费用核算；耕地占用税、契税、车辆购置税一般计入固定资产成本。

❷ 增值税通常和销售商品或购买商品在一起考查，并且经常考查不定项选择题，是非常重要的部分。
增值税是什么？
税收是政府公共财政最主要的收入来源，而增值税就是对现实生活中"所有的物品"广泛征收的一种税。企业在生产过程中，只要产生产品的增值，就需要对产品增值部分向国家交税。（产生增值，就要交税）
增值税是"价外税"，也就是说商品的价格定好之后，针对定好的价格额外征的税。比如，生产布料的厂家把布料卖给制衣厂，布料的定价为 100 元，布料厂在销售的时候，一共从制衣厂收到：100 元（价款）+13 元（增值税税款）。这 13 元增值税是由于销售产生的纳税义务，应该交给税务局，跟布料厂的利润没有关系。制衣厂在进行一系列生产之后，生产的衣服定价 200 元卖给经销商。按照增值税的定义，制衣厂按照"增值的部分"交税，应该只交：(200–100)×13%=13（元）。至于具体增值了多少，企业说不清楚，税务局核算起来也比较困难，所以按照"抵扣法"进行处理。也就是销售的时候，按照售价全额交税，再把进货的时候交过的税全额抵扣。制衣厂在销售的时候，按照全额 200×13%= 26（元）进行交税，原来制衣厂在购进布料的时候，交过的 13 元增值税可以全额进行"抵扣"，也就是额外交的增值税为 26–13=13（元）。
销售时缴纳的税款叫作销项税，是产生的纳税义务，而购买的时候支付的税款叫作进项税，是未来可以进行抵扣的部分，相当于企业的"资产"。

❸ 请注意：销售价款一般是指不含税金额，"增值税发票上注明的金额"也是指不含税金额，如果题目给出的是"价税合计"，那么就是指含税金额。

不含税金额 = 价税合计 ÷（1+ 增值税税率）

当期销项税额：纳税人当期销售货物、加工修理修配劳务、服务、无形资产和不动产时按照销售额和增值税税率计算并收取的增值税税额。

当期销项税额 = 销售额（不含税）× 增值税税率

当期进项税额：纳税人购进货物、加工修理修配劳务、服务、无形资产或者不动产，支付或者负担的增值税税额。

当期销项税额小于当期进项税额不足抵扣时，其不足部分可以结转下期继续抵扣。

一般纳税人计算增值税大多采用一般计税方法。

（2）简易计税方法。

简易计税方法是按照销售额与征收率的乘积计算应纳税额，不得抵扣进项税额。

应纳税额 = 销售额（不含税）× 征收率❶

小规模纳税人一般采用简易计税方法；一般纳税人发生财政部和国家税务总局规定的特定应税销售行为，也可以选择简易计税方法计税，但是不得抵扣进项税额。

| 计税方法 | 特征 | 适用情形 |
| --- | --- | --- |
| 一般计税方法 | ①进项税可以抵扣；<br>②应纳税额 = 当期销项税额 – 当期进项税额 | 适用于大部分一般纳税人（某些一般纳税人可以选择简易计税方法） |
| 简易计税方法 | ①进项税不可以抵扣；<br>②应纳税额 = 销售额（不含税）× 征收率 | 适用于小规模纳税人和选择简易计税方法的一般纳税人❷ |

（3）下列进项税额准予从销项税额中抵扣。

①从销售方取得的增值税专用发票（含税控机动车销售统一发票，下同）上注明的增值税税额；

②海关进口增值税专用缴款书上注明的增值税税额；

③购进农产品，除取得增值税专用发票或者海关进口增值税专用缴款书外，按照农产品收购❸发票或者销售发票上注明的农产品买价和 9% 的扣除率计算的进项税额；如用于生产销售或委托加工 13% 税率货物的农产品，按照农产品收购发票或者销售发票上注明的农产品买价和 10% 的扣除率计算的进项税额；

④从境外单位或者个人购进服务、无形资产或者不动产，从税务机关或者扣缴义务人取得的解缴税款的完税凭证上注明的增值税税额；

⑤一般纳税人支付的道路通行费❹，凭增值税电子普通发票上注明的收费金额和规定的方法计算的可抵扣的增值税进项税额；桥、闸通行费，凭取得的通行费发票上注明的收费金额和规定的方法计算的可抵扣的增值税进项税额。

当期销项税额小于当期进项税额，不足抵扣时，其不足部分可以结转下期继续抵扣。一般纳税人采用的税率分为 13%、9%、6% 和零税率❺。

①一般纳税人销售货物、劳务、有形动产租赁服务或者进口货物，税率为 13%。

②一般纳税人销售或者进口粮食等农产品、食用植物油、食用盐、自来水、暖气、冷气、热水、煤气、石油液化气、天然气、二甲醚、沼气、居民用煤炭制品、图书、报纸、杂志、音像制品、电子出版物、饲料、化肥、农药、农机、农膜以及国务院及其有关部门规定的其他货物，税率为 9%；提供交通运输、邮政、基础电信、建筑、不动产租赁服务，销售不动产，转让土地使用权，税率为 9%；其他应税行为，税率为 6%。

③一般纳税人出口货物，税率为 0。

## 小鱼讲重点

❶ 如何区分"征收率"和"税率"？
"税率"是针对一般计税方法下的税率，而"征收率"是针对简易计税方法下的税率。采用简易计税方式的增值税征收率一般为 3%，而增值税税率包含 13%、9%、6% 等。它们都是税率，只是在不同情况下名字不一样而已。初级会计考试中，题目一般会给定具体的税率，不需要背记。

❷ 一般纳税人为什么要选择简易计税方法（不能抵扣进项税）？
如果一个企业的进项税很少（比如互联网企业），那么可以用于抵扣的进项税很少，如果依旧按照 13% 的销项税交税，那么每个月的税收负担很重，不如直接选择简易计税，税率低。

❸ 关于收购农产品增值税的核算：
从农业生产者（农民）手中收购农产品，农民是不会开"增值税专票"的。此时，需要收购者向农民开出一张"农产品收购发票"。如果开出的收购发票是 100 元，那么，进项税 =100×9% 或 10% 的扣除率。
如果收购的农产品用于继续生产低税率（税率不超过 9%）的产品，那么使用 9% 的扣除率进行抵扣；
如果收购的农产品用于继续生产高税率（税率超过 9%）的产品，那么使用 10% 的扣除率进行抵扣。

❹ 道路通行费，也就是过路费。现在过路费都是通过 ETC 充值，充值时会开具增值税电子发票，直接用电子发票就可以进行进项税抵扣。
火车票和飞机票也可以进行抵扣，按照票面金额除以（1+9%）计算抵扣。

❺ 初级会计实务不考税率，各类税率了解即可。

> **小鱼讲例题**
>
> 43.【单选题】下列各项中，企业应通过"应交税费"科目核算的是（　　）。【2019年】
> A. 应缴纳的职工社会保险费
> B. 占用耕地建房交纳的耕地占用税
> C. 转让房屋应交纳的土地增值税
> D. 签订合同应交纳的印花税
>
> 44.【单选题】下列各项中，企业确认当期销售部门使用车辆应交纳的车船税，应借记的会计科目是（　　）。【2019年】
> A. 其他业务成本　　　　　　B. 税金及附加
> C. 管理费用　　　　　　　　D. 销售费用
>
> 45.【多选题】下列各项中，应通过"应交税费"科目核算的有（　　）。【2018年】
> A. 交纳的印花税
> B. 增值税一般纳税人购进固定资产应支付的增值税进项税额
> C. 为企业员工代扣代缴的个人所得税
> D. 交纳的耕地占用税
>
> 46.【判断题】小规模纳税人取得专票，一律不得抵扣，计入资产成本。（　　）【2020年】

43.【答案】C
【解析】选项A，计入应付职工薪酬；选项B、D，企业交纳的印花税、耕地占用税等不需预计应交数的税金，不通过"应交税费"科目核算。

44.【答案】B
【解析】确认车船税时：
借：税金及附加
　　贷：应交税费——应交车船税

45.【答案】BC
【解析】选项B、C通过"应交税费"科目核算，而企业交纳的印花税、耕地占用税等不需预计应交数的税金，不通过"应交税费"科目核算。

46.【答案】√

### （二）一般纳税人的账务处理

**1. 应交税费——应交增值税的二级科目**　2分考点

| 应交税费——应交增值税 ||
| --- | --- |
| 借方 | 贷方 |
| 进项税额：准予从当期销项税额中抵扣的增值税税额 | 销项税额：销售应缴纳的增值税税额 |
| 销项税额抵减：按照规定因扣减销售额而减少的销项税额❶ | 出口退税：记录一般纳税人出口商品按规定退回的增值税税额 |
| 已交税金：记录一般纳税人当月已交纳的应交增值税税额 | 进项税额转出：发生非正常损失以及其他原因而不应从销项税额中抵扣、按规定转出的进项税额 |
| 转出未交增值税／转出多交增值税：记录一般纳税人月度终了转出当月应交未交或多交的增值税税额 | |
| 减免税款❷：记录一般纳税人按现行增值税制度规定准予减免的增值税税额 | |
| 出口抵减内销产品应纳税额：实行"免、抵、退"办法的一般纳税人按规定计算的出口货物的进项税抵减内销产品的应纳税额 | |

> **小鱼讲重点**
>
> ❶ 应交税费——应交增值税——销项税额抵减（用于差额征税，后面会讲到）：
> 在"营改增"过程中，原来某些交营业税的业务并没有增值税进项税票可以抵扣，为了让这些没有进项税的业务能够抵扣，避免多交税，就将成本费用的一部分计入：
> 借：应交税费——应交增值税——销项税额抵减
> 此科目就相当于"进项税额"。
>
> ❷ 应交税费——应交增值税——减免税款：
> 对于某些行业和纳税人，根据制度规定可以减免增值税款：
> （1）发生销售收入时：
> 借：银行存款等
> 　　贷：主营业务收入
> 　　　　应交税费——应交增值税（销项税额）
> （2）发生税收减免时：
> 借：应交税费——应交增值税——减免税额
> 　　贷：营业外收入

## 2. 应交税费的二级科目 ① `2分考点`

| "应交税费"二级科目 | 内容 |
|---|---|
| 应交税费——应交增值税 | 见前表 |
| 应交税费——未交增值税 | 核算一般纳税人月度终了从"应交增值税"或"预交增值税"明细科目转入当月应交未交、多交或预交的增值税税额，以及当月交纳以前期间未交的增值税税额 |
| 应交税费——预交增值税 ② | 核算一般纳税人转让不动产、提供不动产经营租赁服务、提供建筑服务、采用预收款方式销售自行开发的房地产项目等，以及其他按现行增值税制度规定应预交的增值税税额 |
| 应交税费——待抵扣进项税额 | 核算一般纳税人已取得增值税扣税凭证并经税务机关认证，按照现行增值税制度规定准予以后期间从销项税额中抵扣的进项税额 |
| 应交税费——待认证进项税额 ③ | 核算一般纳税人由于未经税务机关认证而不得从当期销项税额中抵扣的进项税额，包括：一般纳税人已取得增值税扣税凭证、按照现行增值税制度规定准予从销项税额中抵扣，但尚未经税务机关认证的进项税额；一般纳税人已申请稽核，但尚未取得稽核相符结果的海关缴款书进项税额 |
| 应交税费——待转销项税额 ④ | 核算一般纳税人销售货物、加工修理修配劳务、服务、无形资产或不动产，已确认相关收入（或利得）但尚未发生增值税纳税义务而需于以后期间确认为销项税额的增值税税额 |
| 应交税费——简易计税 ⑤ | 核算一般纳税人采用简易计税方法发生的增值税计提、扣减、预缴、缴纳等业务 |
| 应交税费——转让金融商品应交增值税 | 核算增值税纳税人转让金融商品发生的增值税税额 |
| 应交税费——代扣代交增值税 | 核算纳税人购进在境内未设经营机构的境外单位或个人在境内的应税行为代扣代缴的增值税 |

### 📖 小鱼讲例题

**47.【单选题】** 下列各项中，增值税一般纳税人当期发生（增值税专用发票已经税务机关认证）准予以后期间抵扣的进项税额，应记入的会计科目是（　　）。【2019年】
A. 应交税费——待转销项税额
B. 应交税费——未交增值税
C. 应交税费——待抵扣进项税额
D. 应交税费——应交增值税

**47.【答案】** C
**【解析】** "待抵扣进项税额"明细科目核算一般纳税人已取得增值税扣税凭证并经税务机关认证，按照现行增值税制度规定准予以后期间从销项税额中抵扣的进项税额，选项C正确。

---

### 🐟 小鱼讲重点

① 只需要大概知道每个科目是什么意思即可。

② 应交税费——预交增值税：
销售不动产时，增值税纳税义务还没发生，先预交增值税。如预收一笔工程款，此时没有发生"销售"，因此先预交增值税。
企业预缴增值税款时：
借：应交税费——预交增值税
　　贷：银行存款
预缴的增值税税款，可以在当期增值税应纳税额中抵减，抵减不完的，结转下期继续抵减。

③ 应交税费——待认证进项税额：
企业购进货物取得增值税进项税专票，需要在税务局网站上进行"勾选认证"（看是不是真的），只有认证后的专票才可以进行抵扣。

④ 应交税费——待转销项税额：
根据法律规定，纳税义务的发生时点如果是4月1日，在4月1日之前收到货款，则：
贷：应交税费——待转销项税额；
到了纳税时点：
借：应交税费——待转销项税额
　　贷：应交税费——应交增值税
　　　　（销项税额）

⑤ 应交税费——简易计税：
一般纳税人发生特定的经济业务可以选择简易计税方法。

### 3. 取得资产、接受应税劳务或服务（进项税额） `2 分考点`

| 情形 | 概念 | 会计处理 |
|---|---|---|
| 一般纳税人购进货物[1]、加工修理修配劳务、服务、无形资产或者不动产 | （1）企业购进货物中支付的运费按照取得增值税专用发票注明的税额作为进项税额；<br>（2）属于购进货物时即能认定进项税额不能抵扣的，直接将增值税专用发票上注明的增值税税额计入购入货物或接受劳务的成本；<br>（3）对于购入的农产品可以按收购金额的一定比率（扣除率 9% 或 10%）计算进项税额，并准予从销项税额中抵扣 | 借：材料采购、在途物资、原材料、库存商品、生产成本、无形资产、固定资产、管理费用等<br>　　应交税费——应交增值税（进项税额）（当月已认证的可抵扣）<br>　　应交税费——待认证进项税额（当月未认证的可抵扣）<br>　　应交税费——待抵扣进项税额（当月已认证的可抵扣）<br>贷：银行存款、应收账款、应付票据等 |
| 货物等已验收入库但尚未取得增值税扣税凭证 | 企业购进的货物等已到达并验收入库，但尚未收到增值税扣税凭证并未付款的，应在月末按货物清单或相关合同协议上的价格暂估入账，不需要将增值税的进项税额暂估入账。下月初，用红字冲销原暂估入账金额，待取得相关增值税扣税凭证并经认证后，按应计入相关成本费用或资产的金额进行确认 | 月末暂估入账：<br>借：原材料<br>贷：应付账款<br>下月初红字冲回：<br>借：应付账款<br>贷：原材料<br>待取得相关增值税扣税凭证并经认证后：<br>借：原材料<br>　　应交税费——应交增值税（进项税额）<br>贷：银行存款等 |
| 进项税额转出 | 企业已单独确认进项税额的购进货物、加工修理修配劳务或者服务、无形资产或者不动产，但其事后改变用途（如用于简易计税方法计税项目、免征增值税项目、非增值税应税项目等），或发生非正常损失，原已计入进项税额、待抵扣进项税额或待认证进项税额，按照现行增值税制度规定不得从销项税额中抵扣 | 管理不善造成的原材料损毁：<br>借：待处理财产损溢<br>贷：原材料<br>　　应交税费——应交增值税（进项税额转出）<br>外购原材料或商品用于集体福利：<br>借：应付职工薪酬——非货币性福利<br>贷：库存商品/原材料<br>　　应交税费——应交增值税（进项税额转出） |
| 不得抵扣的进项税额 | 一般纳税人购进货物、加工修理修配劳务、服务、无形资产或不动产，用于简易计税方法计税项目、免征增值税项目、集体福利或个人消费等，即使取得的增值税专用发票上已注明增值税进项税额，该税额也不得从销项税额中抵扣 | 取得增值税专用发票时：<br>借：原材料等<br>　　应交税费——待认证进项税额<br>贷：银行存款等<br>经税务机关认证后不可抵扣：<br>借：应交税费——应交增值税（进项税额）<br>贷：应交税费——待认证进项税额<br>借：原材料等<br>贷：应交增值税——应交增值税（进项税额转出）（将进项税转入原材料成本） |

### 小鱼讲重点

[1] 购进货物等发生的退货，应根据税务机关开具的红字增值税专用发票编制相反的会计分录，如原增值税专用发票未做认证，应将发票退回并做相反的会计分录。

## 4. 销售等业务的账务处理（销项税额） `2分考点`

| 情形 | 会计处理 |
|---|---|
| 企业销售货物❶、加工修理修配劳务、服务、无形资产或不动产 | 借：应收账款、银行存款等<br>贷：主营业务收入、其他业务收入、固定资产清理等<br>　　应交税费——应交增值税（销项税额）[一般计税方法]<br>　　应交税费——简易计税 [简易计税方法] |
| 会计上收入或利得确认时点先于增值税纳税义务发生时点（先收入后交税） | 借：应收账款、银行存款等<br>贷：主营业务收入、其他业务收入、固定资产清理等<br>　　应交税费——待转销项税额<br>实际发生纳税义务时：<br>借：应交税费——待转销项税额<br>贷：应交税费——应交增值税（销项税额）<br>　　应交税费——简易计税 |
| 增值税纳税义务发生时点早于按照国家统一的会计制度确认收入或利得的时点（先交税后收入） | 借：应收账款<br>贷：应交税费——应交增值税（销项税额）<br>　　应交税费——简易计税<br>确认收入时：<br>借：应收账款<br>贷：主营业务收入、其他业务收入 |
| 视同销售（企业将自产或委托加工的货物用于集体福利或个人消费，将自产、委托加工或购买的货物作为投资、提供给其他单位或个体工商户、分配给股东或投资者、对外捐赠等，按照现行增值税制度规定，应视同销售处理，计算应交增值税） —— 对外捐赠❷ | 借：营业外支出<br>贷：库存商品 [ 成本价 ]<br>　　应交税费——应交增值税（销项税额）<br>　　[计税价或公允价或市场价 × 税率] |
| 视同销售 —— 对外投资 | 借：长期股权投资等<br>贷：主营业务收入等 [ 一般为双方协商不含税价值 ]<br>　　应交税费——应交增值税（销项税额）<br>借：主营业务成本等<br>贷：库存商品等 |
| 视同销售 —— 支付股利 | 借：应付股利<br>贷：主营业务收入等 [ 市场价或计税价格 ]<br>　　应交税费——应交增值税（销项税额）<br>借：主营业务成本<br>贷：库存商品 |
| 视同销售 —— 应付职工薪酬——非货币性福利 | 借：应付职工薪酬——非货币性福利<br>贷：主营业务收入等 [ 公允价值、售价或计税价格 ]<br>　　应交税费——应交增值税（销项税额）<br>借：主营业务成本等<br>贷：库存商品 |

### 小鱼讲重点

❶ 企业销售货物等发生销售退回的，应根据税务机关开具的红字增值税专用发票做相反的会计分录。

❷ 注意将捐赠和应付职工薪酬——非货币性福利区分开：

应付职工薪酬——非货币性福利，实际上是"把产品卖给员工"，要确认收入并结转成本。理论上，售价可以由企业随意制定；而对外捐赠不确认收入，直接把库存商品按照成本价转出，但是对外捐赠的销项税要按照"正常销售价"来计算。

比如：企业自己生产了一批商品，成本为 80 元，售价为 100 元：

(1) 如果把产品发给员工当作职工薪酬：

借：生产成本等　　　　113
　　贷：应付职工薪酬　　　113
借：应付职工薪酬　　　113
　　贷：主营业务收入　　　100
　　　　应交税费——应交增值税
　　　　（销项税额）　　　13
借：主营业务成本　　　80
　　贷：库存商品　　　　　80

由于给员工发非货币性福利，企业当期还有 100-80=20（元）的利润。

(2) 如果把这批商品对外捐赠：

借：营业外支出　　　　93
　　贷：库存商品　　　　　80
　　　　应交税费——应交增值税
　　　　（销项税额）　　　13

当企业将商品对外捐赠时，没有收入，只有营业外支出。

> 小鱼讲例题

48.【多选题】下列各项中，关于增值税一般纳税人会计处理表述正确的有（　　）。【2018年】

A. 已单独确认进项税额的购进货物用于投资，应贷记"应交税费——应交增值税（进项税额转出）"科目

B. 将委托加工的货物用于对外捐赠，应贷记"应交税费——应交增值税（销项税额）"科目

C. 已单独确认进项税额的购进货物发生非正常损失，应贷记"应交税费——应交增值税（进项税额转出）"科目

D. 企业管理部门领用本企业生产的产品，应贷记"应交税费——应交增值税（销项税额）"科目

48.【答案】BC

【解析】外购货物用于投资，应视同销售，确认增值税销项税额，选项A错误；委托加工的货物对外捐赠，应视同销售，确认增值税销项税额，选项B正确；存货发生非正常损失，进项税额不得抵扣，应作进项税额转出，选项C正确；企业领用自己生产的存货，不视同销售，按成本领用，选项D错误。

### 5. 交纳增值税  `2分考点`

（1）交纳当月应交增值税。

借：应交税费——应交增值税（已交税金）❶

　　贷：银行存款

（2）交纳以前期间未交增值税。

借：应交税费——未交增值税 [以前期间未交的增值税]

　　贷：银行存款 ❷

### 6. 月末转出多交增值税和未交增值税  `2分考点`

月度终了，企业应当将当月应交未交或多交的增值税自"应交增值税"❸明细科目转入"未交增值税"明细科目。

| 月末转出未交增值税 | 月末转出多交增值税 | 留抵税额 |
|---|---|---|
| 应交税费——应交增值税<br>进项税：80　销项税：100<br>　　　　　未交增值税 | 应交税费——应交增值税<br>进项税：80　销项税：100<br>已交税金：50<br>　　　　　转出多交增值税 | 应交税费——应交增值税<br>进项税：100　销项税：80<br>　　　　　留抵税额 |

对于当月应交未交的增值税（未交增值税增加）：

借：应交税费——应交增值税（转出未交增值税）

　　贷：应交税费——未交增值税

对于当月多交的增值税（相当于未交增值税减少）：

借：应交税费——未交增值税

　　贷：应交税费——应交增值税（转出多交增值税）❹

---

> 小鱼讲重点

❶ 2×19年6月，甲公司当月发生增值税销项税额合计为525 200元，增值税进项税额转出合计为29 900元，增值税进项税额合计为195 050元。甲公司6月应交增值税计算结果如下：

当月应交增值税 = 525 200+29 900–195 050 = 360 050（元）。

甲公司当月实际交纳增值税税款310 050元，编制如下会计分录：

借：应交税费——应交增值税（已交税金）　　310 050

　　贷：银行存款　　310 050

请注意：当月实际缴纳的税款是上个月的税款，所以和本月计算出来的应交增值税不一样。

❷ 2×19年6月30日，甲公司将尚未交纳的其余增值税税款50 000元进行转账。甲公司编制如下会计分录：

借：应交税费——应交增值税（转出未交增值税）　50 000

　　贷：应交税费——未交增值税　　50 000

7月，甲公司交纳6月未交的增值税50 000元，编制如下会计分录：

借：应交税费——未交增值税　　50 000

　　贷：银行存款　　50 000

❸ "应交税费——应交增值税"科目期末无余额。

（1）如果期末贷方销项税额为100万元，借方进项税额为80万元，那么本期销项税额大于进项税额，期末应交增值税为20万元，将贷方余额20万元转入"应交税费——未交增值税"科目：

借：应交税费——应交增值税（转出未交增值税）　　20

　　贷：应交税费——未交增值税　　20

贷方未交增值税20万元，表示本期没交20万元的增值税；

"应交税费——应交增值税（转出未交增值税）"科目没有实际意

## 小鱼讲例题

**49.【多选题】** 下列各项中，一般纳税人月末转出多交增值税的相关会计科目处理正确的有（　　）。【2019年】
A. 借记"应交税费——未交增值税"科目
B. 贷记"应交税费——应交增值税（转出多交增值税）"科目
C. 借记"应交税费——应交增值税（转出多交增值税）"科目
D. 贷记"应交税费——未交增值税"科目

**49.【答案】** AB
【解析】月末转出多交增值税，应该做分录：
借：应交税费——未交增值税
　　贷：应交税费——应交增值税（转出多交增值税）
选项A、B正确。

### （三）小规模纳税人的账务处理　2分考点

小规模纳税人核算增值税采用简易征收❶的方法，即购进货物、应税服务或应税行为，取得增值税专用发票上注明的增值税，一律不予抵扣，直接计入相关成本费用或资产。小规模纳税人销售货物、应税服务或应税行为时，按照不含税的销售额和规定的增值税征收率计算应交纳的增值税（即应纳税额）。

应纳税额＝销售额（不含税）×征收率

不含税销售额＝含税销售额÷（1+征收率）

| 情形 | 特征 | 税率 | 会计处理 |
|---|---|---|---|
| 买 | 小规模纳税人购买商品，增值税不得抵扣，计入购买商品成本 | 税率：看买谁的货。买一般纳税人的货或者进口，就是13%，买小规模纳税人的货就是3%。请注意：小规模纳税人征收率3%仅限于"卖"，买的话得看买谁的 | 借：原材料等（含税，增值税计入成本）<br>　　贷：银行存款等 |
| 卖 | 小规模纳税人卖货，如果开增值税普通发票，那么谁买了小规模纳税人的货，进项税不能抵扣；如果小规模纳税人卖货的时候开了增值税专用发票（小规模纳税人卖货的时候也能开票），那么谁买了小规模纳税人的货，进项税可以用专票抵扣。(能不能抵扣主要看开的什么票)❷ | 小规模纳税人卖货，一般征收率为3%或5% | 借：银行存款等<br>　　贷：主营业务收入等<br>　　　　应交税费——应交增值税（无进销之分）<br>交纳增值税时：<br>借：应交税费——应交增值税<br>　　贷：银行存款 |

## 小鱼讲例题

**50.【单选题】** 某企业为增值税小规模纳税人，2019年8月购入原材料取得的增值税专用发票注明价款为10 000元，增值税税额为1 300元。当月销售产品开具的增值税普通发票注明含税价款为123 600元，适用的征收率为3%。不考虑其他因素，该企业2019年8月应交纳的增值税税额为（　　）元。【2019年】
A. 3 600　　B. 2 108　　C. 3 708　　D. 2 000

**51.【判断题】** 小规模纳税人销售货物采用销售额和应纳增值税合并定价的方法向客户结算款项时，应按照不含税销售额确认收入。（　　）【2018年】

---

（来自上页）❸

义，主要就是为了转未交的增值税使用，其他时候都用不上。

（2）如果本期贷方销项税额为100万元，借方进项税额为80万元，本期由于交上期的增值税，交了50万元，那么借方还有50万"应交税费——应交增值税（已交税金）"，表示本期不仅不用交税，还多交了30万元的进项税。由于"应交税费——应交增值税"科目期末无余额，要把借方多交的30万元转出：
借：应交税费——未交增值税 30
　　贷：应交税费——应交增值税
　　　　（转出多交增值税）　30
借方未交增值税，表示当期没交的增值税减少；
"应交税费——应交增值税（转出多交增值税）"科目没有实际意义，只是用来"转出多交增值税"，其他时候都用不上。

（3）如果本期借方进项税为100万元，贷方销项税为80万元，表明本期进货进多了，此时多的20万元为"留抵税额"，也就是留着下期继续抵扣。

❹（1）"应交税费——应交增值税"月末无贷方余额（需要转出）；
（2）"应交税费——应交增值税"月末借方余额代表留抵税额（留着下期继续抵扣）；
（3）"应交税费——未交增值税"贷方余额代表期末结转下期应交的增值税；
（4）"应交税费——未交增值税"借方余额代表本期多交的增值税。

### 小鱼讲重点

❶ "简易征收"的特点：
（1）低税率；
（2）进项税不能抵扣。

❷ 小规模纳税人卖货也是可以开增值税专票的。以前小规模纳税人需要去税务局"代开发票"，现在可以通过购买"税控设备"自己开票。只要小规模纳税人卖货的时候开了专票，那么购买方就可以用专票进行抵扣。

50.【答案】A

【解析】小规模纳税人核算增值税采用简易征收，购入材料取得增值税专用发票上注明的增值税一律不予抵扣，直接计入原材料成本；销售时按照不含税的销售额和规定的增值税征收率计算应交纳的增值税（即应纳税额），所以该企业2019年8月应交纳的增值税税额=123 600÷（1+3%）×3%=3 600（元），选项A正确。

51.【答案】√

【解析】小规模纳税人采用销售额和应纳税额合并定价的方法并向客户结算款项，销售货物、应税劳务或应税行为后，应进行价税分离，确定不含税的销售额。

### （四）差额征税的账务处理❶

根据财政部和国家税务总局"营改增"相关的规定，对于企业发生的某些业务（金融商品转让、经纪代理服务、融资租赁和融资性售后回租业务、一般纳税人提供客运场站服务、试点纳税人提供旅游服务、选择简易计税方法提供建筑服务等）无法通过抵扣机制避免重复征税的，应采用差额征税方式计算交纳增值税。

**1. 企业按规定相关成本费用允许扣减销售额的账务处理**

（1）发生费用支出时：

借：主营业务成本等

　　贷：银行存款等

（2）根据增值税扣税凭证抵减销项税额时：

借：应交税费——应交增值税（销项税额抵减）

　　或应交税费——简易计税

　　　应交税费——应交增值税（小规模纳税人）

　　贷：主营业务成本等 ❷

**2. 企业转让金融商品按规定以盈亏相抵后的余额作为销售额**

（1）月末产生转让收益：

借：投资收益等

　　贷：应交税费——转让金融商品应交增值税

（2）月末产生转让损失，则按可结转下月抵扣税额：

借：应交税费——转让金融商品应交增值税

　　贷：投资收益等

（3）交纳增值税时：

借：应交税费——转让金融商品应交增值税

　　贷：银行存款

（4）年末，"应交税费——转让金融商品应交增值税"科目如有借方余额：

借：投资收益等

　　贷：应交税费——转让金融商品应交增值税

### （五）增值税税控系统专用设备和技术维护费用抵减增值税额的账务处理 **2 分考点**

企业初次购入增值税税控系统专用设备支付的费用以及缴纳的技术维护费允许在增值税应纳税额中<u>全额抵减</u>。

增值税税控系统专用设备，包括增值税防伪税控系统设备（如金税卡、IC卡、读卡器或金税盘和报税盘）、货物运输业增值税专用发票税控系统设备（如税控盘和报税盘）、机动车销售统一发票税控系统和公路、内河货物运输业发票税控系统的设备。

---

**小鱼讲重点**

❶ 了解即可。

❷ 把一部分成本直接转成增值税，将来可以进行抵扣，也就是少交税。

(1) 初次购入时❶：
借：固定资产 [ 如果有进项税则计入固定资产成本 ]
　　贷：银行存款等
(2) 企业发生增值税税控系统专用设备技术维护费：
借：管理费用
　　贷：银行存款等
(3) 按规定抵减的增值税应纳税额：
借：应交税费——应交增值税（减免税款）
　　或应交税费——应交增值税 [ 小规模纳税人 ]
　　贷：管理费用等

## 考点 3：应交消费税❷ `2 分考点`

### （一）消费税概述

消费税是指在我国境内生产、委托加工和进口应税消费品的单位和个人，按其流转额交纳的一种税。

消费税只对特定的应税消费品征税。

征收消费税有从价定率、从量定额、从价定率和从量定额复合计税（简称复合计税）三种征收方法。

### （二）应交消费税的账务处理

企业应在"应交税费"科目下设置"应交消费税"明细科目，核算应交消费税的发生、交纳情况。

**1. 销售应税消费品**

借：税金及附加❸
　　贷：应交税费——应交消费税

**2. 自产自用应税消费品**

| 情形 | 会计处理 |
| --- | --- |
| 企业将生产的应税消费品用于在建工程等非生产机构 | 借：在建工程等（计入在建工程成本）<br>　　贷：应交税费——应交消费税 |
| 企业将生产的应税消费品用于对外投资、职工福利等 | 借：税金及附加（计入损益）<br>　　贷：应交税费——应交消费税 |

**3. 委托加工应税消费品**

企业如有应交消费税的委托加工物资，一般应由受托方代收代缴消费税。

(1) 受托方代收代缴消费税账务处理：

借：应收账款、银行存款等
　　贷：应交税费——应交消费税

(2) 委托方账务处理：

| 情形 | 会计处理 |
| --- | --- |
| 委托加工物资收回后直接对外出售 | 委托方应将受托方代收代缴的消费税计入委托加工物资的成本 |
| 用于连续生产应税消费品 | 按规定准予抵扣的：<br>借：应交税费——应交消费税<br>　　贷：应付账款、银行存款等 |

### 小鱼讲重点

❶ 如果本期花了 600 元购进了一项税控专用设备：
借：固定资产　　600
　　贷：银行存款　　600
这 600 元将来可以在应纳税额中全额抵扣，并冲减企业的管理费用：
借：应交税费——应交增值税（减免税款）　　600
　　贷：管理费用　　600
（应交增值税借方发生额，相当于未来交税的时候可以抵扣的部分，表示未来可以少交 600 元增值税）

❷ 只有税法列举的应税消费品才缴纳消费税。应税消费品和消费税的具体内容在"经济法基础"课程中会有详细讲解，在初级会计实务中知道即可：
(1) 消费税是价内税，会影响企业的当期损益；
(2) 涉及消费税的相关账务处理。

❸ 消费税记入"税金及附加"科目，有消费税会影响企业利润。

### 4. 进口应税消费品

企业进口应税物资交纳的消费税由海关代征，应交的消费税按照组成计税价格和规定的税率计算，<u>消费税计入该项物资成本</u>。

借：原材料、材料采购、库存商品、在途物资等
　　贷：银行存款

> 📖 **小鱼讲例题**
>
> 52.【单选题】某企业为增值税一般纳税人，委托外单位加工一批材料，发出材料的实际成本为200万元，支付加工费10万元，取得的增值税专用发票上注明的增值税税额为1.3万元。受托方代收代缴的可抵扣消费税为30万元。企业收回这批材料后用于继续加工应税消费品。该批材料加工收回后的入账价值为（　　）万元。【2021年】
> A. 240　　　　B. 210　　　　C. 211.3　　　　D. 241.3
>
> 53.【单选题】企业委托加工应税消费品收回后直接对外销售，下列各项中，属于由受托方代收代缴的消费税应记入的会计科目是（　　）。【2018年】
> A. 发出商品　　　　　　　　B. 委托加工物资
> C. 税金及附加　　　　　　　D. 应交税费

52.【答案】B
【解析】该企业将委托加工的物资收回之后是用于继续加工应税消费品，所以受托方代收代缴的可抵扣消费税30万元不计入成本，所以该批材料的入账价值=200+10=210（万元）。

53.【答案】B
【解析】委托加工物资收回后直接对外销售的，消费税计入委托加工物资的成本，选项B正确。

## 📕 考点4：其他应交税费❶

其他应交税费是指除上述应交税费以外的其他各种应上交国家的税费，包括应交资源税、应交城市维护建设税、应交教育费附加、应交土地增值税、应交房产税、应交城镇土地使用税、应交车船税、应交矿产资源补偿费、应交企业所得税、应交个人所得税等。

### （一）应交资源税

资源税❷是对在我国境内开采矿产品或者生产盐的单位和个人征收的税。

| 情形 | 会计处理 |
| --- | --- |
| 计算对外销售应税矿产品应缴纳的资源税 | 借：税金及附加<br>　　贷：应交税费——应交资源税 |
| 计算自产自用应税产品应缴纳的资源税 | 借：生产成本、制造费用等<br>　　贷：应交税费——应交资源税 |
| 缴纳资源税 | 借：应交税费——应交资源税<br>　　贷：银行存款 |

> 📖 **小鱼讲例题**
>
> 54.【单选题】交资源税的商品被自产自用，资源税应记入（　　）。【2021年】
> A. 税金及附加　　　　　　　B. 生产成本
> C. 应交税费　　　　　　　　D. 固定资产

**小鱼讲重点**

❶ 其他小税种的具体内容在"经济法基础"课程中会有详细讲解，在初级会计实务中只需要知道基本概念和基本的账务处理即可。

❷ 资源税是"谁挖谁交"。

54.【答案】B

【解析】自产自用应税产品应交纳的资源税应记入"生产成本""制造费用"等科目。

### （二）应交城市维护建设税❶

城市维护建设税是以增值税和消费税为计税依据征收的一种税。其纳税人为交纳增值税和消费税的单位和个人，以纳税人实际缴纳的增值税和消费税税额为计税依据，并分别与两项税金同时缴纳。税率因纳税人所在地不同分为 1%~7% 不等。

应纳税额 =（实际交纳的增值税 + 实际交纳的消费税）× 适用税率

| 情形 | 会计处理 |
| --- | --- |
| 企业按规定计算出应交纳的城市维护建设税 | 借：税金及附加<br>　　贷：应交税费——应交城市维护建设税 |
| 交纳城市维护建设税 | 借：应交税费——应交城市维护建设税<br>　　贷：银行存款 |

### （三）应交教育费附加

教育费附加是指为了加快发展地方教育事业、扩大地方教育经费资金来源而向企业征收的附加费用。教育费附加以各单位实际缴纳的增值税、消费税的税额为计征依据，按其一定比例分别与增值税、消费税同时缴纳。

应纳税额 =（实际交纳的增值税 + 实际交纳的消费税）× 适用征收率

| 情形 | 会计处理 |
| --- | --- |
| 企业按规定计算出应交纳的教育费附加 | 借：税金及附加<br>　　贷：应交税费——应交教育费附加 |
| 交纳教育费附加 | 借：应交税费——应交教育费附加<br>　　贷：银行存款 |

### （四）应交土地增值税❷

土地增值税是对转让国有土地使用权、地上的建筑物及其附着物（简称"转让房地产"）并取得增值性收入的单位和个人征收的一种税。

根据企业对房地产核算方法不同，企业应交土地增值税的账务处理也有区别。

| 企业 | 核算方法 | 会计处理 |
| --- | --- | --- |
| 普通企业 | 土地使用权连同地上建筑物及其附着物一并在"固定资产"科目核算的 | 借：固定资产清理❸<br>　　贷：应交税费——应交土地增值税 |
| | 土地使用权在"无形资产"科目核算的 | 借：银行存款<br>　　累计摊销<br>　　无形资产减值准备<br>　　贷：无形资产<br>　　　　应交税费——应交土地增值税<br>　　　　资产处置损益（借或贷） |
| 房地产开发经营企业 | 销售房地产应交纳的土地增值税 | 借：税金及附加<br>　　贷：应交税费——应交土地增值税 |

### （五）应交房产税、城镇土地使用税、车船税

房产税是国家对在城市、县城、建制镇和工矿区征收的由产权所有人缴纳的一种税。

城镇土地使用税以城市、县城、建制镇、工矿区范围内使用土地的单位和个人为纳税人，以其实际占用的土地面积和规定税额计算征收。

车船税是以车辆、船舶（简称"车船"）为课征对象，向车船的所有人或者管理人征收的一种税。

---

**小鱼讲重点**

❶ 只要企业交增值税和消费税，就要在增值税和消费税的基础上缴纳"城市维护建设税"和"教育费附加"（双重克扣）。

❷ 土地增值税是"谁卖谁交"，而且是只在"企业"转让房地产时才交。

❸ 普通企业转让房地产交纳的"土地增值税"记入"固定资产清理"科目。

房地产企业卖固定资产是卖存货，不计入固定资产清理，房地产开发企业缴纳的土地增值税影响的是当期损益，是营运成本的一部分。

| 情形 | 会计处理 |
|---|---|
| 计算 | 借：税金及附加<br>　　贷：应交税费——应交房产税<br>　　　　　　　——应交城镇土地使用税<br>　　　　　　　——应交车船税 |
| 交纳 | 借：应交税费——应交房产税<br>　　　　　　——应交城镇土地使用税<br>　　　　　　——应交车船税<br>　　贷：银行存款 |

### 小鱼讲例题

**55.【单选题】** 下列各项中，企业依据税法规定计算应交的车船税应借记的会计科目是（　　）。【2018年】
A. 主营业务成本　　　　　　B. 销售费用
C. 税金及附加　　　　　　　D. 管理费用

**56.【多选题】** 企业缴纳的下列税金中，通过"应交税费"科目核算的有（　　）。【2022年】
A. 城镇土地使用税　　　　　B. 耕地占用税
C. 所得税　　　　　　　　　D. 土地增值税

**55.【答案】** C

【解析】企业应交的房产税、城镇土地使用税、车船税均记入"税金及附加"科目。

**56.【答案】** ACD

【解析】耕地占用税为不需要预计应交数的税金，不通过"应交税费"科目核算。

选项A，会计分录：
借：税金及附加
　　贷：应交税费——应交城镇土地使用税，

选项B，会计分录：
借：固定资产
　　贷：银行存款

选项C，会计分录：
借：所得税费
　　贷：应交税费——应交所得税

选项D，会计分录：
借：税金及附加
　　贷：应交税费——应交土地增值税

### （六）应交个人所得税

企业职工按规定应交纳的个人所得税通常由单位代扣代缴。

| 情形 | 会计处理 |
|---|---|
| 计算代扣个人所得税[1] | 借：应付职工薪酬——工资、奖金、补贴、津贴等<br>　　贷：应交税费——应交个人所得税 |
| 企业交纳个人所得税 | 借：应交税费——应交个人所得税<br>　　贷：银行存款 |

### 小鱼讲重点

[1] 个人所得税本来是从员工工资中扣除的，因此通过"应付职工薪酬"科目核算。

比如，员工每个月企业应发工资10 000元：

借：生产成本、管理费用等 10 000
　　贷：应付职工薪酬　　　10 000

但是由于这10 000元中，员工需要支付500元的个人所得税，而员工的个税通常由企业直接代为缴纳：

借：应付职工薪酬　　　　500
　　（表明未来要少发500元）
　　贷：应交税费——应交个人所得税　　　　　　500

### 📘 小鱼讲例题

57.【判断题】企业代扣代缴的个人所得税，不通过"应交税费"科目进行核算。
（ ）【2017年】

57.【答案】×

【解析】企业代扣代缴的个人所得税，通过"应交税费——应交个人所得税"科目进行核算。

## 第五节 非流动负债

### 📘 一个小目标

| 必须掌握 | 了解一下 |
|---|---|
| 长期借款 | |
| 应付债券 | |
| 长期应付款 | |

微信扫码
观看视频课程

### 📖 考点1：长期借款

#### （一）长期借款的管理

长期借款是指企业向银行或其他金融机构借入的期限在1年以上（不含1年）的各种借款，一般用于固定资产的购建、改扩建工程、大修理工程、对外投资，以及为了保持长期经营能力等方面。它是企业长期负债的重要组成部分，必须加强管理与核算。

由于长期借款的使用关系到企业的生产经营规模和效益，企业除了要遵守有关的贷款规定、编制借款计划并要有不同形式的担保外，还应监督借款的使用、近期支付长期借款的利息，以及按规定的期限归还借款本金等。因此，长期借款会计处理的基本要求是反映和监督企业长期借款的借入、借款利息的结算和借款本息的归还情况，促使企业遵守信贷纪律，提高信用等级，同时也要确保长期借款有效使用。

#### （二）长期借款的账务处理

| 情形 | 账务处理 |
|---|---|
| 取得长期借款 | 借：银行存款<br>　　长期借款——利息调整<br>贷：长期借款——本金 |
| 发生长期借款利息<br>（长期借款利息费用应当在资产负债表日按照实际利率法计算确定，实际利率与合同利率差异较小的，也可以采用合同利率计算确定利息费用） | 借：管理费用 [ 属于筹建期间的 ]<br>　　财务费用 [ 属于生产经营期间的 ]<br>　　在建工程等 [ 符合资本化条件的 ]/财务费用 [ 资产达到预定可使用状态后发生的利息支出，以及按规定不予资本化的利息支出 ]<br>贷：应付利息 [ 分期付息 ]/长期借款——应计利息 [ 到期一次还本付息 ] |
| 归还长期借款的本金 | 借：长期借款——本金<br>贷：银行存款 |
| 归还长期借款的利息 | 借：应付利息/长期借款——应计利息<br>贷：银行存款 |

【例2】甲企业为增值税一般纳税人，于2020年11月30日从银行借入资金3 000 000元，借款期限为3年，年利率为4.8%（到期一次还本付息，不计复利）。所借款项已存入银行。甲

企业用该借款于当日购买不需安装的设备一台，价款 2 000 000 元，增值税税额为 260 000 元，另支付保险等费用 100 000 元，设备已于当日投入使用。甲企业应编制如下会计分录：

取得借款时：

借：银行存款　　　　　　　　　　　　　　3 000 000
　　贷：长期借款——本金　　　　　　　　　　　　　3 000 000

支付设备款及保险费用时：

借：固定资产　　　　　　　　　　　　　　2 100 000
　　应交税费——应交增值税（进项税额）　　260 000
　　贷：银行存款　　　　　　　　　　　　　　　　　2 360 000

【例3】承例2，甲企业于 2020 年 12 月 31 日计提长期借款利息。甲企业应编制如下会计分录：

借：财务费用　　　　　　　　　　　　　　12 000
　　贷：长期借款——应计利息　　　　　　　　　　　12 000

2020 年 12 月 31 日计提的长期借款利息 =3 000 000×4.8%÷12=12 000（元）。

2021 年 1 月至 2023 年 10 月末预提利息分录同上。

【例4】承例2和例3，甲企业于 2023 年 11 月 30 日，偿还该笔银行借款本息。甲企业应编制如下会计分录：

借：财务费用　　　　　　　　　　　　　　12 000
　　长期借款——本金　　　　　　　　　　　3 000 000
　　　　　　——应计利息　　　　　　　　　420 000
　　贷：银行存款　　　　　　　　　　　　　　　　　3 432 000

> 📘 **小鱼讲例题**
>
> 58.【单选题】企业长期借款按合同利率计算确定的应付未付利息，如果属于到期一次还本付息的，应贷记（　　）。【2022年】
>
> A. 应付利息　　　　　　　　B. 应收利息
> C. 其他应付款　　　　　　　D. 长期借款——应计利息
>
> 59.【多选题】下列各项中，发生长期借款利息的账务处理涉及的会计科目有（　　）。【2022年】
>
> A. 管理费用　　　　　　　　B. 财务费用
> C. 长期借款——应计利息　　D. 应付利息
>
> 60.【判断题】企业购建固定资产发生的长期借款利息符合资本化条件的，应计入在建工程成本。（　　）【2022年】

58.【答案】D

【解析】长期借款按合同利率计算确定的应付未付利息，如果属于分期付息的，记入"应付利息"科目，如果属于到期一次还本付息的，记入"长期借款——应计利息"科目。

59.【答案】ABCD

【解析】长期借款按合同利率计算确定的应付未付利息，如果属于分期付息的，记入"应付利息"科目，如果属于到期一次还本付息的，记入"长期借款——应计利息"科目，借记"在建工程""制造费用""财务费用""管理费用""研发支出"等科目，贷记"应付利息"或"长期借款——应计利息"科目。

60.【答案】√

## 考点 2：应付债券（2023 年新增）

### （一）债券的发行[1]

企业为筹集长期资金而发行的、期限在 1 年以上的债券为应付债券，构成了企业一项非流动负债。企业会在未来某一特定日期按债券所记载的利率、期限等约定还本付息。

债券发行有面值发行、溢价发行和折价发行三种情况[2]。

(1) 债券按其票面金额发行，称为面值发行；
(2) 以低于债券票面金额的价格发行，称为折价发行；
(3) 以高于债券票面全额的价格发行，称为溢价发行。

A ——A公司发行债券——> B

借：银行存款
　　贷：应付债券

借：交易性金融资产
　　债券投资
　　其他债券投资
　　贷：银行存款

A发行债券，增加了A的金融负债
B购买了A的债券，形成了金融资产

### （二）应付债券的账务处理

企业应当设置"应付债券"科目，核算应付债券发行、计提利息、还本付息等情况，该科目贷方登记应付债券的本金和利息；借方登记归还的债券本金和利息；期末贷方余额表示企业尚未偿还的长期债券。

(1) 企业发行应付债券时：

借：银行存款（实际收到的金额）
　　贷：应付债券——面值（债券票面价值）
　　　　应付债券——利息调整（实际收到的款项与债券票面金额的差额，借记或贷记）

(2) 分期付息、到期一次还本的债券计提利息时：

企业发行长期债券，应采用实际利率法（即按照债券实际利率计算其摊余成本和各期利息的方法）按期计提利息。

借：财务费用 / 在建工程 / 制造费用 / 研发支出（根据筹集资金的用途）
　　贷：应付利息（面值总额 × 票面利率）
　　　　应付债券——利息调整（借或贷）

(3) 一次还本付息的债券计提利息时：

借：财务费用 / 在建工程 / 制造费用 / 研发支出（根据筹集资金的用途）
　　贷：应付债券——应计利息（面值总额 × 票面利率）
　　　　应付债券——利息调整（借或贷）

(4) 一次还本付息的长期债券，到期支付债券本息时：

借：应付债券——面值
　　应付债券——应计利息
　　贷：银行存款

### 小鱼讲重点

[1] "应付债券"核算的是企业发行的债券。企业想要筹资，可以向银行借钱，也可以发行股票，或者发行"企业债"。企业债券就是企业发行的，未来还本付息的一种筹资工具。本质就是企业"借钱"。

[2] 债券溢价或折价不是债券发行企业的收益或损失，而是发行债券企业在债券存续期内对利息费用的一种调整。其中，折价是企业以后各期少付利息而预先给投资者的补偿，溢价是企业以后各期多付利息而事先得到的补偿。

(5) 分期付息、到期一次还本的长期债券到期偿还债券本金并支付最后一期利息时：

借：应付债券——面值
　　财务费用/在建工程/制造费用/研发支出（根据筹集资金的用途）
　贷：银行存款
　　　应付债券——利息调整（借或贷）

【例5】甲公司于2019年7月1日按面值发行三年期、到期时一次还本付息票面年利率为8%（不计复利）、面值总额为30 000 000元的债券，并于当日收到款项30 000 000元。假定票面年利率等于实际利率。甲公司按面值发行债券应编制如下会计分录：

借：银行存款　　　　　　　30 000 000
　贷：应付债券——面值　　　　　30 000 000

【例6】甲公司发行债券所筹资金于当日用于建造固定资产至2019年12月31日，工程尚未完工，计提本年长期债券利息。公司按照《企业会计准则第17号——借款费用》的规定计算，将该期债券产生的实际利息费用应全部资本化，作为在建工程成本。甲公司就此应编制如下会计分录：

借：在建工程　　　　　　　1 200 000
　贷：应付债券——应计利息　　　1 200 000

本例中，至2019年12月31日，公司债券发行在外的时间为6个月，该年应计的债券利息为30 000 000×8%/12×6=1 200 000（元）。由于该长期债券为到期时一次还本付息，因此利息1 200 000元应记入"应付债券——应计利息"科目。

【例7】2022年7月1日，甲公司以银行存款偿还债券本金和利息。甲公司应编制如下会计分录：

借：应付债券——面值　　　　30 000 000
　　　　　　——应计利息　　　7 200 000
　贷：银行存款　　　　　　　　37 200 000

本例中，2019年7月1日至2022年7月1日，甲公司长期债券的应计利息=30 000 000×8%×3=7 200 000（元）。

## 考点3：长期应付款

### （一）长期应付款的管理

长期应付款，是指企业除长期借款和应付债券以外的其他各种长期应付款项，如以分期付款方式购入固定资产发生的应付款项等。

### （二）长期应付款的账务处理

（1）企业应设置"长期应付款"科目，用以核算企业应付的款项及偿还情况。该科目可按长期应付款的种类和债权人进行明细核算。该科目的贷方登记发生的长期应付款，借方登记偿还的应付款项，期末贷方余额反映企业尚未偿还的长期应付款。

（2）企业购买资产有可能延期支付有关价款。如果延期支付的购买价款超过正常信用条件，实质上具有融资性质的，所购资产的成本不能以各期付款额之和确定，应当以延期支付购买价款的现值为基础确认。

（3）固定资产购买价款的现值，应当按照各期支付的价款选择适当的折现率进行折现后的金额加以确定。折现率是反映当前市场货币时间价值和延期付款债务特定风险的利率。该折现率实质上是供货企业的必要报酬率。

（4）各期实际支付的价款之和与其现值之间的差额，应当在信用期间内采用实际利率法进行摊销，计入相关资产成本或当期损益。

（5）分期付款购买固定资产实际上具有融资性质，需要通过"未确认融资费用"核算。

①长期应付款本金余额 = 长期应付款余额 – 未确认融资费用。

②未确认融资费用摊销 = 期初长期应付款本金余额 × 实际利率。

相关会计处理如下表。

| 情形 | 会计处理 |
| --- | --- |
| 购入 | 借：固定资产/在建工程 [各期付款现值]<br>　　未确认融资费用 [差额实质为应付利息]<br>　贷：长期应付款 [实际应支付金额] |
| 摊销"未确认融资费用" | 借：在建工程等 [符合资本化的部分]<br>　　财务费用 [符合费用化的部分]<br>　贷：未确认融资费用 [用实际利率法摊销] |
| 每期付款 | 借：长期应付款<br>　贷：银行存款 |

【例8】甲公司于2×15年年初购入乙公司生产的设备，总价款为2 000万元，分四年结清，2×15年年末支付600万元，2×16年年末支付500万元，2×17年年末支付700万元，2×18年年末支付200万元。税法规定，增值税在约定的付款时间按约定的付款额计算缴纳，增值税率为13%。假定资本市场利率为8%，无其他相关税费。

甲公司相关会计处理如下：

首先计算固定资产的入账成本：

设备入账成本 =600÷（1+8%）+500÷（1+8%）$^2$+700÷（1+8%）$^3$+200÷（1+8%）$^4$= 1 686.91（万元）

2×15年年初购入该设备时：

借：固定资产　　　　　　　　1 686.91
　　未确认融资费用　　　　　　313.09
　贷：长期应付款　　　　　　　　　　2 000

每年利息费用的推算表：

| 日期 | 年初本金<br>下期② = 本期② – ④ | 当年利息费用<br>③ = ② ×8% | 当年还款额<br>① | 当年还本额<br>④ = ① – ③ |
| --- | --- | --- | --- | --- |
| 2×15年 | 1 686.91 | 134.95 | 600 | 465.05 |
| 2×16年 | 1 221.86 | 97.75 | 500 | 402.25 |
| 2×17年 | 819.61 | 65.57 | 700 | 634.43 |
| 2×18年 | 185.18 | 14.81（倒挤） | 200 | 185.19 |

2×15年年末支付设备款项并认定利息费用时：

借：财务费用　　　　　　　　134.95
　贷：未确认融资费用　　　　　　134.95
借：长期应付款　　　　　　　600
　贷：银行存款　　　　　　　　　600

 小鱼复盘

| 本章知识点打卡 | DAY 1 | DAY 7 | DAY 15 | DAY 30 |
|---|---|---|---|---|
| 短期借款 | ☐ | ☐ | ☐ | ☐ |
| 应付票据 | ☐ | ☐ | ☐ | ☐ |
| 应付账款 | ☐ | ☐ | ☐ | ☐ |
| 预收账款 | ☐ | ☐ | ☐ | ☐ |
| 应付利息和应付股利 | ☐ | ☐ | ☐ | ☐ |
| 其他应付款 | ☐ | ☐ | ☐ | ☐ |
| 短期薪酬的核算 | ☐ | ☐ | ☐ | ☐ |
| 长期薪酬的账务处理 | ☐ | ☐ | ☐ | ☐ |
| 应交增值税 | ☐ | ☐ | ☐ | ☐ |
| 应交消费税 | ☐ | ☐ | ☐ | ☐ |
| 长期借款 | ☐ | ☐ | ☐ | ☐ |
| 长期应付款 | ☐ | ☐ | ☐ | ☐ |

# 第六章 所有者权益

微信扫码
观看视频课程

**本章鱼情解锁**

- **分值**：6 分。
- **出题量**：4 题左右。
- **本章特点**：本章的考点非常集中（就那么几个来回考），内容也不难理解 ["所有者权益"科目是"借（-）、贷（+）"]，只需要把常考的几个概念和场景搞清楚即可。虽然内容不难理解，但是很多同学都觉得本章很难，主要原因是学完前五章，精力已经耗费得差不多了，认为重点内容也学得差不多了，学本章时基本处于放松懈怠的状态，而且本章有几个重点概念需要和前几章学到的内容对比记忆。
  本章 2023 年新增了"其他综合收益"和"其他权益工具"，学习起来有点费劲（主要是因为这两个科目前不着村后不着店，都是从 CPA 直接抄过来的）。各位，加油哦！
- **建议复习时长**：8 小时。

**小鱼复习路线图**

所有者权益

第一节 实收资本或股本
- 实收资本或股本的概念
- 实收资本或股本的账务处理
- 其他权益工具

第二节 资本公积和其他综合收益
- 资本公积概述
- 资本公积的账务处理
- 其他综合收益的账务处理

第三节 留存收益
- 利润分配
- 盈余公积

# 第一节 实收资本或股本[1]

## 一个小目标

| 必须掌握 | 了解一下 |
|---|---|
| 实收资本或股本的账务处理 | 实收资本或股本的概念 |
| | 其他权益工具 |

微信扫码
观看视频课程

### 考点 1：实收资本或股本的概念

**1. 相关概念**

所有者权益按其来源可分为所有者投入的资本、其他综合收益、留存收益等，通常由实收资本（或股本）、其他权益工具、资本公积、其他综合收益、专项储备和留存收益构成。

实收资本是指企业按照章程规定或合同、协议约定，接受投资者投入企业的资本。实收资本的构成比例或股东的股份比例，是确定所有者在企业所有者权益中份额的基础，也是企业进行利润或股利分配的主要依据。

我国《公司法》规定，股东可以用货币出资，也可以用实物、知识产权、土地使用权等可以用货币估价并可以依法转让的非货币财产作价出资，但是，法律、行政法规规定不得作为出资的财产除外。

投资者投入企业资本以分享企业经营未来收益为目标，同时承担相应的风险，分担不完全合约下企业未来经营的不确定性，因此，对实收资本或股本进行真实、准确、完整的确认与计量，是保护投资者合法权益的会计基本职责，是建立投资者权益得到充分保护的股票市场和发挥资本市场直接融资功能的基础。

**2. 股东出资形式**

我国《公司法》规定，股东可以用货币出资，也可以用实物、知识产权、土地使用权等可以用货币估价并可以依法转让的非货币财产作价出资；企业应当对作为出资的非货币财产评估作价，核实财产，不得高估或者低估作价。股东应当按期足额缴纳公司章程中规定的各自所认缴的出资额。

（1）股东以货币出资的，应当将货币出资足额存入有限责任公司在银行开设的账户；

（2）以非货币财产出资的，应当依法办理其财产权的转移手续。

**3. 增减变动**

除国家另有规定外，企业的注册资金应当与实收资本相一致，当实收资本比原注册资金增加或减少超过 20% 时，应持资金使用证明或者验资证明，向原登记主管机关申请变更登记。如擅自改变注册资本或抽逃资金，要受到工商行政管理部门的处罚。

### 考点 2：实收资本或股本的账务处理

**（一）接受现金资产投资**

| 情形 | 会计处理 |
|---|---|
| 股份有限公司以外的企业接受现金资产投资 | 借：银行存款<br>贷：实收资本（约定所占份额的部分）[2]<br>　　资本公积[3]——资本溢价（超过所占份额的部分） |
| 股份有限公司接受现金资产投资（发行股票）[4] | 借：银行存款（实收金额）<br>贷：股本（股票面值×发行股份总数）<br>　　资本公积——股本溢价 |
| 股份有限公司发行股票手续费、佣金等交易费用的处理[5] | 借：资本公积——股本溢价<br>　　盈余公积（资本公积——股本溢价不足以支付佣金时）<br>　　利润分配——未分配利润（盈余公积不足以支付佣金时）<br>贷：银行存款 |

---

**小鱼讲重点**

[1] 所有者权益是资产中"真正属于自己的部分"。本章主要讲了所有者权益的构成。

所有者权益的第一来源是"所有者的投入"。比如你要开公司，需要 20 000 元本金，其中 15 000 元是你的积蓄，还有 5 000 元是你跟好朋友会计小刘借的。请注意，你现在的资产总额是 20 000 元，其中，5 000 元是负债，因为要还给小刘，而剩下的 15 000 元就是"所有者权益"，是真正属于自己的部分。这 15 000 元在资产负债表中，可以记入"实收资本"科目；而"股本"科目是反映对"股份公司"的投入资本。

[2] 实收资本的构成比例即投资者的出资比例或股东的股份比例，通常是确定所有者在企业所有者权益中所占的份额和参与企业生产经营决策的基础，也是企业进行利润分配或股利分配的依据，同时还是企业清算时确定所有者对净资产的要求权的依据。

[3] 什么是"资本公积"？用两个字来概括，就是"多了"。

比如企业注册资本总额为 100 万元，所占份额的 20% 是 20 万元，照理说投入 20 万元就能够拿到 20% 的份额。但是现在由于这个企业的前景很好，抢着要股份的人很多，可能需要 50 万元才能拿下本来价值 20 万元的 20% 的股份。此时，你花了 50 万元，但是你还是只有 20% 的股份，剩下的 30 万元，就是"多花了"，记入"资本公积——资本溢价"科目。

借：银行存款　　　500 000
　贷：实收资本　　　200 000
　　　资本公积——资本溢价
　　　　　　　　　300 000

[4] 股份有限公司接受现金投资，只能"发行股票"。股份有限公司发

## （二）接受非现金资产投资

企业接受投资者作价投入的房屋、建筑物、机器设备等固定资产，应按投资合同或协议约定的价值（不公允的除外）作为固定资产的入账价值，按投资合同或协议约定的投资者在企业注册资本或股本中所占份额的部分作为实收资本或股本入账，投资合同或协议约定的价值（不公允的除外）超出投资者在企业注册资本或股本中所占份额的部分，计入资本公积（资本溢价或股本溢价）。

| 情形 | 会计处理 |
| --- | --- |
| 接受固定资产或无形资产投资 | 借：固定资产、无形资产 [合同或协议约定的价值入账即公允价值]<br>　　应交税费——应交增值税（进项税额）<br>　贷：实收资本<br>　　　资本公积——资本（股本）溢价 |
| 接受材料物资投资 | 借：原材料等 [合同或协议约定的价值入账即公允价值]<br>　　应交税费——应交增值税（进项税额）<br>　贷：实收资本<br>　　　资本公积——资本溢价 |

## （三）实收资本（或股本）的增减变动

### 1. 实收资本（或股本）的增加

一般企业增加资本主要有三个途径：接受投资者追加投资、资本公积转增资本、盈余公积转增资本。

| 情形 | 会计处理 |
| --- | --- |
| 接受投资者追加投资 | 借：银行存款、固定资产、原材料等<br>　　应交税费——应交增值税（进项税额）<br>　贷：实收资本（或股本）<br>　　　资本公积——资本（股本）溢价 |
| 资本公积转增资本 | 借：资本公积——资本（股本）溢价<br>　贷：实收资本（或股本） |
| 盈余公积❶转增资本❷ | 借：盈余公积<br>　贷：实收资本（或股本） |

### 2. 实收资本或股本的减少❸ 【2分考点】

企业实收资本减少的原因一般包括：资本过剩；企业发生重大亏损；企业发展需要调节资本结构。

（1）非股份有限公司按法定程序报经批准减少注册资本的，按减少的注册资本金额减少实收资本。

借：实收资本
　贷：银行存款

（2）股份有限公司回购股票❹。

企业减少实收资本应按法定程序报经批准，股份有限公司采用收购本公司股票方式减资的：

| 情形 | 会计处理 |
| --- | --- |
| 回购 | 借：库存股（每股回购价格×回购股数）<br>　贷：银行存款 |
| 注销 | 借：股本<br>　　资本公积——股本溢价<br>　　盈余公积<br>　　利润分配——未分配利润<br>　贷：库存股 |

---

（来自上页）❹
行股票时，既可以平价发行，也可以溢价发行（我国目前不允许折价发行）。股票的面值是1元（这是规定好的），但是没有企业按照1元面值发行股票，都是"溢价发行"，也就是发行价大于面值，如按照5元面值发行股票。

❺ 如何区分"发行股票"的佣金和"购买股票"的佣金？

发行股票是企业在证券交易所把股票上市，企业需要借助证券公司（券商）进行首次公开募股（Initial Public Offering，简称IPO），因此需要给证券公司支付手续费。根据"收入和费用配比"原则，发行股票的收益记入"资本公积——股本溢价"，因此支付的手续费要冲减"资本公积——股本溢价"，即：

借：资本公积——股本溢价。

而购买股票是个人在证券公司开户，通过证券公司账户购买股票的行为。个人购买股票的收益记入"投资收益"科目的贷方，因此根据"收入和费用配比"原则，购买股票的费用记入"投资收益"科目的借方，即：

借：投资收益。

### 小鱼讲重点

❶ 什么是"盈余公积"？用三个字来概括，就是"小金库"。

企业从每年经营形成的利润中提出一部分，作为"盈余公积"，也就是企业的"小金库"，它可以用来分配股利，也可以用来弥补亏损。

❷ 资本公积转增资本或盈余公积转增资本，都是所有者权益内部的一增一减，对所有者权益总额没有影响。

❸ 股本和实收资本，不是"想减就减"的，需要按照法定程序报经批准。

❹ 因为股份有限公司的股票都是在

(3) 有限责任公司和小企业发还投资：

借：实收资本/资本公积等

贷：库存现金/银行存款等

### 小鱼讲例题

1.【单选题】某有限责任公司由甲、乙两个股东各出资140万元设立，设立时注册资本总额为280万元，经过两年营运，该公司盈余公积和未分配利润合计为80万元，所有者权益总额为360万元。投资者丙有意加入，经各方协商同意丙投资者以240万元出资，投资后在注册资本中享有的份额为该有限责任公司接受投资后所有者权益总额的1/3，则该有限责任公司在接受丙投资者投资时，应借记"银行存款"科目240万元，贷记（　　）。【2022年】

A."实收资本"科目160万元，"资本公积——资本溢价"科目80万元
B."实收资本"科目140万元，"资本公积——资本溢价"科目100万元
C."实收资本"科目200万元，"资本公积——资本溢价"科目40万元
D."实收资本"科目240万元，"资本公积——资本溢价"科目0万元

2.【单选题】某上市公司经股东大会批准以现金回购并注销本公司股票1 000万股，每股面值为1元，回购价为每股1.5元。该公司注销股份时"资本公积——股本溢价"科目余额为2 000万元，"盈余公积"科目余额为800万元。不考虑其他因素。该公司注销股份的会计科目处理正确的是（　　）。【2019年】

A. 借记"盈余公积"科目500万元
B. 借记"库存股"科目1 000万元
C. 借记"股本"科目1 500万元
D. 借记"资本公积——股本溢价"科目500万元

3.【单选题】2017年6月30日，某股份有限公司的股本为5 000万元（面值为1元），资本公积（股本溢价）为1 000万元，盈余公积为1 600万元。经股东大会批准，该公司回购本公司股票200万股并注销，回购价格为每股3元。不考虑其他因素，下列各项中，关于该公司注销全部库存股的会计处理结果正确的是（　　）。【2018年】

A. 盈余公积减少600万元　　　B. 股本减少600万元
C. 资本公积减少400万元　　　D. 盈余公积减少400万元

4.【单选题】甲公司委托乙证券公司代理发行普通股2 000万股，每股面值为1元，每股发行价为4元，按协议约定，乙证券公司从发行收入中提取2%的手续费，甲公司发行普通股应计入资本公积的金额为（　　）万元。【2015年】

A. 6 000　　B. 5 840　　C. 5 880　　D. 6 160

5.【单选题】甲有限责任公司注册资本为1 000 000元，设立时收到乙公司投入的不需要安装的设备一台，合同约定该设备的价值为200 000元，增值税进项税额为26 000元（由投资方支付税款并提供增值税专用发票）。合同约定的价值与公允价值一致，乙公司享有甲公司注册资本20%的份额。不考虑其他因素，下列各项中，关于甲公司接受乙公司投资的会计处理正确的是（　　）。【2018年】

A. 借：固定资产　　　　　　　　　　　226 000
　　　贷：实收资本　　　　　　　　　　　　200 000
　　　　　资本公积　　　　　　　　　　　　 26 000
B. 借：固定资产　　　　　　　　　　　200 000
　　　应交税费——应交增值税（进项税额）26 000
　　　贷：实收资本　　　　　　　　　　　　200 000
　　　　　资本公积　　　　　　　　　　　　 26 000
C. 借：固定资产　　　　　　　　　　　226 000
　　　应交税费——应交增值税（进项税额）26 000
　　　贷：实收资本　　　　　　　　　　　　226 000
D. 借：固定资产　　　　　　　　　　　226 000
　　　贷：实收资本　　　　　　　　　　　　226 000

---

（来自上页）❹

二级市场上流通的股票，所以股份有限公司想要减少股本，就只能在二级市场上购买股票（回购），并于回购后注销。回购股票有两步：

(1) 回购。回购就是按照市价，购买股票。如企业当前二级市场上流通股的市价是每股10元，企业准备回购10 000股：

借：库存股　　　　　　　100 000
　　贷：银行存款　　　　　　　100 000

"库存股"这个科目是股本的备抵科目，因此库存股增加就表示股本减少了。

(2) 注销。回购股票后，经过股东大会批准，进行库存股的注销，也就是把回购后的股票对应的股本进行减少，并冲减资本公积——股本溢价（如果不够冲减，则继续冲减盈余公积、利润分配——未分配利润）。

借：股本　　　　　　　　 10 000
　　资本公积——股本溢价　90 000
　　贷：库存股　　　　　　　　100 000

6.【单选题】某公司公开发行普通股 100 万股，每股面值为 1 元，每股发行价格为 10 元，按发行收入的 3% 向证券公司支付佣金，从发行收入中扣除，收到的款项已存入银行。不考虑其他因素，该公司发行股票应计入资本公积的金额为（　　）万元。【2020 年】
A. 893　　　　　B. 970　　　　　C. 870　　　　　D. 900

7.【多选题】某公司期初的所有者权益为：股本 5 000 万元（面值为 1 元），资本公积 1 000 万元（其中股本溢价 800 万元），盈余公积 500 万元，未分配利润 600 万元。本期经董事会批准以每股 7 元的价格回购本公司股票 200 万股并按期注销。下列各项中，该公司回购并注销股票的相关科目会计处理结果正确的有（　　）。【2018 年】
A. 注销时，借记"股本"科目 1 400 万元
B. 回购时，借记"库存股"科目 1 400 万元
C. 注销时，借记"盈余公积"科目 400 万元
D. 注销时，借记"资本公积——股本溢价"科目 800 万元

8.【多选题】下列各项中，会导致企业实收资本增加的有（　　）。【2015 年】
A. 资本公积转增资本　　　　　B. 接受投资者追加投资
C. 盈余公积转增资本　　　　　D. 接受非流动资产捐赠

9.【多选题】A 有限公司收到 B 公司作为资本投入的不需要安装的机器设备 1 台，该设备的原价为 100 万元，已提折旧 60 万元，投资合同约定该设备价值为 50 万元，增值税税率为 13%（由投资方开具增值税专用发票），占注册资本 40 万元，则关于 A 公司的会计处理，表述正确的有（　　）。【2021 年】
A. A 公司固定资产的入账价值为 40 万元
B. A 公司固定资产的入账价值为 50 万元
C. A 公司应当确认的资本公积为 16.5 万元
D. A 公司应当确认的资本公积为 10 万元

10.【多选题】某公司由甲、乙投资者分别出资 100 万元设立。为扩大经营规模，该公司的注册资本由 200 万元增加到 250 万元，丙企业以现金出资 100 万元享有公司 20% 的注册资本，不考虑其他因素，该公司接受丙企业出资相关科目的会计处理结果正确的有（　　）。【2018 年】
A. 贷记"实收资本"科目 100 万元　　　B. 贷记"盈余公积"科目 100 万元
C. 贷记"资本公积"科目 50 万元　　　　D. 借记"银行存款"科目 100 万元

11.【判断题】股份有限公司溢价发行股票时，按股票面值计入股本，溢价收入扣除发行手续费、佣金等发行费用后的金额计入资本公积。（　　）【2016 年】

12.【判断题】企业收到的投资者超出其在企业注册资本中所占份额的投资，应直接记入当期损益。（　　）【2018 年】

13.【判断题】企业接受投资者以非现金资产投资时，应按投资合同或协议约定的价值确认资产的价值和在注册资本中应享有的份额，并将其差额确认为资本公积，但投资合同或协议约定的价值不公允的除外。（　　）【2017 年】

14.【判断题】有限责任公司以资本公积转增资本，应当按照原出资者各自出资比例相应增加各出资者的出资金额。（　　）【2017 年】

1.【答案】C
【解析】丙投资者投入 240 万元后，该公司的所有者权益总额为 600 万元，所以丙在注册资本中享有的份额 =600×1/3=200（万元），即记入"实收资本"科目的金额为 200 万元，超出的 40 万元应记入"资本公积 —— 资本溢价"科目。

2.【答案】D
【解析】回购分录如下：

借：库存股　　　　　　　　　　　　1 500
　　贷：银行存款　　　　　　　　　　　　1 500

注销分录如下:

借: 股本　　　　　　　　　　　　1 000
　　资本公积——股本溢价　　　　　500
　　贷: 库存股　　　　　　　　　　　　　1 500

3. 【答案】C

【解析】基本账务处理:

回购时:

借: 库存股　　　　　　　　　　　600
　　贷: 银行存款　　　　　　　　　　　　600

注销时:

借: 股本　　　　　　　　　　　　200
　　资本公积——股本溢价　　　　　400
　　贷: 库存股　　　　　　　　　　　　　600

4. 【答案】B

【解析】企业发行股票的收入大于面值的部分需要计入资本公积,发行股票的手续费、佣金等费用需要从溢价收入当中扣除,冲减资本公积。甲公司发行普通股应计入资本公积的金额 = 2 000×4−2 000−2 000×4×2%=5 840(万元)。

5. 【答案】B

【解析】会计分录为:

借: 固定资产　　　　　　　　　　200 000(固定资产价值)
　　应交税费——应交增值税(进项税额)　　26 000
　　贷: 实收资本(1 000 000×20%)　　　　200 000
　　　　资本公积　　　　　　　　　　　　26 000(倒挤)

6. 【答案】C

【解析】

相关账务处理:

借: 银行存款　　　　　　　　　　1 000
　　贷: 股本　　　　　　　　　　　　　　100
　　　　资本公积——股本溢价　　　　　　900

支付佣金

借: 资本公积——股本溢价　　　　　30
　　贷: 银行存款　　　　　　　　　　　　30

应计入资本公积的金额 =100×10−100×1−100×10×3%=870(万元)。

7. 【答案】BCD

【解析】回购时:

借: 库存股　　　　　　　　　　　1 400
　　贷: 银行存款　　　　　　　　　　　　1 400

注销时:

借: 股本　　　　　　　　　　　　200
　　资本公积——股本溢价　　　　　800
　　盈余公积　　　　　　　　　　　400
　　贷: 库存股　　　　　　　　　　　　　1 400

8. 【答案】ABC

【解析】选项 A,"借: 资本公积,贷: 实收资本",增加实收资本;选项 B,"借: 银行存款等,贷: 实收资本",增加实收资本;选项 C,"借: 盈余公积,贷: 实收资本",增加实收资本;选项 D,"借: 固定资产等,贷: 营业外收入",不增加实收资本。

9. 【答案】BC

【解析】A 公司分录为:

```
借：固定资产                          50
    应交税费——应交增值税（进项税额）   6.5
  贷：实收资本                        40
      资本公积——资本溢价              16.5
```
10.【答案】CD
【解析】
```
借：银行存款      100
  贷：实收资本      50
      资本公积      50
```
11.【答案】√
12.【答案】×
【解析】企业收到的投资者超出其在企业注册资本中所占份额的投资，记入"资本公积——资本（股本）溢价"科目。
13.【答案】√
14.【答案】√

## 考点 3: 其他权益工具（2023 年新增）

### （一）其他权益工具的概念❶

其他权益工具是企业发行的除普通股以外的按照准则规定归类为权益工具的各种金融工具，如优先股、永续债等。企业应根据所签订金融工具的合同条款及其所反映的经济实质而非仅以法律形式，结合金融资产、金融负债和权益工具的定义，在初始确认时将该金融工具或其组成部分分类为金融资产、金融负债或权益工具。

**1. 优先股**

优先股是指依照《公司法》，在一般规定的普通种类股份之外，另行规定的其他种类股份，其股份持有人优先于普通股股东分配公司利润和剩余财产，但参与公司决策管理等权利受到限制。优先股每股票面金额为 100 元。

特点：

（1）优先股的股东对公司资产、利润分配等享有优先权，其风险较小；

（2）对公司的经营没有参与权，优先股股东不能退股，只能通过优先股的赎回条款被公司赎回。

**2. 永续债**

永续债是指没有到期日的债券，一般由主权国家、大型企业发行，持有人不能要求清偿本金，但可以按期取得利息。永续债的特点主要体现在高票息、长久期、附加赎回条款并伴随利率调整条款。

符合负债条件的优先股、永续债，应当分类为金融负债。

### （二）其他权益工具的账务处理

其他权益工具账务处理的基本原则：

对于归类为权益工具的金融工具，无论其名称中是否包含"债"，其利息支出或股利分配都应当作为发行企业的利润分配，其回购、注销等作为权益的变动处理；对于归类为金融负债的金融工具，无论其名称中是否包含"股"，其利息支出或股利分配原则上按照借款费用进行处理，其回购或赎回产生的利得或损失等计入当期损益。

企业（发行方）发行金融工具，其发生的手续费、佣金等交易费用，如分类为债务工具且以摊余成本计量的，应当计入所发行工具的初始计量金额；如分类为权益工具的，应当从权益（其他权益工具）中扣除。

> **小鱼讲重点**
>
> ❶ 其他权益工具也是企业发行的，但是既不是股，也不是债的一种"夹层工具"（既有股的特点，也有债的特点），企业发行的其他权益工具直接计入企业的所有者权益中。

为加强对其他权益工具的核算和监督,企业应当设置所有者权益类"其他权益工具"科目,核算企业发行的除普通股以外的归类为权益工具的各种金融工具,并按发行其他权益工具的种类设置"优先股""永续债"明细科目进行明细核算。

(1) 企业按规定发行其他权益工具时:

借:银行存款(发行价扣除发生的手续费、佣金等交易费用)
　　贷:其他权益工具

(2) 存续期间分派股利,作为利润分配处理时:

借:利润分配——应付优先股股利、应付永续债股利
　　贷:应付股利——优先股股利、永续债股利

(3) 企业按规定赎回其他权益工具时:

借:库存股——其他权益工具
　　贷:银行存款

(4) 注销其他权益工具时:

借:其他权益工具
　　贷:库存股——其他权益工具

## 第二节　资本公积和其他综合收益

### 📘 一个小目标

| 必须掌握 | 了解一下 |
|---|---|
| 资本公积的账务处理 | 资本公积概述 |
|  | 其他综合收益的账务处理 |

微信扫码
观看视频课程

### 💡 考点1:资本公积概述

**(一) 资本公积的来源**

资本公积是企业收到投资者<u>出资额超出</u>其在注册资本(或股本)中所占份额的部分,以及其他资本公积等。资本公积包括资本溢价(或股本溢价)和其他资本公积等。

形成资本溢价(或股本溢价)的<u>原因有溢价发行股票、投资者超额缴入资本</u>等❶。

<u>其他资本公积</u>❷是指除资本溢价(或股本溢价)、净损益、其他综合收益和利润分配<u>以外所有者权益的其他变动</u>。

(1) 企业的<u>长期股权投资采用权益法</u>核算时,因被投资单位除净损益、其他综合收益以及利润分配<u>以外的所有者权益的其他变动</u>(主要包括被投资单位接受其他股东的资本性投入、被投资单位发行可分离交易的可转债中包含的权益成分、以权益结算的股份支付、其他股东对被投资单位增资导致投资方持股比例变动等),投资企业按应享有份额而增加或减少的资本公积,直接计入投资方所有者权益(资本公积——其他资本公积)。

(2) 以<u>权益结算的股份支付</u>换取职工或其他方提供服务的,应按照确定的金额,将当期取得的服务计入相关资产成本或当期费用,同时增加资本公积(其他资本公积)。根据国家有关规定企业实行股权激励,如果在等待期内<u>取消了授予的权益工具</u>,企业应在进行权益工具加速行权处理时,将剩余等待期内应确认的金额计入当期损益,并同时确认资本公积(其他资本公积)。

---

**小鱼讲重点**

❶ 资本公积——资本溢价:实收资本收多了(超过份额的部分);
资本公积——股本溢价:发行股票收多了(股票发行价大于股票面值)。

❷ 资本公积——其他资本公积:在初级会计实务中不需要深入了解,只需要知道它是资本公积的一个来源,当企业投资其他企业时,被投资企业有资本公积——其他资本公积,那么投资企业也可以确定资本公积——其他资本公积,并在未来把被投资企业卖掉时,将原来计入资本公积——其他资本公积的部分转入投资收益。

（3）企业集团（由母公司和其全部子公司构成）内发生的股份支付交易，如结算企业为接受服务企业的投资者，应当按照授予日权益工具的公允价值或应承担负债的公允价值确认为对接受服务企业的长期股权投资，同时确认资本公积（其他资本公积）或负债。

（二）资本公积与实收资本（或股本）、留存收益、其他综合收益的区别

| 项目 | 资本公积 | 实收资本 | 留存收益 | 其他综合收益 |
| --- | --- | --- | --- | --- |
| 来源和性质 | 来自溢价，不是企业实现的利润，不表明产权关系 | 源于投资，体现了企业所有者对企业的基本产权关系 | 企业从历年实现的利润中提取或形成的留存于企业的内部积累，源于企业生产经营活动实现的利润 | 其他综合收益❶是指企业根据企业会计准则规定未在当期损益中确认的各项利得和损失。资本公积和其他综合收益都会引起企业所有者权益发生增减变动，资本公积不会影响企业的损益，而部分其他综合收益项目则在满足企业会计准则规定的条件时，可以重分类进损益，从而成为企业利润的一部分 |
| 用途 | 用来转增资本，不体现各所有者的占有比例，也不能作为所有者参与企业财务经营决策或进行利润分配（或股利分配）的依据 | 构成比例是确定所有者参与企业财务经营决策的基础，也是企业进行利润分配或股利分配的依据，同时还是企业清算时确定所有者对净资产的要求权的依据 | | |

## 考点 2：资本公积的账务处理  <small>2分考点</small>

### （一）资本溢价（股本溢价）

**1. 资本溢价（非股份有限公司）**

除股份有限公司外的其他类型的企业，在企业创立时，投资者认缴的出资额与注册资本一致，一般不会产生资本溢价。但在企业重组或有新的投资者加入时，常常会出现资本溢价。因为在企业进行正常生产经营后，其资本利润率通常要高于企业初创阶段，另外，企业有内部积累，新投资者加入企业后，对这些积累将来也要分享，所以新加入的投资者往往要付出大于原投资者的出资额，才能取得与原投资者相同的出资比例。投资者多缴的部分就形成了资本溢价。

| 情形 | 会计处理 |
| --- | --- |
| 产生资本公积（增加） | 借：银行存款<br>　贷：实收资本<br>　　　资本公积——资本溢价 |
| 资本公积转增资本（减少） | 借：资本公积——资本溢价<br>　贷：实收资本 |

**2. 股本溢价**

股份有限公司是以发行股票的方式筹集股本的，股票可平价（按面值）发行，也可按溢价发行，我国目前不允许折价发行。与其他类型的企业不同，股份有限公司在成立时可能会溢价发行股票，因此在成立之初，就可能会产生股本溢价。股本溢价的数额等于股份有限公司发行股票时实际收到的款额超过股票面值总额的部分。

在按面值发行股票的情况下，企业发行股票取得的收入，应全部作为股本处理；在溢价发行股票的情况下，企业发行股票取得的收入，等于股票面值部分计入股本，超出股票面值部分的溢价收入计入资本公积（股本溢价）。

发行股票相关的手续费、佣金等交易费用，如果是溢价发行股票的，应从溢价中抵扣，冲减资本公积（股本溢价）。无溢价发行股票或溢价金额不足以抵扣的，应将不足抵扣的部分冲减盈余公积，盈余公积不足抵扣的继续冲减未分配利润。

---

**小鱼讲重点**

❶ 在初级会计实务中，其他综合收益可以理解为"资本公积——其他资本公积"。

## (二) 其他资本公积的核算

### 1. 采用权益法核算的长期股权投资

企业对被投资单位的长期股权投资采用权益法核算的，在持股比例不变的情况下，对因被投资单位除净损益、其他综合收益和利润分配[1]以外的所有者权益的其他变动，应按持股比例计算其应享有或应分担被投资单位所有者权益的增减数额，调整长期股权投资的账面价值和资本公积（其他资本公积）。在处置长期股权投资时，应转销与该笔投资相关的其他资本公积。

【例】C 有限责任公司于 2020 年 1 月 1 日向 F 公司投资 8 000 000 元，拥有该公司 20% 的股份，并对该公司有重大影响，对 F 公司长期股权投资采用权益法核算。2020 年 12 月 31 日，F 公司除净损益、其他综合收益和利润分配之外的所有者权益增加了 1 000 000 元。假定除此以外，F 公司的所有者权益没有变化，C 有限责任公司的持股比例没有变化，F 公司资产的账面价值与公允价值一致，不考虑其他因素。C 有限责任公司应编制如下会计分录：

C 有限责任公司对 F 公司投资增加的资本公积 =1 000 000×20%=200 000（元）

借：长期股权投资—— F 公司　　　　 200 000
　　贷：资本公积——其他资本公积　　 200 000

本例中，C 有限责任公司对 F 公司的长期股权投资采用权益法核算，持股比例未发生变化，F 公司发生了除净损益、其他综合收益和利润分配之外的所有者权益的其他变动，C 有限责任公司应按其持股比例计算应享有的 F 公司权益的数额 200 000 元作为增加其他资本公积处理。

### 2. 以权益结算的股份支付[2]

（1）以权益结算的股份支付换取职工或其他方提供服务的：

借：管理费用
　　贷：资本公积——其他资本公积

（2）职工或其他方行权日：

借：资本公积——其他资本公积
　　贷：实收资本或股本
　　　　资本公积——股本溢价（差额）

## (三) 资本公积转增资本

经股东大会或类似机构决议，用资本公积转增资本时，应冲减资本公积，同时按照转增资本前的实收资本（或股本）的结构或比例，将转增的金额记入"实收资本"（或"股本"）科目下各所有者的明细分类账。

借：资本公积
　　贷：实收资本（或股本）

### 📘 小鱼讲例题

15.【单选题】某公司委托证券公司发行普通股 400 000 股，每股面值为 1 元，每股发行价格为 16 元。双方协议约定，证券公司按发行收入的 2% 收取佣金，并直接从发行收入中扣除。不考虑其他因素，该公司发行股票应计入资本公积的金额为（　　）元。【2018 年】

A. 6 272 000　　　B. 5 880 000　　　C. 5 872 000　　　D. 6 000 000

---

**小鱼讲重点**

[1] (1) 净损益变动：记入"长期股权投资——损益调整"科目。

(2) 其他综合收益变动：记入"长期股权投资——其他综合收益"科目。

(3) 利润分配变动：记入"长期股权投资——损益调整"科目。

[2] "以权益结算的股份支付"可以理解为"给员工送公司股票"或者"让员工以较低的价格购买公司股票"。

16.【单选题】某股份有限公司首次公开发行普通股 500 万股。每股面值为 1 元，每股发行价格为 6 元，相关手续费和佣金共计 95 万元（不考虑增值税）。不考虑其他因素，该公司发行股票应计入资本公积的金额为（    ）万元。【2017 年】
A. 2 905　　　B. 2 405　　　C. 2 500　　　D. 3 000

17.【多选题】下列各项中，关于公司资本公积的表述错误的有（    ）。【2021 年】
A. 资本公积可以用于弥补上年度发生的亏损
B. 资本公积可以用于转增资本
C. 溢价发行股票发生的相关交易费用冲减资本公积
D. 资本公积体现不同所有者的占有比例

15.【答案】C
【解析】该公司发行股票应计入资本公积的金额 =400 000×16×（1-2%）-400 000×1=5 872 000（元）。

16.【答案】B
【解析】应计入资本公积的金额 =500×6-500-95=2 405（万元）。

17.【答案】AD
【解析】资本公积的用途主要是转增资本（或股本）；资本公积不体现各所有者的占有比例，也不能作为所有者参与企业财务经营决策或进行利润分配（或股利分配）的依据；资本公积不可用于弥补上年度发生的亏损；溢价发行股票发生的相关交易费用冲减资本公积。综上，本题答案为选项 A、D。

## 考点 3: 其他综合收益的账务处理（2023 年新增）

其他综合收益[1]，是指企业根据其他会计准则规定未在当期损益中确认的各项利得和损失。包括以后会计期间不能重分类进损益的其他综合收益和以后会计期间满足规定条件时将重分类进损益的其他综合收益两类。

**1. 以后会计期间不能重分类进损益的其他综合收益，主要包括：**

（1）重新计量设定受益计划净负债或净资产变动导致的变动。

（2）按权益法核算因被投资单位重新计量设定受益计划净负债或净资产变动导致的权益变动，投资企业按持股比例计算确认的该部分其他综合收益项目。

（3）在初始确认时，企业可以将非交易性权益工具指定为以公允价值计量且其变动计入其他综合收益的金融资产，该指定后不得撤销。

**2. 以后会计期间满足规定条件时将重分类进损益的其他综合收益，主要包括：**

（1）符合金融工具准则规定，同时符合以下两个条件的金融资产应当分类为以公允价值计量且其变动计入其他综合收益：

①企业管理该金融资产的业务模式既以收取合同现金流量为目标又以出售该金融资产为目标；

②该金融资产的合同条款规定，在特定日期产生的现金流量，仅为对本金和以未偿付本金金额为基础的利息的支付。

当该类金融资产终止确认时，之前计入其他综合收益的累计利得或损失应当从其他综合收益中转出，计入当期损益。

（2）按照金融工具准则规定，将以公允价值计量且其变动计入其他综合收益的债务工具投资重分类为以摊余成本计量的金融资产的，或重分类为以公允价值计量且其变动计入当期损益的金融资产的，按规定可以将原计入其他综合收益的利得或损失转入当期损益的部分。

> **小鱼讲重点**
>
> [1] 其他综合收益在利润表上的位置，是在"净利润"下面，因此其他综合收益的增减变化对净利润没有影响。

(3) 采用权益法核算的长期股权投资，按照被投资单位实现其他综合收益以及持股比例计算应分享或分担的金额，调整长期股权投资的账面价值，同时增加或减少其他综合收益，应借记（或贷记）"长期股权投资——其他综合收益"科目，贷记（或借记）"其他综合收益"科目，待该项股权投资处置时，将原计入其他综合收益的金额转入当期损益。

(4) 自用房地产或存货转换为采用公允价值模式计量的投资性房地产，转换日的公允价值大于原账面价值的，其差额作为其他综合收益核算。处置该项投资性房地产时，原计入其他综合收益的部分应当转入当期损益。

## 第三节 留存收益

### 一个小目标

| 必须掌握 | 了解一下 |
|---|---|
| 利润分配 | |
| 盈余公积 | |

微信扫码
观看视频课程

留存收益①是指企业从历年实现的利润中提取或形成的留存于企业的内部积累，包括盈余公积和未分配利润两类。

| 留存收益 | | 内容 |
|---|---|---|
| 盈余公积② | 法定盈余公积（按净利润的 10% 提取） | 盈余公积经批准可用于弥补亏损、转增资本、发放现金股利或利润等。法定盈余公积累计额已达注册资本的 50% 时可以不再提取 |
| | 任意盈余公积（按企业自己规定的比例提取） | |
| 未分配利润 | | 指企业实现的净利润经过弥补亏损、提取盈余公积和向投资者分配利润后留存在企业的、历年结存的利润 |

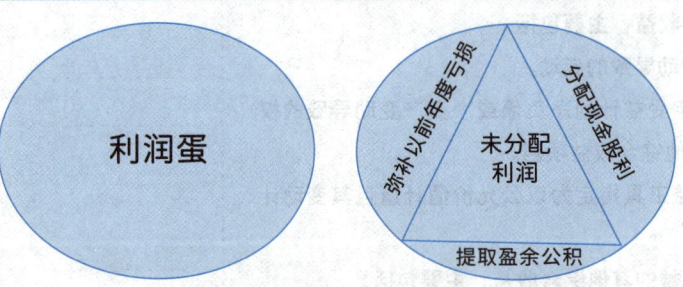

### 考点 1：利润分配③ 10 分考点

**(一) 利润分配概述**

利润分配是指企业根据国家有关规定和企业章程、投资者协议等，对企业当年可供分配的利润所进行的分配。

可供分配利润 = 当年实现的净利润（或净亏损）+ 年初未分配利润（- 年初未弥补亏损）+ 其他转入

利润分配的顺序：

(1) 提取法定盈余公积；

(2) 提取任意盈余公积；

(3) 向投资者分配利润。

企业应通过"利润分配"科目，核算企业利润的分配（或亏损的弥补）和历年分配（或

---

**小鱼讲重点**

① 什么是留存收益？
企业进行了一年的经营，产生了一个"本年利润蛋"，这个蛋可以切成以下几个部分：
(1) 弥补以前年度亏损（超过 5 年的亏损就要税后利润来弥补）；
(2) 提取盈余公积（小金库）；
(3) 向投资者分配利润：分配现金股利或股票股利；
(4) 剩下的部分就是当年剩余的利润：未分配利润。
其中，留存收益是指留在企业的以后能用的钱，包括盈余公积（小金库）+ 未分配利润。

② (1) 如果以前年度未分配利润有盈余（年初未分配利润余额为正数），在计算提取法定盈余公积的基数时，不应包括企业年初未分配利润；
(2) 如果以前年度有未弥补的亏损（年初未分配利润余额为负数），应先弥补以前年度亏损再提取盈余公积。

③ "利润分配"科目是超级重要的一个科目，也是比较难理解的一个科目。
利润的核算过程：
①月末结账，需要将收入和费用都转入"本年利润"科目，将全部的收入类科目转入"本年利润"科目的贷方，将所有费用类科目转入"本年利润"科目的借方。如果余额在贷方，表明当年实现了盈利。
"本年利润"科目核算的就是当年实现的利润是多少。

本年利润

费用类科目　　收入类科目

余额在贷方，
表明当年盈利

弥补）后的未分配利润（或未弥补亏损）。该科目应分别对"提取法定盈余公积""提取任意盈余公积""应付现金股利或利润""盈余公积补亏""未分配利润"等进行明细核算。企业未分配利润通过"利润分配——未分配利润"明细科目进行核算。年度终了，企业应将全年实现的净利润或发生的净亏损，自"本年利润"科目转入"利润分配——未分配利润"科目，并将"利润分配"科目所属其他明细科目的余额转入"未分配利润"明细科目。结转后，"利润分配——未分配利润"科目如为贷方余额，表示累积未分配的利润金额；如为借方余额，则表示累积未弥补的亏损金额。

（来自上页）❸
②将"本年利润"科目余额转入"利润分配——未分配利润"科目，表示历年来累积的未分配利润。

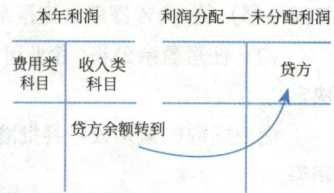

## （二）利润分配账务处理❶ 2分考点

| 情形 | 会计处理 | |
|---|---|---|
| 结转净利润（或亏损） | 盈余 | 借：本年利润<br>　　贷：利润分配——未分配利润 |
| | 亏损 | 借：利润分配——未分配利润<br>　　贷：本年利润 |
| | （1）对于未弥补亏损可以用以后年度实现的税前利润进行弥补，但弥补期限不得超过5年，超过5年以后可以用税后利润弥补，也可以用盈余公积补亏；<br>（2）企业用当年实现利润弥补以前年度亏损，不需要单独进行账务处理，"利润分配——未分配利润"科目借贷方自动抵减即可完成 | |
| 提取法定盈余公积 | 借：利润分配——提取法定盈余公积<br>　　贷：盈余公积——法定盈余公积 | |
| 提取任意盈余公积 | 借：利润分配——提取任意盈余公积<br>　　贷：盈余公积——任意盈余公积 | |
| 按照股东大会的决议，宣告向投资者分配利润 | 借：利润分配——应付现金股利<br>　　贷：应付股利 | |
| 将利润分配各明细科目❷"提取法定盈余公积""提取任意盈余公积""应付现金股利"余额转入"利润分配——未分配利润"科目 | 利润分配中除"利润分配——未分配利润"明细科目以外的其他明细科目年末无余额。<br>借：利润分配——未分配利润<br>　　贷：利润分配——提取法定盈余公积<br>　　　　　　——提取任意盈余公积<br>　　　　　　——应付现金股利等<br>借：利润分配——盈余公积补亏<br>　　贷：利润分配——未分配利润<br>结转后，"未分配利润"明细科目如为贷方余额，表示历年累积未分配的利润数额；如为借方余额，则表示历年累积未弥补的亏损数额 | |

## （三）分配现金股利和分配股票股利 2分考点

| 项目 | 分配现金股利 | 分配股票股利 |
|---|---|---|
| 概念 | 现金股利是以现金形式分配给股东的股利 | 股票股利是股份公司以股份方式向股东支付的股利❸ |
| 计提 | 企业股东大会批准现金股利分配方案宣告分派时：<br>借：利润分配——应付现金股利<br>　　贷：应付股利❹<br>借记"利润分配"科目，因此会减少未分配利润，从而减少企业的所有者权益总额。 | 企业股东大会批准股票股利分配方案宣告分派时，不做任何账务处理。因此不会对企业的所有者权益总额产生影响 |
| 分配 | 企业向投资者实际发放现金股利时：<br>借：应付股利<br>　　贷：银行存款<br>分录不涉及所有者权益项目，因此不会影响企业所有者权益总额 | 企业向投资者实际发放股票股利时：<br>借：利润分配——转作股本的股利<br>　　贷：股本<br>分录涉及所有者权益内部项目，因此不会影响企业所有者权益总额 |

### 小鱼讲重点

❶ 利润分配的过程：
利润分配的二级科目，除了"利润分配——未分配利润"外，其他都是用来切"利润蛋"的（还记得前面讲过的"利润蛋"吗）。
①比如提取盈余公积（提取小金库）：
提取盈余公积，会使得盈余公积增加，因此，
贷：盈余公积
提取盈余公积会把"利润蛋"切掉一部分，用"利润分配——提取盈余公积"来切蛋：
借：利润分配——提取盈余公积
表示"利润蛋"减少。
②分配现金股利：
分配现金股利是从利润蛋中切掉一部分，分配给投资者。因此，当股东大会通过分配股利的方案时，就产生了一笔"该给投资者分配现金股利的负债"：
贷：应付股利
分配现金股利会把"利润蛋"切掉一部分，用"利润分配——应付现金股利"来切蛋：
借：利润分配——应付现金股利
表示"利润蛋"减少。

利润分配

利润分配——提取法定盈余公积　利润分配——未分配利润
利润分配——提取任意盈余公积
利润分配——应付现金股利

　　　　　　利润分配——未分配利润

❷ 利润分配的二级科目，除了利润

## 考点 2：盈余公积  `2分考点`

盈余公积指企业从税后利润中提取形成的、存留于企业内部、具有特定用途的收益积累。
盈余公积包括：

（1）法定盈余公积：按照《公司法》有关规定，公司制企业应按照净利润（减弥补以前年度亏损）的 10% 提取法定盈余公积（法律规定）。

（2）任意盈余公积：企业可根据股东会或股东大会的决议提取任意盈余公积（公司自己决定）。

企业提取的盈余公积经批准可用于弥补亏损、转增资本（或股本）、发放现金股利或利润等。

| 情形 | 会计处理 |
| --- | --- |
| 提取盈余公积 | 借：利润分配——提取盈余公积<br>贷：盈余公积 |
| 盈余公积补亏 | 借：盈余公积<br>贷：利润分配——盈余公积补亏 |
| 盈余公积转增资本 | 借：盈余公积<br>贷：股本 |
| 盈余公积分配现金股利或利润 | 借：盈余公积<br>贷：应付股利——应付现金股利 |

**【各种"提"】**

| 情形 | 会计处理 | 对所有者权益总额影响 | 对留存收益总额影响 |
| --- | --- | --- | --- |
| 提取盈余公积 | 借：利润分配——提取盈余公积<br>贷：盈余公积 | 不影响 | 不影响 |
| 宣告分配现金股利 | 借：利润分配——应付现金股利<br>贷：应付股利 | 减少 | 减少 |
| 实际发放现金股利 | 借：应付股利<br>贷：银行存款等 | 不影响 | 不影响 |
| 宣告分配股票股利 | 不做账务处理 | 不影响 | 不影响 |
| 实际发放股票股利 | 借：利润分配——转作股本的股利<br>贷：股本 | 不影响 | 减少 |
| 资本公积、盈余公积转增资本 | 借：资本公积/盈余公积<br>贷：股本/实收资本 | 不影响 | 资本公积转增资本，不影响留存收益；盈余公积转增资本留存收益减少 |
| 盈余公积补亏 | 借：盈余公积<br>贷：利润分配——盈余公积补亏 | 不影响 | 不影响 |
| 税后利润补亏 | 不做账务处理，"利润分配"科目借贷相互抵销 | 不影响 | 不影响 |
| 回购股票 | 借：库存股<br>贷：银行存款等 | 减少（库存股是所有者权益的备抵科目） | 不影响 |
| 注销库存股 | 回购股票支付的价款高于面值总额：<br>借：股本<br>　　资本公积——股本溢价<br>　　盈余公积<br>　　利润分配——未分配利润<br>贷：库存股 | 不影响 | 涉及盈余公积以及未分配利润时，减少留存收益 |
| | 回购股票支付的价款低于面值总额：<br>借：股本<br>贷：库存股<br>　　资本公积——股本溢价 | 不影响 | 不影响 |

---

（来自上页）❷

分配——未分配利润外，其他科目期末都无余额，因此，要将所有的利润分配二级科目都转入"利润分配——未分配利润"科目；前面分配利润时，使用了借记"利润分配——提取盈余公积/应付现金股利"科目等切蛋，为了让这些二级科目无余额：

借：利润分配——未分配利润
　　贷：利润分配——提取法定盈余公积
　　　　　　　——提取任意盈余公积
　　　　　　　——应付现金股利

结转完毕后，"利润分配——未分配利润"科目表示全部切完"利润蛋"后，剩下的历年累积未分配利润余额。

❸ 股票股利就是"逗你玩"。"发股利"听着像是赚了，但实际上你持有的股票价值总额不变，只不过数量变多，股票价格下降而已。

比如，企业宣告发放股票股利，原来持有股票的股东，每一股都发放一股股票股利。原本股票价格为每股 10 元，发放股票股利后，持有的股票数量由一股变成两股，股票价格变为每股 5 元。

企业发放股票股利的实质，就是把"利润蛋"切出一部分转为资本，也就是企业盈利资本化。

但是无论发放股票股利还是现金股利，都要经过"股东大会批准"，董事会批准不算数。

❹ 关于分配现金股利：

在宣告的时候，所有者权益总额已经减少了，而实际发放时，所有者权益总额不变。和"应收账款计提坏账"一样，都是"计提"的时候已经产生所有的影响。

📖 小鱼讲例题

18.【单选题】2014年年初某企业"利润分配—未分配利润"科目借方余额为20万元，2014年度该企业实现净利润为160万元，根据净利润的10%提取盈余公积，2014年年末该企业可供分配利润的金额为（　　）万元。【2015年】
A.126　　　　B.124　　　　C.140　　　　D.160

19.【单选题】某公司年初未分配利润为1 000万元，当年实现净利润500万元，按10%提取法定盈余公积，5%提取任意盈余公积，宣告发放现金股利100万元，不考虑其他因素，该公司年末未分配利润为（　　）万元。【2017年】
A.1 450　　　B.1 475　　　C.1 325　　　D.1 400

20.【单选题】某公司年初未分配利润为1 000万元，盈余公积为500万元；本年实现净利润5 000万元，分别提取法定盈余公积500万元、任意盈余公积250万元，宣告发放现金股利500万元。不考虑其他因素，该公司年末留存收益为（　　）万元。【2016年】
A.5 250　　　B.6 000　　　C.6 500　　　D.5 750

21.【单选题】2017年1月1日，某股份有限公司未分配利润为100万，2017年度实现净利润400万元，法定盈余公积的提取率为10%，不考虑其他因素，下列关于盈余公积的账务处理正确的是（　　）。【2018年】
A.借：利润分配——提取法定盈余公积　　40
　　　贷：盈余公积　　　　　　　　　　　　　　40
B.借：本年利润——提取法定盈余公积　　40
　　　贷：盈余公积　　　　　　　　　　　　　　40
C.借：本年利润——提取法定盈余公积　　50
　　　贷：盈余公积　　　　　　　　　　　　　　50
D.借：利润分配——提取法定盈余公积　　50
　　　贷：盈余公积　　　　　　　　　　　　　　50

22.【单选题】下列各项中，会引起企业留存收益总额发生变动的是（　　）。【2019年】
A.股本溢价　　　　　　　　B.提取任意盈余公积
C.接受现金资产投资　　　　D.盈余公积转增资本

23.【单选题】某企业2018年年末本年利润及利润分配结转前的所有者权益总额为5 150万元，该企业本年度实现净利润200万元，提取盈余公积20万元。不考虑其他因素，2018年12月31日，该企业所有者权益总额为（　　）万元。【2019年】
A.5 330　　　　　　　　　　B.5 130
C.5 350　　　　　　　　　　D.5 150

24.【单选题】下列各项中，不影响留存收益总额的是（　　）。【2020年】
A.以盈余公积发放现金股利
B.以盈余公积转增资本
C.以盈余公积弥补亏损
D.以实现的净利润分配现金股利

25.【单选题】年末，"利润分配——未分配利润"科目的借方余额表示（　　）。【2022年】
A.累计未分配的利润　　　　B.当期发生的净亏损
C.累计未弥补的亏损　　　　D.当期利润总额

26.【单选题】上市公司注销库存股时，库存股成本低于其面值总额的差额应贷记的会计科目是（　　）。【2022年】
A.其他综合收益　　　　　　B.盈余公积
C.利润分配　　　　　　　　D.资本公积——股本溢价

27.【多选题】甲公司 2021 年 12 月 31 日的股本为 10 000 万股，每股面值为 1 元，资本公积（股本溢价）4 000 万元，盈余公积 1 500 万元。经股东大会批准，甲公司以银行存款回购本公司股票 1 500 万股并注销，每股回购价为 0.9 元。下列各项中，会计处理正确的有（　　）。【2022 年】
A. 回购股票使所有者权益减少 1350 万元
B. 回购股票不影响资产总额
C. 注销股票使股本减少 1350 万元
D. 注销股票使资本公积增加 150 万元

28.【多选题】下列各项中，属于企业留存收益的有（　　）。【2015 年】
A. 按规定从净利润中提取的法定盈余公积
B. 累积未分配的利润
C. 按股东大会决议从净利润中提取的任意盈余公积
D. 发行股票的溢价收入

29.【多选题】下列各项中，导致企业留存收益发生增减变动的有（　　）。【2017 年】
A. 盈余公积分配现金股利　　B. 盈余公积弥补亏损
C. 资本公积转增资本　　　　D. 盈余公积转增资本

30.【多选题】下列选项中，会导致企业所有者权益总额减少的有（　　）。【2021 年】
A. 向投资者宣告分派现金股利　　B. 盈余公积补亏
C. 出售固定资产发生净损失　　　D. 向投资者实际发放股票股利

31.【多选题】甲公司"盈余公积"年初余额为 600 万元，本年提取法定盈余公积 200 万元，提取任意盈余公积 50 万元，用盈余公积转增资本 150 万元，用盈余公积发放现金股利 60 万元，假定不考虑其他因素，以下说法中正确的有（　　）。【2021 年】
A. 所有者权益总额不变　　　　B. 所有者权益减少 60 万元
C. 留存收益减少 60 万元　　　 D. 留存收益减少 210 万元

---

18.【答案】C
【解析】2014 年年末该企业的可供分配利润的金额 = 年初未分配利润 + 本年实现的净利润 + 其他转入 = –20+160=140（万元）。

19.【答案】C
【解析】该公司年末未分配利润 =1 000+500–500×(10%+5%)–100=1 325（万元）。

20.【答案】B
【解析】留存收益包括盈余公积和未分配利润，年末留存收益 =1 000+500+5 000–500= 6 000（万元）。

21.【答案】A
【解析】如果以前年度未分配利润有盈余（即年初未分配利润余额为正数），在计算提取法定盈余公积的基数时，不应包括年初未分配利润，所以 2017 年提取法定盈余公积的金额 =400×10%= 40（万元）。企业按规定提取盈余公积时，应通过"利润分配"和"盈余公积"等科目核算。

22.【答案】D
【解析】盈余公积转增资本分录为：
借：盈余公积
　　贷：实收资本
留存收益包括盈余公积和未分配利润。根据分录可知，盈余公积减少，留存收益减少。

23.【答案】C
【解析】2018 年 12 月 31 日所有者权益总额 =5 150+200=5 350（万元），提取盈余公积不会导致所有者权益总额发生变化。

24.【答案】C
【解析】留存收益包括盈余公积和未分配利润两部分。

选项 A 错误，以盈余公积发放现金股利的账务处理为：

借：盈余公积

　　贷：应付股利

留存收益减少；

选项 B 错误，以盈余公积转增资本的账务处理为：

借：盈余公积

　　贷：实收资本

留存收益减少；

选项 C 正确，以盈余公积弥补亏损的账务处理为：

借：盈余公积

　　贷：利润分配——盈余公积补亏

借：利润分配——盈余公积补亏

　　贷：利润分配——未分配利润

留存收益内部一增一减，留存收益总额没有变化；

选项 D 错误，以实现的净利润分配现金股利的账务处理为：

借：利润分配——应付现金股利

　　贷：应付股利

留存收益减少。

故选 C。

25.【答案】C

【解析】年末，"利润分配——未分配利润"科目的借方余额表示未弥补的亏损，贷方余额表示未分配的利润。

26.【答案】D

【解析】库存股成本低于其面值总额的差额应贷记的会计科目是"资本公积——股本溢价"。

27.【答案】AD

【解析】库存股属于所有者权益备抵科目，回购股票使所有者权益减少、资产减少。注销股票时，股本按面值减少。会计分录如下：

①回购股票

| 借：库存股 | 1 350[1 500×0.9] | |
| --- | --- | --- |
| 　　贷：银行存款 | | 1 350 |

②注销股票　　　　　　　　　　　　　　　　1 500

借：股本　　　　　　　　　　　　　　　　1 500

　　贷：库存股　　　　　　　　　　　　　　　　1 350

　　　　资本公积——股本溢价　　　　　　　　　　150

综上，本题应选 A、D。

28.【答案】ABC

【解析】选项 D 记入"资本公积——股本溢价"科目。

29.【答案】AD

【解析】选项 A，减少盈余公积，减少留存收益；选项 B，属于留存收益内部的增减变动；选项 C，不影响留存收益；选项 D，减少盈余公积，减少留存收益。

30.【答案】AC

【解析】选项 A，借记"利润分配——应付现金股利"科目，贷记"应付股利"科目，使企业所有者权益减少；选项 B，借记"盈余公积"科目，贷记"利润分配——盈余公积补亏"科目，属于所有者权益内部增减，总额不发生变化；选项 C，出售固定资产净损失计入资产处置损益，使本年利润减少，期末结转到未分配利润，导致所有者权益减少；选项 D，借记"利润分配"科目，贷记"股本"科目，属于所有者权益内部增减，总额不发生变化。

31.【答案】BD

【解析】用盈余公积发放现金股利 60 万元，会使得留存收益减少 60 万元，进而使所有者权益减少 60 万元，选项 B 正确。会计处理如下：

借：盈余公积　　　　　　　　　　　　　60

　　贷：应付股利——应付现金股利　　　　　60

留存收益包括盈余公积和未分配利润。提取盈余公积是留存收益内部的增减变动，但用盈余公积转增资本和发放现金股利都会使留存收益减少。会计处理如下：

借：盈余公积　　　　　　　　　　　　　150

　　贷：实收资本（或股本）　　　　　　　150

所以留存收益减少总额 =150+60=210（万元），选项 D 正确。

## 小鱼复盘

| 本章知识点打卡 | DAY 1 | DAY 7 | DAY 15 | DAY 30 |
|---|---|---|---|---|
| 实收资本或股本的账务处理 | ☐ | ☐ | ☐ | ☐ |
| 资本公积的账务处理 | ☐ | ☐ | ☐ | ☐ |
| 利润分配 | ☐ | ☐ | ☐ | ☐ |
| 盈余公积 | ☐ | ☐ | ☐ | ☐ |

# 第七章 收入、费用和利润

微信扫码
观看视频课程

**本章鱼情解锁**

- **分值：** 21 分。
- **出题量：** 8 题左右。
- **本章特点：** 本章是全书的重点章节，也是考试的重点。其中，收入和利润都是不定项选择题常考的知识点。在学习本章的时候，需要和财务报表知识结合学习，这样会理解得更加深刻。本章"收入的确认"部分比较难理解，需要仔细学习。同时，本章还有本书三大难点之一的"递延所得税"，所以大家一定要重点关注哦！
- **建议复习时长：** 12 小时。

**小鱼复习路线图**

收入、费用和利润

第一节 收入
- 收入的确认和计量
- 收入核算应设置的会计科目
- 合同成本
- 履行履约义务确认收入的账务处理

第二节 费用
- 营业成本
- 税金及附加
- 期间费用

第三节 利润
- 利润的构成
- 营业外收支
- 所得税费用
- 本年利润

# 第一节 收入  `10分考点`

微信扫码
观看视频课程

## 一个小目标

| 必须掌握 | 了解一下 |
|---|---|
| 收入的确认和计量 | |
| 收入核算应设置的会计科目 | |
| 合同成本 | |
| 履行履约义务确认收入的账务处理 | |

### 考点1：收入的确认和计量

#### （一）收入概述

收入是指企业在日常活动❶中形成的、会导致所有者权益增加的、与所有者投入资本无关的经济利益的总流入。日常活动是指企业为完成其经营目标所从事的经常性活动以及与之相关的其他活动。

企业在确认和计量收入时，应遵循的基本原则是：确认收入的方式应当反映其向客户转让商品或提供服务的模式，收入的金额应当反映企业因转让商品或提供服务而预期有权收取的对价金额。通过收入确认和计量能进一步如实地反映企业的生产经营成果，准确核算企业实现的损益。

企业加强收入核算与监督的目标是保证收入的真实、完整，保证销售折让、折扣等可变对价的正确、合理，保证客户信用管理和货款的及时足额收回，反映企业向客户转让商品的模式及其相应的销售政策和策略等销售决策的科学性、合理性。

#### （二）收入确认的原则

企业应当在履行了合同中的履约义务，即在客户取得相关商品控制权时确认收入。

取得相关商品控制权，是指客户能够主导该商品的使用并从中获得几乎全部的经济利益，也包括有能力阻止其他方主导该商品的使用并从中获取经济利益。

取得商品控制权❷包括三个要素：

（1）客户必须拥有现时权利，能够主导该商品的使用并从中获得几乎全部的经济利益。如果客户只能在未来的某一期间主导该商品的使用并从中获益，则表明其尚未取得该商品的控制权。

（2）客户有能力主导该商品的使用，即客户在其活动中有权使用该商品，或者能够允许或阻止其他方使用该商品。

（3）客户能够获得该商品几乎全部的经济利益。

商品的经济利益是指商品的潜在现金流量，既包括现金流入的增加，也包括现金流出的减少。

#### （三）收入确认的前提条件❸

企业与客户之间的合同同时满足下列五项条件的，企业应当在客户取得相关商品控制权时确认收入：

（1）合同各方已批准该合同并承诺将履行各自义务；

（2）该合同明确了合同各方与所转让商品相关的权利和义务；

（3）该合同有明确的与所转让商品相关的支付条款；

（4）该合同具有商业实质❹，即履行该合同将改变企业未来现金流量的风险、时间分布或金额；

---

### 小鱼讲重点

❶ 收入和费用的特征是"日常活动形成的"，即经常发生的业务活动带来的收入。

企业的中奖、捐赠、罚款等，属于"非日常活动形成的"，这些并不是经常发生的，分为"利得和损失"。

❷ 了解一下即可。取得控制权的核心：
（1）是自己的；
（2）可以自己使用；
（3）可以随意处置。

❸ 了解一下即可。

❹ 商业实质的核心是"真的"，而且要有"正常的对价"，比如离婚之前先把所有财产都送给前妻，这就明显有转移资产逃避债务的嫌疑，一看就不是真的；或者在破产清算之前以1元的价格把机器设备卖了，因为没有正常的对价，所以不具有商业实质。

(5) 企业因向客户转让商品而有权取得的对价很可能收回。

### (四) 收入确认和计量的步骤

收入确认和计量大致分为五步：

第一步，识别与客户订立的合同❶。（收入的确认）

合同的存在是企业确认客户合同收入的前提，企业与客户之间的合同一经签订，企业即享有从客户取得与转移商品和服务对价的权利，同时负有向客户转移商品和服务的履约义务。

第二步，识别合同中的单项履约义务❷。（收入的确认）

履约义务是指合同中企业向客户转让可明确区分商品或服务的承诺。

企业应当将向客户转让可明确区分商品（或者商品的组合）的承诺以及向客户转让一系列实质相同且转让模式相同的、可明确区分商品的承诺作为单项履约义务。

例如，企业与客户签订合同，向其销售商品并提供安装服务，该安装服务简单，除该企业外其他供应商也可以提供此类安装服务，该合同中销售商品和提供安装服务为两项单项履约义务。若该安装服务复杂且商品需要按客户定制要求修改，则合同中销售商品和提供安装服务合并为一项单项履约义务。

第三步，确定交易价格。（收入的计量）

交易价格是指企业因向客户转让商品而预期有权收取的对价金额，不包括企业代第三方收取的款项（如增值税）以及企业预期将退还给客户的款项。合同条款所承诺的对价，可能是固定金额、可变金额或二者兼有。

【例1】甲企业与客户签订合同为其建造一栋厂房，约定的价款为100万元，4个月完工，交易价格为固定金额100万元；假如合同中约定若提前1个月完工，客户将额外奖励甲公司10万元，甲企业对合同估计工程提前1个月完工的概率为95%。请计算甲企业该项业务的交易价格是多少？

本例中甲企业对合同估计工程提前1个月完工的概率为95%，则预计有权收取的对价为110万元，即交易价格应包括固定金额100万元和可变金额10万元，总计110万元。

第四步，将交易价格分摊至各单项履约义务❸。（收入的计量）

当合同中包含两项或多项履约义务时，需要将交易价格分摊至各单项履约义务，即在合同开始日，按照各单项履约义务所承诺商品的单独售价（企业向客户单独销售商品的价格）的相对比例，将交易价格分摊至各单项履约义务。通过分摊交易价格，使企业分摊至各单项履约义务的交易价格能够反映其因向客户转让已承诺的相关商品而有权收取的对价金额。

【例2】甲企业与客户签订合同，向其销售A、B、C三件产品，不含增值税的合同总价款为10 000元。A、B、C产品的不含增值税单独售价分别为5 000元、3 500元和7 500元，合计16 000元。

本例中甲企业应按照A、B、C产品各单项履约义务所承诺商品的单独售价的相对比例进行分摊：

A产品应当分摊的交易价格 =5 000÷16 000×10 000=3 125（元）
B产品应当分摊的交易价格 =3 500÷16 000×10 000=2 187.5（元）
C产品应当分摊的交易价格 =7 500÷16 000×10 000=4 687.5（元）

第五步，履行各单项履约义务时确认收入❹。（收入的确认）

当企业将商品转移给客户时，客户取得了相关商品的控制权，这意味着企业履行了合同履约义务，此时，企业应确认收入。

企业将商品控制权转移给客户，可能是在某一时段内（即履行履约义务的过程中）发生，也可能在某一时点（即履约义务完成时）发生。

企业应当根据实际情况，首先判断履约义务是否满足在某一时段内履行的条件，如不

---

**小鱼讲重点**

❶ 识别合同是收入确认的第一步。

❷ 什么是"合同中的单项履约义务"？

会计小刘去充话费，发现充一年话费1 200元能够赠送一部手机，那么小刘其实购买了两个商品，一个是一年的话费，另一个是手机，小刘在确认购买的商品时，应该将话费和手机单独确认，对于运营商来说，话费和手机就是两项"单独履约义务"。

什么时候合同中的履约义务可以单独确认？

履行的义务本身能够明确区分，比如买一赠一——买一支洗面奶赠送一支相同的洗面奶。

什么时候合同中的履约义务不可以单独确认？

履行的义务本身不能明确区分：

（1）企业需提供重大的服务以将该商品与合同中承诺的其他商品进行整合，形成合同约定的某个或某些组合产品转让给客户。

（2）该商品将对合同中承诺的其他商品予以重大修改或定制。

（3）该商品与合同中承诺的其他商品具有高度关联性。也就是说，合同中承诺的每一单项商品均受到合同中其他商品的重大影响。比如，会计小刘购买了一张A健身房的健身卡，健身房里有游泳池、健身设备区和操课教室。刷卡进入A健身房，可以游泳、健身，也可以参加操课。会员进入健身房，具体进行什么体育活动，健身房不能明确区分，因此这张健身卡里的所有履约义务不能够单独确认。

❸ 比如会计小刘去充话费，发现充一年话费1 200元能够赠送一部手机，手机的公允价值是2 400元，话费的公允价值是1 200元，那

满足，则该履约义务属于在某一时点履行的履约义务。

一般而言，确认和计量任何一项合同收入应考虑全部的五个步骤。但履行某些合同义务确认收入不一定都经过五个步骤。例如，企业按照第二步确定某项合同仅为单项履约义务时，可以从第三步直接进入第五步确认收入，不需要第四步（分摊交易价格）。

## 考点 2：收入核算应设置的会计科目  `2 分考点`

（1）"主营业务收入"科目核算企业确认的 销售商品、提供服务 等主营业务的收入。贷方登记企业主营业务活动实现的收入，借方登记期末转入"本年利润"科目的主营业务收入，结转后该科目应无余额。

（2）"其他业务收入"科目核算企业确认的 除主营业务活动以外 的其他经营活动实现的收入，包括：

① 出租固定资产；
② 出租无形资产；
③ 出租包装物和商品；
④ 销售材料。

该科目贷方登记企业其他业务活动实现的收入，借方登记期末转入"本年利润"科目的其他业务收入，结转后该科目应无余额。

（3）"主营业务成本"科目核算企业确认销售商品、提供服务等主营业务收入时应结转的成本。借方登记企业应结转的主营业务成本，贷方登记期末转入"本年利润"科目的主营业务成本，结转后该科目应无余额。

（4）"其他业务成本"科目核算企业确认的除主营业务活动以外的其他经营活动所形成的成本，包括出租固定资产的折旧额、出租无形资产的摊销额、出租包装物的成本或摊销额、销售材料的成本等。该科目借方登记企业应结转的其他业务成本，贷方登记期末转入"本年利润"科目的其他业务成本，结转后该科目应无余额。

（5）"合同取得成本"科目核算企业取得合同时发生的、预计能够收回的 增量成本。该科目借方登记发生的合同取得成本，贷方登记摊销的合同取得成本，期末借方余额反映企业尚未结转的合同取得成本。

（6）"合同履约成本"科目核算企业为履行当前或预期取得的合同所发生的、不属于其他企业会计准则规范范围且按照收入准则应当确认为一项资产的成本。借方登记发生的合同履约成本，贷方登记摊销的合同履约成本，期末借方余额，反映企业尚未结转的合同履约成本。该科目可按合同分别设置"服务成本""工程施工"等进行明细核算。

（7）"合同资产" ❶ 科目核算企业已向客户转让商品而有权收取对价的权利，且该权利取决于时间流逝之外的其他因素（如履行合同中的其他履约义务）。借方登记因已转让商品而有权收取的对价金额，贷方登记取得无条件收款权的金额。

【例3】2020 年 4 月 1 日，甲公司与客户签订合同，向其销售 A、B 两种商品，A 商品的单独售价为 6 000 元，B 商品的单独售价为 24 000 元，合同价款为 25 000 元。合同约定，A 商品于合同开始日交付，B 商品在一个月之后交付，当两项商品全部交付之后，甲公司才有权收取 25 000 元的合同对价。上述价格均不包含增值税。A、B 商品的实际成本分别为 4 200 元和 18 000 元。假定 A 商品和 B 商品分别构成单项履约义务，其控制权在交付时转移给客户。2020 年 5 月 1 日，甲公司交付 B 商品，开具的增值税专用发票上注明售价为 25 000 元，增值税税额为 3 250 元。2020 年 6 月 1 日，甲公司收到客户支付的货款存入银行。

---

（来自上页）❸

么对于卖方供应商来说，销售手机和话费所收取的收入 1 200 元，需要按照公允价值在手机和话费之间进行分摊。

销售手机确认的收入 = 2 400 ÷（1 200+2 400）×1 200=800（元）

销售话费确认的收入 = 1 200 ÷（1 200+2 400）×1 200=400（元）

❹ 运营商在会计小刘支付 1 200 元后，可以立刻确认 1 200 元的收入吗？

请注意，话费服务需要在一年以内提供，因此，控制权的转移是在"某一段时间内发生的"。运营商需要在 12 个月内分摊 400 元的话费。

### 小鱼讲重点

❶ "合同资产"跟"应收账款"对应，应收账款是指只要时间到了就能收回款项，而合同资产是时间到了不一定能收回，跟其他因素相关时使用。

比如，A 公司销售一批商品给 B 公司：

（1）如果 B 公司说，7 天之后就付款，A 公司做会计分录：

借：应收账款
　　贷：主营业务收入
　　　　应交税费——应交增值税
　　　　　（销项税额）

只要时间到了，货款就能收回，此时使用"应收账款"科目。

（2）如果 B 公司说，只要"太阳打西边出来"就付款。此时，货款的收回和时间没有关系，而是和"太阳打西边出来"这个事件有关，此时，就不能记入"应收账款"科目，A 公司应做会计分录：

借：合同资产
　　贷：主营业务收入
　　　　应交税费——应交增值税
　　　　　（销项税额）

本例中甲公司将 A 商品交付给客户之后，与该商品相关的履约义务已经履行，但需要等到后续交付 B 商品时，才具有无条件收取合同对价的权利，因此，甲公司应当将因交付 A 商品而有权收取的对价确认为合同资产，而不是应收账款。

甲公司应该先将交易价格 25 000 元分摊至 A、B 商品两项履约义务：

分摊至 A 商品的合同价款 =［6 000÷（6 000+24 000）］×25 000=5 000（元）

分摊至 B 商品的合同价款 =［24 000÷（6 000+24 000）］×25 000=20 000（元）

甲公司应编制如下会计分录：

4 月 1 日，交付 A 商品时：

借：合同资产 5 000
　　贷：主营业务收入 5 000
借：主营业务成本 4 200
　　贷：库存商品 4 200

5 月 1 日，交付 B 商品时：

借：应收账款 28 250
　　贷：合同资产 5 000
　　　　主营业务收入 20 000
　　　　应交税费——应交增值税（销项税额） 3 250
借：主营业务成本 18 000
　　贷：库存商品 18 000

6 月 1 日，收到货款时：

借：银行存款 28 250
　　贷：应收账款 28 250

（8）"合同负债"❶科目核算企业已收或应收客户对价而应向客户转让商品的义务。借方登记企业向客户转让商品时冲销的金额，贷方登记企业在向客户转让商品之前，已经收到或已经取得无条件收取合同对价权利的金额，期末贷方余额反映企业在向客户转让商品之前，已经收到的合同对价或已经取得的无条件收取合同对价权利的金额。

### 📖 小鱼讲例题

1.【单选题】企业已收或应收客户对价而应向客户转让商品的义务应计入（　　）科目。【2021 年】
A. 合同取得成本　　　　　B. 合同履约成本
C. 合同负债　　　　　　　D. 预收账款

2.【单选题】下列各项中，属于企业"营业收入"的是（　　）。【2017 年】
A. 出租固定资产取得的租金　　B. 接受捐赠取得的现金
C. 出售无形资产取得的净收益　D. 股权投资取得的现金股利

3.【多选题】下列各项中，属于工业企业"营业收入"的有（　　）。【2017 年】
A. 债权投资的利息收入　　　　B. 出租无形资产的租金收入
C. 销售产品取得的收入　　　　D. 出售无形资产的净收益

1.【答案】C
【解析】"合同负债"科目核算企业已收或应收客户对价而应向客户转让商品的义务。

2.【答案】A
【解析】选项 B 计入营业外收入；选项 C 计入资产处置损益；选项 D 计入投资收益。

### 小鱼讲重点

❶ "合同负债"跟"预收账款"对应。在新的会计准则下，在预收账款中核算的因转让商品、销售服务、提供劳务而收到的预收款，改在合同负债中核算。预收账款只核算"接受租赁服务单位预收的款项"。

比如，企业为了销售货物预收的款项记入"合同负债"科目；而如果企业是租赁服务企业，租出设备而预收的款项记入"预收账款"科目。

3. 【答案】BC

【解析】选项 A 计入投资收益；选项 B 计入其他业务收入；选项 C 计入主营业务收入；选项 D 计入资产处置损益。选项 B、C 属于工业企业的营业收入。

## 考点 3：合同成本  `2 分考点`

企业在与客户之间建立合同关系过程中发生的成本主要有合同取得成本和合同履约成本。

### （一）合同取得成本 ❶

企业为取得合同发生的增量成本预期能够收回的，应作为合同取得成本确认为一项资产。增量成本是指企业不取得合同就不会发生的成本，也就是企业发生的与合同直接相关，但又不是所签订合同的对象或内容（如建造商品或提供服务）本身所直接发生的费用，如<u>销售佣金</u>等。若销售佣金等预期<u>可通过未来的相关服务收入予以补偿</u>，该销售佣金（即增量成本）应在发生时确认为一项资产，即合同取得成本。

企业取得合同发生的增量成本已经确认为资产的，<u>应当采用与该资产相关的商品收入确认相同的基础进行摊销，计入当期损益</u>。为了简化实务操作，该资产摊销期限不超过一年的，可以在发生时计入当期损益。

企业为取得合同发生的、除预期能够收回的增量成本之外的其他支出，例如，无论是否取得合同均会发生的差旅费、投标费、为准备投标资料发生的相关费用等，应当在发生时计入<u>当期损益</u>，明确由客户承担的除外。

| 情形 | 会计处理 |
| --- | --- |
| 发生相关费用 | 借：合同取得成本（销售提成、佣金）<br>　　管理费用（差旅费、投标费、为准备投标资料发生的相关费用）<br>　　销售费用（销售奖金等）<br>　贷：银行存款等 |
| 每期确认收入，摊销合同取得 | 借：应收账款、银行存款等<br>　　销售费用（每期应摊销金额）<br>　贷：合同取得成本（每期应摊销金额＝总合同取得成本÷期数）<br>　　主营业务收入（本期应确认收入＝总不含税收入÷期数）<br>　　应交税费——应交增值税（销项税额） |

【例 4】甲公司是一家咨询公司，为增值税一般纳税人，对外提供咨询服务适用的增值税税率为 6%。2020 年甲公司通过竞标赢得一个服务期为 5 年的客户，该客户每年年末支付含税咨询费 1 908 000 元。为取得与该客户的合同，甲公司聘请外部律师进行尽职调查支付相关费用 15 000 元，支付为投标而发生的差旅费 10 000 元，支付销售人员佣金 60 000 元。甲公司预期这些支出未来均能够收回。此外，甲公司根据其年度销售目标、整体盈利情况及个人业绩等，向销售部门经理支付年度奖金 10 000 元。

在本例中，甲公司因签订该客户合同而向销售人员支付的佣金属于取得合同发生的增量成本，应当将其作为合同取得成本确认为一项资产；甲公司聘请外部律师进行尽职调查发生的支出、为投标发生的差旅费，以及向销售部门经理支付的年度奖金（不能直接归属于可识别的合同）不属于增量成本，应当于发生时直接计入当期损益。公司应编制如下会计分录：

支付与取得合同相关的费用：

借：合同取得成本　　　　　　　　60 000
　　管理费用　　　　　　　　　　25 000
　贷：银行存款　　　　　　　　　85 000

每月确认服务收入，摊销合同取得成本：

每月服务收入 =[1 908 000÷（1+6%）]÷12=150 000（元）

---

> **小鱼讲重点**
>
> ❶ 什么是"合同取得成本"？
>
> 会计小刘所在的公司听说上海的 B 企业要公开招标信息系统供应商，价值 300 万元，公司信心满满一定要拿下这个大单。为了拿下这个合同，公司进行了下列活动：
>
> （1）组建了律师团队一共 3 人，差旅费和住宿费一共 5 000 元。
>
> （2）律师尽职调查和审定合同费用为 5 万元。
>
> （3）公司抽调销售精英小杨去现场竞标，并承诺一旦拿下这个合同，立刻支付销售佣金 30 万元。小杨不负众望，拿下了合同，公司一次性支付了 30 万元佣金。
>
> 无论企业将来能不能拿下这个合同，（1）和（2）的支出都是必要的，因此（1）和（2）的支出并不会"通过将来拿到合同来进行补偿"，因此在支出时直接确认为当期的管理费用。而公司给销售小杨的佣金，是"签订合同"发生的，没取得合同就不会有佣金支出，因此 30 万元的佣金就是"合同取得成本"，随着合同的履行，佣金可以"通过履行合同来进行补偿"。"合同取得成本"的特点：<u>只有签订了合同，才会有支出，没取得合同就不会有支出，而且这部分支出要随着合同的履行逐步进行摊销</u>。
>
> 借：管理费用　　　　　55 000
> 　　合同取得成本　　　300 000
> 　贷：银行存款　　　　355 000
>
> 合同预计在 5 年内履行，因此每月确认服务收入，摊销销售佣金：
> 服务收入 =300÷(5×12)=5（万元）
> 服务佣金摊销 =30÷(5×12)=0.5（万元）
>
> 借：销售费用　　　　　0.5
> 　　应收账款　　　　　5
> 　贷：合同取得成本　　0.5
> 　　　主营业务收入　　5

每月摊销合同取得成本 =60 000÷5÷12=1 000（元）
借：应收账款　　　　　　　　　　　　159 000
　　贷：主营业务收入　　　　　　　　　　　　150 000
　　　　应交税费——应交增值税（销项税额）　　9 000
借：销售费用　　　　　　　　　　　　1 000
　　贷：合同取得成本　　　　　　　　　　　　1 000
确认销售部门经理奖金时：
借：销售费用　　　　　　　　　　　　10 000
　　贷：应付职工薪酬　　　　　　　　　　　　10 000
发放销售部门经理奖金时：
借：应付职工薪酬　　　　　　　　　　10 000
　　贷：银行存款　　　　　　　　　　　　　　10 000

### 小鱼讲例题

**4.【单选题】** 甲公司为一家咨询服务提供商，中了一个向新客户提供咨询服务的标。甲公司为取得合同发生的成本如下：（1）尽职调查的外部律师费 7 万元；（2）提交标书的差旅费 8 万元（客户不承担）；（3）销售人员佣金 4 万元。假定不考虑其他因素，甲公司应确认的合同取得成本为（　　）万元。【2020 年】
A. 12　　B. 15　　C. 4　　D. 19

**5.【多选题】** 下列各项中，关于合同取得成本表述正确的有（　　）。【2020 年】
A. 合同取得的增量成本是不取得合同就不会发生的成本
B. 合同取得成本应采用与该资产相关的销售收入确认相同的基础进行摊销
C. 取得合同发生的增量成本预期能够收回的，应确认为合同取得成本
D. 参加竞标的投标费应确认为合同取得成本

**6.【判断题】** 由企业承担的为取得合同发生的投标费，应确认为合同取得成本。（　　）【2021 年】

4.【答案】C
【解析】合同取得成本是企业为取得合同发生的，预期能够收回的增量成本之外的其他支出，例如：无论是否取得合同均会发生的差旅费、投标费、为准备投标资料发生的相关费用等，应在发生时计入当期损益，除非这些支出明确由客户承担。本题中，尽职调查的外部律师费 7 万元和提交标书的差旅费 8 万元不属于增量成本；销售人员的佣金 4 万元属于取得合同的增量成本。故选 C。

5.【答案】ABC
【解析】企业为取得合同发生的增量成本预期能够收回的，应作为合同取得成本确认为一项资产。合同取得成本应当采用与该资产相关的商品收入确认相同的基础进行摊销，计入当期损益。

6.【答案】×
【解析】无论是否取得合同均会发生的差旅费、投标费、为准备投标资料发生的相关费用等，应当在发生时计入当期损益，除非这些支出明确由客户承担。

#### （二）合同履约成本

合同履约成本是指企业为履行当前或预期取得的合同所发生的、属于《企业会计准则第 14 号——收入》（2018）规范范围并且按照该准则应当确认为一项资产的成本。

企业为履行合同可能会发生各种成本，企业在确认收入的同时应当对这些成本进行分析，属于《企业会计准则第 14 号——收入》（2018）准则规范范围且同时满足下列条件的，

---

**小鱼讲重点**

❶ 什么是"合同履约成本"？

企业的主营业务如果是生产产品，那么在生产时：

借：生产成本
　　贷：原材料
　　　　应付职工薪酬
　　　　累计折旧等

产品生产完成：

借：库存商品
　　贷：生产成本

销售后结转成本：

借：主营业务成本
　　贷：库存商品

如果企业的主营业务不是生产产品，而是提供服务（如酒店、家政等），那么同样发生的料工费，不能记入"生产成本"科目，而应该记入"合同履约成本"科目。因此，"合同履约成本"="生产成本"。

应当作为合同履约成本确认为一项资产：

（1）该成本与一份当前或预期取得的合同直接相关。

①与合同直接相关的成本，包括：

直接人工（如支付给直接为客户提供所承诺服务的人员的工资、奖金等）；

直接材料（如为履行合同耗用的原材料、辅助材料、构配件、零件、半成品的成本和周转材料的摊销及租赁费用等）；

制造费用或类似费用（如组织和管理生产、施工、服务等活动发生的费用，包括车间管理人员的职工薪酬、劳动保护费、固定资产折旧费及修理费、物料消耗、取暖费、水电费、办公费、差旅费、财产保险费、工程保修费、排污费、临时设施摊销费等）。

②明确由客户承担的成本以及仅因该合同而发生的其他成本（如支付给分包商的成本、机械使用费、设计和技术援助费用、施工现场二次搬运费、生产工具和用具使用费、检验试验费、工程定位复测费、工程点交费用、场地清理费等）。

（2）该成本增加了企业未来用于履行（包括持续履行）履约义务的资源。

（3）该成本预期能够收回。

企业应当在下列支出发生时，将其计入当期损益：

①管理费用，除非这些费用明确由客户承担；

②非正常消耗的直接材料、直接人工和制造费用（或类似费用），这些支出为履行合同发生，但未反映在合同价格中；

③与履约义务中已履行（包括已全部履行或部分履行）部分相关的支出，即该支出与企业过去的履约活动相关；

④无法在尚未履行的与已履行（或已部分履行）的履约义务之间区分的相关支出。

| 情形 | 会计处理① |
|---|---|
| 发生合同履约成本 | 借：合同履约成本<br>贷：银行存款<br>　　应付职工薪酬<br>　　原材料等 |
| 确认收入并摊销合同履约成本 | 借：银行存款<br>贷：主营业务收入<br>　　应交税费——应交增值税（销项税额）<br>借：主营业务成本<br>　　其他业务成本<br>贷：合同履约成本 |

### 📖 小鱼讲例题

7.【单选题】下列各项中，属于合同负债的是（　　）。【2022年】

A.预收销售商品款　　　　　B.应支付的租入设备的租金

C.应付材料采购款　　　　　D.因接受劳务向供应单位签发并经承兑的商业汇票

8.【多选题】下列各项中，关于合同履约成本的表述错误的有（　　）。【2022年】

A.非正常消耗的直接材料、直接人工和制造费用应计入合同履约成本

B.行政管理部门的管理费用支出应计入合同履约成本

C."合同履约成本"科目借方登记摊销的合同履约成本

D."合同履约成本"科目期末借方余额，反映企业尚未结转的合同履约成本

### 小鱼讲重点

❶ 甲公司经营一家酒店，该酒店是甲公司的自有资产。2×19年12月甲公司计提与酒店经营直接相关的酒店、客房以及客房内的设备家具等折旧120 000元、酒店土地使用权摊销费用65 000元。经计算，当月确认房费、餐饮等服务含税收入424 000元，全部存入银行。

（1）确认资产的折旧费、摊销费：

借：合同履约成本　　185 000

　　贷：累计折旧　　　120 000

　　　　累计摊销　　　 65 000

（2）12月确认酒店服务收入并摊销合同履约成本：

借：银行存款　　　　424 000

　　贷：主营业务收入　　400 000

　　　　应交税费——应交增值税

　　　　（销项税额）　　 24 000

借：主营业务成本　　185 000

　　贷：合同履约成本　　185 000

9.【多选题】下列各项中,不考虑其他因素,属于合同履约成本的有（　　）。【2021年】
   A. 由客户承担的场地清理费
   B. 支付给直接为客户提供所承诺服务的人员的工资
   C. 支付给销售人员的佣金
   D. 因合同而发生的设计和技术援助费用

7. 【答案】A
   【解析】预收销售商品款属于合同负债。
8. 【答案】ABC
   【解析】选项A、B中发生的各项支出不属于履行合同的直接相关支出,所以不能计入合同履约成本；选项C中的"合同履约成本"科目,借方登记发生的合同履约成本,贷方登记摊销的合同履约成本。
9. 【答案】ABD
   【解析】销售人员的佣金属于合同取得成本。

## 考点4：履行履约义务确认收入的账务处理

### （一）在某一时点履行履约义务确认收入❶

对于在某一时点履行的履约义务,企业应当在客户取得相关商品控制权时点确认收入。

在判断控制权是否转移时,企业应当综合考虑下列迹象：

| 迹象 | 举例 |
| --- | --- |
| 企业就该商品享有现时收款权利,即客户就该商品负有现时付款义务 | 甲企业与客户签订销售商品合同,约定客户有权定价且在收到商品无误后10日内付款。在客户收到甲企业开具的发票、商品验收入库后,客户能够自主确定商品的销售价格或商品的使用情况,此时甲企业享有收款权利,客户负有现时付款义务。如果企业规定"七天无理由退货",那么在销售后七天内,不能够确认收入,因为控制权并未发生转移 |
| 企业已将该商品的法定所有权转移给客户,即客户已拥有该商品的法定所有权 | 房地产企业向客户销售商品房,在客户付款后取得房屋产权证时,表明企业已将该商品房的法定所有权转移给客户 |
| 企业已将该商品实物转移给客户,即客户已占有该商品实物 | 企业与客户签订交款提货合同,在企业销售商品并送货到客户指定地点,客户验收合格并付款,表明企业已将该商品实物转移给客户,即客户已占有该商品实物 |
| 企业已将该商品所有权上的主要风险和报酬转移给客户,即客户已取得该商品所有权上的主要风险和报酬 | 甲房地产公司向客户销售商品房办理产权转移手续后,该商品房价格上涨或下跌带来的利益或损失全部属于客户,表明客户已取得该商品房所有权上的主要风险和报酬 |
| 客户已接受该商品 | 企业向客户销售为其定制生产的节能设备,客户收到并验收合格后办理入库手续,表明客户接受该商品 |
| 其他表明客户已取得商品控制权的迹象 | |

### 1. 一般销售商品业务收入的账务处理  **2分考点**

| 情形 | 会计处理 |
| --- | --- |
| 确认销售收入 | 借：银行存款［现金结算方式销售］<br>　　应收账款［委托收款结算方式/赊销方式销售］<br>　　应收票据［商业汇票结算方式销售］<br>　　合同资产［收取对价的权利取决于时间流逝以外的其他因素］<br>　贷：主营业务收入<br>　　应交税费—应交增值税（销项税额） |
| 结转销售成本 | 借：主营业务成本<br>　　存货跌价准备<br>　贷：库存商品 |

> **小鱼讲重点**
>
> ❶ 什么是"在某一时点履行履约义务确认收入"？
>
> 卖完了就结束了,以后也没有售后服务,那么在销售的时点即确认收入。

### 2. 已经发出商品但不能确认收入的账务处理[1] `2 分考点`

企业按合同发出商品，合同约定客户只有在商品售出取得价款后才支付货款。企业向客户转让商品的对价未达到"很可能收回"收入确认条件。在发出商品时，企业不应确认收入，将发出商品的成本记入"发出商品"科目。

采用支付手续费方式的委托代销商品的账务处理：

| | 情形 | 会计处理 |
|---|---|---|
| 委托方 | 发出代销商品 | 借：发出商品 [成本价]<br>贷：库存商品 [成本价] |
| | 收到受托方代销清单[2]（同时满足增值税纳税义务时） | 借：应收账款<br>贷：主营业务收入<br>　　应交税费——应交增值税（销项税额）<br>借：主营业务成本<br>贷：发出商品 |
| | 收到受托方支付的货款 | 借：银行存款<br>　　销售费用 [受托方收取的手续费]<br>　　应交税费——应交增值税（进项税额）[手续费的增值税]<br>贷：应收账款 |
| 受托方 | 收到商品 | 借：受托代销商品<br>贷：受托代销商品款 |
| | 对外销售 | 借：银行存款<br>贷：受托代销商品<br>　　应交税费——应交增值税（销项税额） |
| | 收到委托方开具的增值税专用发票 | 借：受托代销商品款<br>　　应交税费——应交增值税（进项税额）<br>贷：应付账款 |
| | 支付货款并计算代销手续费 | 借：应付账款<br>贷：银行存款<br>　　其他业务收入——代销手续费<br>　　应交税费——应交增值税（销项税额） |

【例5】甲公司与乙公司均为增值税一般纳税人。2020年6月1日，甲公司与乙公司签订委托代销合同，甲公司委托乙公司销售W商品2 000件，W商品当日发出，每件成本为70元。合同约定乙公司应按每件100元对外销售，甲公司按不含增值税的销售价格的10%向乙公司支付手续费。除非这些商品在乙公司存放期间内由于乙公司的责任发生毁损或丢失，否则在W商品对外销售之前，乙公司没有义务向甲公司支付货款。乙公司不承担包销责任，没有售出的W商品须退回给甲公司，同时，甲公司也有权要求收回W商品或将其销售给其他的客户。

2020年6月乙公司实际对外销售1 000件，开出的增值税专用发票上注明的售价为100 000元，增值税税额为13 000元。2020年6月30日，甲公司收到乙公司开具的代销清单和代销手续费增值税专用发票（增值税税率为6%），以及扣除代销手续费后的货款；甲公司开具相应的增值税专用发票。

本例中，甲公司将W商品发送至乙公司后，乙公司虽然已经承担W商品的实物保管责任，但仅为接受甲公司的委托销售W商品，并根据实际销售的数量赚取一定比例的手续费。甲公司有权要求收回W商品或将其销售给其他的客户，乙公司并不能主导这些商品的销售，这些商品对外销售与否、是否获利以及获利多少等不由乙公司控制，乙公司没有取得这些商品的控制权。因此，甲公司将W商品发送至乙公司时不应确认收入，而应当在乙公司将W商品销售给最终客户时确认收入。

### 小鱼讲重点

[1] 什么时候商品已经发出但不确认收入？

会计小刘有个包，想送去二手店卖掉，但二手店说只有卖掉后才能给小刘钱。这种"寄售商品"就不能在商品发出时确认收入，即使小刘已经把包送到了店里，也不能确认收入，只有最终卖掉以后才能确认收入。因此小刘在把包送到店里时：

借：发出商品
　　贷：库存商品

[2] 委托方在"收到代销清单"时，就表明委托销售的商品已经卖掉，才确认收入。

"手续费"的不同处理：

对于委托方来说，手续费计入销售费用，表示为了销售而付出的成本。对于受托方来说，手续费计入主营业务收入或其他业务收入，受托方销售代售商品是一项业务，因此要记入收入。

①甲公司应编制如下会计分录：

6月1日，发出商品时：

借：发出商品　　　　　　　　　　　　140 000
　　贷：库存商品　　　　　　　　　　　　　140 000

6月30日，收到代销清单、代销手续费发票时：

借：应收账款——乙公司　　　　　　113 000
　　贷：主营业务收入　　　　　　　　　　　100 000
　　　　应交税费——应交增值税（销项税额）　13 000

借：主营业务成本　　　　　　　　　　70 000
　　贷：发出商品　　　　　　　　　　　　　 70 000

借：销售费用——代销手续费　　　　　10 000
　　应交税费——应交增值税（进项税额）　　 600
　　贷：应收账款——乙公司　　　　　　　　10 600

6月30日，收到乙公司支付的货款时：

借：银行存款　　　　　　　　　　　　102 400
　　贷：应收账款——乙公司　　　　　　　　102 400

②乙公司应编制如下会计分录：

6月1日，收到商品时：

借：受托代销商品——甲公司　　　　　200 000
　　贷：受托代销商品款——甲公司　　　　　200 000

6月对外销售时：

借：银行存款　　　　　　　　　　　　113 000
　　贷：受托代销商品——甲公司　　　　　　100 000
　　　　应交税费——应交增值税（销项税额）　13 000

6月30日，收到甲公司开具的增值税专用发票时：

借：受托代销商品款——甲公司　　　　100 000
　　应交税费——应交增值税（进项税额）　13 000
　　贷：应付账款——甲公司　　　　　　　　113 000

6月30日，支付货款并计算代销手续费时：

借：应付账款——甲公司　　　　　　　113 000
　　贷：银行存款　　　　　　　　　　　　　102 400
　　　　其他业务收入——代销手续费　　　　 10 000
　　　　应交税费——应交增值税（销项税额）　 600

**3. 销售退回业务的账务处理**

销售退回是指企业因售出商品在质量、规格等方面不符合销售合同规定条款的要求，客户要求企业予以退货。企业销售商品发生退货，表明企业履约义务的减少和客户商品控制权及其相关经济利益的丧失。企业收到退回的商品时，应退回货款或冲减应收账款，并冲减当期主营业务收入和增值税销项税额。

借：主营业务收入
　　应交税费——应交增值税（销项税额）
　　贷：银行存款
　　　　财务费用（现金折扣）

借：库存商品
　　贷：主营业务成本

**4. 可变对价的账务处理**

（1）可变对价的管理。

企业与客户的合同中约定的对价金额可能是固定的，也可能会因折扣、价格折让、返利、退款、奖励积分、激励措施、业绩奖金、索赔等因素而变化。此外，根据一项或多项或有事项的发生而收取不同对价金额的合同，也属于可变对价的情形。

若合同中存在可变对价，企业应当对计入交易价格的可变对价进行估计。企业应当按照期望值或最可能发生金额确定可变对价的最佳估计数。但是，企业不能在两种方法之间随意进行选择。

①期望值是按照各种可能发生的对价金额及相关概率计算确定的金额；

②最可能发生金额是一系列可能发生的对价金额中最可能发生的单一金额，即合同最可能产生的单一结果。

此外，需要注意的是，企业确定可变对价金额之后，计入交易价格的可变对价金额还应满足限制条件，即包含可变对价的交易价格，应当不超过在相关不确定性消除时，累计已确认的收入极可能不会发生重大转回的金额❶。

（2）可变对价的账务处理。

【例6】2020年6月1日，甲公司向乙公司销售一批商品，增值税专用发票上注明售价为600 000元，增值税税额为78 000元，款项尚未收到；该批商品成本为540 000元。该项业务属于在某一时点履行的履约义务。2020年6月20日，乙公司在验收过程中发现商品外观上存在瑕疵，但基本上不影响使用，要求甲公司在价格上（不含增值税税额）给予5%的减让。假定甲公司已确认收入。甲公司同意价格折让，并按规定向乙公司开具了增值税专用发票（红字）。2020年6月30日，甲公司收到乙公司支付的货款存入银行。

甲公司应编制如下会计分录：

6月1日，确认收入时：

借：应收账款　　　　　　　　　　　　　　　　678 000
　　贷：主营业务收入　　　　　　　　　　　　　　600 000
　　　　应交税费——应交增值税（销项税额）　　　78 000

同时，结转销售商品成本：

借：主营业务成本　　　　　　　　　　　　　　540 000
　　贷：库存商品　　　　　　　　　　　　　　　　540 000

6月20日，发生销售折让30 000元（600 000×5%）时：

借：主营业务收入　　　　　　　　　　　　　　30 000
　　应交税费——应交增值税（销项税额）　　　　3 900
　　贷：应收账款　　　　　　　　　　　　　　　　33 900

6月30日，收到货款时：

借：银行存款　　　　　　　　　　　　　　　　644 100
　　贷：应收账款　　　　　　　　　　　　　　　　644 100

【例7】甲公司为增值税一般纳税人，2020年9月1日销售A商品5 000件且开具增值税专用发票，每件商品的标价为200元（不含增值税），A商品适用的增值税税率为13%；每件商品的实际成本为120元；由于是成批销售，甲公司给予客户10%的商业折扣，并在销售合同中规定现金折扣条件为2/20，N/30，且计算现金折扣时不考虑增值税；当日A商品发出，客户收到商品并验收入库。甲公司基于对客户的了解，预计客户20天内付款的概率为90%，20天后付款的概率为10%。2020年9月18日，甲公司收到客户支付的

---

**小鱼讲重点**

❶ 简单来说就是在确认收入时，万万不可高估收入。

如果存在可变对价，就会有一个最佳估计数（最可能的收入数）。但是最佳估计数的确认要满足限制条件，以避免未来发生不确定的事件时将已确认的收入重大转回。

比如，如果现在企业卖掉了100万元的商品，企业确认收入100万元，但是后面发生了某个"不确定的事件"（比如商品质量很差，买方要退货），一下子退了价值60万元的商品，导致卖方需要冲回已确认的销售收入60万元。

买方因商品质量很差而退货，这部分退货金额就属于"不确定的事情"产生的"可变对价"，在确认收入时，企业就应该预测到买方会退货，且能估算退货金额，所以企业应该谨慎地确认收入40万元而不是100万元。

货款。

本例中，该项销售业务属于在某一时点履行的履约义务。对于商业折扣，甲公司从应确认的销售商品收入中予以扣除；对于现金折扣，甲公司认为按照最可能发生金额能够更好地预测其有权获取的对价金额。因此，甲公司应确认的销售商品收入的金额 =200×（1–10%）×5 000×（1–2%）=882 000（元）；增值税销项税额 =200×（1–10%）×5 000×13% =117 000（元）。

甲公司应编制如下会计分录：

9 月 1 日，确认收入、结转成本时：

| | |
|---|---|
| 借：应收账款 | 999 000 |
| 　贷：主营业务收入 | 882 000 |
| 　　　应交税费——应交增值税（销项税额） | 117 000 |
| 借：主营业务成本 | 600 000 |
| 　贷：库存商品 | 600 000 |

9 月 18 日，收到货款时：

| | |
|---|---|
| 借：银行存款 | 999 000 |
| 　贷：应收账款 | 999 000 |

**【例 8】**甲公司是一家家电生产销售企业，销售家电适用的增值税税率为 13%。2020 年 6 月，甲公司向零售商乙公司销售 1 000 台 W 型冰箱，每台价格为 3 000 元，合同价款合计 300 万元。每台 W 型冰箱的成本为 2 000 元。乙公司收到 W 型冰箱并验收入库。甲公司向乙公司提供价格保护，同意在未来 6 个月内，如果同款冰箱售价下降，则按照合同价格与最低售价之间的差额向乙公司支付差价。甲公司根据以往执行类似合同的经验，预计各种结果发生的概率如下表所示。

**冰箱售价下降的概率估计**

| 未来 6 个月内的降价金额（元/台） | 概率（%） |
|---|---|
| 0 | 40 |
| 200 | 30 |
| 400 | 20 |
| 600 | 10 |

注：上述价格均不包含增值税。

本例中该项销售业务属于在某一时点履行的履约义务。甲公司认为期望值能够更好地预测其有权获取的对价金额。在该方法下，甲公司估计交易价格为每台 2 800 元（3 000×40% +2 800×30% +2 600×20% +2 400×10%）。

2020 年 6 月，甲公司应编制如下会计分录：

确认收入时：

| | |
|---|---|
| 借：应收账款 | 3 164 000 |
| 　贷：主营业务收入 | 2 800 000 |
| 　　　应交税费——应交增值税（销项税额） | 364 000 |

结转销售商品成本：

| | |
|---|---|
| 借：主营业务成本 | 2 000 000 |
| 　贷：库存商品 | 2 000 000 |

### （二）在某一时段内履行履约义务确认收入 ❶ 2 分考点

对于在某一时段内履行的履约义务，企业应当在该时间段内按照履约进度确认收入，履约进度不能合理确定的除外。

---

**小鱼讲重点**

❶ 什么是"在某一时段内履行履约义务确认收入"？

虽然客户一次性把钱交了，但企业需要在一段时间内持续提供服务。因此在收到钱的时候不能全部确认收入，而应该在提供服务期间内，随着履约进度逐步确认收入。

满足下列条件之一的，属于在某一时段内履行的履约义务：

(1) 客户在企业履约的同时即取得并消耗企业履约所带来的经济利益。（边履约边受益）❶

(2) 客户能够控制企业履约过程中在建的商品。（边建造边转移）❷

(3) 企业履约过程中所产出的商品具有不可替代的作用，且该企业在整个合同期间有权就累计至今已完成的履约部分收取款项。（私人定制＋合格收款权）❸

企业应当考虑商品的性质，采用实际测量的完工进度，评估已实现的结果、时间进度、已完工或交付的产品等产出指标，或采用投入的材料数量、花费的人工工时、机器工时、发生的成本和时间进度等投入指标确定恰当的履约进度。

资产负债表日，企业按照合同的交易价格总额乘以履约进度扣除以前会计期间累计已确认的收入后的金额，确认当期收入❹。

(1) 当履约进度能合理确定时，资产负债表日：

当期应确认的收入＝合同的交易价格总额×履约进度－以前会计期间累计已确认的收入。

(2) 当履约进度不能合理确定时，企业已经发生的成本预计能够得到补偿，应当按照已经发生的成本金额确认收入，直到履约进度能够合理确定为止。

(3) 对于每一项履约义务，企业只能采用一种方法来确定其履约进度，并加以一贯运用。对于类似情况下的类似履约义务，企业应当采用相同的方法确定履约进度。

【例9】甲公司为增值税一般纳税人，经营一家健身俱乐部。2020年7月1日，某客户与甲公司签订合同，成为甲公司的会员，并向甲公司支付会员费3 816元，可在未来的12个月内在该俱乐部健身，且没有次数的限制。该业务适用的增值税税率为6%。

本例中，客户在会籍期间可随时来俱乐部健身，且没有次数限制，客户已使用俱乐部健身的次数不会影响其未来继续使用的次数，甲公司在该合同下的履约义务是承诺随时准备在客户需要时为其提供健身服务，因此，该履约义务属于在某一时段内履行的履约义务，并且该履约义务在会员的会籍期间随时间的流逝而被履行。

甲公司应按照直线法确认收入，每月应当确认的收入 =[3 816÷（1+6%）]÷12=300（元）

甲公司应编制如下会计分录：

7月1日，收到会员费时：

借：银行存款　　　　　　　　　　　　　　　　　　　3 816
　　贷：合同负债　　　　　　　　　　　　　　　　　　3 600
　　　　应交税费——待转销项税额　　　　　　　　　　216

7月31日，确认收入，同时将对应的待转销项税额确认为销项税额：

借：合同负债　　　　　　　　　　　　　　　　　　　300
　　应交税费——待转销项税额　　　　　　　　　　　 18
　　贷：主营业务收入　　　　　　　　　　　　　　　　300
　　　　应交税费——应交增值税（销项税额）　　　　 18

以后11个月内每月确认收入会计分录同上。

### 📖 小鱼讲例题

10.【单选题】某企业与客户签订合同，双方约定，若3个月完工，价款15万，若提前1个月完工，客户将额外奖励1万，该企业预计提前1个月完工的概率为5%，不考虑其他因素，该设备的交易价格为（　　）万元。【2022年】

A. 16　　　　　B. 1　　　　　C. 15.05　　　　　D. 15

---

### 小鱼讲重点

❶ 如预存一年的话费，企业在一年内为客户提供通话服务。

❷ 如企业为客户在生产车间提供大型机器设备的安装服务，设备需要逐步安装，但客户能随时控制安装的设备，属于某一时段内的履行履约义务。

❸ 接受客户的定制服务，并且随着服务的进展，可以要求客户给予成本补偿，属于某一时段内的履行履约义务。

❹ 甲公司为增值税一般纳税人，装修服务适用增值税税率为9%。202×年12月1日，甲公司与乙公司签订一项为期3个月的装修合同，合同约定装修价款为500 000元，增值税税额为45 000元，装修费用每月末按工进度支付。202×年12月31日，甲公司为完成该合同累计发生劳务成本100 000元（假定均为装修人员薪酬），估计还将发生劳务成本300 000元。

(1) 计算履约进度＝已经发生的成本÷总成本（请注意，履约进度是按照成本来进行估算，而不是按已经收到的收入占全部收入总额来计算）=100 000÷（100 000+300 000）=25%。

(2) 202×年12月31日确认劳务收入 =500 000×25%－0=125 000（元）。

(3) 实际发生劳务成本的会计分录：

借：合同履约成本　　100 000
　　贷：应付职工薪酬　　100 000

(4) 确认收入并结转成本：

借：银行存款　　136 250
　　贷：主营业务收入　　125 000
　　　　应交税费——应交增值税（销项税额）　　11 250

借：主营业务成本　　100 000
　　贷：合同履约成本　　100 000

11.【单选题】2020 年 9 月，某企业与客户签订一项装修服务合同，合同收入总额为 300 万元，预计合同成本总额为 240 万元，全部合同已收款。该企业在合同期间按照履约确认收入。2020 年已确认收入 80 万元，截至 2021 年 12 月 31 日履约进度已达到 60%，不考虑其他因素，该企业 2021 年应确认的收入为（　　）万元。【2022 年】
A.64　　　　B.100　　　　C.150　　　　D.160

12.【单选题】A 公司为增值税一般纳税人，适用的增值税税率为 13%。A 公司所售产品的单价为 400 元，若客户购买 100 件以上（含 100 件）可得到每件 20 元的商业折扣。2019 年 8 月 10 日，A 公司向 B 公司销售该产品 300 件，双方约定的现金折扣条件为 2/10，1/20、N/30。预计 B 公司 10 天内付款的概率为 90%，11 天至 20 天内付款的概率为 10%。不考虑其他因素，则销售时 A 公司应确认的收入为（　　）元（假定计算现金折扣时不考虑增值税）。【2022 年】
A.120 000　　B.111 720　　C.114 000　　D.117 600

13.【单选题】企业对于已经发出但尚未确认销售收入的商品，一般应借记的会计科目是（　　）。【2022 年】
A.在途物资　　　　　　　B.主营业务成本
C.发出商品　　　　　　　D.库存商品

14.【单选题】关于企业以支付手续费的方式委托代销商品的会计处理表述正确的是（　　）。【2022 年】
A.发出商品时确认主营业务收入
B.收到受托方开具的代销清单按照已销商品的成本确认主营业务成本
C.发出商品时应按发出商品的成本确认主营业务成本
D.收到受托方开具的代销清单时将代销手续费冲减主营业务收入

15.【单选题】甲、乙公司均为增值税一般纳税人，增值税税率为 13%，甲公司于 2021 年 12 月 5 日向乙公司销售一批商品，价款 100 万元，由于成批购买，甲公司给予乙公司 5% 的商业折扣，并且规定了现金折扣的条件为 2/10，N/20（计算现金折扣时，不考虑增值税），该批商品的成本为 80 万元，甲公司基于对乙公司的了解，预计乙公司 10 天内付款的概率为 90%，10 天后付款的概率为 10%。甲公司认为按照最可能发生金额能够更好地预测其有权获取的对价金额。乙公司于 12 月 13 日支付了上述款项，则甲公司下列处理中不正确的是（　　）。【2022 年】
A.确认主营业务收入金额为 100 万元
B.确认增值税销项税额为 12.35 万元
C.确认主营业务成本为 80 万元
D.甲公司实际收回价款为 105.45 万元

16.【单选题】某企业与客户签订装修服务合同，合同价款为 20 万元，3 个月完工；同时约定，若提前 1 个月完工，将获得额外奖励 1 万元。该企业估计工程提前 1 个月完工的概率为 95%。不考虑其他因素，该项装修业务的交易价格为（　　）万元。【2022 年】
A.19　　　　　　　　B.21
C.20　　　　　　　　D.20.95

17.【单选题】2020 年 12 月 1 日，甲公司与乙公司签订了一份为期 3 个月的劳务合同，合同总价款为 120 万元（不含增值税）。当日收到乙公司预付合同款 30 万元，截至月末经确认的劳务合同履约进度为 40%，符合履约进度收入确认的条件，不考虑其他因素，2020 年 12 月甲公司应确认的劳务收入为（　　）万元。【2021 年】
A.12　　　　　　　　B.30
C.48　　　　　　　　D.40

18.【单选题】2020年4月20日,甲企业与客户签订一项工程服务合同,合同期为一年,属于某一时段内履行的履约义务。合同收入总额为3 500万元(不含增值税),预计合同总成本为2 000万元。截至2020年12月31日,该企业实际发生总成本1 560万元,但履约进度不能合理确定,企业已经发生的成本预计能够得到补偿。则2020年度该企业应确认的服务收入为(　　)万元。【2021年】
A. 3 500　　　　　　　　B. 1 560
C. 2 000　　　　　　　　D. 2 730

19.【单选题】下列各项中,企业收到委托代销清单时确认代销手续费应计入的会计科目是(　　)。【2018年】
A. 销售费用　　　　　　B. 其他业务成本
C. 财务费用　　　　　　D. 管理费用

20.【单选题】某企业2019年12月份发生如下事项:销售M商品的同时出售不单独计价的包装物成本为5万元;计提的管理用无形资产摊销额为1万元,出租包装物的摊销额为0.5万元。则该企业2019年12月份应计入其他业务成本的金额为(　　)万元。【2020年】
A. 8.5　　　　B. 0.5　　　　C. 8　　　　D. 6.5

21.【单选题】甲公司为增值税一般纳税人。2017年12月1日,与乙公司签订了一项为期6个月的咨询合同,合同不含税总价款为60 000元,当日收到总价款的50%,增值税税额为1 800元。截至年末,甲公司累计发生劳务成本6 000元,估计还将发生劳务成本34 000元,甲公司履约进度按照已发生的成本占估计总成本的比例确定。不考虑其他因素,2017年12月31日,甲公司应确认该项劳务的收入为(　　)元。【2018年】
A. 9 000　　　　　　　　B. 30 000
C. 6 000　　　　　　　　D. 40 000

22.【多选题】某企业销售一批商品,该商品已发出且纳税义务已发生,由于货款收回存在较大不确定性,不符合收入确认条件。下列各项中,关于该笔销售业务会计处理表述正确的有(　　)。【2016年】
A. 发出商品的同时结转其销售成本
B. 根据增值税专用发票上注明的税额确认应收账款
C. 根据增值税专用发票上注明的税额确认应交税费
D. 将发出商品的成本记入"发出商品"科目

23.【多选题】对于在某一时点履行的履约义务,企业应当在客户取得相关商品控制权时确认收入。在判断客户是否已取得商品的控制权时,企业应当考虑的迹象有(　　)。【2020年】
A. 客户已接受该商品
B. 客户已拥有该商品的法定所有权
C. 客户已取得该商品所有权上的主要风险和报酬
D. 客户就该商品负有现时付款义务

10.【答案】D
【解析】若合同中存在可变对价,企业应当对计入交易价格的可变对价进行估计。可变对价的最佳估计数的两种值:期望值或最可能发生金额。(1)期望值是按照各种可能发生的对价金额及相关概率计算确定的金额。(2)最可能发生金额是一系列可能发生的对价金额中最可能发生的单一金额,即合同最可能产生的单一结果。提前完工的概率为5%,应按照最可能发生金额估计可变对价金额，因此交易价格为 15 万元。

11. 【答案】B

    【解析】2021年应确认的收入 =300×60%-80=100（万元）。

12. 【答案】B

    【解析】A 公司应确认的收入 =（400-20）×300×（1-2%）=111 720（元）。

13. 【答案】C

    【解析】当不满足销售商品收入的确认条件时，已经发出的商品不确认收入，而通过"发出商品"科目核算。

14. 【答案】B

15. 【答案】A

    【解析】选项 A 错误，甲公司实现销售时应确认的收入 =100×（1-5%）×（1-2%）=93.1（万元）；选项 B 正确，应确认的增值税的销项税额 =100×（1-5%）×13%=12.35（万元）；选项 C 正确，该批商品成本为 80 万元；选项 D 正确，甲公司实际收回价款 =93.1+12.35=105.45（万元）。综上，本题应选 A。

16. 【答案】B

    【解析】由于该企业估计工程提前 1 个月完工的概率为 95%，则应按照最可能发生金额估计可变对价金额。因此，该项装修业务的交易价格 =20+1=21（万元），包括固定金额 20 万元和可变对价金额 1 万元。综上，本题应选 B。

17. 【答案】C

18. 【答案】B

    【解析】当履约进度不能合理确定时，企业已经发生的成本预计能够得到补偿的，应当按照已经发生的成本金额确认收入，直到履约进度能够合理确定为止。

19. 【答案】A

    【解析】企业收到委托代销清单时确认的代销手续费计入"销售费用"科目。

20. 【答案】B

    【解析】出售不单独计价的包装物的成本 5 万元计入销售费用；计提的管理用无形资产的摊销额 1 万元计入管理费用；出租包装物的摊销额 0.5 万元计入其他业务成本。综上，本题应选 B。

21. 【答案】A

    【解析】履约进度按照已发生的成本占估计总成本的比例确定，履约进度 =6 000÷(6 000+34 000)×100%=15%，所以应确认的收入 =60 000×15%=9 000（元）。

22. 【答案】BCD

    【解析】由于货款收回存在较大的不确定性，不符合收入确认条件，所以不能确认收入及结转成本，选项 A 错误；发出商品时，应借记"发出商品"科目，贷记"库存商品"科目，选项 D 正确；纳税义务发生，应借记"应收账款"科目，贷记"应交税费——应交增值税（销项税额）"科目，选项 B、C 正确。

23. 【答案】ABCD

    【解析】对于在某一时点履行的履约义务，企业应当在客户取得相关商品控制权时点确认收入。在判断客户是否已取得商品的控制权时，企业应当综合考虑下列迹象：(1) 企业就该商品享有现时收款权利，即客户就该商品负有现时付款义务；(2) 企业已将该商品的法定所有权转移给客户，即客户已拥有该商品的法定所有权；(3) 企业已将该商品实物转移给客户，即客户已占有该商品实物；(4) 企业已将该商品所有权上的主要风险和报酬转移给客户，即客户已取得该商品所有权上的主要风险和报酬；(5) 客户已接受该商品；(6) 其他表明客户已取得商品控制权的迹象。

## 第二节　费用

### 一个小目标

| 必须掌握 | 了解一下 |
| --- | --- |
| 营业成本 | |
| 税金及附加 | |
| 期间费用 | |

微信扫码
观看视频课程

### 考点1：营业成本  `2分考点`

费用是指企业<u>日常活动</u>所产生的经济利益的总流出，主要包括企业为取得营业收入进行产品销售等营业活动所发生的营业成本、税金及附加和期间费用。企业为生产产品、提供劳务等发生的可归属于产品成本、劳务成本等的费用，应当在确认销售商品收入、提供劳务收入等时，将已销售商品、已提供劳务的成本确认为营业成本（包括主营业务成本和其他业务成本）。期间费用包括销售费用、管理费用和财务费用❶。

营业成本是指企业为生产产品、提供服务等发生的可归属于产品成本、服务成本等的费用，应当在确认销售商品收入、提供服务收入等时，将已销售商品、已提供服务的成本等计入当期损益。营业成本包括<u>主营业务成本</u>和<u>其他业务成本</u>。

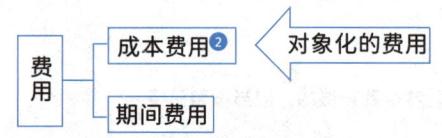

#### 小鱼讲例题

24.【多选题】下列会计科目中，符合费用定义的有（　　）。
A.财务费用　　　　B.税金及附加　　　　C.生产成本　　　　D.营业外支出

24.【答案】ABC
【解析】费用是企业在日常活动中发生的、会导致所有者权益减少的、与向所有者分配利润无关的经济利益的总流出，营业外支出不是日常活动中发生的，不符合费用定义。

#### （一）主营业务成本  `2分考点`

主营业务成本是指企业销售商品、提供服务等<u>经常性活动</u>发生的成本。企业一般在确认销售商品、提供服务等主营业务收入时，或在月末，将已销售商品、已提供服务的成本结转入主营业务成本。

| 情形 | 会计处理 |
| --- | --- |
| 实现销售 | 借：应收账款/银行存款等<br>　　贷：主营业务收入<br>　　　　应交税费——应交增值税（销项税额）<br>借：主营业务成本<br>　　存货跌价准备<br>　　贷：库存商品、合同履约成本等 |
| 期末将主营业务成本结转至本年利润 | 借：本年利润<br>　　贷：主营业务成本 |

---

**小鱼讲重点**

❶ 费用包含可以对象化的费用和不可以对象化的费用：
（1）可以对象化的费用："冤有头，债有主"，比如直接生产成本，就是可以对象化的费用，因为可以直接归集到生产的产品中，因此谁受益谁承担。
（2）不可以对象化的费用：不能直接归集到某一个受益对象中，比如CEO的工资、财务人员的工资等。不可以直接归集为对象化的费用，应在发生时计入当期损益（如管理费用、销售费用等），由整个企业承担。

❷ 生产成本是成本类，但生产成本的期末余额反映的是在产品的成本，因此也是"资产"的一部分，而生产成本本身是费用，符合费用的定义，只不过是可以对象化的费用。

## （二）其他业务成本 **2分考点**

其他业务成本是指企业确认的除主营业务活动外的其他日常经营活动所发生的支出，其他业务成本包括销售材料的成本、出租固定资产的折旧额、出租无形资产的摊销额、出租包装物的成本或摊销额等。

| 情形 | 会计处理 |
| --- | --- |
| 实现销售 | 借：应收账款/银行存款等<br>　　贷：其他业务收入<br>　　　　应交税费——应交增值税（销项税额）<br>借：其他业务成本<br>　　贷：原材料（销售材料）<br>　　　　周转材料（销售周转材料）<br>　　　　累计折旧（出租固定资产）<br>　　　　累计摊销（出租无形资产）<br>　　　　银行存款等 |
| 期末将其他业务成本结转至本年利润 | 借：本年利润<br>　　贷：其他业务成本 |

### 🐟 小鱼讲例题

**25.【单选题】** 下列各项中，制造业企业应计入其他业务成本的是（　　）。【2018年】
A. 经营性出租固定资产的折旧费
B. 管理不善导致的存货盘亏净损失
C. 台风造成的财产净损失
D. 公益性捐赠支出

**26.【多选题】** 下列各项中，应列入利润表"营业成本"项目的有（　　）。【2018年】
A. 随同商品出售单独计价的包装物成本
B. 销售材料的成本
C. 商品流通企业销售外购商品的成本
D. 随同商品出售不单独计价的包装物成本

**27.【多选题】** 下列各项中，企业应通过"其他业务成本"科目核算的有（　　）。【2018年】
A. 为行政管理部门租入专用设备所支付的租金
B. 经营性出租闲置固定资产计提的折旧费
C. 结转随同商品出售单独计价包装物的实际成本
D. 行政管理部门发生的固定资产修理费

25.【答案】A
【解析】选项B，管理不善导致的存货盘亏净损失计入管理费用；选项C、D计入营业外支出。

26.【答案】ABC
【解析】营业成本包括主营业务成本和其他业务成本。选项A、B计入其他业务成本；选项C计入主营业务成本；选项D应按实际成本计入销售费用。

27.【答案】BC
【解析】其他业务成本核算企业确认的除主营业务活动外的其他日常经营活动所发生的支出，包括销售材料的成本、出租固定资产的折旧额、出租无形资产的摊销额、出租包装物的成本或摊销额等。采用成本模式计量投资性房地产的，其投资性房地产计提的折旧额或摊销额，也通过本科目核算。选项A、D计入管理费用。

## 考点2：税金及附加  `2分考点`

税金及附加是指企业经营活动应负担的相关税费，包括消费税、资源税、城市维护建设税、教育费附加、房产税、车船税、城镇土地使用税、土地增值税、印花税（增值税和所得税不计入税金及附加。增值税通过"应交税费——应交增值税"科目核算，不影响企业的利润；所得税通过"应交税费——应交所得税"科目核算，不影响企业的利润总额）。

企业缴纳的印花税，不会发生应付未付税款的情况，不需要预计应纳税金额，同时也不存在与税务机关结算或者清算的问题。因此，企业缴纳的印花税不通过"应交税费"科目核算，在购买印花税票时，直接借记"税金及附加"科目，贷记"银行存款"科目。

| 税种 | 情形 | 会计处理 |
| --- | --- | --- |
| 消费税 | 销售、职工福利、个人消费 | 借：税金及附加<br>贷：应交税费 |
| | 自产用于在建工程 | 借：在建工程<br>贷：应交税费 |
| | 固定资产、委托加工直接销售、进口计入成本 | 借：委托加工物资、原材料等<br>贷：应付账款、银行存款等 |
| | 委托加工收回连续加工 | 借：应交税费<br>贷：应付账款、银行存款等 |
| 资源税 | 对外销售 | 借：税金及附加<br>贷：应交税费 |
| | 自产自用 | 借：生产成本、制造费用<br>贷：应交税费 |
| 城市维护建设税、教育费附加、房产税、车船税、城镇土地使用税、环境保护税、矿产资源补偿费 | | 借：税金及附加<br>贷：应交税费 |
| 土地增值税 | 在"固定资产"科目核算的 | 借：固定资产清理<br>贷：应交税费 |
| | 在"无形资产"科目核算的 | 借：银行存款、累计折旧、无形资产减值准备<br>贷：应交税费 |
| | 房地产开发企业 | 借：税金及附加<br>贷：应交税费 |
| 个人所得税 | 企业代扣代缴 | 借：应付职工薪酬<br>贷：应交税费 |
| 契税、车辆购置税、耕地占用税 | | 借：固定资产/无形资产<br>贷：银行存款 |
| 印花税 | | 借：税金及附加<br>贷：银行存款 |

### 📖 小鱼讲例题

**28.【单选题】** 某企业出售资源税应税产品应交的资源税借记的会计科目是（  ）。【2018年】
A. 管理费用　　　　　　　　B. 营业外支出
C. 税金及附加　　　　　　　D. 生产成本

**29.【单选题】** 2017年12月份，某公司发生相关税金及附加如下：城市维护建设税为3.5万元，教育费附加为1.5万元，房产税为20万元，车船税为3万元，不考虑其他因素,2017年12月份利润表"税金及附加"项目本期金额为（   ）万元。【2018年】
A. 25　　　　B. 23　　　　C. 28　　　　D. 5

30.【单选题】2018年12月，某企业当月实际应交增值税15万元，经营用房屋应交房产税5万元，应交城市维护建设税1.05万元，应交教育费附加0.45万元。不考虑其他因素，该企业当月记入"税金及附加"科目的金额为（　　）万元。【2019年】
A. 21.5　　　　B. 16.5　　　　C. 1.5　　　　D. 6.5

31.【单选题】下列各项中，企业依据税法规定计算应交的车船税应借记的会计科目是（　　）。【2018年】
A. 主营业务成本　　　　B. 销售费用
C. 税金及附加　　　　　D. 管理费用

32.【单选题】某企业生产资源税应税项目产品用于销售，应交资源税贷记的会计科目是（　　）。
A. 管理费用　　　　　　B. 税金及附加
C. 应交税费——应交资源税　　D. 生产成本

33.【判断题】企业因订立买卖合同而缴纳的印花税，计入管理费用。（　　）【2022年】

28.【答案】C
【解析】出售资源税应税产品应交的资源税借记"税金及附加"科目，贷记"应交税费——应交资源税"科目。

29.【答案】C
【解析】税金及附加包括消费税、资源税、城市维护建设税、教育费附加、房产税、车船税、城镇土地使用税、印花税、耕地占用税、契税、车辆购置税等。2017年12月利润表"税金及附加"项目本期金额=3.5+1.5+20+3=28（万元）。

30.【答案】D
【解析】企业当月记入"税金及附加"科目的金额=5+1.05+0.45=6.5（万元）。

31.【答案】C
【解析】企业应交的房产税、城镇土地使用税、车船税和矿产资源补偿费均记入"税金及附加"科目。

32.【答案】C
【解析】借记"税金及附加"科目，贷记"应交税费——应交资源税"科目。

33.【答案】×

## 考点3：期间费用

期间费用是指企业日常活动发生的不能计入特定核算对象的成本，而应计入发生当期损益的费用[1]。期间费用包括销售费用、管理费用和财务费用。

### （一）销售费用　2分考点

销售费用是指企业销售商品和材料、提供服务的过程中发生的各种费用，包括企业在销售商品过程中发生的保险费、包装费、展览费和广告费、商品维修费、预计产品质量保证损失、运输费、装卸费等以及为销售本企业商品而专设的销售机构（含销售网点、售后服务网点等）的职工薪酬、业务费、折旧费等经营费用。企业发生的与专设销售机构相关的固定资产修理费用等后续支出也属于销售费用。

| 情形 | 会计处理 |
| --- | --- |
| 发生费用 | 借：销售费用<br>　贷：银行存款<br>　　　应付职工薪酬<br>　　　累计折旧 |
| 期末结转至本年利润 | 借：本年利润<br>　贷：销售费用 |

**小鱼讲重点**

[1] 期间费用是企业日常活动中所发生的经济利益的流出，通常不计入特定的成本核算对象。这主要是因为期间费用是企业为组织和管理整个经营活动所发生的费用，与可以确定特定成本核算对象的材料采购、产成品生产等没有直接关系，因此期间费用直接计入当期损益。

### （二）管理费用 `2分考点`

管理费用是指企业为组织和管理生产经营发生的各种费用，包括企业在筹建期间内发生的开办费、董事会和行政管理部门在企业的经营管理中发生的以及应由企业统一负担的公司经费（包括行政管理部门职工薪酬、物料消耗、低值易耗品摊销、办公费和差旅费等）、行政管理部门负担的工会经费、董事会费（包括董事会成员津贴、会议费和差旅费等）、聘请中介机构费、咨询费（含顾问费）、诉讼费、业务招待费、技术转让费、研究费用等。

企业生产车间❶（部门）和行政管理部门发生的固定资产修理费用等后续支出，也作为管理费用核算。

| 情形 | 会计处理 |
| --- | --- |
| 发生费用 | 借：管理费用<br>　贷：银行存款<br>　　　应付职工薪酬<br>　　　累计折旧<br>　　　累计摊销 |
| 期末结转至本年利润 | 借：本年利润<br>　贷：管理费用 |

### （三）财务费用 `2分考点`

财务费用是指企业为筹集生产经营所需资金等而发生的筹资费用，包括利息支出（减利息收入）、汇兑损益以及相关的手续费、企业发生的现金折扣或收到的现金折扣等❷。

| 情形 | 会计处理 |
| --- | --- |
| 发生费用 | 借：财务费用<br>　贷：应付利息<br>　　　银行存款 |
| 期末结转至本年利润 | 借：本年利润<br>　贷：财务费用 |

### 🐟 小鱼讲例题

**34.【单选题】** 下列各项中，应计入管理费用的是（　　）。【2022年】
A. 外币汇兑损失　　　　　　B. 支付的法律诉讼费
C. 因违反协议支付的违约金　D. 支付专设销售机构的房屋维修费

**35.【单选题】** 企业辞退生产工人的预计补偿款应计入的会计科目是（　　）。【2022年】
A. 制造费用　　　B. 管理费用
C. 营业外支出　　D. 生产成本

**36.【单选题】** 应计入企业管理费用的是（　　）。【2022年】
A. 董事会成员的津贴　　B. 预计产品质量保证损失
C. 销售产品保险费　　　D. 银行存款利息

**37.【单选题】** 某企业2020年11月发生以下经济业务：支付专设销售机构的固定资产修理费3万元；代垫销售商品运杂费2万元；结转随同商品出售单独计价包装物成本5万元；按法定要求对本月已售商品预计产品质量保证损失1万元；支付诉讼费8万元。则该企业11月份应计入"销售费用"的金额为（　　）万元。【2022年】
A. 9　　B. 4
C. 11　　D. 6

---

**小鱼讲重点**

❶ 跟"生产车间"固定资产相关的费用：
(1) 固定资产折旧费——制造费用；
(2) 固定资产大修理支出——管理费用。

为什么生产车间固定资产大修理支出不计入制造费用？
制造费用将来要转入产品成本，固定资产修理一次可以使用多年，如果计入制造费用，将来转入当期生产产品的成本，那么这期产品成本就太高了，所以直接在修理的当期费用化。

❷ 跟钱的使用相关的费用，都计入财务费用。

38.【单选题】通过财务费用科目核算的是（　　）。【2022年】
A. 外币的汇总收益  B. 财务人员的薪酬
C. 发生的销售折让  D. 支付的年度财务报表审计费

39.【单选题】某企业所得税税率为25%，年度实现利润总额（税前会计利润）2 300万元，其中，从其投资的居民企业取得现金股利30万元、支付违反环保法规罚款10万元，假定无递延所得税因素，该企业当期确认的所得税费用为（　　）万元。【2022年】
A. 547.5　　B. 527.5　　C. 575　　D. 570

40.【单选题】2019年，某公司共发生经营活动短期借款利息费用90万元，收到流动资金存款利息收入1万元，支付银行承兑汇票手续费15万元。不考虑其他因素，2019年度发生的财务费用的金额为（　　）万元。【2020年】
A. 90　　B. 105　　C. 106　　D. 104

41.【单选题】下列各项中，不属于"财务费用"科目核算内容的是（　　）。【2018年】
A. 短期借款利息支出  B. 销售商品发生的现金折扣
C. 办理银行承兑汇票支付的手续费  D. 发生的业务招待费

42.【单选题】某企业6月份赊购10 000元办公用品交付使用，预付第三季度办公用房租金45 000元，支付第二季度短期借款利息6 000元，其中4月至5月已累计计提利息4 000元，不考虑其他因素，该企业6月份应确认的期间费用为（　　）元。【2018年】
A. 10 000　　B. 6 000　　C. 12 000　　D. 55 000

43.【单选题】下列各项中，企业应计入销售费用的是（　　）。【2019年】
A. 随同商品出售单独计价的包装物成本
B. 预计产品质量保证损失
C. 因产品质量原因给予客户的销售折让
D. 行政管理部门人员报销的差旅费

44.【单选题】下列各项中，应计入企业管理费用的是（　　）。【2017年】
A. 收回应收账款发生的现金折扣  B. 出售无形资产的净损失
C. 生产车间机器设备的折旧费  D. 生产车间发生的设备修理费

45.【单选题】下列各项中，企业以银行存款支付银行承兑汇票手续费应借记的会计科目是（　　）。【2020年】
A. 管理费用  B. 研发费用
C. 财务费用  D. 在建工程

46.【多选题】下列各项中，应计入销售费用的有（　　）。【2017年】
A. 预计产品质量保证损失
B. 销售产品为购货方代垫的运费
C. 结转随同产品出售不单独计价的包装物成本
D. 专设销售机构固定资产折旧费

47.【多选题】下列各项中，资产的净损失报经批准应计入管理费用的有（　　）。【2017年】
A. 火灾事故造成的库存商品毁损  B. 自然灾害造成的包装物毁损
C. 属于一般经营损失的原材料毁损  D. 无法查明原因的现金短缺

48.【多选题】下列各项中，应计入期间费用的有（　　）。【2021年】
A. 生产部门机器设备的折旧费  B. 行政管理部门职工的薪酬
C. 预计的产品质量保证损失  D. 计提的无形资产减值准备

49.【多选题】下列各项中，应计入制造费用的有（　　）。【2022年】
A. 生产用固定资产的折旧费  B. 生产车间管理用具的摊销
C. 预计产品质量保证损失  D. 管理用固定资产的折旧费

50.【判断题】企业确认收入后发生的销售折让，且其不属于资产负债表日后事项的，销售折让形成的损失应计入销售费用（　　）。【2022年】

51.【判断题】财务部门办公设备的折旧计入财务费用。（　　）【2021年】

34.【答案】B

【解析】选项 A 计入财务费用，选项 C 计入营业外支出，选项 D 计入销售费用。

35.【答案】B

【解析】辞退生产工人的预计补偿款应计入的会计科目是"管理费用"。

36.【答案】A

【解析】选项 A，董事会成员的津贴计入企业管理费用，选项 B、C 计入销售费用，选项 D 计入财务费用。

37.【答案】B

【解析】代垫销售商品运杂费计入"应收账款"科目，不影响损益；随同商品出售单独计价包装物成本记入"其他业务成本"科目；支付的诉讼费计入"管理费用"科目。所以，11 月份计入"销售费用"的金额 =3（销售机构固定资产修理费）+1（预计产品质量保证损失）=4（万元）。

38.【答案】A

【解析】外币的汇总收益计入财务费用，选项 B、D 计入管理费用，选项 C 计入销售费用。

39.【答案】D

【解析】（2 300–30+10）×25%=570（万元）。

40.【答案】D

【解析】（1）发生经营活动短期借款利息费用 90 万元计入财务费用借方；（2）收到流动资金存款利息收入 1 万元计入财务费用贷方；（3）支付银行承兑汇票手续费 15 万元计入财务费用借方；2019 年度发生的财务费用的金额 =90–1+15=104（万元）。

41.【答案】D

【解析】财务费用是指企业为筹集生产经营所需资金等而发生的筹资费用，包括利息支出（减利息收入）（选项 A）、汇兑损益以及相关的手续费（选项 C）、企业发生的现金折扣（选项 B）等。业务招待费属于管理费用的内容。

42.【答案】C

【解析】该企业 6 月份应确认的期间费用 =10 000（管理费用）+(6 000–4 000)（财务费用）=12 000（元）。

43.【答案】B

【解析】选项 A 计入其他业务成本；选项 C，如已确认收入且不属于资产负债表日后事项，应当在发生时冲减当期销售商品收入，如按规定允许扣减增值税税额的，还应冲减已确认的应交增值税销项税额；选项 D 计入管理费用。

44.【答案】D

【解析】选项 A 计入财务费用；选项 B 计入资产处置损益；选项 C 计入制造费用。

45.【答案】C

【解析】企业以银行存款支付银行承兑汇票手续费应借记"财务费用"科目。

46.【答案】ACD

【解析】选项 B，销售产品为购货方代垫的运费，计入应收账款核算。

47.【答案】ACD

【解析】自然灾害造成的包装物毁损计入营业外支出。

48.【答案】BC

【解析】选项 A，生产部门机器设备的折旧费，计入制造费用；选项 B，行政管理部门职工的薪酬，计入管理费用；选项 C，预计的产品质量保证损失，计入销售费用；选项 D，计提的无形资产减值准备，计入资产减值损失。

49.【答案】AB

【解析】选项 C 属于销售费用；选项 D 属于管理费用。

50.【答案】×

51.【答案】×

## 第三节 利润 `10 分考点`

微信扫码
观看视频课程

### 一个小目标

| 必须掌握 | 了解一下 |
|---|---|
| 利润的构成 | |
| 营业外收支 | |
| 所得税费用 | |
| 本年利润 | |

| 项目 | 本期金额 | 上期金额 |
|---|---|---|
| 一、营业收入 （主营业务收入 + 其他业务收入） | | |
| 减：营业成本 （主营业务成本 + 其他业务成本） | | |
| 　　税金及附加 | | |
| 　　销售费用 | | |
| 　　管理费用 （三费 + 研发费用） | | |
| 　　研发费用 | | |
| 　　财务费用 | | |
| 　　其中：利息费用 | | |
| 　　　　　利息收入 | | |
| 加：其他收益 | | |
| 　　投资收益（损失以"–"号填列） | | |
| 　　公允价值变动收益（损失以"–"号填列） （交易性金融资产相关） | | |
| 　　信用减值损失（损失以"–"号填列） （应收账款减值） | | |
| 　　资产减值损失（损失以"–"号填列） （存货/固定资产/无形资产减值） | | |
| 　　资产处置收益（损失以"–"号填列） （出售无形资产/固定资产） | | |
| 　　净敞口套期收益（损失以"–"号填列） | | |
| 二、营业利润（亏损以"–"号填列） | | |
| 加：营业外收入 | | |
| 减：营业外支出 | | |
| 三、利润总额（亏损总额以"–"号填列） | | |
| 减：所得税费用 | | |
| 四、净利润（净亏损以"–"号填列） | | |

### 考点 1：利润的构成 `2 分考点`

利润是指企业在一定会计期间的经营成果，包括收入减去费用后的净额、直接计入当期利润的利得和损失等。

利得是指由企业非日常活动所形成的、会导致所有者权益增加的、与所有者投入资本无关的经济利益的流入。损失是指由企业非日常活动所发生的、会导致所有者权益减少的、与向所有者分配利润无关的经济利益的流出。

#### （一）营业利润

营业利润 = 营业收入 – 营业成本 – 税金及附加 – 销售费用 – 管理费用 – 研发费用 – 财务费用 – 信用减值损失 – 资产减值损失 + 公允价值变动收益（– 公允价值变动损失）+ 投资收益（– 投资损失）+ 净敞口套期收益（– 净敞口套期损失）+ 其他收益 + 资产处置收益（–

资产处置损失）

其中：

营业收入是指企业经营业务所实现的收入总额，包括主营业务收入和其他业务收入。

营业成本是指企业经营业务所发生的实际成本总额，包括主营业务成本和其他业务成本。

研发费用是指企业进行研究与开发过程中发生的费用化支出，以及计入管理费用的自行开发无形资产的摊销。

信用减值损失是指企业计提各项金融工具信用减值准备所确认的信用损失。

资产减值损失是指企业计提有关资产减值准备所形成的损失。

公允价值变动收益（或损失）是指企业交易性金融资产等公允价值变动形成的应计入当期损益的利得（或损失）。

投资收益（或损失）是指企业以各种方式对外投资所取得的收益（或损失）。

其他收益主要是指与企业日常活动相关，除冲减相关成本费用以外的政府补助。

资产处置收益（或损失）反映企业出售划分为持有待售的非流动资产（金融工具、长期股权投资和投资性房地产除外）或处置组（子公司和业务除外）时确认的处置利得或损失，以及处置未划分为持有待售的固定资产、在建工程、生产性生物资产及无形资产而产生的处置利得或损失，还包括非货币性资产交换中换出非流动资产产生的利得或损失。

### （二）利润总额

利润总额 = 营业利润 + 营业外收入 – 营业外支出

其中：

营业外收入是指企业发生的与其日常活动无直接关系的各项利得。

营业外支出是指企业发生的与其日常活动无直接关系的各项损失。

### （三）净利润

净利润 = 利润总额 – 所得税费用

其中：所得税费用是指企业确认的应从当期利润总额中扣除的所得税费用。

> **小鱼讲例题**

52.【单选题】2021年9月，某企业发生公益性捐赠支出8万元，出售非专利技术净损失20万元，违反税法规定支付罚款3万元。不考虑其他因素，该企业2021年9月计入营业外支出（　　）万元。【2022年】
A. 31　　　　B. 11　　　　C. 15　　　　D. 23

53.【单选题】2021年，发生下列经济业务：出售商品确认收入500万元，结转已销商品成本300万元，出售自用设备实现净收益50万元，确认存货跌价损失30万元，确认捐赠支出10万元。2021年该企业的营业利润为（　　）万元。【2022年】
A. 210　　　　B. 170　　　　C. 220　　　　D. 190

54.【单选题】某企业2018年发生的销售商品收入为1 000万元，销售商品成本为600万元，销售过程中发生的广告宣传费用为20万元，管理人员工资费用为50万元，短期借款利息费用为10万元，股票投资收益为40万元，资产减值损失为70万元，公允价值变动损益为80万元（收益），因自然灾害发生固定资产的净损失为25万元，因违约支付的罚款为15万元。该企业2018年的营业利润为（　　）万元。【2019年】
A. 370　　　　B. 330　　　　C. 320　　　　D. 390

55.【单选题】下列各项中，影响营业利润的是（    ）。【2021年】
A.接受现金捐赠           B.税收罚款支出
C.当期确认的所得税费用   D.管理不善造成的库存现金短缺

56.【单选题】某企业发生营业收入1 500万元，营业成本500万元，销售费用20万元，管理费用50万元，投资收益40万元，资产减值损失70万元，公允价值变动收益60万元，营业外收入25万元，营业外支出15万元。不考虑其他因素，该企业年末利润表中营业利润为（    ）万元。【2021年】
A.920           B.970           C.950           D.960

57.【单选题】下列各项中，导致企业当期营业利润减少的是（    ）。【2019年】
A.租出非专利技术的摊销额       B.对外公益性捐赠的商品成本
C.支付的税收滞纳金             D.自然灾害导致生产线报废净损失

58.【单选题】下列选项中，既影响营业利润又影响利润总额的业务是（    ）。【2021年】
A.计提坏账准备                 B.台风灾害导致固定资产报废的净损失
C.转销确实无法支付的应付账款   D.支付税收滞纳金

59.【单选题】下列各项中，不属于利润表"利润总额"项目的内容的是（    ）。【2018年】
A.确认的资产减值损失           B.无法查明原因的现金溢余
C.确认的所得税费用             D.收到政府补助确认的其他收益

60.【多选题】下列各项中，会导致利润总额减少的有（    ）。【2021年】
A.确认的固定资产减值损失       B.结转已提供的劳务成本
C.确认当期所得税费用           D.销售商品过程中承担的保险费

---

52.【答案】B
【解析】营业外支出=8+3=11（万元）。

53.【答案】C
【解析】500−300+50−30=220（万元）。

54.【答案】A
【解析】该企业2018年的营业利润=1 000−600−20−50−10+40−70+80=370（万元）。因自然灾害发生固定资产的净损失和违约支付的罚款计入营业外支出。

55.【答案】D
【解析】营业利润 = 营业收入 − 营业成本 − 税金及附加 − 期间费用 − 资产减值损失 + 公允价值变动收益（− 公允价值变动损失）+ 投资收益（− 投资损失）；期间费用 = 管理费用 + 销售费用 + 财务费用。选项A计入营业外收入，不影响营业利润，影响利润总额；选项B计入营业外支出，不影响营业利润，影响利润总额；选项C，所得税费用影响净利润，不影响营业利润；选项D计入管理费用，影响营业利润。所以选项D正确。

56.【答案】D
【解析】营业利润=1500−500−20−50+40−70+60=960（万元）。

57.【答案】A
【解析】选项A计入其他业务成本，减少营业利润；选项B、C、D均计入营业外支出，不影响营业利润。

58.【答案】A
【解析】计提的坏账准备记入"信用减值损失"科目，同时影响营业利润和利润总额；选项B、C、D均记入"营业外收支"科目，影响利润总额，但是不影响营业利润。

59.【答案】C
【解析】净利润 = 利润总额 − 所得税费用，计算利润总额时不需要考虑所得税费用，计算净利润时需要考虑，故选项C不属于利润表"利润总额"项目的内容。

60.【答案】ABD
【解析】选项C，当期所得税费用影响净利润，但不影响利润总额。

## 考点 2：营业外收支 `2分考点`

### （一）营业外收入

营业外收入是指企业确认的与其日常活动无直接关系的各项利得。营业外收入并不是企业经营资金耗费所产生的，实际上是经济利益的净流入，不需要与有关的费用进行配比。

营业外收入主要包括：

（1）非流动资产毁损报废收益❶（指因自然灾害等发生毁损、已丧失使用功能而报废非流动资产所产生的清理收益）；

（2）与企业日常活动无关的政府补助（企业从政府无偿取得货币性资产或非货币性资产，且与企业日常活动无关的利得）；

（3）盘盈利得❷（主要指现金清查盘盈无法查明原因部分）；

（4）捐赠利得（企业接受捐赠产生的利得）。

期末，营业外收入科目余额转入本年利润。

### （二）营业外支出

营业外支出是指企业发生的与其日常活动无直接关系的各项损失，主要包括：

（1）非流动资产毁损报废损失（指因自然灾害等发生毁损、已丧失使用功能而报废非流动资产所产生的清理损失）；

（2）捐赠支出；

（3）盘亏损失❸（对于财产清查盘点中盘亏的资产，查明原因并报经批准计入营业外支出的损失）；

（4）非常损失 [企业对于客观因素（如自然灾害等）造成的损失，扣除保险公司赔偿后应计入营业外支出的净损失]；

（5）罚款支出（行政罚款，税务罚款，其他违法或违背合同而支付的罚款、违约金、赔偿金等）。

期末，营业外支出科目余额转入本年利润。

### 小鱼讲重点

❶ "非流动资产毁损报废收益"意味着固定资产"坏"了。

如果固定资产是"卖"，那么这个行为是企业"意料之中"的，因此要计入资产处置损益；

如果固定资产是"坏"，那么这个行为是企业"意料之外"的，因此要计入营业外收入或营业外支出。

❷ （1）现金盘盈：
借：待处理财产损溢
　贷：其他应付款（应支付给有关人员或单位的）
　　　营业外收入（无法查明原因）

（2）存货盘盈：
借：待处理财产损溢
　贷：管理费用

（3）固定资产盘盈：
借：固定资产（重置成本入账）
　贷：以前年度损益调整（前期差错）

❸ （1）现金盘亏：
借：其他应收款（应由责任方赔偿的部分）
　　管理费用（无法查明原因）
　贷：待处理财产损溢

（2）存货盘亏：
借：管理费用（正常经营损失）
　　其他应收款（保险赔款或责任人赔款）
　　营业外支出（非常损失）
　贷：待处理财产损溢

（3）固定资产盘亏：
借：其他应收款（保险赔款或责任人赔款）
　　营业外支出
　贷：待处理财产损溢

### 小鱼讲例题

61.【单选题】2019年9月，某企业报经批准结转无法查明原因的现金溢余500元，转销由于债权单位撤销而无法清偿的应付账款8 000元；出售管理用设备确认净收益6 000元。不考虑其他因素，2019年9月该企业确认的营业外收入为（　　）元。【2020年】
A. 14 500　　B. 8 500　　C. 6 500　　D. 14 000

62.【单选题】2016年某企业取得债券投资利息收入15万元，其中国债利息收入5万元，全年税前利润总额为150万元，所得税税率为25%，不考虑其他因素，2016年该企业的净利润为（　　）万元。【2017年】
A. 112.5　　B. 113.75　　C. 116.75　　D. 111.25

63.【多选题】下列各项中，企业应计入营业外支出的有（　　）。【2018年】
A. 行政罚款支出　　　　B. 固定资产盘亏损失
C. 公益性捐赠支出　　　D. 企业筹建期间的开办费

64.【多选题】下列各项中，企业应通过"营业外收入"科目核算的有（　　）。【2018年】
A. 无法支付的应付账款　　B. 接受固定资产捐赠
C. 无法查明原因的现金溢余　D. 出租包装物实现的收入

65.【判断题】企业因经营业务调整出售固定资产而发生的处置净损失，应记入"营业外支出"科目。(    )【2019年】

61.【答案】B
【解析】结转无法查明原因的现金溢余的账务处理：
借：待处理财产损溢            500
　　贷：营业外收入            500
转销由于债权单位撤销而无法清偿的应付账款的账务处理：
借：应付账款                8 000
　　贷：营业外收入           8 000
出售管理用设备确认净收益的账务处理：
借：固定资产清理             6 000
　　贷：资产处置损益          6 000
2019年9月该企业确认的营业外收入=500+8 000=8 500（元）。

62.【答案】B
【解析】2016年该企业的净利润=利润总额－所得税费用=150－（150－5）×25%=113.75（万元）。

63.【答案】ABC
【解析】营业外支出是指企业发生的与其日常活动无直接关系的各项损失，主要包括非流动资产毁损报废损失、捐赠支出、盘亏损失、非常损失、罚款支出、债务重组损失等。选项D计入管理费用。

64.【答案】ABC
【解析】营业外收入主要包括：非流动资产毁损报废收益、盘盈利得、捐赠利得、债务重组利得等。选项D通过"其他业务收入"核算。

65.【答案】×
【解析】因业务调整出售固定资产的净损失，记入"资产处置损益"科目。

## 考点3：所得税费用　2分考点

### (一) 应交所得税的计算

#### 1. 当期所得税

应交所得税是企业按照税法规定计算确定的针对当期发生的交易和事项，<u>应交纳给税务部门的所得税金额</u>，即当期应交所得税。

<u>应交所得税 = 应纳税所得额 × 所得税税率</u>

应纳税所得额是在企业税前会计利润（即利润总额）的基础上调整确定的，计算公式为：

应纳税所得额 = 税前会计利润 + 纳税调整增加额 － 纳税调整减少额

| 项目 | 核算内容 |
| --- | --- |
| 纳税调整增加额 | 职工福利费支出：不超过工资薪金总额 **14%** 的部分准予扣除 |
|  | 职工工会经费：不超过工资薪金总额 **2%** 的部分准予扣除 |
|  | 职工教育经费支出：不超过工资薪金总额 **8%** 的部分准予扣除，超过部分准予结转以后纳税年度扣除 |
|  | 业务招待费支出：按照发生额的 **60%** 扣除，但最高不得超过当年销售（营业）收入的 **5‰** |
|  | 广告费和业务宣传费支出：不超过当年销售（营业）收入 **15%** 的部分，准予扣除；超过部分<u>准予结转以后纳税年度扣除</u> |
|  | 公益性捐赠支出：不超过年度利润总额 **12%** 的部分，准予扣除 |
|  | 税收滞纳金、罚金罚款（不能扣除） |

---

### 小鱼讲重点

❶ 所得税费用是全书最难理解的部分（和管理会计的约当分配并称为"两大最难理解天王"）。

❷ (1) 什么是"应交所得税"？
一看到"应交××税"，肯定是该给税务局交的税费。因此，应交所得税就是按照税法上的要求，应该上交给税务局的所得税。
交多少所得税，和"应纳税所得额"有关，由应纳税所得额乘以税率得到。
(2) 什么是"应纳税所得额"？
就是按照税法的要求，"应该纳税"的盈利所得。
(3) "应纳税所得额"和"会计利润"有什么区别？
难道不是会计上算出来多少利润，就按照多少利润来交税吗？
请注意，现实的会计处理并不是这样的。
主要原因在于<u>税法上和会计上对交税的理解不一致</u>。
举个例子，企业受到行政罚款1万元，在交罚款时编制会计分录：
借：营业外支出      1
　　贷：银行存款      1
这1万元的罚款，在计算会计利润时，是按照"支出"在收入中扣减。假如企业当年收入为5万元，只有这一笔罚款支出，那么企业当年的利润总额=5-1=4（万元）。
然而，税法上规定，罚金和罚款在税前不得扣除，也就是说，税法对于这1万元的支出，不予承认，税法要求按照5万元全额交税。这就出现了税法和会计上的不一致。因此，"应交所得税"就是按照税法的要求，对税前的利润总额进行调整，算出"税法上规定的应纳税所得额"。
(4) 如何计算"应交所得税"？
①先按照税法规定，调整会计利润：税法上规定不能扣减的，要"+"；税法上规定不收税的，要"－"。
②调整完的会计利润，就是"应纳税所得额"，应纳税所得额×所得税税率=应交所得税。

❸ 如何理解"职工福利费支出""职工工会经费"等不得超过工资薪金总额的百分比？
举个例子，会计小刘所在的企业，今年收入共5万元，工资薪金总额支出1万元（合理的工资薪金支出可以全部税前扣除），因此

续表

| 项目 | 核算内容 |
|---|---|
| 纳税调整减少额 | 国债利息收入 |
|  | 前5年内未弥补亏损等❶ |

### 2. 所得税费用

企业的所得税费用❷包括当期所得税和递延所得税两个部分，其中，当期所得税是指当期应交所得税。

### 3. 递延所得税❸

递延所得税包括递延所得税资产和递延所得税负债。递延所得税资产是指以未来期间很可能取得用来抵扣可抵扣暂时性差异的应纳税所得额为限确认的一项资产。递延所得税负债是指根据应纳税暂时性差异计算的未来期间应付所得税的金额。

### （二）所得税费用的账务处理

企业应根据会计准则的规定，计算确定的当期所得税和递延所得税之和，即应从当期利润总额中扣除的所得税费用，通过"所得税费用"科目核算。

所得税费用 = 当期所得税 + 递延所得税

递延所得税 =（递延所得税负债期末余额 − 递延所得税负债期初余额）−（递延所得税资产期末余额 − 递延所得税资产期初余额）❹

借：所得税费用
　　贷：应交税费——应交所得税（当期应交所得税）
　　　　递延所得税资产（增加在借方）
　　　　递延所得税负债（减少在借方）

#### 📘 小鱼讲例题

66.【单选题】某企业2020年所得税费用为650万元，递延所得税负债的年初数为45万元，年末数为58万元；递延所得税资产的年初数为36万元，年末数为32万元。不考虑其他因素，该企业2020年应确认的所得税费用为（　　）万元。【2021年】
A. 650　　　B. 633　　　C. 667　　　D. 663

67.【单选题】利润总额为500万元，应纳税所得额为480万元，所得税税率为25%，汇总递延所得税资产增加8万元，所得税费用为（　　）万元。【2021年】
A. 120　　　B. 112　　　C. 125　　　D. 117

68.【单选题】某公司2018年计算的当年应交所得税为100万元，递延所得税负债年初数为30万元、年末数为35万元，递延所得税资产年初数为20万元、年末数为18万元。不考虑其他因素，该公司2018年应确认的所得税费用为（　　）万元。【2019年】
A. 103　　　B. 97　　　C. 127　　　D. 107

69.【单选题】某企业适用的所得税税率为25%，2018年度利润总额为3 000万元，应纳税所得额为3 200万元，递延所得税资产增加160万元，递延所得税负债增加80万元。不考虑其他因素，该企业2018年度应确认的所得税费用为（　　）万元。【2019年】
A. 720　　　B. 670　　　C. 830　　　D. 880

（来自上页）❸
应纳税所得额 =5−1=4（万元）。但是企业不想交税，计提了4万元的职工福利费支出，那么，会计利润=0。请注意，职工福利费可以不实际发给员工，而是计提留在企业，通过计提4万元的职工福利费，企业今年不用交税。为了防止企业"钻空子"，税法就要求，企业可以计提职工福利费，但是必须在一定的限额之内计提。比如会计小刘所在的企业，虽然会计上计提了4万元的职工福利费支出，但是税法要求只能按照工资薪金总额的14%进行扣除，依上例，扣除限额 =1×14%=0.14（万元），企业的应纳税所得额 =5−1−0.14=3.86（万元），企业当年应缴纳的所得税 =3.86×25%= 0.965（万元）。

❹ 纳税调整的特殊要点：
（1）业务招待费支出：
除了业务招待费支出外，其他所有的支出，不超过限额的部分，都可以按照实际发生额全额扣除。然而业务招待费，只能按照发生额的60% 扣除。
比如，企业当年营业收入1 000万元，发生业务招待费100万元（胡吃海喝了不少）：
首先，最多扣减发生额的60% 也就是60万元（限额一）；
其次，业务招待费支出不得超过营业收入的5‰，不得扣减超过1 000×5‰ =5（万元）（限额二）。
限额一和限额二进行比较，谁低按照谁抵扣。因此，"胡吃海喝"的100万元，最后只能抵扣5万元。业务招待费的限额抵扣，就说明企业要专心"搞生产"，不能老是"胡吃海喝"。
（2）广告费和业务宣传费支出（广宣费）：
广告宣告费支出，当年没有抵扣完的可以结转以后年度扣除。
比如，企业当年营业收入为1 000万元，拍摄一只广告宣传片支付了500万元。按照抵扣限额，当年可以抵扣的限额为1 000×15%=150（万元），由于广宣费以后年度可以继续抵扣，如果第二年企业的营业收入还是1 000万元，那么第二年可以继续抵扣150万元，第三年、第四年……可以继续抵扣至抵扣完毕。
因为一次广告宣传可以持续使用好多年，带来的广告效益也可以持续好多年，所以广宣费是可以结转以后年度继续抵扣的。

70.【单选题】企业应纳税所得额为 800 万元，递延所得税负债期末、期初余额为 280 万元和 200 万元，递延所得税资产期末、期初余额为 150 万元和 110 万元，企业所得税税率为 25%，企业的所得税费用为（　　）万元。【2018 年】
　A. 160　　　　B. 240　　　　C. 320　　　　D. 200

71.【单选题】某企业 2016 年度实现利润总额 1 350 万元，适用的所得税税率为 25%。本年度该企业取得国债利息收入 150 万元，发生税收滞纳金 4 万元。不考虑其他因素，该企业 2016 年度利润表"所得税费用"项目本期余额为（　　）万元。【2017 年】
　A. 338.5　　　B. 301　　　　C. 374　　　　D. 337.5

72.【多选题】下列各项中，会增加本期所得税费用的有（　　）。【2020 年】
　A. 本期应交所得税
　B. 本期递延所得税资产借方发生额
　C. 本期递延所得税负债借方发生额
　D. 本期递延所得税负债贷方发生额

## 小鱼讲重点

（来自 260 页）

❶ 前 5 年内未弥补的亏损：
亏损的税前抵扣和税后抵扣有什么区别？
举个例子：企业今年利润总额为 100 万元，去年税后净利润为 –20 万元，按照税法的规定：
（1）如果企业用税前利润补亏，今年需要缴纳的所得税 =（100−20）×25%=20（万元）；企业弥补亏损后的未分配利润 =100−20−20=60（万元）。
（2）如果企业用税后利润补亏，首先需要缴纳 100×25%=25（万元）的所得税；企业弥补亏损后的未分配利润 =100−25−20=55（万元）。
用税前利润补亏，企业缴纳的所得税更少，留存收益更多。因为税前利润补亏，可以把亏损扣减掉，剩余部分交税，应纳税所得额少；而税后利润补亏，则需要全额交税，税交得更多。

❷ 什么是"所得税费用"？
这个科目叫 ×× 费用，一看就是跟会计中的"管理费用""销售费用"一家的，因此"所得税费用"是会计中的所得税。
净利润 = 利润总额 − 所得税费用

❸ 什么是"递延所得税"？
举个例子：企业对管理部门电子设备提取折旧，该设备原价为 40 万元，假定无残值，会计上采用两年期直线法提取折旧。根据税法规定，该类固定资产最低折旧年限为 4 年。假定每年末扣除折旧之前的税前会计利润为 100 万元，所得税税率为 25%。

66.【答案】C
【解析】所得税费用 = 当期所得税 + 递延所得税 =650+[(58−45)−(32−36)]=667（万元）。

67.【答案】B

68.【答案】D
【解析】递延所得税 =（递延所得税负债期末余额 − 递延所得税负债期初余额）−（递延所得税资产期末余额 − 递延所得税资产期初余额）=（35−30）−（18−20）=7（万元），所得税费用 = 应交所得税 + 递延所得税 =100+7=107（万元）。故选项 D 正确。

69.【答案】A
【解析】应交所得税 = 应纳税所得额 × 所得税税率 =3 200×25%=800（万元）；所得税费用 = 当期所得税 + 递延所得税 =800+80−160=720（万元）。

70.【答案】B
【解析】所得税费用 = 当期所得税 + 递延所得税，递延所得税 =（递延所得税负债期末余额 − 递延所得税负债期初余额）−（递延所得税资产期末余额 − 递延所得税资产期初余额）=（280−200）−（150−110）=40（万元），所以，所得税费用 = 当期所得税 + 递延所得税 =800×25%+40=240（万元）。故选项 B 正确。

71.【答案】B
【解析】应纳税所得额 =1 350−150+4=1 204（万元），
所得税费用 =1 204×25%=301（万元）。

72.【答案】AD
【解析】所得税费用 = 应交所得税 + 递延所得税负债 − 递延所得税资产。

## 考点 4：本年利润　`2 分考点`

期末结转本年利润的方法有表结法和账结法。

（1）表结法下，各损益类科目每月月末只需结计出本月发生额和月末累计余额，不结转到"本年利润"科目，只有在年末时才将全年累计余额结转入"本年利润"科目。每月月末要将损益类科目的本月发生额合计数填入利润表的本月数栏，同时将本月末累计余额填入利润表的本年累计数栏，通过利润表计算反映各期的利润（或亏损）。

（2）账结法下，每月月末均需编制转账凭证，将在账上结计出的各损益类科目的余额结转入"本年利润"科目❶。

| 折旧差异 | 2020 年 | 2021 年 | 2022 年 | 2023 年 |
|---|---|---|---|---|
| 会计口径 | 20 | 20 | 0 | 0 |
| 税务口径 | 10 | 10 | 10 | 10 |
| 利润总额 | 80 | 80 | 100 | 100 |
| 应纳税所得额 | 90 | 90 | 90 | 90 |
| 所得税费用 | 20 | 20 | 25 | 25 |
| 应交所得税 | 22.5 | 22.5 | 22.5 | 22.5 |

万元

| 情形 | 会计处理 |
| --- | --- |
| 会计期末要将企业所有的损益类会计科目余额结转到"本年利润"科目中 | 借：本年利润<br>　　贷：主营业务成本<br>　　　　其他业务成本<br>　　　　税金及附加<br>　　　　管理费用<br>　　　　销售费用<br>　　　　财务费用<br>　　　　营业外支出<br>　　　　信用减值损失<br>　　　　资产减值损失<br>　　　　所得税费用等<br>借：主营业务收入<br>　　其他业务收入<br>　　营业外收入<br>　　其他收益<br>　　贷：本年利润 |
| 计算所得税费用 | 借：所得税费用<br>　　贷：应交税费——应交所得税 |
| 将所得税费用结转入"本年利润" | 借：本年利润<br>　　贷：所得税费用 |
| 年度终了，将"本年利润"科目的本年累计余额转入"利润分配——未分配利润"科目 | 借或贷：本年利润<br>　　贷或借：利润分配——未分配利润 |

### 🐟 小鱼讲例题

**73.【单选题】**某公司年初未分配利润为1 000万元，当年实现净利润500万元，按10%提取法定盈余公积，5%提取任意盈余公积，宣告发放现金股利100万元，不考虑其他因素，该公司年末未分配利润为（　　）万元。【2017年】
A. 1 450　　　B. 1 475　　　C. 1 325　　　D. 1 400

**74.【单选题】**下列各项中，关于会计期末结转本年利润表结法的表述正确的是（　　）。【2016年】
A. 表结法下不需要设置"本年利润"科目
B. 年末不需要将各项损益类科目余额结转入"本年利润"科目
C. 各月月末需要将各项损益类科目发生额填入利润表来反映本期的利润（或亏损）
D. 每月月末需要编制转账凭证将当期各损益类科目余额结转入"本年利润"科目

**75.【多选题】**下列关于结转本年利润账结法的表述中，正确的有（　　）。【2014年】
A. "本年利润"科目本年余额反映本年累计实现的净利润或发生的亏损
B. 各月均可通过"本年利润"科目提供当月及本年累计的利润（或亏损）额
C. 年末时需将各损益类科目的全年累计余额结转入"本年利润"科目
D. 每月月末各损益类科目需将本月的余额结转入"本年利润"科目

**76.【多选题】**下列各项中，关于采用表结法结转本年利润的表述正确的有（　　）。【2021年】
A. 各损益类科目每月月末只需结计出本月发生额和月末累计余额，不结转到"本年利润"科目
B. 各月均可通过"本年利润"科目提供当月及本年累计的利润（或亏损）额
C. 年末将各损益类科目全年累计余额结转入"本年利润"科目
D. 每月月末均需编制转账凭证，将各损益类科目的余额结转入"本年利润"科目

**77.【判断题】**会计期末，企业应将"所得税费用"科目余额结转入"利润分配——未分配利润"科目。（　　）【2021年】

**78.【判断题】**期末，将生产成本、管理费用、销售费用和财务费用结转入"本年利润"科目，结转后该科目无余额。（　　）【2021年】

---

（来自上页）❸

由于税法和会计政策的不同，4年缴纳的所得税总和都是90万元，然而按照税法的要求，前两年比会计每年多交了2.5万元，而后两年每年少交了2.5万元。那么在第一年，多交的2.5万元，就叫作"递延所得税资产"，实际上就是"预付给税务局的钱，以后可以少交2.5万元"。

同理，"递延所得税负债"就是前几年少交给税务局的，后来要补上的钱。总之，由于会计和税法上差异的存在，才会出现"递延所得税"。

❹ 关于所得税费用的计算题，只要记住下列公式即可：
（1）（会计上的）所得税费用 =（税法上的）当期所得税 + 递延所得税；
（2）（税法上的）当期所得税 = 会计利润进行税法上的调整后 ×25%；
（3）递延所得税 =（应该多缴纳的费用）递延所得税负债 −（可以少缴纳的费用）递延所得税资产。

### 🐟 小鱼讲重点

（来自261页）

❶ 账结法也就是"结账法"。会计月底为啥忙呢？就是因为要"结账"。结账就是把收入和费用都转入"本年利润"科目，因此，在账结法下，每个月都可以看出当月的盈利或亏损。

73.【答案】C

【解析】该公司年末未分配利润 =1 000+500−500×(10%+5%)−100=1 325（万元）。

74.【答案】C

【解析】表结法下，各损益类科目每月月末只需结计出本月发生额和月末累计余额，不结转到"本年利润"科目，只有在年末时才将全年累计余额结转入"本年利润"科目，选项A、B错误；每月月末要将损益类科目的本月发生额合计数填入利润表的本月数栏，同时将本月累计余额填入利润表的本年累计数栏，通过利润表计算反映各期的利润（或亏损），选项C正确；每月月末不需编制转账凭证将当期各损益类科目余额结转入"本年利润"科目，选项D错误。

75.【答案】ABD

【解析】在采用账结法结转本年利润时，每月月末均需编制转账凭证，将在账上结计出的各损益类科目的余额转入"本年利润"科目。结转后"本年利润"科目的本月余额反映的是当月实现的利润或者发生的亏损，"本年利润"科目的本年余额反映本年累计实现的利润或发生的亏损。账结法在各月均可通过"本年利润"科目提供当月及本年累计的利润或亏损额，但增加了转账环节和工作量，选项A、B、D正确。选项C属于表结法的特点。

76.【答案】AC

【解析】表结法下，各损益类科目每月月末只需结计出本月发生额和月末累计余额，不结转到"本年利润"科目，只有在年末时才将全年累计余额结转入"本年利润"科目。

77.【答案】×

【解析】会计期末，企业应将"所得税费用"科目余额结转入"本年利润"科目。

78.【答案】×

【解析】期末，企业应将损益类科目的发生额结转入"本年利润"科目，结转后，这些损益类科目无余额。生产成本不属于损益类科目，它是产品成本的组成部分，应分别结转入不同产品的生产成本，因此不应结转入"本年利润"科目。

## 小鱼复盘

| 本章知识点打卡 | DAY 1 | DAY 7 | DAY 15 | DAY 30 |
|---|---|---|---|---|
| 收入的确认和计量 | ☐ | ☐ | ☐ | ☐ |
| 收入核算应设置的会计科目 | ☐ | ☐ | ☐ | ☐ |
| 履行履约义务确认收入的账务处理 | ☐ | ☐ | ☐ | ☐ |
| 营业成本 | ☐ | ☐ | ☐ | ☐ |
| 税金及附加 | ☐ | ☐ | ☐ | ☐ |
| 期间费用 | ☐ | ☐ | ☐ | ☐ |
| 利润的构成 | ☐ | ☐ | ☐ | ☐ |
| 营业外收支 | ☐ | ☐ | ☐ | ☐ |
| 所得税费用 | ☐ | ☐ | ☐ | ☐ |
| 本年利润 | ☐ | ☐ | ☐ | ☐ |

你已经完成 83% 的学习任务

# 第八章 财务报告

微信扫码
观看视频课程

**本章鱼情解锁**

- **分值：** 10 分。
- **出题量：** 6 题左右。
- **本章特点：** 本章实际上是前面章节内容的大合集和总复习。在本章，你可以看到很多前面学过的会计科目。当熟悉的科目和财务报表联系起来时，你会更加清楚该科目在财务报表中是什么含义，以及应该如何填报。

  如果前几章的内容掌握得扎实，本章学习起来会比较轻松。但是本章有个小小的拦路虎——"现金流量表"，需要大家重点关注。

  大家一定要好好理解，坚持到底！

- **建议复习时长：** 8 小时。

**小鱼复习路线图**

**财务报告**

**第一节 概述**
- 财务报告概念
- 财务报告编制要求

**第二节 资产负债表**
- 资产负债表概述
- 资产负债表的编制

**第三节 利润表**
- 利润表概述
- 利润表的编制

**第四节 现金流量表**
- 现金流量表概述
- 现金流量表的编制

**第五节 所有者权益变动表**
- 所有者权益变动表的基本原理
- 所有者权益变动表的填列方法

**第六节 财务报表附注及财务报告信息披露要求**
- 附注的作用
- 附注的主要内容
- 财务报告信息披露的要求

**第七节 财务报告的阅读与应用**
- 资产负债表的阅读与应用
- 利润表的阅读与应用
- 现金流量表的阅读与应用

# 第一节 概述

## 一个小目标

| 必须掌握 | 了解一下 |
|---|---|
| 财务报告概念 | |
| 财务报告编制要求 | |

微信扫码
观看视频课程

### 考点1：财务报告概念

（一）财务报告的管理

**1. 财务报告的概念**

财务报告，是指企业对外提供的反映企业某一特定日期的财务状况和某一会计期间的经营成果、现金流量等会计信息的文件。

**2. 财务报告管理的意义**

财务报告所提供的关于企业财务状况、经营成果和现金流量等信息是企业投资者、债权人、政府管理者和社会公众等利益相关者评价、考核、监督企业管理者受托经管责任履行状况的基本手段，是企业投资者、债权人等做出投资或信贷决策的重要依据❶；真实、完整、有用的财务报告是经济社会诚信的重要内容和基石；提供虚假的财务报告是违法行为，构成犯罪的应依法追究刑事责任。

为了防范和化解企业财务报告法律责任，确保财务报告信息真实可靠，提升企业治理和经营管理水平，促进资本市场和市场经济健康可持续发展，应当明确财务报告编制要求、落实经办责任、强化财务报告的监督管理。

企业编制、对外提供和分析利用财务报告的风险主要有以下三点：

（1）编制财务报告违反会计法律法规和国家统一的会计准则制度，可能导致企业承担法律责任和声誉受损。

（2）提供虚假财务报告，误导财务报告使用者，造成决策失误，干扰市场秩序。

（3）不能有效利用财务报告，难以及时发现企业经营管理中存在的问题，可能导致企业财务和经营风险失控。

（二）财务报告体系

**1. 财务报告体系**

财务报告包括财务报表和其他应当在财务报告中披露的相关信息和资料。

财务报表是财务报告的主体和核心内容，其他应当在财务报告中披露的相关信息和资料是对财务报表的补充和说明，共同构成财务报告体系。

财务报表，又称财务会计报表，是指对企业财务状况、经营成果和现金流量的结构性表述。一套完整的财务报表至少应当包括"四表一注"，即资产负债表、利润表、现金流量表、所有者权益变动表和附注，并且这些组成部分在列报上具有同等的重要程度，企业不得强调某张报表或某些报表（或附注）较其他报表（或附注）更为重要。

附注是对在资产负债表、利润表、现金流量表和所有者权益变动表等报表中列示项目的文字描述或明细资料，以及对未能在这些报表中列示项目的说明等。

财务报表列报，是指交易和事项在报表中的列示和在附注中的披露。其中，"列示"通常反映资产负债表、利润表、现金流量表和所有者权益（或股东权益）变动表等报表中的信息；相对于"列示"而言，"披露"通常主要反映附注中的信息。

**2. 财务报告的分类**

按照编报时间，财务报告分为年报和中期报告，财务报表相应分为年度财务会计报表

---

**小鱼讲重点**

❶ 企业真正的所有者是"股东"，但股东有时并没有实际参与企业的经营管理。企业的经营者（经理）只是企业的"高级打工人"。究竟经营者把企业管理得如何（受托责任履行状况），就通过财务报告反映。

和中期财务会计报表。

（1）年报是年度财务报告的简称，是指以会计年度为基础编制的财务报告。

（2）中期报告是中期财务报告的简称，是指以中期为基础编制的财务报告。

中期，是指短于一个完整的会计年度的报告期间。中期财务报告至少应当包括资产负债表、利润表、现金流量表和附注。中期资产负债表、利润表和现金流量表应当是完整报表，其格式和内容应当与上年度财务报表相一致。中期报告分为月度报告（简称月报）、季度报告（简称季报）和半年度报告（简称半年报）。

（3）除此之外，按编制主体，财务会计报表分为个别财务报表和合并财务报表。个别财务报表，是指反映母公司所属子公司财务状况、经营成果和现金流量的财务报表。合并财务报表，是指反映母公司和其全部子公司形成的企业集团整体财务状况、经营成果和现金流量的财务报表。

## 考点 2：财务报告编制要求

会计报表应当依据国家统一会计制度要求，根据登记完整、核对无误的会计账簿记录和其他有关资料编制，做到数字真实、计算准确、内容完整、说明清楚。

企业编制财务报表时应当对企业持续经营能力进行评估；除现金流量表信息外，企业应当按照权责发生制编制财务报表；企业财务报表项目的列报应当在各个会计期间保持一致；企业单独列报或汇总列报相关项目时应当遵循重要性原则；企业财务报表项目一般不得以金额后的净额列报；企业应当列报可比会计期间的比较数据等。

**1. 依据各项会计准则确认和计量的结果编制财务报表**

企业应当根据实际发生的交易和事项，遵循会计基本准则和各项具体会计准则及解释的规定进行确认和计量，并在此基础上编制财务报表。

**2. 列报基础：企业应当以持续经营❶为基础编制财务报表**

在编制财务报表的过程中，企业管理层应当全面评估企业的持续经营能力。评估时，应当利用其所有可获得的信息，评估涵盖的期间应包括企业自资产负债表日起至少 12 个月，评估需要考虑的因素包括宏观政策风险、市场经营风险、企业目前或长期的盈利能力、偿债能力、财务弹性，以及企业管理层改变经营政策的意向等。评价结果表明对持续经营能力产生重大怀疑的，企业应当在附注中披露导致对持续经营能力产生重大怀疑的影响因素及企业拟采取的改善措施。

企业在评估持续经营能力时应当结合考虑企业的具体情况。通常情况下，如果企业过去每年都有可观的净利润，并且易于获取所需的财务资源，则对持续经营能力的评估易于判断，这表明企业以持续经营为基础编制财务报表是合理的，无须进行详细的分析。反之，如果企业过去多年有亏损的记录等情况，则需要通过考虑更加广泛的相关因素来做出评价，比如目前和预期的获利能力、债务清偿计划、替代融资的潜在来源等。

企业如果存在以下情况之一，通常表明其处于非持续经营状态：

（1）企业已在当期进行清算或停止营业；

（2）企业已经正式决定在下一个会计期间进行清算或停止营业；

（3）企业已确定在当期或下一个会计期间没有其他可供选择的方案而将被迫进行清算或停止营业。

企业处于非持续经营状态时，应当采用清算价值等其他基础编制财务报表，比如破产企业的资产采用可变现净值计量、负债按照其预计的结算金额计量等。在非持续经营情况下，企业应当在附注中声明财务报表未以持续经营为基础列报，披露未以持续经营为基础的原因及财务报表的编制基础。

> **小鱼讲重点**
>
> ❶ 企业应该以持续经营为基础编制财务报表，如果企业马上要倒闭了，就按照清算价值等其他基础编制财务报表。如果不按照持续经营为基础编制，就需要在附录中披露。

**3. 权责发生制**

除现金流量表按照收付实现制编制外，企业应当按照权责发生制编制其他财务报表。在采用权责发生制会计的情况下，当项目符合基本准则中财务报表要素的定义和确认标准时，企业就应当确认相应的资产、负债、所有者权益、收入和费用，并在财务报表中加以反映。

**4. 列报的一致性**

财务报表项目的列报应当在各个会计期间保持一致，不得随意变更，包括财务报表中的项目名称和财务报表项目的分类、排列顺序等方面都应保持一致。

在下列情况下，企业可以变更财务报表项目的列报：

（1）会计准则要求改变财务报表项目的列报；

（2）企业经营业务的性质发生重大变化或对企业经营影响较大的交易或事项发生后，变更财务报表项目的列报能够提供更可靠、更相关的会计信息。

企业变更财务报表项目列报的，应当根据会计准则的有关规定提供列报的比较信息。

**5. 依据重要性原则单独或汇总列报项目**

重要性是判断财务报表项目是否单独列报的重要标准。重要性是指在合理预期下，如果财务报表某项目的省略或错报会影响使用者据此做出经济决策的，则该项目就具有重要性。

企业在进行重要性判断时，应当根据所处环境，从项目的性质和金额大小两方面予以判断：

（1）应当考虑该项目的性质是否属于企业日常活动，以及是否显著影响企业的财务状况、经营成果和现金流量等因素；

（2）判断项目金额大小的重要性，应当通过单项金额占资产总额、负债总额、所有者权益总额、营业收入总额、营业成本总额、净利润、综合收益总额等直接相关或所属报表单列项目金额的比重加以确定。企业对于各个项目的重要性判断标准一经确定，不得随意变更。

对于财务报表中的项目是单独列报还是汇总列报，应当依据重要性原则来判断。如果某项目单个看不具有重要性，则可将其与其他项目汇总列报；如果具有重要性，则应当单独列报。

企业应按照财务报表项目的性质或功能判断其重要性：

（1）性质或功能不同的项目，一般应当在财务报表中单独列报，但是不具有重要性的项目可以汇总列报。性质或功能可以按照流动性来判断。流动性，通常按资产的变现或耗用时间长短或者负债的偿还时间长短来确定。比如，存货和固定资产在性质和功能上都有本质差别，必须分别在资产负债表上单独列报。

（2）性质或功能类似的项目，一般可以汇总列报，但是对其具有重要性的类别应该单独列报。例如，原材料、低值易耗品等项目在性质上类似，均通过生产过程形成企业的产品存货，因此可以汇总列报，汇总之后的类别统称为"存货"，在资产负债表上单独列报。

（3）项目单独列报的原则不仅适用于报表，还适用于附注。某些项目的重要性程度不足以在资产负债表、利润表、现金流量表或所有者权益变动表中单独列示，但对附注具有重要性，在这种情况下应当在附注中单独披露。例如，对某制造业企业而言，原材料、在产品、库存商品等项目的重要性程度不足以在资产负债表上单独列示，因此在资产负债表上汇总列示，但是鉴于其对该制造业企业的重要性，应当在附注中单独披露。

（4）会计基本准则规定在财务报表中单独列报的项目，企业应当单独列报。其他会计准则规定单独列报的项目，企业应当增加单独列报项目。

**6. 总额列报**

财务报表项目应当以总额列报，资产和负债、收入和费用、直接计入当期利润的利得项目和损失项目的金额不能相互抵销，即不得以净额列报，但另有规定的除外。比如，企业欠客户的应付款不得与其他客户欠本企业的应收款相抵销，否则就掩盖了交易的实质。再如，收入和费用反映了企业投入和产出之间的关系，是企业经营成果的两个方面，为了更好地反映经济交易的实质、考核企业经营管理水平,以及预测企业未来现金流量,收入和费用不得相互抵销。

以下三种情况不属于抵销:

(1) 一组类似交易形成的利得和损失以净额列示的,不属于抵销。例如,汇兑损益应当以净额列报,为交易目的而持有的金融工具形成的利得和损失应当以净额列报。但是,如果相关的利得和损失具有重要性,则应当单独列报。

(2) 资产或负债项目按扣除备抵项目后的净额列示,不属于抵销。例如,资产计提的减值准备,实质上意味着资产的价值确实发生了减损,资产项目应当按扣除减值准备后的净额列示,这样才能反映资产当时的真实价值。

(3) 非日常活动产生的利得和损失,以同一交易形成的收益扣减相关费用后的净额列示更能反映交易实质的,不属于抵销。非日常活动并非企业主要的业务,非日常活动产生的损益以收入扣减费用后的净额列示,更有利于报表使用者的理解。例如,非流动资产处置形成的利得或损失,应当按处置收入扣除该资产的账面金额和相关销售费用后的净额列报。

### 7. 比较信息的列报

企业在列报当期财务报表时,至少应当提供所有列报项目上一个可比会计期间的比较数据,以及与理解当期财务报表相关的说明,提高信息在会计期间的可比性。

列报比较信息的要求适用于财务报表的所有组成部分,包括"四表一注"。通常情况下,企业列报的所有项目至少包括两期各报表及相关附注的比较数据。

当企业追溯应用会计政策或追溯重述,或者重新分类财务报表项目时,应当在一套完整的财务报表中列报最早可比期间期初的财务报表,即应当至少列报三期资产负债表、两期其他报表(利润表、现金流量表和所有者权益变动表)及相关附注。其中,列报的三期资产负债表分别指当期期末的资产负债表、上期期末(即当期期初)的资产负债表及上期期初的资产负债表。

### 8. 财务报表表首的列报要求

财务报表通常与其他信息(如企业年度报告等)一起公布,企业应当区分按照企业会计准则编制的财务报告与一起公布的同一文件中的其他信息。

企业在财务报表的显著位置(通常是表首部分)应当至少披露下列基本信息:

(1) 编报企业的名称,如果企业名称在所属当期发生了变更,还应明确标明;

(2) 对资产负债表而言,应当披露资产负债表日;

(3) 对利润表、现金流量表、所有者权益变动表而言,应当披露报表涵盖的会计期间;

(4) 货币名称和单位,按照我国企业会计准则的规定,企业应当以人民币作为记账本位币列报,并标明金额单位,如人民币元、人民币万元等。

## 第二节 资产负债表

### 一个小目标

| 必须掌握 | 了解一下 |
| --- | --- |
| 资产负债表概述 | |
| 资产负债表的编制 | |

微信扫码
观看视频课程

财务报表是对企业财务状况、经营成果和现金流量的结构性表述。一套完整的财务报表至少应当包括资产负债表、利润表、现金流量表、所有者权益(或股东权益)变动表以及附注。

## 考点1：资产负债表概述[1]

### （一）资产负债表的概念

资产负债表是反映企业在某一特定日期的财务状况[2]的报表，是对企业特定日期的资产、负债和所有者权益的结构性表述。资产负债表是根据"资产＝负债＋所有者权益"这一平衡公式，依照一定的分类标准和一定的次序，将某一特定日期的资产、负债、所有者权益的具体项目予以适当的排列编制而成。

资产负债表可以反映企业在某一特定日期所拥有或控制的经济资源、所承担的现时义务和所有者对净资产的要求权，帮助财务报表使用者全面了解企业的财务状况、分析企业的偿债能力等情况，从而为其做出经济决策提供依据。

### （二）资产负债表的组成

资产负债表一般由表首、表体两部分组成：
（1）表首部分应列明报表名称、编制单位名称、资产负债表日、报表编号和计量单位；
（2）表体部分是资产负债表的主体，列示了用以说明企业财务状况的各个项目。

### （三）资产负债表的表体格式

资产负债表的表体格式一般有两种：报告式资产负债表和账户式资产负债表。
（1）报告式资产负债表是上下结构，上半部分列示资产各项目，下半部分列示负债和所有者权益各项目。
（2）账户式资产负债表是左右结构，左边列示资产各项目，反映全部资产的分布及存在状态；右边列示负债和所有者权益各项目，反映全部负债和所有者权益的内容及构成情况。

不管采取什么格式，资产各项目的合计一定等于负债和所有者权益各项目的合计。

### （四）我国企业的资产负债表

我国企业的资产负债表采用账户式结构。账户式资产负债表分左、右两方：左方为资产项目，大体按资产的流动性大小排列，流动性大的排在前面，流动性小的排在后面；右方为负债及所有者权益项目，一般按要求清偿时间的先后顺序排列。在企业清算之前不需要偿还的所有者权益项目排在后面。

账户式资产负债表中的资产各项目的合计等于负债和所有者权益各项目的合计，即资产负债表左方和右方平衡，可以反映资产、负债、所有者权益之间的内在关系，即"资产＝负债＋所有者权益"。

资产负债表　　　　　　　　　会企01表

编制单位：　　　　　　　年　月　日　　　　　　　　单位：元

| 资产 | 期末余额 | 上年年末余额 | 负债和所有者权益（或股东权益） | 期末余额 | 上年年末余额 |
|---|---|---|---|---|---|
| 流动资产： | | | 流动负债： | | |
| 货币资金 | | | 短期借款 | | |
| 交易性金融资产 | | | 交易性金融负债 | | |
| 衍生金融资产 | | | 衍生金融负债 | | |
| 应收票据 | | | 应付票据 | | |
| 应收账款 | | | 应付账款 | | |
| 应收款项融资 | | | 预收款项 | | |
| 预付款项 | | | 合同负债 | | |
| 其他应收款 | | | 应付职工薪酬 | | |
| 存货 | | | 应交税费 | | |

> **小鱼讲重点**
>
> [1] 资产负债表的结构部分只需要掌握：
> （1）我国的资产负债表是账户式结构；
> （2）左边列示资产，按资产的流动性大小排列，右边列示负债和所有者权益，按清偿时间的先后顺序排列。
>
> [2] 财务状况，是指企业经营活动及其结果在某一特定日期的资金结构状况及其表现，表明企业取得资金的方式与来路和这些资金的使用状态与去向，如资产负债率是企业财务状况的重要财务指标，表明企业在特定日期的资产所使用的资金中通过负债取得资金的比率。

续表

| 资产 | 期末余额 | 上年年末余额 | 负债和所有者权益（或股东权益） | 期末余额 | 上年年末余额 |
|---|---|---|---|---|---|
| 合同资产 | | | 其他应付款 | | |
| 持有待售资产 | | | 持有待售负债 | | |
| 一年内到期的非流动资产 | | | 一年内到期的非流动负债 | | |
| 其他流动资产 | | | 其他流动负债 | | |
| 流动资产合计 | | | 流动负债合计 | | |
| 非流动资产： | | | 非流动负债： | | |
| 债权投资 | | | 长期借款 | | |
| 其他债权投资 | | | 应付债券 | | |
| 长期应收款 | | | 其中：优先股 | | |
| 长期股权投资 | | | 永续债 | | |
| 其他权益工具投资 | | | 租赁负债 | | |
| 其他非流动金融资产 | | | 长期应付款 | | |
| 投资性房地产 | | | 预计负债 | | |
| 固定资产 | | | 递延收益 | | |
| 在建工程 | | | 递延所得税负债 | | |
| 生产性生物资产 | | | 其他非流动负债 | | |
| 油气资产 | | | 非流动负债合计 | | |
| 使用权资产 | | | 负债合计 | | |
| 无形资产 | | | 所有者权益（或股东权益）： | | |
| 开发支出 | | | 实收资本（或股本） | | |
| 商誉 | | | 其他权益工具 | | |
| 长期待摊费用 | | | 其中：优先股 | | |
| 递延所得税资产 | | | 永续债 | | |
| 其他非流动资产 | | | 资本公积 | | |
| 非流动资产合计 | | | 减：库存股 | | |
| | | | 其他综合收益 | | |
| | | | 专项储备 | | |
| | | | 盈余公积 | | |
| | | | 未分配利润 | | |
| | | | 所有者权益（或股东权益）合计 | | |
| 资产总计 | | | 负债和所有者权益（或股东权益）总计 | | |

## 📖 小鱼讲例题

1.【单选题】下列各项中，反映企业在某一特定日期的财务状况的报表是（　　）。【2022年】
A. 利润表　　　　　　　　　　　　B. 现金流量表
C. 资产负债表　　　　　　　　　　D. 所有者权益变动表

2.【单选题】能够反映企业特定日期所拥有的资产、需要偿还的债务，以及投资者所拥有的净资产情况的是（　　）。【2021年】
A. 利润表　　　　　　　　　　　　B. 现金流量表
C. 所有者权益变动表　　　　　　　D. 资产负债表

3.【多选题】下列各项中，属于企业流动负债的有（　　）。【2019年】
  A. 赊购材料应支付的货款　　　　　B. 本期从银行借入的三年期借款
  C. 销售应税消费品应交纳的消费税　　D. 收取客户的购货订金
4.【多选题】下列资产负债表项目中，属于非流动资产的有（　　）。【2019年】
  A. 其他应收款　　　　　　　　　　B. 在建工程
  C. 固定资产　　　　　　　　　　　D. 开发支出

1. 【答案】C
   【解析】资产负债表是反映企业在某一特定日期的财务状况的报表，是对企业特定日期的资产、负债和所有者权益的结构性表述。
2. 【答案】D
   【解析】资产负债表能够反映企业特定日期所拥有的资产、需要偿还的债务，以及投资者所拥有的净资产的情况。
3. 【答案】ACD
   【解析】选项 A 计入应付账款，属于企业流动负债；选项 B 计入长期借款，属于企业非流动负债；选项 C 计入应交税费，属于企业流动负债；选项 D 计入合同负债，属于企业流动负债。
4. 【答案】BCD
   【解析】其他应收款属于企业的流动资产。

## 考点 2：资产负债表的编制

### (一) 资产负债表项目的填列方法① 〔2 分考点〕

资产负债表的各项目均需填列"上年年末余额"和"期末余额"两栏。

资产负债表的"上年年末余额"栏内各项数字，应根据上年年末资产负债表的"期末余额"栏内所列数字填列。

资产负债表的"期末余额"栏填列方法如下：

| 填列方法 | | 相关科目 |
| --- | --- | --- |
| 根据总账科目余额填列 | 直接根据总账科目余额填列 | 如"短期借款""资本公积"等项目，根据"短期借款""资本公积"各账科目的余额直接填列 |
| | 需根据几个总账科目的期末余额计算填列 | 货币资金 = 库存现金 + 银行存款 + 其他货币资金 |
| 根据明细账科目余额计算填列 | | 应收账款 = 应收账款（借）+ 预收账款（借）– 坏账准备（应收账款相关部分） |
| | | 预付款项 = 应付账款（借）+ 预付账款（借）– 坏账准备（预付账款相关部分） |
| | | 预收款项 = 应收账款（贷）+ 预收账款（贷） |
| | | 应付款项 = 应付账款（贷）+ 预付账款（贷） |
| | | "开发支出"根据"研发支出"科目中所属的"资本化支出"明细科目期末余额计算填列 |
| | | "应付职工薪酬"根据"应付职工薪酬"科目中所属的明细科目贷方余额分析填列 |
| | | "一年内到期的非流动资产（负债）"需根据有关非流动资产和非流动负债的项目的明细科目期末余额计算填列 |
| 根据总账科目和明细账科目余额分析计算填列 | | 长期借款 = 长期借款（总账科目）余额 – 长期借款（明细科目中将在一年内到期且企业不能自主地将清偿义务展期的） |
| | | 其他非流动资产（负债）= 其他非流动资产（负债）余额 – 一年内（含一年）收回（到期偿还）的金额； |
| | | 长期待摊费用 = 长期待摊费用的期末余额 – 将于一年内（含一年）摊销的数额 |

### 小鱼讲重点

① 需要明确不同科目的填列方法。

续表

| 填列方法 | 相关科目 |
|---|---|
| 根据有关科目余额减去其备抵科目余额后的净额填列 | "应收票据""应收账款""长期股权投资""在建工程"等项目，应根据"应收票据""应收账款""长期股权投资""在建工程"等科目的期末余额减去"坏账准备""长期股权投资减值准备""在建工程减值准备"等科目余额后的净额填列 |
| | 固定资产 = 固定资产科目期末余额 − 累计折旧 − 固定资产减值准备 + 固定资产清理（借方余额） |
| | 无形资产 = 无形资产科目期末余额 − 累计摊销 − 无形资产减值准备 |
| | 在建工程 = 在建工程 − 在建工程减值准备 + 工程物资 − 工程物资减值准备 |
| | 投资性房地产 = 投资性房地产期末余额 − 投资性房地产累计折旧 − 投资性房地产减值准备 |
| 综合运用上述填列方法分析填列 | 存货 = 原材料 + 库存商品 + 委托加工物资 + 周转材料 + 材料采购 + 在途物资 + 发出商品 + 材料成本差异等 − 存货跌价准备等 |

### （二）资产负债表具体项目填列说明[1]

#### 1. 资产项目

| 报表项目 | 具体填列说明 |
|---|---|
| 货币资金 | 根据"库存现金""银行存款"和"其他货币资金"的总账科目余额之和填列 |
| 交易性金融资产 | 根据"交易性金融资产"相关明细科目的期末余额分析填列 |
| 应收票据 | 应收票据 = 应收票据的期末余额 − 坏账准备的期末余额 |
| 应收账款 | 应收账款 = 应收账款（借）+ 预收账款（借）− 坏账准备（应收账款相关部分） |
| 预付款项 | 预付款项 = 应付账款（借）+ 预付账款（借）− 坏账准备（预付账款相关部分） |
| 其他应收款 | 其他应收款 = 应收利息 + 应收股利 + 其他应收款 − 坏账准备 |
| 存货 | 根据"材料采购""原材料""库存商品""周转材料""委托加工物资""发出商品""生产成本""受托代销商品"等科目的期末余额合计数，减去"受托代销商品款""存货跌价准备"科目期末余额后的净额填列。材料采用计划成本核算，以及库存商品采用计划成本核算或售价核算的企业，还应按加或减材料成本差异、商品进销差价后的金额填列 |
| 合同资产 | 根据"合同资产"科目的相关明细科目期末余额分析填列，同一合同下的合同资产和合同负债应当以净额列示，其中净额为借方余额的，应当根据其流动性在"合同资产"或"其他非流动资产"项目中填列，已计提减值准备的，还应以减去"合同资产减值准备"科目中相关的期末余额后的金额填列；其中净额为贷方余额的，应当根据其流动性在"合同负债"或"其他非流动负债"项目中填列 |
| 持有待售资产 | 持有待售资产 = 持有待售资产的期末余额 − 持有待售资产减值准备的期末余额 |
| 一年内到期的非流动资产 | 根据有关科目的期末余额分析填列 |
| 债权投资 | 根据"债权投资"科目的相关明细科目期末余额，减去"债权投资减值准备"科目中相关减值准备的期末余额后的金额分析填列。自资产负债表日起一年内到期的长期债权投资的期末账面价值，在"一年内到期的非流动资产"项目反映。企业购入的以摊余成本计量的一年内到期的债权投资的期末账面价值，在"其他流动资产"项目反映。 |
| 其他债权投资 | 根据"其他债权投资"科目的相关明细科目期末余额分析填列。企业购入的以公允价值计量且其变动计入其他综合收益的长期的债权投资的期末账面价值，在"其他流动资产"项目反映 |
| 长期应收款 | 本项目根据"长期应收款"科目的期末余额减去相应的"未实现融资收益""坏账准备"科目所属相关明细科目期末余额后的金额填列 |
| 长期股权投资 | 长期股权投资 = 长期股权投资的期末余额 − 长期股权投资减值准备的期末余额 |
| 其他权益工具投资 | 根据"其他权益工具投资"科目的期末余额填列 |
| 固定资产 | 固定资产 = 固定资产的期末余额 − 累计折旧的期末余额 − 固定资产减值准备的期末余额 + 固定资产清理的期末余额 |
| 在建工程 | （在建工程的期末余额 − 在建工程减值准备的期末余额）+（工程物资的期末余额 − 工程物资减值准备的期末余额） |

> **小鱼讲重点**
>
> [1] 需要熟悉加色项目的填列方法，其余项目了解即可。

续表

| 报表项目 | 具体填列说明 |
| --- | --- |
| 使用权资产 | 使用权资产＝使用权资产科目的期末余额－使用权资产累计折旧的期末余额－使用权资产减值准备的期末余额 |
| 无形资产 | 无形资产＝无形资产科目的期末余额－累计摊销的期末余额－无形资产减值准备的期末余额 |
| 开发支出 | 根据"研发支出"科目所属的"资本化支出"明细科目的期末余额填列 |
| 长期待摊费用 | 根据"长期待摊费用"科目的期末余额扣掉将于一年内（含一年）摊销的数额后的金额分析填列。<br>但长期待摊费用的摊销年限只剩一年或不足一年的，或预计在一年内（含一年）摊销的部分，不得归类为流动资产，仍在各该非流动资产项目中填列，不转入"一年内到期的非流动资产"项目 |
| 递延所得税资产 | 根据"递延所得税资产"科目期末余额填列 |
| 其他非流动资产 | 根据有关科目的期末余额填列 |

## 2. 负债项目

| 报表项目 | 具体填列说明 |
| --- | --- |
| 短期借款 | 根据"短期借款"科目的期末余额填列 |
| 交易性金融负债 | 根据"交易性金融负债"科目的相关明细科目期末余额填列 |
| 应付票据 | 根据"应付票据"科目的期末余额填列 |
| 应付账款 | 应付账款＝应付账款（贷）＋预付账款（贷） |
| 预收款项 | 预收账款＝预收账款（贷）＋应收账款（贷） |
| 合同负债 | 根据"合同负债"的相关明细科目期末余额分析填列 |
| 应付职工薪酬 | 根据"应付职工薪酬"科目所属各明细科目的期末贷方余额分析填列 |
| 应交税费 | 根据"应交税费"科目的期末贷方余额填列。需要说明的是，"应交税费"科目下的"应交增值税""未交增值税""待抵扣进项税额""待认证进项税额""增值税留抵税额"等明细科目期末借方余额应根据情况，在资产负债表中的"其他流动资产"或"其他非流动资产"项目列示；"应交税费——待转销项税额"等科目期末贷方余额应根据情况，在资产负债表中的"其他流动负债"或"其他非流动负债"项目列示；"应交税费"科目下的"未交增值税""简易计税""转让金融商品应交增值税""代扣代交增值税"等科目期末贷方余额应在资产负债表中的"应交税费"项目列示 |
| 其他应付款 | 其他应付款＝其他应付款的期末余额＋应付利息的期末余额＋应付股利的期末余额 |
| 持有待售负债 | 根据"持有待售负债"科目的期末余额填列 |
| 一年内到期的非流动负债 | 根据有关科目的期末余额分析填列 |
| 长期借款 | 根据"长期借款"科目的期末余额，扣除"长期借款"科目所属的明细科目中将在资产负债表日起一年内到期且企业不能自主地将清偿义务展期的长期借款后的金额计算填列 |
| 应付债券 | 根据"应付债券"科目的期末余额分析填列。对于资产负债表日企业发行的金融工具，分类为金融负债的，应在本项目填列，对于优先股和永续债还应在本项目下的"优先股"项目和"永续债"项目分别填列 |
| 租赁负债 | 反映资产负债表日承租人企业尚未支付的租赁付款额的期末账面价值。该项目应根据"租赁负债"科目的期末余额填列。自资产负债表日起一年内到期应予以清偿的租赁负债的期末账面价值，在"一年内到期的非流动负债"项目反映 |
| 长期应付款 | 根据"长期应付款"科目的期末余额，减去相关的"未确认融资费用"科目的期末余额后的金额，以及"专项应付款"科目的期末余额填列 |
| 预计负债 | 根据"预计负债"科目的期末余额填列。对贷款承诺等项目计提的损失准备，应当在本项目中填列 |
| 递延收益 | 核算包括企业根据政府补助准则确认的应在以后期间计入当期损益的政府补助金额、售后租回形成融资租赁的售价与资产账面价值差额等其他递延性收入。根据"递延收益"科目的期末余额填列。本项目中摊销期限只剩一年或不足一年的，或预计在一年内（含一年）进行摊销的部分，不得归类为流动负债，仍在本项目中填列，不转入"一年内到期的非流动负债"项目 |

续表

| 报表项目 | 具体填列说明 |
|---|---|
| 递延所得税负债 | 根据"递延所得税负债"科目的期末余额填列 |
| 其他非流动负债 | 根据有关科目期末余额，减去将于一年内（含一年）到期偿还数后的余额分析填列。非流动负债各项目中将于一年内（含一年）到期的非流动负债，应在"一年内到期的非流动负债"项目内单独反映 |

**3. 所有者权益项目**

| 报表项目 | 具体填列说明 |
|---|---|
| 实收资本（股本） | 根据"实收资本"或"股本"科目的期末余额填列 |
| 其他权益工具 | 反映资产负债表日企业发行在外的除普通股以外分类为权益工具的金融工具的期末账面价值，并下设"优先股"和"永续债"两个项目，分别反映企业发行的分类为权益工具的优先股和永续债的账面价值 |
| 资本公积 | 根据"资本公积"科目的期末余额填列 |
| 其他综合收益 | 根据"其他综合收益"科目的期末余额填列 |
| 专项储备 | 反映高危行业企业按国家规定提取的安全生产费的期末账面价值。根据"专项储备"科目的期末余额填列 |
| 盈余公积 | 根据"盈余公积"科目的期末余额填列 |
| 未分配利润 | 根据"本年利润"和"利润分配"科目的余额计算填列。未弥补的亏损在本项目内以"-"号填列 |

### 小鱼讲例题

**5.【单选题】** 2021年12月31日，某企业应付款项相关会计科目期末贷方余额分别为：应付利息10万元，应付股利300万元。不考虑其他因素，2021年12月31日该企业资产负债表中"其他应付款"项目"期末余额"栏应填列的金额为（　　）万元。【2022年】

A. 0　　　　　B. 340　　　　　C. 310　　　　　D. 300

**6.【单选题】** 下列属于企业资产负债表负债项目的是（　　）。【2022年】

A. 递延收益　　　　　　　　B. 预付款项
C. 其他收益　　　　　　　　D. 其他综合收益

**7.【单选题】** 2021年12月31日，会计科目余额如下，"库存商品"科目借方余额1 000万元，"原材料"科目借方余额580万元，"材料成本差异"科目借方余额80万元，"工程物资"科目余额150万元，不考虑其他因素，2021年12月31日，"存货"项目"期末余额"栏的金额为（　　）万元。【2022年】

A. 1 660　　　　B. 1 580　　　　C. 1 500　　　　D. 1 650

**8.【单选题】** 下列各项在资产负债表中"期末余额"根据总账科目余额直接填列的项目是（　　）。【2020年】

A. 开发支出　　　　　　　　B. 在建工程
C. 应付账款　　　　　　　　D. 短期借款

**9.【单选题】** 下列各项中，应根据相关总账科目的余额直接在资产负债表中填列的是（　　）。【2017年】

A. 应付账款　　　　　　　　B. 固定资产
C. 长期借款　　　　　　　　D. 短期借款

**10.【单选题】** 某企业采用实际成本法核算存货。年末结账后，该企业"原材料"科目借方余额为80万元，"工程物资"科目借方余额为16万元，"在途物资"科目借方余额为20万元。不考虑其他因素。该企业年末资产负债表"存货"项目的期末余额为（　　）万元。【2017年】

A. 100　　　　B. 116　　　　C. 96　　　　D. 80

11.【单选题】2018年12月31日，某公司下列会计科目余额为："固定资产"借方科目余额1 000万元，"累计折旧"科目贷方余额400万元，"固定资产减值准备"科目贷方余额80万元，"固定资产清理"科目借方余额20万元。2018年12月31日，该公司资产负债表中"固定资产"项目期末余额应列报的金额为（　　）万元。【2019年】
A. 540　　　　B. 600　　　　C. 520　　　　D. 620

12.【单选题】下列资产负债表项目中，根据有关科目余额减去其备抵科目余额后的净额填列的是（　　）。【2018年】
A. 预收款项　　　　　　　B. 短期借款
C. 无形资产　　　　　　　D. 长期借款

13.【单选题】2019年12月31日，某公司有关科目借方余额如下：原材料80万元，周转材料10万元，生产成本30万元，库存商品60万元。不考虑其他因素，2019年12月31日，该公司资产负债表"存货"项目期末余额为（　　）万元。【2020年】
A. 140　　　　B. 150　　　　C. 180　　　　D. 170

14.【单选题】2017年12月31日，"无形资产"科目借方余额为200万元，"累计摊销"科目贷方余额为40万元，"无形资产减值准备"科目贷方金额为20万元，不考虑其他因素，"无形资产"项目余额为（　　）万元。【2018年】
A. 200　　　　B. 140　　　　C. 160　　　　D. 180

15.【单选题】2016年12月31日，甲企业"预收账款"总账科目贷方余额为15万元，其明细科目余额如下："预收账款——乙企业"科目贷方余额为25万元，"预收账款——丙企业"科目借方余额为10万元。不考虑其他因素，甲企业年末资产负债表中"预收款项"项目的期末余额为（　　）万元。【2017年】
A. 10　　　　B. 15　　　　C. 5　　　　D. 25

16.【单选题】2016年5月31日，某企业"应付账款"总账科目贷方余额为1 255万元，其中"应付账款——甲公司"明细科目贷方余额为1 260万元，"应付账款——乙公司"明细科目借方余额为5万元。"预付账款"总账科目借方余额为5万元，其中"预付账款——丙公司"明细科目借方余额为20万元，"预付账款——丁公司"明细科目贷方余额为15万元。不考虑其他因素，该企业5月31日资产负债表中"预付款项"项目期末余额为（　　）万元。【2017年】
A. 20　　　　B. 25　　　　C. 18.5　　　　D. 23.5

17.【单选题】下列各项中，可以根据总账科目余额的期末余额直接填列的是（　　）。【2021年】
A. 货币资金　　　　　　　B. 其他应付款
C. 短期借款　　　　　　　D. 预收款项

18.【单选题】某企业2021年12月31日"固定资产"科目借方余额为2 000万元，"固定资产减值准备"科目贷方余额为500万元，"累计折旧"科目贷方余额为200万元，"固定资产清理"科目借方余额为300万元。不考虑其他因素，该企业2021年12月31日资产负债表中"固定资产"项目的金额为（　　）万元。【2021年】
A. 2 000　　　　B. 1 600　　　　C. 1 300　　　　D. 1 000

19.【单选题】2020年12月31日"生产成本"科目借方余额为450万元，"原材料"科目借方余额为300万元，"材料成本差异"科目贷方余额为25万元，"存货跌价准备"科目贷方余额为15万元，"工程物资"科目借方余额为150万元。资产负债表中"存货"项目金额为（　　）万元。【2021年】
A. 900　　　　B. 710　　　　C. 760　　　　D. 910

20.【单选题】2020年12月31日，某企业"应收账款"科目的借方余额为700万元，其中，"应收账款"科目所辖明细科目的余额分别为：借方余额合计1 000万元，

| 预收账款（负债） | |
|---|---|
| 应收账款 | 预收账款 |
| 10 | 25 |

| 应付账款（负债） | |
|---|---|
| 预付账款 | 应付账款 |
| 5 | 1 260 |

| 预付账款（资产） | |
|---|---|
| 预付账款 | 应付账款 |
| 20 | 15 |

贷方余额合计300万元；年末计提坏账准备后"坏账准备——应收账款"科目的贷方余额为17万元。该企业应收账款以摊余成本计量，不考虑其他因素，2020年12月31日该企业资产负债表中"应收账款"项目期末余额栏填列的金额为（　　）万元。【2021年】
A. 1 000　　　　B. 683　　　　C. 700　　　　D. 983

21.【多选题】下列资产负债表项目的"期末余额"栏内各项数字的填列，应根据有关科目余额减去其备抵科目余额后的金额填列的有（　　）。【2021年】
A. 长期股权投资　　　　　　B. 固定资产
C. 在建工程　　　　　　　　D. 无形资产

22.【多选题】不考虑其他因素，下列根据明细账科目余额计算填列的有（　　）。【2021年】
A. 应付账款　　　　　　　　B. 其他应付款
C. 开发支出　　　　　　　　D. 交易性金融资产

23.【多选题】下列各项中，企业应在期末资产负债表"存货"项目中填列的有（　　）。【2021年】
A. 工程物资　　　　　　　　B. 发出商品
C. 生产成本　　　　　　　　D. 商品进销差价

24.【多选题】下列各项中，应在资产负债表"存货"项目中列示的有（　　）。【2020年】
A. 生产成本　　　　　　　　B. 原材料
C. 工程物资　　　　　　　　D. 周转材料

25.【多选题】下列各项中，导致企业资产负债表"存货"项目期末余额发生变动的有（　　）。【2018年】
A. 计提存货跌价准备
B. 用银行存款购入的修理用备件
C. 已经发出但不符合收入确认条件的商品
D. 收到受托代销的商品

26.【多选题】下列各项中，通过"存货"项目核算的有（　　）。【2018年】
A. 发出商品　　　　　　　　B. 存货跌价准备
C. 材料成本差异　　　　　　D. 在途物资

27.【多选题】下列各项中，应根据总账科目期末余额直接填列的资产负债表项目有（　　）。【2017年】
A. 长期应付款　　　　　　　B. 资本公积
C. 短期借款　　　　　　　　D. 长期借款

28.【多选题】下列选项中，属于企业资产负债表"应付职工薪酬"项目列报内容的有（　　）。【2018年】
A. 因解除劳动关系而应给予职工的现金补偿
B. 向职工提供的异地安家费
C. 应提供给已故职工遗属的福利
D. 应支付给临时工职工的短期薪酬

29.【判断题】年末，企业应将于一年内（含一年）摊销的长期待摊费用，列入资产负债表"一年内到期的非流动资产"项目。（　　）【2018年】

30.【判断题】"在建工程"是根据总账科目和明细账科目余额分析计算填列。（　　）【2020年】

31.【判断题】企业应交纳的增值税税额，应在利润表的"税金及附加"项目中填列。（　　）【2021年】

32.【判断题】资产负债表中"短期借款"项目期末余额应根据"短期借款"总账科目的余额直接填列。（　　）【2022年】

5. 【答案】C

【解析】"其他应付款"项目反映企业除应付票据、应付账款、预收账款、应付职工薪酬、应交税费、应付利息、应付股利等经营活动以外的其他各项应付、暂收的款项。"其他应付款"项目期末余额="应付利息"科目的期末余额+"应付股利"科目的期末余额+"其他应付款"科目的期末余额=10+300=310（万元）。综上，本题应选C。

6. 【答案】A

【解析】选项A，递延收益属于资产负债表中的负债项目；选项B，预付账款属于资产负债表中的资产项目；选项C，其他收益属于利润表项目；选项D，其他综合收益属于资产负债表所有者权益项目。

7. 【答案】A

【解析】1 000+580+80=1 660万元。

8. 【答案】D

【解析】选项A开发支出根据明细账科目余额计算填列；选项B在建工程根据有关科目余额减去其备抵科目余额后的净额填列；选项C应付账款根据有关明细科目的余额计算填列。

9. 【答案】D

【解析】选项A，根据有关明细账科目余额计算填列；选项B，根据有关科目余额减去备抵科目余额填列；选项C，根据总账科目和明细账科目余额分析计算填列。

10. 【答案】A

【解析】该企业资产负债表"存货"项目的期末余额=80+20=100（万元）。

11. 【答案】A

【解析】"固定资产"项目期末应根据"固定资产"科目的期末余额，减去"累计折旧"和"固定资产减值准备"科目的期末余额后的金额，以及"固定资产清理"科目的期末余额填列，所以本题中"固定资产"项目的填列金额=1000−400−80+20=540（万元）。故选项A正确。

12. 【答案】C

13. 【答案】C

【解析】"存货"项目应根据"材料采购""原材料""库存商品""周转材料""委托加工物资""发出商品""生产成本""受托代销商品"等科目的期末余额合计数，减去"受托代销商品款""存货跌价准备"科目期末余额后的净额填列。故本题的资产负债表"存货"项目期末余额=80+10+30+60=180（万元）。

14. 【答案】B

【解析】"无形资产"项目余额=200−40−20=140（万元）。

15. 【答案】D

【解析】"预收款项"项目应根据"预收账款"和"应收账款"科目所属各明细科目的期末贷方余额合计数填列。本题中"预收账款——丙公司"是借方余额，反映在"应收账款"项目中，所以"预收款项"期末应当填列的金额为25万元。

16. 【答案】B

【解析】"预付款项"项目应根据"预付账款"和"应付账款"科目所属各明细账科目的期末借方余额合计数填列。"预付款项"项目期末余额=5+20=25（万元）。

17. 【答案】C

【解析】"货币资金"项目根据"库存现金""银行存款""其他货币资金"三个总账科目期末余额的合计数填列；"其他应付款"项目根据"应付利息""应付股利""其他应付款"科目的期末余额合计数填列；"预收款项"根据"应收账款"明细科目贷方余额和"预收账款"明细科目贷方余额合计数填列。

18. 【答案】B

【解析】"固定资产"项目金额="固定资产"科目期末余额−"累计折旧"科目期末余额−"固定资产减值准备"科目期末余额±"固定资产清理"科目期末余额（借加贷减）。本题"固定资产"项目金额=2 000−500−200+300=1 600（万元）。

19. 【答案】B

【解析】资产负债表中"存货"项目金额=450+300−25−15=710（万元）。

20. 【答案】D

【解析】"应收账款"项目期末余额，根据"应收账款"科目的期末余额，减去"坏账准备"科目中相关坏账准备期末余额后的金额计算填列。综上，应该填列的金额=1 000−17=983（万元）。

21. 【答案】ABCD

    【解析】"长期股权投资"项目是根据"长期股权投资"科目的期末余额，减去"长期股权投资减值准备"科目的期末余额后的净额填列；"固定资产"项目是根据"固定资产"科目的期末余额，减去"累计折旧"和"固定资产减值准备"科目的期末余额后的金额，以及"固定资产清理"科目的期末余额填列；"在建工程"项目是根据"在建工程"科目的期末余额，减去"在建工程减值准备"科目的期末余额后的金额，以及"工程物资"科目的期末余额，减去"工程物资减值准备"科目的期末余额后的金额填列；"无形资产"项目是根据"无形资产"科目的期末余额，减去"累计摊销"和"无形资产减值准备"科目期末余额后的净额填列。

22. 【答案】ACD

    【解析】"应付账款"项目＝应付账款（贷）+预付账款（贷）；"开发支出"项目根据"研发支出"科目中所属的"资本化支出"明细科目期末余额计算填列；"交易性金融资产"项目根据"交易性金融资产——成本/公允价值变动"明细科目余额计算填列。

23. 【答案】BCD

24. 【答案】ABD

    【解析】资产负债表"存货"项目应根据"材料采购""原材料""低值易耗品""库存商品""周转材料""委托加工物资""委托代销商品""生产成本""受托代销商品"等科目的期末余额合计数，减去"受托代销商品款""存货跌价准备"科目期末余额后的净额填列；而工程物资应在"在建工程"项目列示。故选ABD。

25. 【答案】AB

    【解析】"存货"项目，反映企业期末在库、在途和在加工中的各种存货的可变现净值或成本（成本与可变现净值孰低法）。本项目应根据"材料采购""原材料""库存商品""周转材料""委托加工物资""生产成本""受托代销商品"等科目的期末余额合计数，减去"受托代销商品款""存货跌价准备"科目期末余额后的净额填列。

    选项A，计提存货跌价准备，期末余额减少；选项B，购入修理用备件，期末余额增加；选项C，发出不符合收入确认条件的商品，借记"发出商品"科目，贷记"库存商品"科目，二者均属于"存货"项目，余额不变；选项D，收到受托代销商品，借记"受托代销商品"科目，贷记"受托代销商品款"科目，二者均属于"存货"项目，余额不变。

26. 【答案】ABCD

    【解析】"存货"项目，反映企业期末在库、在途和在加工中的各种存货的可变现净值或成本（成本与可变现净值孰低法）。"存货"项目应根据"材料采购""原材料""库存商品""周转材料""委托加工物资""生产成本""受托代销商品""发出商品"等科目的期末余额合计数，减去"受托代销商品款""存货跌价准备"科目期末余额后的净额填列。材料采用计划成本核算，以及库存商品采用计划成本核算或售价核算的企业，还应按加或减材料成本差异、商品进销差价后的金额填列。

27. 【答案】BC

    【解析】选项A、D应当根据总账科目和明细账科目余额分析计算填列。

28. 【答案】ABCD

    【解析】"应付职工薪酬"项目，反映企业为获得职工提供的服务或解除劳动关系而给予的各种形式的报酬或补偿。企业提供给职工配偶、子女、受赡养人、已故职工遗属及其他受益人等的福利，也属于职工薪酬。职工薪酬主要包括短期薪酬、离职后福利、辞退福利和其他长期职工福利。本项目应根据"应付职工薪酬"科目所属各明细科目的期末贷方余额分析填列。外商投资企业按规定从净利润中提取的职工奖励及福利基金，也在本项目列示。

29. 【答案】×

30. 【答案】×

    【解析】"在建工程"科目根据有关科目余额减去其备抵科目余额后的净额填列。

31. 【答案】×

    【解析】企业应交纳的增值税税额，应在资产负债表中填列。

32. 【答案】√

## 第三节 利润表  2分考点

### 一个小目标

| 必须掌握 | 了解一下 |
|---|---|
| 利润表概述 |  |
| 利润表的编制 |  |

微信扫码
观看视频课程

### 考点1：利润表概述[1]

#### （一）利润表的概念

利润表，又称损益表，是反映企业在一定会计期间的经营成果的报表。

利润表是在会计凭证、会计账簿等会计资料的基础上进一步确认企业一定会计期间经营成果的结构性表述，综合反映企业利润的实现过程和利润的来源及构成情况，是对企业一定会计期间经营业绩的系统总结。

#### （二）利润表的格式

（1）利润表的结构。

利润表的结构包括单步式和多步式。单步式利润表是将当期所有的收入列在一起，所有的费用列在一起，然后将二者相减得出当期净损益。

我国企业的利润表采用多步式格式，即通过对当期的收入、费用、支出项目按性质加以归类，按利润形成的主要环节列示一些中间性利润指标，分步计算当期净损益，以便财务报表使用者理解企业经营成果的不同来源。

利润表项目的性质是指各具体项目的经济性质：营业利润是指企业一定会计期间通过日常营业活动所实现的利润额；利润总额则是指营业利润和非经常性损益净额（即损失和利得）的总和；净利润是指利润总额减去所得税费用的净额。

利润表项目的功能是指各具体项目在创造和实现利润的经营业务活动过程中的功能与作用，如利润表中对于费用列报通常按照功能进行分类，包括从事经营业务发生的成本、管理费用、销售费用、研发费用和财务费用等。

（2）利润表一般分为表首和表体两部分：

①表首部分应列明报表名称、编制单位名称、编制日期、报表编号和计量单位。

②表体部分为利润表的主体，列示了形成经营成果的各个项目和计算过程。

（3）利润表金额栏分为"本期金额"和"上期金额"两栏填列。

利润表　　　　　　　　　　　　　　会企02表
编制单位：　　　　　　___年___月___日　　　　　　　　　　单位：元

| 项目 | 本期金额 | 上期金额 |
|---|---|---|
| 一、营业收入 |  |  |
| 减：营业成本 |  |  |
| 　　税金及附加 |  |  |
| 　　销售费用 |  |  |
| 　　管理费用 |  |  |
| 　　研发费用 |  |  |
| 　　财务费用 |  |  |
| 　　　其中：利息费用 |  |  |
| 　　　　　　利息收入 |  |  |

### 小鱼讲重点

[1] 利润表的结构部分只需要掌握：我国的利润表是多步式结构（多步式就是通过一步一步加减计算，得到最后的净利润）。

续表

| 项目 | 本期金额 | 上期金额 |
|---|---|---|
| 加：其他收益 | | |
| 　　投资收益（损失以"-"号填列） | | |
| 　　　其中：对联营企业和合营企业的投资收益 | | |
| 　　　　以摊余成本计量的金融资产终止确认收益 | | |
| 　　　　（损失以"-"号填列） | | |
| 　　净敞口套期收益（损失以"-"号填列） | | |
| 　　公允价值变动收益（损失以"-"号填列） | | |
| 　　信用减值损失（损失以"-"号填列） | | |
| 　　资产减值损失（损失以"-"号填列） | | |
| 　　资产处置收益（损失以"-"号填列） | | |
| 二、营业利润（亏损以"-"号填列） | | |
| 加：营业外收入 | | |
| 减：营业外支出 | | |
| 三、利润总额（亏损总额以"-"号填列） | | |
| 减：所得税费用 | | |
| 四、净利润（净亏损以"-"号填列） | | |
| （一）持续经营净利润（净亏损以"-"号填列） | | |
| （二）终止经营净利润（净亏损以"-"号填列） | | |
| 五、其他综合收益的税后净额 | | |
| （一）不能重分类进损益的其他综合收益 | | |
| 1.重新计量设定受益计划变动额 | | |
| 2.权益法下不能转损益的其他综合收益 | | |
| 3.其他权益工具投资公允价值变动 | | |
| 4.企业自身信用风险公允价值变动 | | |
| …… | | |
| （二）将重分类进损益的其他综合收益 | | |
| 1.权益法下可转损益的其他综合收益 | | |
| 2.其他债权投资公允价值变动 | | |
| 3.金融资产重分类计入其他综合收益的金额 | | |
| 4.其他债权投资信用减值准备 | | |
| 5.现金流量套期 | | |
| 6.外币财务报表折算差额 | | |
| …… | | |
| 六、综合收益总额 | | |
| 七、每股收益 | | |
| （一）基本每股收益 | | |
| （二）稀释每股收益 | | |

### （三）利润表的作用

利润表的主要作用是有助于使用者分析判断企业净利润的质量及其风险，评价企业经营管理效率，有助于使用者预测企业净利润的持续性，从而做出正确的决策。

（1）通过利润表，可以反映企业在一定会计期间的收入实现情况，如实现的营业收入、取得的投资收益、发生的公允价值变动损益及营业外收入等对利润的贡献大小；

（2）可以反映企业一定会计期间的费用耗费情况，如发生的营业成本、税金及附加、销售费用、管理费用、财务费用、营业外支出等对利润的影响程度；

（3）可以反映企业一定会计期间的净利润实现情况，分析判断企业受托责任的履行情况，进而还可以反映企业资本的保值增值情况，为企业管理者解脱受托责任提供依据；

（4）将利润表资料及信息与资产负债表资料及信息相结合进行综合计算分析，如将营业成本与存货或资产总额的平均余额进行比较，可以反映企业运用其资源的能力和效率，便于分析判断企业资金周转情况及盈利能力和水平，进而判断企业未来的盈利增长和发展趋势，做出相应的经济决策。

## 考点2：利润表的编制

利润表编制的原理是"收入 – 费用 = 利润"的会计平衡公式和收入与费用的配比原则。将取得的收入和发生的相关费用进行对比，对比结果表现为企业的经营成果。企业将经营成果的核算过程和结果编成报表，即利润表。

### （一）利润表项目的填列方法

第一步，计算营业利润。

营业利润 = 营业收入 – 营业成本 – 税金及附加 – 销售费用 – 管理费用 – 研发费用 – 财务费用 + 其他收益 + 投资收益（– 投资损失）+ 净敞口套期收益（– 净敞口套期损失）+ 公允价值变动收益（– 公允价值变动损失）– 资产减值损失 – 信用减值损失 + 资产处置收益（– 资产处置损失）

第二步，计算利润总额。

利润总额 = 营业利润 + 营业外收入 – 营业外支出

第三步，计算净利润（或净亏损）。

净利润 = 利润总额 – 所得税费用

第四步，以净利润（或净亏损）为基础，计算每股收益。

第五步，以净利润（或净亏损）和其他综合收益的税后净额为基础，计算综合收益总额。

### （二）利润表主要项目的填列说明

| 报表项目 | 具体填列说明 |
| --- | --- |
| 一、营业收入 | 营业收入 = 主营业务收入 + 其他业务收入 |
| 减：营业成本 | 营业成本 = 主营业务成本 + 其他业务成本 |
| 税金及附加 | 反映企业经营业务应负担的消费税、城市维护建设税教育费附加、资源税、土地增值税、房产税、车船税、城镇土地使用税、印花税、环境保护税等相关税费 |
| 销售费用 | |
| 管理费用 | |
| 研发费用 | 应根据"管理费用"科目下的"研发费用"明细科目的发生额以及"管理费用"科目下"无形资产摊销"明细科目的发生额分析填列 |
| 财务费用（收益以"–"号填列） | |
| 加：其他收益 | 反映计入其他收益的政府补助，以及其他与日常活动相关且计入其他收益的项目。本项目应根据"其他收益"科目的发生额分析填列 |
| 投资收益（损失以"–"号填列） | |
| 净敞口套期收益（损失以"–"号填列） | 反映净敞口套期下被套期项目累计公允价值变动转入当期损益的金额或现金流量套期储备转入当期损益的金额 |
| 公允价值变动收益（损失以"–"号填列） | |
| 信用减值损失 | |

续表

| 报表项目 | 具体填列说明 |
|---|---|
| 资产减值损失 | |
| 资产处置收益 | |
| 二、营业利润（亏损以"-"号填列） | |
| 加：营业外收入 | |
| 减：营业外支出 | |
| 三、利润总额（亏损总额以"-"填列） | |
| 减：所得税费用 | |
| 四、净利润（净亏损以"-"填列） | |
| 五、其他综合收益的税后净额 | |
| 六、综合收益总额 | |
| 七、每股收益 | |

### 小鱼讲例题

33.【单选题】下列各项中，不应列入利润表中"财务费用"项目的是（　　）。【2014年回忆版】

A. 计提的短期借款利息

B. 筹建期间发生的长期借款利息

C. 销售商品发生的现金折扣

D. 经营活动中支付银行借款的手续费

34.【单选题】下列各项中，不应列入利润表"营业成本"项目的是（　　）。【2022年】

A. 已对外销售的原材料的成本

B. 以经营租赁方式出租的固定资产的折旧额

C. 无形资产出售净损失

D. 成本模式计量的投资性房地产的折旧或摊销额

35.【单选题】2017年12月，甲公司的主营业务收入为60万元，其他业务收入为10万元，营业外收入为5万元，则甲公司12月份应确认的营业收入金额为（　　）万元。【2018年】

A. 70　　　　　　　　　　B. 60

C. 75　　　　　　　　　　D. 65

36.【单选题】下列各项中，不属于企业利润表项目的是（　　）。【2017年】

A. 综合收益总额　　　　　B. 未分配利润

C. 每股收益　　　　　　　D. 公允价值变动收益

37.【多选题】某企业以其自产的一批微波炉作为春节福利发放给总部管理人员。该批产品不含增值税的市场售价为80万元，生产成本为60万元，按计税价格计算的增值税为10.4万元。不考虑其他因素，下列各项中，关于该业务对本期利润表项目的影响表述正确的有（　　）。【2022年】

A. "税金及附加"项目增加10.4万元

B. "营业成本"项目增加60万元

C. "管理费用"项目增加90.4万元

D. "营业收入"项目增加80万元

38.【多选题】下列各项中,关于利润表项目本期金额填列方法表述正确的有(    )。【2018年】
A."管理费用"项目应根据"管理费用"科目的本期发生额分析填列
B."营业利润"项目应根据"本年利润"科目的本期发生额分析填列
C."税金及附加"项目应根据"应交税费"科目的本期发生额分析填列
D."营业收入"项目应根据"主营业务收入"和"其他业务收入"科目的本期发生额分析填列

39.【多选题】下列各项中,影响利润表"营业成本"项目本期金额的有(    )。【2018年】
A.销售原材料的成本
B.转销已售商品相应的存货跌价准备
C.出租非专利技术的摊销额
D.出售商品的成本

40.【多选题】下列各项中,应在制造企业利润表"营业收入"项目中列示的有(    )。【2021年】
A.持有交易性金融资产期间取得的利息
B.销售商品取得的收入
C.出租无形资产的租金收入
D.出售固定资产实现的净收益

41.【判断题】企业利润表中的"综合收益总额"项目,应根据企业当年的"净利润"和"其他综合收益的税后净额"的合计数计算填列。(    )【2017年】

---

33.【答案】B
【解析】筹建期间发生的长期借款利息,可以资本化的部分要计入相关资产成本,不能资本化的部分要计入管理费用。故选项B错误。

34.【答案】C
【解析】营业成本包括主营业务成本与其他业务成本。选项C,通过"资产处置损益"科目核算,列入利润表"资产处置收益"项目;选项A、B、D均通过"其他业务成本"科目核算,列入利润表"营业成本"项目。

35.【答案】A
【解析】营业收入包括主营业务收入和其他业务收入,则甲公司12月份应确认的营业收入金额=60+10=70(万元)。

36.【答案】B
【解析】未分配利润属于资产负债表中的所有者权益项目。

37.【答案】BCD
【解析】该企业以自产产品作为福利发放给管理人员,应当根据受益对象,按含税公允价值计入管理费用,确认应付职工薪酬,则甲公司账务处理如下:
①计提职工薪酬:
借:管理费用                    90.4
    贷:应付职工薪酬——非货币性福利    90.4
②实际向职工发放微波炉时:
借:应付职工薪酬——非货币性福利    90.4
    贷:主营业务收入                80
        应交税费——应交增值税(销项税额)  10.4
同时结转成本:
借:主营业务成本                60
    贷:库存商品                    60

根据上述分录，该业务对本期利润表的影响是：增加"营业成本"项目金额 60 万元，增加"管理费用"项目金额 90.4 万元，增加"营业收入"项目金额 80 万元。综上，本题选 B、C、D。

38.【答案】AD

【解析】"管理费用"项目应根据"管理费用"科目的本期发生额分析填列，选项 A 正确；本年利润不仅仅包含营业利润，还包含营业外收支和所得税费用，因此"营业利润"项目不是以"本年利润"科目的本期发生额分析填列的，选项 B 错误；"税金及附加"项目应根据"税金及附加"科目的发生额分析填列，不是根据"应交税费"科目的本期发生额分析填列的，选项 C 错误；"营业收入"项目应根据"主营业务收入"和"其他业务收入"科目的本期发生额分析填列，选项 D 正确。

39.【答案】ABCD

【解析】销售原材料的成本计入其他业务成本，影响利润表"营业成本"项目，选项 A 正确；转销已售商品相应的存货跌价准备计入的是主营业务成本，影响利润表"营业成本"项目，选项 B 正确；出租非专利技术的摊销额计入其他业务成本，影响利润表"营业成本"项目，选项 C 正确；出售商品的成本计入主营业务成本，影响利润表"营业成本"项目，选项 D 正确。

40.【答案】BC

【解析】持有交易性金融资产期间取得的利息收入，应计入"投资收益"科目，选项 A 错误；出售固定资产实现的净收益，应计入"资产处置损益"科目，选项 D 错误。

41.【答案】√

## 第四节　现金流量表

### 一个小目标

| 必须掌握 | 了解一下 |
| --- | --- |
| 现金流量表概述 | |
| 现金流量表的编制 | |

微信扫码
观看视频课程

### 考点 1：现金流量表概述

(一) 现金流量表的概念

现金流量表，是指反映企业在一定会计期间现金和现金等价物流入和流出的报表。它是以资产负债表和利润表等会计核算资料为依据，按照收付实现制❶会计基础要求对现金流量的结构性表述，揭示企业在一定会计期间获取现金及现金等价物的能力。

(1) 现金，是指企业库存现金以及可以随时用于支付的存款。不能随时用于支付的存款不属于现金。

(2) 现金等价物，是指企业持有的期限短、流动性强、易于转换为已知金额现金、价值变动风险很小的投资。期限短，一般是指从购买日起三个月内到期。现金等价物通常包括三个月内到期的债券投资等。权益性投资变现的金额通常不确定，因而不属于现金等价物。

(3) 现金流量，是指现金和现金等价物的流入和流出。

(二) 现金流量表的结构原理

**1. 现金流量表的结构内容**

现金流量表的基本结构根据"现金流入量 – 现金流出量 = 现金净流量"公式设计。现金流量包括现金流入量、现金流出量、现金净流量。根据企业业务活动的性质和现金流量的功能，现金流量主要可以分为三类并在现金流量表中列示，即：经营活动产生的现金流量、投资活动产生的现金流量和筹资活动产生的现金流量。每一项分为流入量、流出量和净流量三部分分项列示。

**小鱼讲重点**

❶ 在所有的报表中，只有现金流量表是以"收付实现制"为基础进行编制的。

(1) 经营活动产生的现金流量主要项目内容如下：

① "销售商品、提供劳务收到的现金"项目。该项目反映企业本期销售商品、提供劳务收到的现金，以及前期销售商品、提供劳务本期收到的现金（包括销售收入和应向购买者收取的增值税销项税额）和本期预收的款项，减去本期销售本期退回商品和前期销售本期退回商品支付的现金。企业销售材料和代购代销业务收到的现金，也在本项目反映。

② "收到的税费返还"项目。该项目反映企业收到返还的所得税、增值税、消费税、关税和教育费附加等各种税费返还款。

③ "收到其他与经营活动有关的现金"项目。该项目反映企业经营租赁收到的租金等其他与经营活动有关的现金流入，金额较大的应当单独列示。

④ "购买商品、接受劳务支付的现金"项目。该项目反映企业本期购买商品、接受劳务实际支付的现金（包括增值税进项税额），以及本期支付前期购买商品、接受劳务的未付款项和本期预付款项，减去本期发生的购货退回收到的现金。企业购买材料和代购代销业务支付的现金，也在本项目反映。

⑤ "支付给职工以及为职工支付的现金"项目。该项目反映企业本期实际支付给职工的工资、奖金、各种津贴和补贴等职工薪酬（包括代扣代缴的职工个人所得税）。

⑥ "支付的各项税费"项目。该项目反映企业本期发生并支付、以前各期发生本期支付以及预交的各项税费，包括所得税、增值税、消费税、印花税、房产税、土地增值税、车船税、教育费附加等。

⑦ "支付其他与经营活动有关的现金"项目。该项目反映企业经营租赁支付的租金、支付的差旅费、业务招待费、保险费、罚款支出等其他与经营活动有关的现金流出金额较大的应当单独列示。

(2) 投资活动产生的现金流量主要项目内容如下：

① "收回投资收到的现金"项目。该项目反映企业出售、转让或到期收回除现金等价物以外的对其他企业的权益工具、债务工具和合营中的权益。

② "取得投资收益收到的现金"项目。该项目反映企业除现金等价物以外的对其他企业的权益工具、债务工具和合营中的权益投资分回的现金股利和利息等。

③ "处置固定资产、无形资产和其他长期资产收回的现金净额"项目。该项目反映企业出售、报废固定资产、无形资产和其他长期资产所取得的现金（包括因资产毁损而收到的保险赔偿收入），减去为处置这些资产而支付的有关费用后的净额。

④ "处置子公司及其他营业单位收到的现金净额"项目。该项目反映企业处置子公司及其他营业单位所取得的现金减去相关处置费用，以及子公司及其他营业单位持有的现金和现金等价物后的净额。

⑤ "收到其他与投资活动有关的现金"项目。该项目反映企业除上述①至④项目外收到的其他与投资活动有关的现金流入或流出，金额较大的应当单独列示。

⑥ "购建固定资产、无形资产和其他长期资产支付的现金"项目。该项目反映企业购买、建造固定资产、取得无形资产和其他长期资产所支付的现金（含增值税款等），以及用现金支付的应由在建工程和无形资产负担的职工薪酬。

⑦ "投资支付的现金"项目。该项目反映企业取得除现金等价物以外的对其他企业的权益工具、债务工具和合营中的权益所支付的现金以及支付的佣金、手续费等附加费用。

⑧ "取得子公司及其他营业单位支付的现金净额"项目。该项目反映企业购买子公司及其他营业单位购买出价中以现金支付的部分，减去子公司及其他营业单位持有的现金和现金等价物后的净额。

⑨ "支付其他与投资活动有关的现金"项目。该项目反映企业除上述⑥至⑧项目外支付的其他与投资活动有关的现金流入或流出，金额较大的应当单独列示。

（3）筹资活动产生的现金流量主要项目内容如下：

① "吸收投资收到的现金"项目。该项目反映企业以发行股票、债券等方式筹集资金实际收到的款项，减去直接支付给金融企业的佣金、手续费、宣传费、咨询费、印刷费等发行费用后的净额。

② "取得借款收到的现金"项目。该项目反映企业举借各种短期、长期借款而收到的现金。

③ "收到其他与筹资活动有关的现金"项目，反映企业除上述①和②项目外，收到的其他与筹资活动有关的现金流入或流出，金额较大的应当单独列示。

④ "偿还债务支付的现金"项目。该项目反映企业以现金偿还债务的本金。

⑤ "分配股利、利润或偿付利息支付的现金"项目。该项目反映企业实际支付的现金股利、支付给其他投资单位的利润或用现金支付的借款利息、债券利息。

⑥ "支付其他与筹资活动有关的现金"项目。该项目反映企业除上述④和⑤项目外，支付的其他与筹资活动有关的现金流入或流出，金额较大的应当单独列示。

**2. 现金流量表的格式**

现金流量表的格式，是指现金流量表结构内容的编排顺序和方式。现金流量表的格式应有利于反映企业业务活动的性质和现金流量的来源，其基本原理是依据以权责发生制为基础提供的会计核算资料，按照收付实现制基础进行调整计算，以反映现金流量增减变动及其结果，即将以权责发生制为基础编制的资产负债表和利润表资料按照收付实现制基础调整计算编制现金流量表。调整计算方法通常有直接法和间接法两种。

（1）直接法，是指通过现金收入和现金支出的主要类别列示企业经营活动现金流量的一种方法❶。

（2）间接法，是指将净利润调整为经营活动现金流量的一种方法❷。

直接法是以利润表中的营业收入为起算点调整计算经营活动产生的现金流量净额，而间接法则是以净利润为起算点调整计算经营活动产生的现金流量净额，二者的结果是一致的。

调整计算的经营活动产生的现金流量净额加上投资活动产生的现金流量净额和筹资活动产生的现金流量净额为报告期的现金及现金等价物净增加额，再加上报告期期初现金及现金等价物余额等于期末现金及现金等价物余额。

以直接法编制的现金流量表便于分析经营活动产生的现金流量的来源和用途，预测企业现金流量的未来前景；而以间接法编制的现金流量表则便于将净利润与经营活动产生的现金流量净额进行比较，了解净利润与经营活动产生的现金流量差异的原因，从现金流量的角度分析净利润的质量，二者可以相互验证和补充。

按照我国现行会计准则规定，企业应当采用直接法列示经营活动产生的现金流量。同时规定，企业应当在附注中披露将净利润调整为经营活动现金流量的信息。由此，现金流量表的格式分为直接法格式和间接法格式两种。

### （三）现金流量表的作用

现金流量表相较于资产负债表和利润表具有许多不同的重要作用，主要表现在以下几个方面：

（1）现金流量表提供了企业一定会计期间内现金和现金等价物流入和流出的现金流量信息，可以弥补基于权责发生制基础编报提供的资产负债表和利润表的某些固有缺陷，在资产负债表与利润表之间架起一条连接的纽带，揭示企业财务状况与经营成果之间的内在关系，便于会计报表使用者了解企业净利润的质量。

> **小鱼讲重点**
>
> ❶ 例如，某企业某年度利润表中列示的营业收入为100万元，资产负债表中列示的应收账款年末金额为20万元、上年年末金额为15万元，不考虑其他因素影响，则表明该企业当年度100万元的营业收入中有5万元尚未收到现金，即销售商品收到的现金为95万元。
>
> ❷ 例如，某企业某年度利润表中列示的净利润为10万元，资产负债表中列示的应收账款年末金额为20万元、上年年末金额为15万元，不考虑其他因素影响，则表明该企业当年度10万元的净利润中有5万元尚未收到现金，即经营活动产生的现金流量净额为5万元。

（2）现金流量表分别提供了经营活动、投资活动和筹资活动产生的现金流量，每类又分为若干具体项目，分别从不同角度反映企业业务活动的现金流入、流出及其影响现金净流量的因素，弥补了资产负债表和利润表分类列报内容的某些不足，从而帮助使用者了解和评价企业获取现金及现金等价物的能力，包括企业支付能力、偿债能力和周转能力，进而预测企业未来的现金流量情况，为其决策提供有力的依据。

（3）现金流量表以收付实现制为基础，对现金的确认和计量在不同企业间基本一致，提高了企业之间更加可比的会计信息，有利于会计报表使用者提高决策的质量和效率。

（4）现金流量表以收付实现制为基础编制，降低了企业盈余管理程度，提高了会计信息质量，有利于更好发挥会计监督职能作用，改善公司治理状况，进而促进实现会计决策有用性和维护经济资源配置秩序、提高经济效益的目标要求。

## 考点 2：现金流量表的编制

### （一）现金流量表的编制要求

现金流量表应当分别经营活动、投资活动和筹资活动列报现金流量。现金流量应当分别按照现金流入和现金流出总额列报。但是，下列各项可以按照净额列报：

（1）代客户收取或支付的现金。

（2）周转快、金额大、期限短项目的现金流入和现金流出。

（3）金融企业的有关项目，包括短期贷款发放与收回的贷款本金、活期存款的吸收与支付、同业存款和存放同业款项的存取、向其他金融企业拆借资金，以及证券的买入与卖出等。

（4）自然灾害损失、保险索赔等特殊项目，应当根据其性质，分别归并到经营活动、投资活动和筹资活动现金流量类别中单独列报。

（5）外币现金流量以及境外子公司的现金流量，应当采用现金流量发生日的即期汇率或按照系统合理的方法确定的、与现金流量发生日即期汇率近似的汇率折算。汇率变动对现金的影响额应当作为调整项目，在现金流量表中单独列报"汇率变动对现金及现金等价物的影响"。

### （二）直接法

运用直接法编制现金流量表可采用工作底稿法或T型账户法，也可以根据有关会计科目记录分析填列。

**1. 工作底稿法**

工作底稿法是以工作底稿为手段，以资产负债表和利润表数据为基础，分别对每一项目进行分析并编制调整分录，进而编制现金流量表的一种方法。具体步骤和程序如下：

第一步，将资产负债表的期初数和期末数分别过入工作底稿的期初数栏和期末数栏，如下表所示。

现金流量表工作底稿（简表）　　　　　　　　金额单位：万元

| 项目 | 期初数 | 调整分录 | | 期末数 |
| --- | --- | --- | --- | --- |
| | | 借方 | 贷方 | |
| 一、资产负债表项目 | | | | |
| 流动资金： | | | | |
| 货币资金 | 500 | | （20）184.4 | 315.6 |
| 应收账款 | 2 000<br>（坏账准备 100） | （1）200 | （8）150 | 2 050<br>（坏账准备 250） |
| 存货 | 1 800 | | （2）351 | 1 449 |

续表

| 项目 | 期初数 | 调整分录 借方 | 调整分录 贷方 | 期末数 |
|---|---|---|---|---|
| 流动资产合计 | 4 300 | | | 3 814.6 |
| 非流动资产: | | | | |
| 　长期股权投资 | 1 700 | (7) 205 | | 1 905 |
| 　固定资产 | 5 600（累计折旧 1 400） | (12) 1 800 | (11) 350 | 7 050（累计折旧 1 400+350） |
| 　无形资产 | 400（累计摊销 80） | | (13) 40 | 360（累计摊销 120） |
| 　非流动资产合计 | 7 700 | | | 9 315 |
| 　资产总计 | 12 000 | | | 13 129.6 |
| 流动负债: | | | | |
| 　短期借款 | 300 | (14) 300 | | 0 |
| 　应付账款 | 500 | | (2) 108 | 608 |
| 　应付职工薪酬 | 35 | (16) 436.8 | (15) 478.8 | 77 |
| 　应交税费 | 320 | (2) 207.87 (12) 234 (17) 242.53 | (1) 390 (3) 53 (9) 30.25 | 108.85 |
| 　流动负债合计 | 1 155 | | | 793.85 |
| 非流动负债: | | | | |
| 　长期借款 | | | | |
| 　应付债券 | | | | |
| 　非流动负债合计 | 0 | | | 0 |
| 　负债合计 | 1 155 | | | 793.85 |
| 所有者权益: | | | | |
| 　实收资本 | 8 000 | | (18) 1 000 | 9 000 |
| 　资本公积 | 2 000 | | (18) 400 | 2 400 |
| 　盈余公积 | 800 | | (19) 13.6125 | 813.6125 |
| 　未分配利润 | 45 | (19) 13.6125 | (10) 90.75 | 122.1375 |
| 　所有者权益合计 | 10 845 | | | 12 335.75 |
| 　负债及所有者权益总计 | 12 000 | | | 13 129.6 |
| 二、利润表项目 | | | | |
| 营业收入 | | | (1) 3 000 | 3 000 |
| 减: 营业成本 | | (2) 1 950 | | 1 950 |
| 　税金及附加 | | (3) 53 | | 53 |
| 　销售费用 | | (4) 263.64 | | 263.64 |
| 　管理费用 | | (5) 657.36 | | 657.36 |
| 　研发费用 | | | | |
| 　财务费用 | | (6) 10 | | 10 |
| 加: 其他收益 | | | | |
| 　投资收益 | | | (7) 205 | 205 |
| 　公允价值变动收益 | | | | |
| 　信用减值损失 | | (8) 150 | | 150 |
| 　资产减值损失 | | | | |
| 　资产处置收益 | | | | |
| 　营业外收入 | | | | |
| 　营业外支出 | | | | |
| 减: 所得税费用 | | (9) 30.25 | | 30.25 |

| 项目 | 期初数 | 调整分录 借方 | 调整分录 贷方 | 期末数 |
|---|---|---|---|---|
| 净利润 | | (10) 90.75 | | 90.75 |
| 三、现金流量表项目 | | | | |
| （一）经营活动产生的现金流量： | | | | |
| 销售商品、提供劳务收到的现金 | | (1) 2 800 | | 2 800 |
| 收到的其他与经营活动有关的现金 | | | | |
| 现金流入量小计 | | | | 2 800 |
| 购买商品、接受劳务支付的现金 | | | (2) 1 491 | 1 491 |
| 支付给职工以及为职工支付的现金 | | | (16) 436.8 | 436.8 |
| 支付的各项税费 | | (1) 390 | (2) 207.87<br>(12) 234<br>(17) 242.53 | 294.4 |
| 支付的其他与经营活动有关的现金 | | (11) 350<br>(13) 40<br>(15) 478.8 | (4) 263.64<br>(5) 657.36 | 52.2 |
| 经营活动现金流出量小计 | | | | 2 274.4 |
| 经营活动产生的现金流量净额 | | | | 525.6 |
| （二）投资活动产生的现金流量： | | | | |
| 收回投资所收到的现金 | | | | |
| 取得投资收益收到的现金 | | (7) 205 | | 205 |
| 处置固定资产、无形资产和其他长期资产收回的现金净额 | | | | |
| 处置子公司及其他营业单位收到的现金 | | | | |
| 收到其他与投资活动有关的现金 | | | | |
| 投资活动现金流入量小计 | | | | 205 |
| 购建固定资产、无形资产和其他长期资产支付的现金 | | | (12) 1 800 | 1 800 |
| 投资支付的现金 | | | (7) 205 | 205 |
| 取得子公司及其他营业单位支付的现金 | | | | |
| 支付其他与投资活动有关的现金 | | | | |
| 投资活动现金流出量小计 | | | | 2 005 |
| 投资活动产生的现金流量净额 | | | | −1 800 |
| （三）筹资活动产生的现金流量： | | | | |
| 吸收投资所收到的现金 | | (18) 1 400 | | 1 400 |

续表

| 项目 | 期初数 | 调整分录 借方 | 调整分录 贷方 | 期末数 |
|---|---|---|---|---|
| 取得借款所收到的现金 | | | | |
| 发行债券收到的现金 | | | | |
| 收到其他与筹资活动有关的现金 | | | | |
| 筹资活动现金流入量小计 | | | | 1 400 |
| 偿还债务所支付的现金 | | | (14) 300 | 300 |
| 分配股利、利润和偿付利息所支付的现金 | | | (6) 10 | 10 |
| 支付其他与筹资活动有关的现金 | | | | |
| 筹资活动现金流出量小计 | | | | 310 |
| 筹资活动产生的现金流量净额 | | | | 1 090 |
| （四）现金及现金等价物净减少额 | | (20) 184.4 | | 184.4 |
| 四、调整分录借贷合计 | | 12 693.012 5 | 12 693.012 5 | |

第二步，对当期业务进行分析并编制调整分录。编制调整分录时，以利润表项目为基础，从"营业收入"项目开始，结合资产负债表项目逐一进行分析调整。将有关现金及现金等价物的流入流出，分别记入"经营活动产生的现金流量""投资活动产生的现金流量""筹资活动产生的现金流量"有关项目（指现金流量表中应列示的具体项目），借方表示现金流入，贷方表示现金流出，借方余额表示现金流入量净额，贷方余额表示现金流出量净额。

【例1】乙公司为从事商品采购与销售业务的增值税一般纳税人。该公司未发生涉及本位币之外的业务。2020年12月31日已编制的资产负债表和利润表资料如上表所示，分析调整编制调整分录如下。

调整营业收入：

乙公司利润表中列示"营业收入"项目金额为3 000万元，资产负债表中列示"应收账款"项目年末较年初增加金额200万元。应编制调整分录如下：

| | |
|---|---|
| 借：经营活动的现金流量——销售商品收到的现金 | 2 800 |
| ——支付的各项税费 | 390 |
| 应收账款 | 200 |
| 贷：营业收入 | 3 000 |
| 应交税费——应交增值税 | 390 |

说明，由于支付的各项税费在现金流量表中要求单独列报，对于不能直接计入资产成本或费用的增值税需要调整。（下同）

调整营业成本：

乙公司2020年利润表中列示"营业成本"项目金额为1 950万元，资产负债表中列示"应付账款"项目年末较年初增加金额108万元，"存货"项目年末较年初减少金额351万元。应编制调整分录如下：

| | |
|---|---|
| 借：营业成本 | 1 950 |
| 应交税费——应交增值税 | 207.87 |
| 贷：应付账款 | 108 |
| 存货 | 351 |

| | | |
|---|---|---|
| 经营活动的现金流量——购进商品支付的现金 | | 1 491 |
| ——支付的各项税费 | | 207.87 |

调整税金及附加：

借：税金及附加 　　　　　　　　　　　　　　　　　53
　　贷：应交税费 　　　　　　　　　　　　　　　　　　　53

调整销售费用：

借：销售费用 　　　　　　　　　　　　　　　　　263.64
　　贷：经营活动的现金流量——支付的其他与经营活动有关的现金　263.64

说明，对于销售费用等期间费用在调整时需要全额调整记入"经营活动的现金流量——支付的其他与经营活动有关的现金"项目，对于其中不需要支付现金的部分，如应付职工薪酬、计提折旧或摊销等，在调整相应项目时，调整记入"经营活动的现金流量——支付的其他与经营活动有关的现金"项目的相反方向。（下同）

调整管理费用：

借：管理费用 　　　　　　　　　　　　　　　　　657.36
　　贷：经营活动的现金流量——支付的其他与经营活动有关的现金　657.36

调整财务费用：

借：财务费用 　　　　　　　　　　　　　　　　　10
　　贷：筹资活动的现金流量——分配股利、利润和偿付利息所支付的现金　10

说明，本期财务费用为短期借款利息费用。

调整投资收益：

借：长期股权投资 　　　　　　　　　　　　　　　205
　　贷：投资活动的现金流量——投资支付的现金　　　　　205

同时：

借：投资活动的现金流量——取得投资收益收到的现金　205
　　贷：投资收益 　　　　　　　　　　　　　　　　　　205

说明，本期取得的投资收益为长期股权投资，采用权益法核算确认。

调整信用减值损失：

借：信用减值损失 　　　　　　　　　　　　　　　150
　　贷：坏账准备 　　　　　　　　　　　　　　　　　　150

调整所得税费用：

借：所得税费用 　　　　　　　　　　　　　　　　30.25
　　贷：应交税费——应交所得税 　　　　　　　　　　　30.25

调整净利润：

借：净利润 　　　　　　　　　　　　　　　　　　90.75
　　贷：未分配利润 　　　　　　　　　　　　　　　　　90.75

调整固定资产折旧：

借：经营活动的现金流量——支付的其他与经营活动有关的现金　350
　　贷：累计折旧 　　　　　　　　　　　　　　　　　　350

说明，本期计提固定资产折旧费计入管理费用的为280万元，计入销售费用的为70万元。

调整固定资产：

借：固定资产 　　　　　　　　　　　　　　　　　1 800

| | | |
|---|---|---|
| 　　应交税费——应交增值税 | 234 | |
| 　贷：投资活动的现金流量——购建固定资产等长期资产支付的现金 | 1 800 | |
| 　　　经营活动的现金流量——支付的各项税费 | 234 | |

调整无形资产摊销：
借：经营活动的现金流量——支付的其他与经营活动有关的现金　　40
　贷：累计摊销　　40

调整短期借款：
借：短期借款　　300
　贷：筹资活动的现金流量——偿还债务所支付的现金　　300

调整应付职工薪酬：
借：经营活动的现金流量——支付的其他与经营活动有关的现金　　478.8
　贷：应付职工薪酬　　478.8

调整支付的职工薪酬：
根据乙公司资产负债表中应付职工薪酬及相关项目的年初年末金额的差额分析调整。
借：应付职工薪酬　　436.8
　贷：经营活动的现金流量——支付给职工以及为职工支付的现金　　436.8

调整缴纳或支付的增值税及其他税费：
借：应交税费　　242.53
　贷：经营活动的现金流量——支付的各项税费　　242.53

调整实收资本、资本公积：
借：筹资活动的现金流量——吸收投资所收到的现金　　1 400
　贷：实收资本　　1 000
　　　资本公积　　400

调整利润分配：
借：未分配利润　　13.6125
　贷：盈余公积　　13.6125

调整现金及现金等价物：
借：现金及现金等价物净减少额　　184.4
　贷：货币资金　　184.4
说明，本项目根据资产负债表中"货币资金"项目期初数与期末数的差额分析计算调整。

第三步，将调整分录过入工作底稿中的相应部分。

第四步，核对工作底稿中各项目的借方、贷方合计数是否相等，若相等一般表明调整分录无误。资产负债表中各项目期初数额加减调整分录中的借贷金额后的金额应等于期末金额；工作底稿中调整分录借方金额合计应等于贷方金额合计。

第五步，根据工作底稿中的现金流量表项目部分编制正式的现金流量表。

**2. T 型账户法**

T 型账户法是以 T 型账户为手段，以资产负债表和利润表数据为基础，分别对每一项目进行分析并编制调整分录，进而编制现金流量表的一种方法。具体步骤和程序如下：

第一步，为所有非现金项目（包括资产负债表项目和利润表项目）分别开设 T 型账户，并将各项目的期末期初变动数额过入各该账户。如果某项目的期末数大于期初数，则将其差额过入和该项目余额相同的方向；反之，过入相反的方向。对于资产项目而言，如果期末余额大于期初余额，过入相关资产项目的借方，表明报告期内某项资产项目增加引发现金流出量增加。反之，如果期末余额小于期初余额，过入相关资产项目的贷方，表明报告期内某项资产项目减少引发现金流入量增加。

第二步，开设一个大的"现金及现金等价物"T型账户，分设"经营活动""投资活动""筹资活动"三个二级T型账户，左方为借方登记现金流入，右方为贷方登记现金流出，借方余额为现金流入净额，贷方余额为现金流出净额。

第三步，对当期业务进行分析并编制调整分录。编制调整分录时，以利润表项目为基础，从"营业收入"项目开始，结合资产负债表项目对非现金项目逐一进行分析调整。

第四步，将调整分录过入各T型账户，并进行核对。

第五步，根据T型账户编制正式的现金流量表。

### （三）间接法 ❶

企业采用间接法编制现金流量表的基本步骤如下：

第一步，将报告期利润表中净利润调节为经营活动产生的现金流量。具体方法为**以净利润为起算点，加上编制利润表时作为净利润减少而报告期没有发生现金流出的填列项目，减去编制利润表时作为净利润增加而报告期没有发生现金流入的填列项目，以及不属于经营活动的现金流量。**

**1. 应加回的项目**

本类项目属于净利润中没有实际支付现金的费用，需要在净利润的基础上分析调整的项目。

（1）"资产减值准备"项目。反映企业报告期计提的存货跌价准备、投资性房地产减值准备、长期股权投资减值准备、债权投资减值准备、使用权资产减值准备、固定资产减值准备、在建工程减值准备、无形资产减值准备、商誉减值准备等对现金流量的影响。该项目在利润表中作为净利润项目的减项已经扣除，但在报告期内不需要支付现金，应予以加回。本项目可根据利润表中"资产减值损失"项目的填列金额直接填列。

（2）"信用损失准备"项目。反映企业报告期计提的坏账准备对现金流量的影响。该项目在利润表中作为净利润项目的减项已经扣除，但在报告期内不需要支付现金，应予以加回。本项目可根据利润表中"信用减值损失"项目的填列金额直接填列。

（3）"固定资产折旧、油气资产折耗、生产性生物资产折旧"项目。反映企业报告期计提的固定资产折旧、油气资产折耗、生产性生物资产折旧、使用权资产折旧、投资性房地产折旧等对现金流量的影响。该项目在利润表中作为净利润项目的减项已经扣除，但在报告期内不需要支付现金，应予以加回。本项目可根据资产负债表及其报表附注中或"累计折旧""累计折耗""生产性生物资产累计折旧""使用权资产累计折旧""投资性房地产累计折旧"科目的贷方发生额等分析计算填列。

（4）"无形资产摊销"项目。反映企业报告期计提的无形资产摊销对现金流量的影响。该项目在利润表中作为净利润项目的减项已经扣除，但在报告期内不需要支付现金，应予以加回。本项目可根据资产负债表及其报表附注中或"累计摊销"科目的贷方发生额等分析计算填列。

（5）"长期待摊费用摊销"项目。反映企业报告期计提的长期待摊费用摊销对现金流量的影响。该项目在利润表中作为净利润项目的减项已经扣除，但在报告期内不需要支付现金，应予以加回。本项目可根据资产负债表及其报表附注中或"长期待摊费用累计摊销"科目的贷方发生额等分析计算填列。

**2. 应加回或减去的项目**

本类项目属于净利润中没有实际支付现金的费用或没有实际收到现金的收益，需要在

---

**🐟 小鱼讲重点**

❶ 核心编制方法：

（1）经营活动产生的现金流量 = 净利润 + 资产减值准备 + 信用损失准备 + 固定资产折旧、油气资产折耗、生产性生物资产折旧 + 无形资产摊销 + 长期待摊费用摊销

（2）经营活动产生的现金流量 = 净利润 + 资产处置损失（- 资产处置收益）+ 固定资产报废净损失（营业外支出）（- 固定资产报废净收益）（营业外收入）+ 公允价值变动损失（- 公允价值变动收益）+ 筹资活动或投资活动的财务费用（- 筹资活动或投资活动的财务收益）+ 投资损失（- 投资收益）+ 递延所得税资产减少（- 递延所得税资产增加）+ 递延所得税负债增加（- 递延所得税负债减少）+ 存货的减少（- 存货的增加）

（3）经营活动产生的现金流量 = 净利润 + 经营性应收项目减少（- 经营性应收项目增加）+ 经营性应付项目增加（- 经营性应付项目减少）

净利润的基础上分析调整。

(1) "处置固定资产、无形资产和其他长期资产的损失（收益以'-'号填列）"项目。反映企业报告期内发生的处置固定资产、无形资产和其他长期资产的净损益对现金流量的影响。本项目内容属于计入净利润项目的投资活动产生的现金流量，在列报经营活动产生的现金流量时应予以扣除，对于发生的处置固定资产、无形资产和其他长期资产的净损失应予以加回；反之，对于实现的处置固定资产、无形资产和其他长期资产的净收益应予以减去。本项目可根据"资产处置损益"科目分析计算填列。

(2) "固定资产报废损失（收益以'-'号填列）"项目。反映企业报告期内发生的固定资产报废净损益对现金流量的影响。本项目内容属于计入净利润项目的投资活动产生的现金流量，在列报经营活动产生的现金流量时应予以扣除，对于发生的固定资产报废净损失应予以加回；反之，对于实现的固定资产报废净收益应予以减去。本项目可根据利润表中"营业外收入"项目和"营业外支出"项目或"营业外收入"科目和"营业外支出"科目分析计算填列。在根据营业外收支分析计算时，应注意对于企业日常活动之外的、不经常发生的特殊项目，如自然灾害损失、保险赔款、捐赠等，如果其中有能够确指属于流动资产损失的应当列入经营活动产生的现金流量，不应调整。

(3) "公允价值变动损失（收益以'-'号填列）"项目。反映企业报告期内公允价值变动损益对现金流量的影响。本项目内容属于计入企业净利润项目的投资活动产生的现金流量，同时公允价值变动收益也未产生现金流量，在列报经营活动产生的现金流量时应予以扣除，对于发生的公允价值变动损失应予以加回；反之，对于发生的公允价值变动收益应予以减去。本项目可根据利润表中"公允价值变动收益（损失以'-'号填列）"项目分析计算填列。

(4) "财务费用（收益以'-'号填列）"项目。反映企业报告期内发生的财务费用（或收益）对现金流量的影响。本项目内容的性质较为复杂，可能分别归属于经营活动、投资活动或筹资活动产生的现金流量。各种借款利息等属于筹资活动的现金流量项目，应收票据贴现利息、办理银行转账结算的手续费等属于经营活动产生的现金流量项目。对于属于筹资活动或投资活动的财务费用应予以加回；反之，对于属于筹资活动或投资活动的财务收益应予以减去；对于属于经营活动产生的现金流量项目应根据利息费用或利息收入等具体情况分析计算调整。本项目可根据"财务费用"和"其他应收款——应收利息""其他应付款——应付利息"等项目的具体内容分析计算填列。

(5) "投资损失（收益以'-'号填列）"项目。反映企业报告期内发生的投资损失（或收益）对现金流量的影响。本项目内容属于计入净利润项目的投资活动产生的现金流量，在列报经营活动产生的现金流量时应予以扣除，对于发生的投资损失应予以加回；反之，对于发生的投资收益应予以减去。本项目应根据利润表中"投资收益（损失以'-'号填列）"项目分析计算填列。

(6) "递延所得税资产减少（增加以'-'号填列）"项目。反映企业报告期内产生的递延所得税资产减少（或增加）对现金流量的影响。递延所得税资产属于企业未来期间的应纳税所得额及应交所得税，不构成报告期的现金流量。具体而言，本项目内容属于计入净利润项目中"所得税费用"项目的内容，在计算"所得税费用"时，递延所得税资产减少额记入"所得税费用"科目的增加额，减少了报告期利润表中的净利润，应予以加回；反之，递延所得税资产增加额记入"所得税费用"科目的减少额，增加了报告期利润表中的净利润，应予以减去。本项目可根据资产负债表中"递延所得税资产"项目的期末期初金额的差额分析计算填列。

(7) "递延所得税负债增加（减少以'-'号填列）"项目。反映企业报告期内产生的递延所得税负债增加（或减少）对现金流量的影响。递延所得税负债属于企业未来期间的应纳税所得额及应交所得税，不构成报告期的现金流量。具体而言，本项目内容属于计入净利润项目中"所得税费用"项目的内容，在计算"所得税费用"时，递延所得税负债增加额记入"所得税费用"科目的增加额，减少了报告期利润表中的净利润，应予以加回；反之，递延所得税负债减少额记入"所得税费用"科目的减少额，增加了报告期利润表中的净利润，应予以减去。本项目可根据资产负债表中"递延所得税负债"项目的期末期初金额的差额分析计算填列。

（8）"存货的减少（增加以'-'号填列）"项目。反映企业报告期内产生的存货减少（或增加）对现金流量的影响。资产负债表中"存货"项目的年末较年初减少的差额，说明报告期消耗或发出了期初存货，这部分存货在报告期不需要支付现金，但按报告期营业成本等计算的净利润已经减去了这部分不需要支付的现金，应予以加回；反之，资产负债表中"存货"项目的年末较年初增加的差额，这部分存货在报告期已经支付了现金，但按报告期营业成本计算的净利润并未减去这部分需要支付的现金，应予以减去。此外，存货减少可能有属于投资活动或筹资活动的现金流量部分，填列该项目时需要分析计算调整非经营活动的现金流量。本项目可根据资产负债表中"存货"项目期末期初数的差额和报表附注中"存货跌价准备"项目的期末期初数的差额分析计算填列。

**3. 经营性应收应付项目的增减变动**

本类项目属于不直接影响净利润的经营活动产生的现金流入量或流出量，需要在净利润的基础上分析调整的项目。

（1）"经营性应收项目的减少（增加以'-'号填列）"项目。反映企业报告期内发生的经营性应收项目减少（或增加）对现金流量的影响。经营性应收项目包括应收票据、应收账款、预付账款、合同资产、其他应收款和长期应收款等项目中与经营活动有关的部分。资产负债表中经营性应收项目减少，表明报告期内收到了以前年度应收项目的现金，形成在净利润之外的营业活动现金流入量，应予以加回；反之，经营性应收项目增加，表明报告期的净利润中有尚未收到的现金流入量，应予以减去。本项目可根据资产负债表中"经营性应收项目"期末期初数的差额和报表附注中"坏账准备"项目的期末期初数的差额分析计算填列。

（2）"经营性应付项目的增加（减少以'-'号填列）"项目。反映企业报告期内发生的经营性应付项目增加（或减少）对现金流量的影响。经营性应付项目包括应付票据、应付账款、预收账款、合同负债、其他应付款和长期应付款等项目中与经营活动有关的部分。资产负债表中经营性应付项目增加，表明报告期内"存货"等项目中存在尚未支付的应付项目的现金，在计算净利润时通过"营业成本"等项目已经扣除，形成净利润中存在尚未发生的经营活动现金流出量，应予以加回；反之，经营性应付项目减少，表明报告期计算净利润时存在尚未扣除的现金流出量，应予以减去。本项目可根据资产负债表中"经营性应付项目"期末期初数的差额分析计算填列。

第二步，分析调整不涉及现金收支的重大投资和筹资活动项目。本项目反映企业一定会计期间内影响资产或负债但不形成该期现金收支的各项投资或筹资活动的信息资料。如企业报告期内实施的债务转为资本、一年内到期的可转换的公司债券、融资租入固定资产等。该类项目虽然不涉及报告期实际的现金流入流出，但对以后各期的现金流量有重大影响。此类需要列报的项目有：

（1）债务转为资本。反映企业报告期内转为资本的债务金额。本项目可根据资产负债表中"应付债券""长期应付款""实收资本""资本公积"等项目分析计算填列。

（2）一年内到期的可转换公司债券。反映企业报告期内到期的可转换公司债券的本息。

本项目可根据资产负债表中"应付债券——优先股"等项目分析计算填列。

（3）融资租入固定资产。反映企业报告期内融资租入的固定资产。本项目可根据资产负债表中"使用权资产""长期应付款""租赁负债"等项目分析计算填列。

第三步，分析调整现金及现金等价物净变动情况。本项目反映现金及现金等价物增减变动及其净增加额。本项目可根据资产负债表中"货币资金"项目及现金等价物期末期初余额及净增额分析计算填列。

第四步，编制正式的现金流量表补充资料。具体方法可采用前述工作底稿法或T型账户法，也可以根据有关会计科目记录分析填列。这里不再赘述。

### 📗 小鱼讲例题

**42.【单选题】** 下列各项中，应列入企业现金流量表中"经营活动产生的现金流量"的项目是（　　）【2022年】
A. 支付的各项税费
B. 取得子公司支付的现金净额
C. 购建固定资产支付的现金
D. 偿还借款支付的现金

**43.【多选题】** 下列各项应收应付款项中，将净利润调节为经营活动现金流量时应加回的有（　　）。
A. 应收账款的增加额（年末余额高于年初余额的差额）
B. 应付账款的减少额（年末余额低于年初余额的差额）
C. 应收票据的减少额（年末余额低于年初余额的差额）
D. 坏账准备的增加额（年末余额高于年初余额的差额）

**42.【答案】** A
【解析】选项B，属于"取得子公司及其他营业单位支付的现金"项目，属于"投资活动产生的现金流量"；选项C，属于"购建固定资产、无形资产和其他长期资产支付的现金"项目，"投资活动产生的现金流量"；选项D，属于"偿还债务所支付的现金"项目，属于"筹资活动产生的现金流量"。

**43.【答案】** CD
【解析】应收票据的减少额，表明企业在本期净利润之外收到以前期间的现金流量；坏账准备的增加额，表明企业本期净利润已扣除的信用减值损失增加，但这部分没有产生现金流量。

## 第五节　所有者权益变动表　**2分考点**

微信扫码
观看视频课程

### 📘 一个小目标

| 必须掌握 | 了解一下 |
| --- | --- |
| 所有者权益变动表的基本原理 | |
| 所有者权益变动表的填列方法 | |

### 📖 考点1：所有者权益变动表的基本原理

**（一）所有者权益变动表的概念**

所有者权益变动表是指反映<u>构成所有者权益各组成部分当期增减变动情况</u>的报表。它是对资产负债表的补充及对所有者权益增减变动情况的进一步说明。其主要作用有两个方面：

（1）通过所有者权益变动表，既可以为财务报表使用者提供所有者权益总量增减变动的信息，也能为其提供所有者权益增减变动的结构性信息，特别是能够让财务报表使用者理解所有者权益增减变动的根源；

（2）所有者权益增减变动表将综合收益和所有者（或股东）的资本交易导致的所有者权益的变动分项列示，有利于分清导致所有者权益增减变动缘由与责任，对于考察、评价企业一定时期所有者权益的保全状况、正确评价管理当局受托责任的履行情况等具有重要的作用。

### （二）所有者权益变动表的内容

在所有者权益变动表上，企业至少应当单独列示反映下列信息的项目❶：

（1）综合收益总额；

（2）会计政策变更和差错更正的累积影响金额；

（3）所有者投入资本和向所有者分配利润等；

（4）提取的盈余公积；

（5）实收资本、其他权益工具、资本公积、其他综合收益、专项储备、盈余公积、未分配利润的期初和期末余额及其调节情况。

**1."上年年末余额"项目**

"上年年末余额"项目反映企业上年资产负债表中实收资本（或股本）、其他权益工具、资本公积、库存股、其他综合收益、专项储备、盈余公积、未分配利润的年末余额。

**2."会计政策变更""前期差错更正"项目**

"会计政策变更""前期差错更正"项目分别反映企业采用追溯调整法处理的会计政策变更的累积影响金额和采用追溯重述法处理的会计差错更正的累积影响金额。

（1）追溯调整法是指对某项交易或事项变更会计政策，视同该项交易或事项初次发生时采用变更后的会计政策，并以此对财务报表相关项目进行调整的方法。

（2）追溯重述法是指在发现前期差错时，视同该项前期差错从未发生过，从而对财务报表相关项目进行更正的方法。前期差错通常包括计算错误、应用会计政策错误、疏忽或曲解事实及舞弊产生的影响，以及存货、固定资产盘盈等。

**3."本年增减变动金额"项目**

"本年增减变动金额"项目反映所有者权益各项目本年增减变动的金额，具体内容：

（1）"综合收益总额"项目，反映净利润和其他综合收益扣除所得税影响后的净额相加后的合计金额。

（2）"所有者投入和减少资本"项目，反映企业当年所有者投入的资本和减少的资本。本项目内容包括：

① "所有者投入的普通股"项目，反映企业接受投资者投入形成的实收资本（或股本）和资本溢价或股本溢价。

② "其他权益工具持有者投入资本"项目，反映企业发行的除普通股以外分类为权益工具的金融工具的持有者投入资本的金额。

③ "股份支付计入所有者权益的金额"项目，反映企业处于等待期中的权益结算的股份支付当年计入资本公积的金额。

（3）"利润分配"项目，反映企业当年的利润分配金额。

（4）"所有者权益内部结转"项目，反映企业构成所有者权益的组成部分之间当年的增减变动情况。本项目内容包括：

① "资本公积转增资本（或股本）"项目，反映企业当年以资本公积转增资本或股本的金额。

---

**小鱼讲重点**

❶ 重点关注所有者权益变动表包含哪些信息。

② "盈余公积转增资本（或股本）" 项目，反映企业当年以盈余公积转增资本或股本的金额。

③ "盈余公积弥补亏损" 项目，反映企业当年以盈余公积弥补亏损的金额。

④ "设定受益计划变动额结转留存收益" 项目，反映企业因重新计量设定受益计划净负债或净资产所产生的变动计入其他综合收益，结转至留存收益的金额。

⑤ "其他综合收益结转留存收益" 项目，主要反映：

第一，企业指定为以公允价值计量且其变动计入其他综合收益的非交易性权益工具投资终止确认时，之前计入其他综合收益的累计利得或损失从其他综合收益中转入留存收益的金额；

第二，企业指定为以公允价值计量且其变动计入当期损益的金融负债终止确认时，之前由企业自身信用风险变动引起而计入其他综合收益的累计利得或损失从其他综合收益中转入留存收益的金额等。

### （三）所有者权益变动表的结构

所有者权益变动表结构为纵横交叉的矩阵式结构。

**1. 纵向结构**

纵向结构按所有者权益增减变动时间及内容分为 "上年年末余额" "本年年初余额" "本年增减变动金额" 和 "本年年末余额" 四栏。

上年年末余额 + 会计政策变更、前期差错更正及其他变动 = 本年年初余额

本年年初余额 + 本年增减变动金额 = 本年年末余额

其中，本年增减变动金额按照所有者权益增减变动的交易或事项列示：

本年增减变动金额 = 综合收益总额 ± 所有者投入和减少资本 ± 利润分配 ± 所有者权益内部结转。

**2. 横向结构**

横向结构采用比较式结构，分为 "上年金额" 和 "本年金额" 两栏，每栏的具体结构按照所有者权益构成内容逐项列示：

实收资本（或股本）+ 其他权益工具 + 资本公积 – 库存股 + 其他综合收益 + 未分配利润 = 所有者权益合计

纵横填列结果归结到本年年末所有者权益合计数，保持所有者权益变动表的表内填列数额的平衡。

所有者权益变动表以矩阵式结构列报：

一方面，列示导致所有者权益变动的交易或事项，即所有者权益变动的来源，对一定时期所有者权益的变动情况进行全面反映；

另一方面，按照实收资本、其他权益工具、资本公积、库存股、其他综合收益、盈余公积、未分配利润等所有者权益各组成部分及其总额列示交易或事项对所有者权益各部分的影响。

此外，所有者权益变动表采用逐项的本年金额和上年金额比较式结构，能够清楚地表明构成所有者权益的各组成部分当期的增减变动情况，以及与上期的增减变动情况的对照和比较。

### 考点 2：所有者权益变动表的填列方法

所有者权益变动表的填列方法是根据上年度所有者权益变动表和本年已编制的资产负债表、利润表及相关会计政策、前期差错更正和会计科目记录等资料分析计算填列。各项目

具体填列方法如下。

### （一）上年金额栏的填列方法

所有者权益变动表"上年金额"栏内各项数字，应根据上年度所有者权益变动表"本年金额"栏内所列数字填列。上年度所有者权益变动表规定的各个项目的名称和内容同本年度不一致的，应对上年度所有者权益变动表各项目的名称和数字按照本年度的相关规定进行调整，填入所有者权益变动表的"上年金额"栏内。

### （二）本年金额栏的填列方法

所有者权益变动表"本年金额"栏内各项目金额应根据资产负债表所有者权益项目金额或"实收资本（或股本）""其他权益工具""资本公积""库存股""其他综合收益""专项储备""盈余公积""利润分配""以前年度损益调整"等科目及其明细科目的发生额分析填列。

> **小鱼讲例题**
>
> 44.【单选题】下列各项中，反映企业净利润及其分配情况的财务报表是（　　）。【2021年】
> A. 资产负债表　　　　　　B. 利润表
> C. 现金流量表　　　　　　D. 所有者权益变动表
>
> 45.【单选题】下列各项中，不属于所有者权益变动表中单独列示的项目是（　　）。【2018年】
> A. 所有者投入资本　　　　B. 综合收益总额
> C. 会计估计变更　　　　　D. 会计政策变更
>
> 46.【多选题】下列关于"四表"相关项目之间相互参照关系的表述中，正确的有（　　）。
> A. 资产负债表"盈余公积""未分配利润"与利润表"净利润"存在相互参照关系
> B. 资产负债表"其他综合收益"与利润表"其他综合收益"存在相互参照关系
> C. 所有者权益变动表项目与资产负债表所有者权益项目及利润表"净利润"存在相互参照关系
> D. 现金流量表各项目与资产负债表各项目及利润表各项目存在相互参照关系
>
> 47.【多选题】下列各项中，企业应当在所有者权益变动表中单独列示的项目有（　　）。【2021年】
> A. 综合收益总额
> B. 会计政策变更和差错更正的累积影响金额
> C. 提取的盈余公积
> D. 会计估计变更
>
> 48.【多选题】下列各项中，属于所有者权益变动表单独列示的项目的有（　　）。【2019年】
> A. 提取的盈余公积　　　　B. 综合收益总额
> C. 当年实现的净利润　　　D. 资本公积转增资本
>
> 49.【判断题】所有者权益变动表是反映企业当期所有者权益各构成部分增减变动情况的报表。（　　）【2017年】
>
> 50.【判断题】所有者权益变动表"未分配利润"栏目的本年年末余额应当与本年资产负债表"未分配利润"项目的年末余额相等。（　　）【2011年】

44.【答案】D

【解析】企业的净利润及其分配情况是所有者权益变动的组成部分，相关信息在所有者权益变动表及其附注中反映。

45.【答案】C

【解析】在所有者权益变动表上，企业至少应当单独列示的项目包括：(1) 综合收益总额；(2) 会计政策变更和差错更正的累积影响金额；(3) 所有者投入资本和向所有者分配利润等；(4) 提取的盈余公积；(5) 实收资本、其他权益工具、资本公积、其他综合收益、专项储备、盈余公积、未分配利润的期初和期末余额及其调节情况。

46.【答案】ABCD

【解析】企业实现净利润除用于分配利润或股利外记入"盈余公积"和"未分配利润"；现金流量表是在资产负债表和利润表资料基础上编制的，其内容实质是相同的，只是编制基础不同；所有者权益增减变动主要源于所有者或股东投入资本、净利润积累和会计政策更正等的影响，所有者权益变动表是在资产负债表和利润表资料基础上编制的；其他综合收益为企业根据会计准则规定未在损益中确认的各项利得和损失扣除所得税影响后的净额，既在利润表中列报又在资产负债表中列报。

47.【答案】ABC

【解析】在所有者权益变动表上，企业至少应当单独列示的项目包括：(1) 综合收益总额；(2) 会计政策变更和差错更正的累积影响金额；(3) 所有者投入资本和向所有者分配利润等；(4) 提取的盈余公积；(5) 实收资本、其他权益工具、资本公积、其他综合收益、专项储备、盈余公积、未分配利润的期初和期末余额及其调节情况。会计估计变更不在其中。

48.【答案】ABD

【解析】在所有者权益变动表上，企业至少应当单独列示的项目包括：(1) 综合收益总额；(2) 会计政策变更和差错更正的累积影响金额；(3) 所有者投入资本和向所有者分配利润等；(4) 提取的盈余公积；(5) 实收资本、其他权益工具、资本公积、其他综合收益、专项储备、盈余公积、未分配利润的期初和期末余额及其调节情况。

49.【答案】√

50.【答案】√

# 第六节 财务报表附注及财务报告信息披露要求 ❶ 2分考点

### 一个小目标

| 必须掌握 | 了解一下 |
| --- | --- |
| 附注的主要内容 | 附注的作用 |
|  | 财务报告信息披露的要求 |

微信扫码
观看视频课程

### 考点1：附注的作用

附注是对资产负债表、利润表、现金流量表和所有者权益变动表等报表中列示项目的**文字描述或明细资料**，以及对未能在这些报表中列示项目的说明等。附注与资产负债表、利润表、现金流量表和所有者权益变动表列示项目的相互参照关系，以及对未能在财务报表中列示项目的说明，可以使财务报表使用者全面了解企业的财务状况、经营成果和现金流量以及所有者权益的情况。

附注主要起到以下两方面的作用：

(1) 附注的披露，是对资产负债表、利润表、现金流量表和所有者权益变动表列示项

**小鱼讲重点**

❶ 附注部分只需要重点掌握以下几点：

(1) 附注不是可有可无的，而是一套完整财务报表必备的部分；

(2) 报表中没有的重要信息，都需要在附注中披露。

目含义的补充说明，以帮助财务报表使用者更准确地把握其含义。例如，通过阅读附注中披露的固定资产折旧政策的说明，使用者可以掌握报告企业与其他企业在固定资产折旧政策上的异同，以便进行更准确的比较。

（2）附注提供了对资产负债表、利润表、现金流量表和所有者权益变动表中未列示项目的详细或明细说明。例如，通过阅读附注中披露的存货增减变动情况，财务报表使用者可以了解资产负债表中未单列的存货分类信息。

（3）通过附注与资产负债表、利润表、现金流量表和所有者权益变动表列示项目的相互参照关系，以及对未能在财务报表中列示项目的说明，可以使财务报表使用者全面了解企业的财务状况、经营成果和现金流量，以及所有者权益的情况。

## 考点2：附注的主要内容

附注是财务报表的重要组成部分。根据企业会计准则的规定，企业应当按照如下顺序披露附注的内容。

（1）企业简介和主要财务指标。

①企业名称、注册地、组织形式和总部地址。

②企业的业务性质和主要经营活动。

③母公司以及集团最终母公司的名称。

④财务报告的批准报出者和财务报告的批准报出日。

⑤营业期限有限的企业，还应当披露有关营业期限的信息。

⑥截至报告期末公司近3年的主要会计数据和财务指标。

（2）财务报表的编制基础。

财务报表的编制基础是指财务报表是在持续经营基础上还是在非持续经营基础上编制的。企业一般在持续经营基础上编制财务报表，清算、破产属于非持续经营基础。

（3）遵循企业会计准则的声明。

企业应当声明编制的财务报表符合企业会计准则的要求，真实、完整地反映了企业的财务状况、经营成果和现金流量等有关信息，以此明确企业编制财务报表所依据的制度基础。

（4）重要会计政策和会计估计。

企业应当披露采用的重要会计政策和会计估计，不重要的会计政策和会计估计可以不披露。在披露重要会计政策和会计估计时，企业应当披露重要会计政策的确定依据和财务报表项目的计量基础，以及会计估计中所采用的关键假设和不确定因素。

会计政策的确定依据，主要是指企业在运用会计政策过程中所做的对报表中确认的项目金额最具影响的判断，有助于财务报表使用者理解企业选择和运用会计政策的背景，增加财务报表的可理解性。财务报表项目的计量基础，是指企业计量该项目采用的是历史成本、重置成本、可变现净值、现值还是公允价值，这直接影响财务报表使用者对财务报表的理解和分析。

在确定财务报表中确认的资产和负债的账面价值的过程中，企业需要对不确定的未来事项在资产负债表日对这些资产和负债的影响加以估计，如企业预计固定资产未来现金流量采用的折现率和假设。这类假设的变动对这些资产和负债项目金额的确定影响很大，有可能会在下一个会计年度内做出重大调整，因此，强调这一披露要求，有助于提高财务报表的可理解性。

（5）会计政策和会计估计变更以及差错更正的说明。

企业应当按照会计政策、会计估计变更和差错更正会计准则的规定，披露会计政策和会计估计变更以及差错更正的有关情况。

（6）报表重要项目的说明。

企业对报表重要项目的说明，应当按照资产负债表、利润表、现金流量表、所有者权益变动表及其项目列示的顺序，采用文字和数字描述相结合的方式进行披露。报表重要项目的明细金额合计应当与报表项目金额相衔接，主要包括以下重要项目：应收款项、存货、长期股权投资、投资性房地产、固定资产、无形资产、职工薪酬、应交税费、短期借款和长期借款、应付债券、长期应付款、营业收入、公允价值变动收益、投资收益、资产减值损失、营业外收入、营业外支出、所得税费用、其他综合收益、政府补助、借款费用。

（7）或有和承诺事项、资产负债表日后非调整事项、关联方关系及其交易等需要说明的事项。

（8）有助于财务报表使用者评价企业管理资本的目标、政策及程序的信息。

## 考点 3：财务报告信息披露的要求

### （一）财务报告信息披露的概念

财务报告信息披露，又称会计信息披露，是指企业对外发布有关其财务状况、经营成果、现金流量等财务信息的过程。按照我国会计准则的规定，披露主要是指会计报表附注的披露。广义的信息披露除财务信息外，还包括非财务信息。信息披露是公司治理的决定性因素，是保护投资者合法权益的基本手段和制度安排，也是会计决策有用性目标所决定的内在必然要求。就上市公司而言，信息披露也是企业的法定义务和责任。

### （二）财务报告信息披露的基本要求

财务报告信息披露基本要求，又称财务报告信息披露的基本质量，主要有真实、准确、完整、及时和公平五个方面。

企业应当真实、准确、完整、及时地披露信息，不得有虚假记载、误导性陈述或者重大遗漏，信息披露应当同时向所有投资者公开披露信息。

真实，是指上市公司及相关信息披露义务人披露的信息应当以客观事实或者具有事实基础的判断和意见为依据，如实反映客观情况，不得有虚假记载和不实陈述。虚假记载，是指企业在披露信息时，将不存在的事实在信息披露文件中予以记载的行为。

准确，是指上市公司及相关信息披露义务人披露的信息应当使用明确、贴切的语言和简明扼要、通俗易懂的文字，不得使用任何带有宣传、广告、恭维或者夸大等性质的词句，不得有误导性陈述。公司披露预测性信息及其他涉及公司未来经营和财务状况等信息时，应当合理、谨慎、客观。误导性陈述，是指在信息披露文件中或者通过媒体，做出使投资人对其投资行为发生错误判断并产生重大影响的陈述。

完整，是指上市公司及相关信息披露义务人披露的信息应当内容完整、文件齐备，格式符合规定要求，不得有重大遗漏。信息披露完整性是公司信息提供给使用者的完整程度。不得忽略、隐瞒重要信息。使信息使用者了解公司治理结构、财务状况、经营成果、现金流量、经营风险及风险程度等。重大遗漏，是指信息披露义务人在信息披露文件中，未将应当记载的事项完全或者部分予以记载。不正当披露，是指信息披露义务人未在适当期限内或者未以法定方式公开披露应当披露的信息。

企业披露信息应当忠实、勤勉地履行职责，保证披露信息的真实、准确、完整、及时、公平。勤勉尽责，是指企业应当本着对投资者等利害关系者、对国家、对社会、对职业高度负责的精神，应当爱岗敬业，勤勉高效，严谨细致，认真履行会计职责，保证会计信息披露工作质量。

企业应当在附注中对"遵循了企业会计准则"做出声明。同时，企业不应以在附注中披露代替对交易和事项的确认和计量，即企业采用的不恰当的会计政策，不得通过在附注中披露等其他形式予以更正，企业应当对交易和事项进行正确的确认和计量。此外，如果按照各项会计准则规定披露的信息不足以让报表使用者了解特定交易或事项对企业财务状况、经营成果和现金流量的影响时，企业还应当披露其他的必要信息。

> **小鱼讲例题**
>
> 51.【单选题】下列各项中，关于财务报表附注的表述不正确的是（　　）。【2015年】
> A. 附注中包括财务报表重要项目的说明
> B. 对未能在财务报表中列示的项目在附注中说明
> C. 如果没有需要披露的重大事项，企业不必编制附注
> D. 附注中包括会计政策和会计估计变更以及差错更正的说明
>
> 52.【多选题】下列各项中，关于财务报表附注的表述正确的有（　　）。【2021年】
> A. 对未能在财务报表中列示的项目在附注中说明
> B. 如果没有需要披露的重大事项，企业不必编制附注
> C. 附注中包括会计政策和会计估计变更以及差错更正的说明
> D. 企业应当披露采用的重要会计政策和会计估计，不重要的会计政策和会计估计可以不披露
>
> 53.【判断题】企业股东大会审议批准的利润分配方案中应分配的现金股利，在支付前不做账务处理，但应在报表附注中披露。（　　）【2010年】

51.【答案】C
　　【解析】财务报表至少应当包括资产负债表、利润表、现金流量表、所有者权益变动表以及附注，附注是必须的。故选项C错误。

52.【答案】ACD
　　【解析】附注是财务报表不可或缺的组成部分，因此选项B错误。

53.【答案】×
　　【解析】宣告分配的现金股利应进行账务处理。

# 第七节　财务报告的阅读与应用（2023年新增）

### 一个小目标

| 必须掌握 | 了解一下 |
| --- | --- |
| 资产负债表的阅读与应用 | |
| 利润表的阅读与应用 | |
| 现金流量表的阅读与应用 | |

微信扫码
观看视频课程

财务报告的阅读与应用是利用财务报告资料获取企业财务状况、经营情况和现金流量等会计信息，评价企业经营业绩、预测经济前景、参与经济决策的过程。财务报告的阅读与应用是会计核算和会计监督职能的拓展与延伸。

## 考点1：资产负债表的阅读与应用

资产负债表的阅读与应用是获取企业财务状况的信息、考察企业资金的构成及来龙去脉、评价企业财务状况、预测企业财务状况发展趋势的过程，其主要内容有资产的存在状态及其分布、负债及所有者权益的构成状况，整体财务状况三方面。

### （一）资产的存在状态及其分布

阅读资产负债表"资产"资料，获取企业拥有或控制的经济资源总量及配置状况的结构性信息，包括资产总额和资产结构的信息。

下面以2022年丙公司资产负债表资料为例进行说明。2022年丙公司资产负债表如表8-1所示。

表8-1 资产负债表（简表）

编制单位：丙公司  单位：万元

| 资产 | 期末余额 | 上年年末余额 | 负债及所有者权益 | 期末余额 | 上年年末余额 |
|---|---|---|---|---|---|
| 流动资产： | | | 流动负债： | | |
| 货币资金 | 70 226 | 71 108 | 短期借款 | 28 590 | 220 |
| 交易性金融资产 | 56 258 | 26 209 | 交易性金融负债 | | 2 |
| 衍生金融资产 | | | 衍生金融负债 | | |
| 应收票据 | 2 283 | 5 485 | 应付票据 | 115 140 | 107 754 |
| 应收账款 | 87 571 | 65 941 | 应付账款 | 117 793 | 72 918 |
| 应收款项融资 | 36 697 | 42 412 | 预收款项 | | |
| 预付款项 | 3 461 | 2 244 | 合同负债 | 11 471 | 11 005 |
| 其他应收款 | 4 840 | 3 982 | 应付职工薪酬 | 9 286 | 6 500 |
| 存货 | 84 367 | 42 953 | 应交税费 | 7 254 | 4 989 |
| 合同资产 | 102 | | 其他应付款 | 34 254 | 20 116 |
| 持有待售资产 | | | 持有待售负债 | | |
| 一年内到期的非流动资产 | 22 109 | | 一年内到期的非流动负债 | 1 714 | 2 956 |
| 其他流动资产 | 29 085 | 41 980 | 其他流动负债 | 54 624 | 43 394 |
| 流动资产合计 | 396 999 | 302 314 | 流动负债合计 | 380 125 | 267 193 |
| 非流动资产： | | | 非流动负债： | | |
| 债权投资 | | | 长期借款 | 324 | |
| 其他债权投资 | | | 应付债券 | | |
| 长期应收款 | | | 租赁负债 | 3 960 | 284 |
| 长期股权投资 | 14 362 | 5 238 | 长期应付款 | | |
| 其他权益工具投资 | 387 | | 长期应付职工薪酬 | 1 437 | |
| 其他非流动金融资产 | | | 预计负债 | 14 173 | 4 839 |
| 投资性房地产 | 2 353 | 366 | 递延收益 | 1 530 | 991 |
| 固定资产 | 51 887 | 38 794 | 递延所得税负债 | 1 742 | 744 |
| 在建工程 | 6 660 | 2 289 | 其他非流动负债 | 283 | |
| 生产性生物资产 | | | 非流动负债合计 | 23 448 | 6 858 |

续表

| 资产 | 期末余额 | 上年年末余额 | 负债及所有者权益 | 期末余额 | 上年年末余额 |
|---|---|---|---|---|---|
| 油气资产 | | | 负债合计 | 403 573 | 274 051 |
| 使用权资产 | 2 097 | 681 | 所有者权益: | | |
| 无形资产 | 16 445 | 17 450 | 实收资本 | 13 627 | 13 627 |
| 开发支出 | | | 其他权益工具 | | |
| 商誉 | 2 264 | 1 326 | 资本公积 | 20 693 | 20 617 |
| 长期待摊费用 | 262 | 333 | 减:库存股 | | |
| 递延所得税资产 | 8 979 | 7 040 | 其他综合收益 | 936 | 376 |
| 其他非流动资产 | 56 791 | 42 285 | 盈余公积 | 7 120 | 6 928 |
| 非流动资产合计 | 162 487 | 115 802 | 未分配利润 | 61 048 | 56 243 |
| | | | 所有者权益合计 | 155 913 | 144 065 |
| 资产总计 | 559 486 | 418 116 | 负债及所有者权益总计 | 559 486 | 418 116 |

【例2】丙公司2022年末资产总额为559 486万元，可获得丙公司2022年末拥有或控制的经济资源总量的信息，表明该公司为一家大型制造业企业。

从资产的存在状况看，流动资产合计金额为396 999万元，非流动资产合计金额为162 487万元，可获得丙公司拥有或控制经济资源的存在状态和配置状况的信息，流动资产占资产总额的比例为70.96%，表明丙公司资产的流动性较强。

流动资产中货币资金为70 225万元、交易性金融资产为56 258万元、应收票据为2 283万元、应收账款为87 571万元、应收款项融资为36 697万元、预付款项为3 461万元、其他应收账款为4 840万元、存货为84 367万元、一年内到期的非流动资产为22 109万元、其他流动资产为29 085万元，可获得丙公司流动资产的具体存在状态和配置状况的信息，其中货币资金和交易性金融资产占流动资产的比例为31.86%，表明丙公司流动资产的流动性较强，同时也存在货币资金、交易性金融资产和应收款项等占用资源较多等值得关注的信息。

进一步从资产负债表附注看，应收款项主要项目的附注如表8-2所示，可获得主要应收款项的详细情况的信息，进而对应收款项的安全性作出基本评价。

表8-2 主要应收款项附注（简表）

| 应收款项 | 明细（或账龄） | 账面余额（万元） | 坏账准备 | | 账面价值（万元） |
|---|---|---|---|---|---|
| | | | 计提比例（%） | 余额（万元） | |
| 应收票据 | 商业承兑汇票 | 2 326 | 1.89 | 43 | 2 283 |
| 应收账款 | 3个月以内 | 22 879 | 0.2 | 46 | 22 833 |
| | 3-6个月以内 | 370 | 10 | 3 | 333 |
| | 6个月以上 | 10 | 50 | 5 | 5 |
| | 1年以上 | 1 205 | 100 | 1 205 | 0 |
| | 合计 | 24 464 | 5.29 | 1 293 | 23 171 |
| | 应收关联方款项 | 41 102 | | | 41 102 |
| | 其他款项 | 23 844 | 2.29 | | 23 299 |
| | 合计 | 89 410 | 2.06 | | 87 572 |
| 应收款项融资 | 银行承兑汇票 | | | | 35 042 |
| | 商业承兑汇票 | | | | 1 655 |
| | 合计 | | | | 36 697 |

从非流动资产结构看,商誉、递延所得税资产、其他非流动资产等项目金额为 68 296 万元,占非流动资产的比例为 42.03%,固定资产占非流动资产的比例为 31.93%、占资产总额的比例为 9.27%,说明丙公司资产盈利能力、资产管理能力等方面的提升改进空间较大。

### (二)负债及所有者权益的构成状况

**1. 负债的规模及其构成状况**

阅读资产负债表"负债"资料,获取企业在一定时期内需要偿还的债务的总量和债务状况的结构性信息,了解掌握企业拥有或控制资产中运用负债获取资金来源的状况,包括负债总额和负债结构性的信息。

【例 3】丙公司 2022 年末负债总额为 403 573 万元,可获得丙公司 2022 年末负债总规模的信息,企业负债总水平达到了 72.13%,表明丙公司获取资金的来源渠道主要依赖债务。

从负债的结构状况看,流动负债合计金额为 380 125 万元,占负债总额的 94.19%;非流动负债合计金额为 23 448 万元,占负债总额的 5.81%,表明丙公司债务资金来源主要依赖流动负债,说明该公司短期偿债压力很大。

流动负债中短期借款为 28 590 万元、应付票据为 115 140 万元、应付账款为 117 793 万元、合同负债为 11 471 万元、其他应付款为 34 254 万元、一年内到期的非流动负债为 1 714 万元、其他流动负债为 54 624 万元,可获得丙公司流动负债的具体存在状态和结构状况的信息,表明丙公司流动负债中非自发性融资即经营营运中自然产生的企业付款义务为其主要负债项目,存在维护上游供应商关系和加强经营活动现金流管理等值得关注的信息。

进一步从资产负债表附注看,应付款项主要项目的附注如表 8-3 所示,可获得主要应付款项的详细情况的信息,进而对于企业运用应付款项做好资金筹划、保证资金正常周转等方面作出基本评价。

表 8-3 主要应付款项附注(简表) 金额单位:万元

| 应付款项项目 | 明细(或账龄) | 年末余额 |
|---|---|---|
| 应付票据 | 银行承兑汇票 | 82 978 |
| | 商业承兑汇票 | 32 162 |
| | 合计 | 115 140 |
| 应付账款 | 1 年内 | 116 861 |
| | 1 年以上 | 932 |
| | 合计 | 117 793 |
| 合同负债 | 预收货款 | 11 471 |
| 应付职工薪酬 | 短期薪酬 | 9 278.81 |
| | 离职福利(设定提存计划) | 7.05 |
| | 辞退福利 | 0.49 |
| | 合计 | 9 286 |
| 应交税费 | 增值税 | 1 483 |
| | 企业所得税 | 4 430 |
| | 个人所得税 | 79 |
| | 城市维护建设税 | 140 |
| | 教育费附加 | 100 |
| | 土地使用税 | 122 |
| | 房产税 | 103 |
| | 其他 | 797 |
| | 合计 | 7 254 |

续表

| 应付款项项目 | 明细（或账龄） | 年末余额 |
|---|---|---|
| 其他应付款 | 往来款项 | 26 712 |
|  | 押金及保证金 | 6 515 |
|  | 工程及设备款 | 1 027 |
|  | 合计 | 34 254 |

**2. 所有者权益的规模及其构成状况**

阅读企业资产负债表"所有者权益"资料，获取企业股权融资和盈利积累资金的总量以及所有者权益状况的结构性信息，了解掌握企业拥有或控制资产中运用股权融资和盈余积累获取资金来源的状况，包括所有者权益总额及其结构性的信息。

【例4】丙公司 2022 年末所有者权益总额为 155 913 万元，可获得丙公司 2022 年末由所有者权益形成资金来源总规模的信息，评价企业股东对企业经营安全和偿付负债的总的担保水平。

实收资本（股本）13 627 万元为企业在登记管理机构登记注册的由股东投资的资本总额；实收资本（股本）13 627 万元和资本公积 20 693 万元合计 34 320 万元为股东实际缴纳的投资额的总和；盈余公积 7 120 万元和未分配利润 61 048 万元合计 68 168 万元为公司历年盈利积累形成的留存收益，是公司重要的资金来源。

从资产负债表附注看，该公司所有者权益主要项目附注如表8-4所示，可以进一步获得所有者权益各项目的详细具体的结构性信息。

表 8-4　所有者权益主要项目附注（简表）　　　　金额单位：万元

| 项目 | 明细 | 年末余额 |
|---|---|---|
| 资本公积 | 股本溢价 | 19 569 |
|  | 其他资本公积（权益法核算公司其他权益变动） | 1 124 |
|  | 合计 | 20 693 |
| 其他综合收益 | 一、不能重分类进损益的其他综合收益 | −1 |
|  | 其他权益工具投资公允价值变动 | −1 |
| 其他综合收益 | 二、将重分类进损益的其他综合收益 | 937 |
|  | 其中：权益法下可转损益的其他综合收益 | 83 |
|  | 外币财务报表折算差额 | 666 |
|  | 其他 | 188 |
|  | 合计 | 936 |
| 盈余公积 | 法定盈余公积 | 7 120 |
| 未分配利润 | 上年年末余额 | 56 243 |
|  | 加：年初未分配利润调整数 |  |
|  | 重要前期差错更正 |  |
|  | 本年年初余额 | 56 243 |
|  | 加：本年归属于母公司所有者的净利润 | 9 726 |
|  | 减：提取法定盈余公积 | 192 |
|  | 应付普通股股利 | 4 729 |
|  | 本年年末余额 | 61 048 |

**（三）整体财务状况的阅读与应用**

阅读资产负债表资料，获取企业整体财务状况的结构性信息，厘清企业资金的来龙去脉关系，对企业财务状况作出基本评价，预测企业财务状况的基本变化趋势和发展前景。

**【例5】** 丙公司整体财务状况的阅读与应用如下。

1. 2022年末丙公司财务状况的基本信息：

（1）资产合计金额为559 486万元，负债合计金额为403 573万元，所有者权益合计金额为155 913万元。可以看出，该公司2022年末资产的资金来源于负债的为72.13%，使用所有者权益提供的资金为27.87%，表明该公司负债资金来源高于所有者权益资金来源。

（2）流动资产合计金额为396 999万元，流动负债合计金额为380 125万元，其差额为16 874万元。说明该公司流动资产使用资金的95.75%来源于流动负债，仅有4.25%的资金来源于所有者权益。

（3）进一步阅读可以发现，该公司2022年末未分配利润金额为61 048万元，其中44 174万元（61 048-16 874）用于非流动资产，说明其资金的机动性和可调度性水平较低。

2. 企业财务状况的基本评价如下：

（1）该公司负债水平较高，且流动负债占负债总额的比例为94.44%，说明整体偿债的要求高和短期偿债压力较大。

（2）流动资产占资产总额的比例为70.96%，且非流动资产中固定资产、无形资产等的占比偏低，资产的盈利管理能力有改善的空间。

（3）资产总额年末余额较年初余额增加141 370万元，其资金来源为负债增加129 522万元，所有者权益增加11 848万元；且负债增加额中流动负债增加112 932万元，占增加总额的比例为87.19%，导致流动比率降低，短期偿债能力下降。

3. 预期丙公司将加强资金管控，降低负债水平，特别是流动负债水平；合理调整企业资产结构，提高资产的盈利能力。

## 考点2：利润表的阅读与应用

利润表的阅读与应用是获取企业经营情况的结构化信息、考察企业利润构成、评价经营业绩、预测企业盈利前景的过程。其内容主要有盈利水平、利润的构成情况和利润质量三方面。

下面以2022年度丙公司利润表资料为例进行分析说明。2022年丙公司利润表如表8-5所示。

表8-5 利润表（简表）

| 项目 | 本期金额 | 上期金额 |
| --- | --- | --- |
| 一、营业收入 | 675 626 | 483 929 |
| 减：营业成本 | 542 501 | 367 563 |
| 税金及附加 | 3 991 | 3 269 |
| 销售费用 | 76 720 | 68 914 |
| 管理费用 | 13 269 | 6 192 |
| 研发费用 | 19 867 | 12 848 |
| 财务费用 | 567 | -1 099 |
| 其中：利息费用 | 406 | 112 |
| 利息收入 | 819 | 2 112 |
| 加：其他收益 | 4 139 | 3 702 |
| 投资收益（损失以"-"号填列） | 5 071 | 1 957 |
| 其中：对联营企业和合营企业的投资收益 | | |
| 净敞口套期收益（损失以"-"号填列） | | |
| 公允价值变动收益（损失以"-"号填列） | 341 | 207 |
| 信用减值损失 | 98 | -211 |

续表

| 项目 | 本期金额 | 上期金额 |
|---|---|---|
| 资产减值损失 | −614 | −187 |
| 资产处置收益（损失以"−"号填列） | 63 | 245 |
| 二、营业利润（亏损以"−"号填列） | 27 809 | 31 955 |
| 加：营业外收入 | 1 915 | 3 042 |
| 减：营业外支出 | 559 | 146 |
| 三、利润总额（亏损总额以"−"号填列） | 29 165 | 34 851 |
| 减：所得税费用 | 5 737 | 6 391 |
| 四、净利润（净亏损以"−"号填列） | 23 428 | 28 460 |
| （一）持续经营净利润（净亏损以"−"号填列） | 23 428 | 28 460 |
| （二）终止经营净利润（净亏损以"−"号填列） | | |
| 五、其他综合收益的税后净额 | 745 | 113 |
| （一）不能重分类进损益的其他综合收益 | | |
| 1. 重新计量设定受益计划变动额 | | |
| 2. 权益法下不能重分类转损益的其他综合收益 | | |
| 3. 其他权益工具投资公允价值变动 | | |
| 4. 企业自身信用风险公允价值变动 | | |
| （二）将重分类进损益的其他综合收益 | 745 | 113 |
| 1. 权益法下可转损益的其他综合收益 | −178 | 69 |
| 2. 其他债权投资公允价值变动 | | |
| 3. 金融资产重分类计入其他综合收益的金额 | | |
| 4. 其他债权投资信用减值准备 | | −11 |
| 5. 现金流量套期储备 | | |
| 6. 外币财务报表折算差额 | 673 | 55 |
| 7. 其他 | 250 | |
| 六、综合收益总额 | 24 173 | 28 574 |
| 七、每股收益 | | |
| （一）基本每股收益 | 0.71 | 1.16 |
| （二）稀释每股收益 | 0.71 | 1.16 |

### （一）净利润和综合收益总额

阅读利润表中净利润和综合收益总额资料，获取企业经营成果和实现经济效益的信息，评价企业一定会计期间的经营情况。

【例6】如表8-5所示，丙公司2022年度实现净利润23 428万元，说明该公司2022年度是一家盈利性企业，盈利水平（销售净利率）为3.47%；实现经济效益（综合收益总额）为24 173万元。

### （二）利润的构成情况

阅读利润表中营业利润、利润总额、净利润等项目资料，获取企业利润构成信息，评价企业利润质量和盈利能力。

【例7】如表8-5所示。

（1）利润的基本构成情况。

丙公司2022年度实现利润的基本构成情况为：营业利润27 809万元、利润总额29 165万元、净利润23 428万元，其中营业外净收入增加利润总额为1 356万元、占利润总额的比例为4.65%，说明利润总额的95%为营业活动所创造，该公司盈利能力较强。

（2）主营业务收入和主营业务成本的构成情况。

阅读主营业务收入和主营业务成本的附注（见表 8-6）资料，获得其详细信息，说明该公司实现营业收入主要为主营业务收入的贡献。

（3）营业利润的构成情况。

丙公司 2022 年度营业收入和营业总成本（营业成本、税金及附加、销售费用、管理费用、研发费用、财务费用合计 656 915 万元）对营业利润的贡献额为 18 711 万元、其他营业损益对营业利润的贡献额为 9 098 万元，进一步说明该公司营业利润的质量较好。

表 8-6　营业收入、营业成本附注（简表）　　　金额单位：万元

| 项目 | 本年发生额 ||
| --- | --- | --- |
| | 营业收入 | 营业成本 |
| 主营业务 | 607 622 | 477 815 |
| 其他业务 | 68 004 | 64 686 |
| 合计 | 675 626 | 542 501 |

## 考点 3：现金流量表的阅读与应用

现金流量表的阅读与应用是获取企业现金流量的结构化信息、考察企业现金流量净额及其构成、评价企业现金收付能力和财务成果质量、预测企业现金流量前景的过程。其内容主要有持有现金、现金流量的构成情况和经营活动及其财务成果质量三方面。

下面以 2022 年度丙公司现金流量表资料为例进行分析说明。2022 年丙公司现金流量表如表 8-7 所示。

表 8-7　现金流量表（简表）

编制单位：丙公司　　　　　2022 年度　　　　　金额单位：万元

| 项目 | 本期金额 | 上期金额 |
| --- | --- | --- |
| 一、经营活动产生的现金流量： | | |
| 销售商品、提供劳务收到的现金 | 571 558 | 387 261 |
| 客户存款和同业存放款项净增加额 | | |
| 向中央银行借款净增加额 | | |
| 向其他金融机构拆入资金净增加额 | | |
| 收到原保险合同保费取得的现金 | | |
| 收到再保业务现金净额 | | |
| 保户储金及投资款净增加额 | | |
| 收取利息、手续费及佣金的现金 | | |
| 拆入资金净增加额 | | |
| 回购业务资金净增加额 | | |
| 代理买卖证券收到的现金净额 | | |
| 收到的税费返还 | 26 658 | 15 237 |
| 收到的其他与经营活动有关的现金 | 8 121 | 9 471 |
| 经营活动现金流入小计 | 606 337 | 411 969 |
| 购买商品、接受劳务支付的现金 | 407 208 | 232 392 |
| 客户贷款及垫款净增加额 | | |
| 存放中央银行和同业款项净增加额 | | |
| 支付原保险合同赔付款项的现金 | | |
| 拆出资金净增加额 | | |
| 支付利息、手续费及佣金的现金 | | |

续表

| 项目 | 本期金额 | 上期金额 |
|---|---|---|
| 支付保单红利的现金 | | |
| 支付给职工以及为职工支付的现金 | 53 398 | 42 754 |
| 支付的各项税费 | 26 280 | 21 466 |
| 支付的其他与经营活动有关的现金 | 76 315 | 55 731 |
| 经营活动现金流出小计 | 563 199 | 352 342 |
| 经营活动产生的现金流量净额 | 43 138 | 59 627 |
| 二、投资活动产生的现金流量: | | |
| 收回投资所收到的现金 | 669 | 1 125 |
| 取得投资收益收到现金 | 1 195 | 1 039 |
| 处置固定资产、无形资产和其他长期资产收回的现金净额 | 36 | 288 |
| 处置子公司及其他营业单位收到的现金 | | |
| 收到其他与投资活动有关的现金 | 173 544 | 118 569 |
| 投资活动现金流入小计 | 175 444 | 121 021 |
| 购建固定资产、无形资产和其他长期资产支付的现金 | 11 072 | 6 137 |
| 投资支付的现金 | | |
| 质押贷款净增加额 | | |
| 取得子公司及其他营业单位支付的现金 | | |
| 支付其他与投资活动有关的现金 | 208 605 | 153 146 |
| 投资活动现金流出小计 | 219 677 | 160 027 |
| 投资活动产生的现金流量净额 | −44 233 | −39 006 |
| 三、筹资活动产生的现金流量: | | |
| 吸收投资收到的现金 | 289 | 307 |
| 其中:子公司吸收少数股东投资收到的现金 | | |
| 取得借款收到的现金 | 34 776 | 3 811 |
| 发行债券收到的现金 | | |
| 收到其他与筹资活动有关的现金 | 24 141 | |
| 筹资活动现金流入小计 | 59 206 | 4 118 |
| 偿还债务支付的现金 | 26 606 | 4 592 |
| 分配股利、利润和偿付利息支付的现金 | 16 829 | 9 721 |
| 其中:子公司支付给少数股东的股利、利润 | | |
| 支付其他与筹资活动有关的现金 | 1 022 | 14 930 |
| 筹资活动现金流出小计 | 44 456 | 29 243 |
| 筹资活动产生的现金流量净额 | 14 749 | −25 124 |
| 四、汇率变动对现金及现金等价物的影响 | −1 034 | 24 |
| 五、现金及现金等价物净增加额 | 12 620 | −4 479 |
| 加:期初现金及现金等价物余额 | 16 172 | 20 651 |
| 六、期末现金及现金等价物余额 | 28 792 | 16 172 |

### (一) 现金流量及其结构

阅读现金流量表中"现金及现金等价物净增加额"项目，获得现金增减净额信息，评价企业现金支付能力。阅读现金流量表中经营活动、投资活动、筹资活动产生现金流量净额以及汇率变动对现金及现金等价物的影响，获得现金流量的结构性信息和现金流量的来龙去脉，评价现金流量的质量。

【例8】如表 8-7 所示。

(1) 现金及现金等价物净增加额信息。丙公司 2022 年度现金及现金等价物净增加额为 12 620 万元，表明该公司现金支付能力有较大幅度增加。

(2) 现金流量的基本结构性信息。丙公司 2022 年度经营活动产生的现金流量净额为 43 138 万元、投资活动产生的现金流量净额为 −44 233 万元、筹资活动产生的现金流量净额为 14 749 万元、汇率变动对现金及现金等价物的影响净额为 −1 034 万元，表明该公司 2022 年度现金净增加额 12 620 万元分别来源于经营活动和筹资活动产生的现金流量净增加额，其去向为投资活动和汇率变动导致的现金流量减少。

### (二) 经营活动产生的现金流量及其结构

阅读现金流量表中经营活动产生的现金流量及其具体项目，获得经营活动产生的现金流量的详细信息，评价企业经营活动产生的现金流量。

【例9】如表 8-7 所示。

(1) 经营活动产生的现金流量净额。

丙公司 2022 年度经营活动产生的现金流量净额为 43 138 万元，说明该公司经营活动增加了现金流量净额。

(2) 经营活动现金流量具体结构。

经营活动现金流入量为 606 337 万元，分别为销售商品收到现金 571 558 万元、收到的税费返还 26 658 万元、收到其他与经营活动有关的现金为 8 121 万元，其中销售商品收到现金占经营活动现金流入量的比例为 94.26%，说明经营活动现金流入量主要来源于销售商品收到的现金；经营活动现金流出量为 563 199 万元，分别为购买商品支付现金为 407 208 万元、支付给职工以及为职工支付的现金为 53 398 万元、支付的各项税费为 26 280 万元、支付的其他与经营活动有关的现金为 76 315 万元，其中购买商品支付现金占经营活动现金流出量的比例为 72.30%，说明经营活动现金流出的去向主要为购买商品支付现金。

### (三) 投资活动产生的现金流量及其结构

阅读现金流量表中投资活动产生的现金流量及其项目，获得投资活动产生的现金流量的详细信息，评价企业投资活动产生的现金流量。

【例10】如表 8-7 所示。

(1) 投资活动产生的现金流量净额。丙公司 2022 年度投资活动产生的现金流量净额为 −44 233 万元，说明该公司投资活动减少了现金流量净额。

(2) 投资活动现金流量的具体结构。投资活动现金流入量为 175 444 万元，分别为收回投资收到现金 669 万元、取得投资收益收到现金 1 195 万元、收到其他与投资活动有关的现金为 173 544 万元（附注列示分别为银行理财产品及定期存款到期收回为 163 870 万元、取得子公司及其他营业单位支付的现金净额为 9 674 万元），说明投资活动现金流入量主要来源于收到其他与投资活动有关的现金；投资活动现金流出量为 219 677 万元，分别为购建固定资产、无形资产和其他长期资产支付的现金为 11 072 万元、支付其他与投资活动有关的现金为 208 605 万元（附注列示全部为购买银行理财产品及定期存款支付现金），表明该公司投资活动现金流出的去向主要为购买银行理财产品及定期存款支付现金，说明其投资流出现金保持了一定的流动性且风险较低。

### (四) 筹资活动产生的现金流量及其结构

阅读现金流量表中筹资活动产生的现金流量及其项目，获得筹资活动产生的现金流量的详细信息,评价企业筹资活动产生的现金流量。

【例 11】如表 8-7 所示。

(1) 筹资活动产生的现金流量净额。丙公司 2022 年度筹资活动产生的现金流量净额为 14 749 万元,表明该公司筹资活动增加了现金流量净额。

(2) 筹资活动现金流量的具体结构。筹资活动现金流入量为 59 206 万元,分别为吸收投资收到现金为 289 万元、取得借款收到现金为 34 776 万元、收到其他与筹资活动有关的现金为 24 141 万元(附注列示保证金为 13 489 万元、其他为 10 651 万元),表明该公司筹资活动的现金流入量主要来源于取得的借款和收到的其他与筹资活动有关的现金。筹资活动现金流出量为 44 456 万元,分别为偿还债务支付现金为 26 606 万元、分配股利或偿还利息支付现金为 16 829 万元、支付其他与筹资活动有关的现金为 1 022 万元(附注列示支付租赁负债本金及利息 246 万元、其他 776 万元),表明该公司筹资活动现金流出量的主要去向为偿还债务和分配股利或偿还利息。

### (五) 现金流量表补充资料

阅读现金流量表补充资料,获取经营活动产生现金流量的补充性的结构信息,评价企业经营活动现金流量和利润的质量。现金流量表补充资料如表 8-8 所示。

表 8-8 现金流量表补充资料(简表)

编制单位:丙公司　　　　　　2022 年度　　　　　　金额单位:万元

| 项目 | 本期金额 | 上期金额 |
| --- | --- | --- |
| 1. 将净利润调节为经营活动现金流量: | | |
| 　净利润 | 23 428 | 28 460 |
| 　加:资产减值准备 | 614 | 187 |
| 　　　信用损失准备 | −98 | 211 |
| 　　　固定资产折旧、油气资产折耗、生产性生物资产折旧 | 8 525 | 7 610 |
| 　　　使用权资产折旧 | 351 | 530 |
| 　　　无形资产摊销 | 2 352 | 2 292 |
| 　　　长期待摊费用摊销 | 493 | 340 |
| 　　　处置固定资产、无形资产和其他长期资产的损失(收益以"−"号填列) | −63 | −245 |
| 　　　固定资产报废损失(收益以"−"号填列) | 27 | 14 |
| 　　　净敞口套期损失(收益以"−"号填列) | | |
| 　　　公允价值变动损失(收益以"−"号填列) | −341 | −207 |
| 　　　财务费用(收益) | 1 207 | −1 184 |
| 　　　投资损失(收益以"−"号填列) | −5 071 | −1 957 |
| 　　　递延所得税资产减少(增加以"−"号填列) | −1 728 | −692 |
| 　　　递延所得税负债增加(减少以"−"号填列) | −605 | 161 |
| 　　　存货的减少(增加以"−"号填列) | −26 953 | −7 927 |
| 　　　经营性应收项目的减少(增加以"−"号填列) | 6 134 | −22 402 |
| 　　　经营性应付项目的增加(减少以"−"号填列) | 34 866 | 54 436 |
| 　　　其他 | | |
| 　经营活动产生的现金流量净额 | 43 138 | 59 627 |
| 2. 不涉及现金收支的重大投资和筹资活动 | | |
| 　债务转为资本 | | |
| 　一年内到期的可转换公司债券 | | |
| 　融资租入固定资产 | | |

续表

| 项目 | 本期金额 | 上期金额 |
| --- | --- | --- |
| 3. 现金及现金等价物净变动情况： | | |
| 现金的期末余额 | 28 792 | 16 172 |
| 减：现金的期初余额 | 16 172 | 20 651 |
| 加：现金等价物的期末余额 | | |
| 减：现金等价物的期初余额 | | |
| 现金及现金等价物净增加额 | 12 620 | -4 479 |

**1. 经营活动产生现金流量的补充性结构信息**

现金流量表补充资料提供将净利润调节为经营活动现金流量、不涉及现金收支的重大投资和筹资活动以及现金及现金等价物净变动情况三方面的结构性信息，其中，"将净利润调节为经营活动现金流量"项目进一步补充提供经营活动现金流量的详细信息；"不涉及现金收支的重大投资和筹资活动"项目进一步补充提供报告期发生的"不涉及现金收支的重大投资或筹资活动"，但对经营活动及其现金流量产生重大影响或在未来期间产生现金流量的信息；"现金及现金等价物净变动情况"项目进一步分别补充现金和现金等价物增减变动分别对企业"现金及现金等价物净增加额"的影响。下面着重说明将净利润调节为经营活动现金流量的阅读与应用。

该项目提供四类不同性质的经营活动现金流量信息，一类为核算当期净利润的过程中减少净利润但当期内不支付现金的项目，包括资产减值准备、信用减值准备、折旧和摊销等，如果该类项目在核算净利润时因冲回而增加了净利润则应减去；二类为核算净利润过程中计入净利润但属于投资活动现金流量或筹资活动现金流量的项目，如"处置固定资产、无形资产和其他长期资产的损失""固定资产报废损失""公允价值变动损失""财务费用（利息支出）""投资损失"等属于计入净利润但属于投资活动现金流量，应从净利润中加回或减去的项目；三类为影响所得税费用的"递延"项目，其计入净利润和缴纳所得税支付现金存在时间差异；四类为当期收付前期应收应付或以后期间收付现金的项目，如"存货""经营性应收项目""经营性应付项目"等。

**【例12】** 如表8-8所示。丙公司2022年度现金流量表补充资料中将净利润调节为经营活动现金流量显示，属于第一类调节项目应加回的金额合计为12 335万元、应减去的金额为98万元，净增加金额为12 237万元；属于第二类调节项目应加回的金额合计为1 234万元、应减去的金额合计为5 538万元，净减少金额为4 304万元；属于第三类调节项目应减去的金额合计为2 333万元；属于第四类调节项目应加回的金额合计为41 000万元、应减去的金额为26 953万元，净增加金额为14 047万元。各类应加回项目的总计金额为54 569万元、应减去项目的总计金额为34 922万元，经营活动产生的现金流量净额为43 138万元（23 428+54 569-34 922）。表明该公司2022年度经营活动产生的现金流量净额高于净利润的金额为19 710万元（43 138-23 428），其主要原因为计提减值准备、折旧摊销净增加经营活动现金流量净额12 234万元和经营性应收项目减少、应付项目增加合计净增加经营活动现金流量净额14 047万元。

**2. 利润质量**

现金流量表补充资料进一步补充列示说明企业净利润与经营活动现金流量净额之间的关系。如果经营活动现金流量净额大于同期净利润额，一般说明收到的现金高于同期实现的净利润额，表明利润的质量好；反之，如果经营活动现金流量净额小于同期净利润额，一般说明收到的现金低于同期实现的净利润额，则表明利润的质量较差。当经营活动现金流量净额大于同期净利润额时，通常会提高企业资产的流动性，进而改善企业的财务状况，增强抵御财务风险的能力。

【例13】如表8-8所示。丙公司2022年度经营活动产生的现金流量净额高于净利润的现金数额，主要来源于计提减值准备、折旧和摊销等的增加、经营性应收项目减少和经营性应付项目增加，使得年末现金净增加12 620万元，做到了"赚取利润留下钱"，提高了企业资产的流动性，改善了企业的财务状况，增强了企业抵御财务风险的能力。

## 小鱼复盘

| 本章知识点打卡 | DAY 1 | DAY 7 | DAY 15 | DAY 30 |
| --- | --- | --- | --- | --- |
| 资产负债表 | ☐ | ☐ | ☐ | ☐ |
| 利润表 | ☐ | ☐ | ☐ | ☐ |
| 现金流量表 | ☐ | ☐ | ☐ | ☐ |
| 所有者权益变动表 | ☐ | ☐ | ☐ | ☐ |
| 财务报表附注及财务报告信息披露要求 | ☐ | ☐ | ☐ | ☐ |